O Caminho para o Céu

Livro II das Crônicas da Terra

Zecharia Sitchin

O Caminho para o Céu
Livro II das Crônicas da Terra

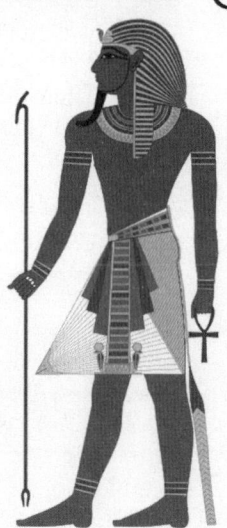

Tradução:
Marcelo Albuquerque

MADRAS®

Publicado originalmente em inglês sob o título *The Stairway to Heaven*, por Bear & Co.
© 2010, Zecharia Sitchin.
Direitos de edição e tradução para todos os países de língua portuguesa.
Tradução autorizada do inglês.
© 2019, Madras Editora Ltda.

Editor:
Wagner Veneziani Costa

Produção e Capa:
Equipe Técnica Madras

Tradução:
Marcelo Albuquerque

Revisão de Tradução:
Larissa W. Ono

Revisão:
Silvia Massimini Felix
Letícia Pieroni
Sônia Batista

Dados Internacionais de Catalogação na Publicação (CIP)
(Câmara Brasileira do Livro, SP, Brasil)

Sitchin, Zecharia
O caminho para o céu/Zecharia Sitchin;
tradução Marcelo Albuquerque. – São Paulo: Madras, 2019.

Título original: The stairway to heaven.
Bibliografia. ISBN 978-85-370-0705-1
3ª ed.

1. Civilização antiga – Influências extraterrestres 2. Egito – Civilização – Até 332 A.C. 3. Imortalidade 4. Pirâmides – Egito I. Título.

11-08268   CDD-001.942

Índices para catálogo sistemático:
1. Civilização antiga: Influências extraterrestres 001.942

É proibida a reprodução total ou parcial desta obra, de qualquer forma ou por qualquer meio eletrônico, mecânico, inclusive por meio de processos xerográficos, incluindo ainda o uso da internet, sem a permissão expressa da Madras Editora, na pessoa de seu editor (Lei nº 9.610, de 19.2.98).

Todos os direitos desta edição, em língua portuguesa, reservados pela

MADRAS EDITORA LTDA.
Rua Paulo Gonçalves, 88 – Santana
CEP: 02403-020 – São Paulo/SP
Caixa Postal: 12183 – CEP: 02013-970
Tel.: (11) 2281-5555 – Fax: (11) 2959-3090
www.madras.com.br

ÍNDICE

I. Em Busca do Paraíso 7
II. Os Antepassados Imortais 27
III. A Viagem do Faraó para a Vida após a Morte 47
IV. O Caminho para o Céu 61
V. Os Deuses que Vieram para o Planeta Terra 85
VI. Os Dias que Antecederam o Dilúvio 115
VII. Gilgamesh: o rei que se Recusou a Morrer 137
VIII. Cavaleiros das Nuvens 165
IX. O Local de Aterrissagem 191
X. *Tilmun*: a Terra dos Foguetes 215
XI. O Monte Impalpável 237
XII. Pirâmides de Deuses e Reis 261
XIII. Falsificando o Nome do Faraó 289
XIV. O Olhar da Esfinge 323
Bibliografia e Outras Fontes 353
Índice Remissivo 361

I

EM BUSCA DO PARAÍSO

As escrituras da Antiguidade dizem que houve uma época em que a imortalidade estava ao alcance da Humanidade.

Foi uma era de ouro, em que o Homem viveu com seu Criador no Jardim do Éden – o Homem cuidando do belo pomar e Deus passeando pela brisa da tarde. "E o Senhor Deus fez crescer da terra todas as árvores que dão prazer aos olhos e são agradáveis ao paladar; e a Árvore da Vida estava no pomar, assim como a Árvore do Conhecimento, do bem e do mal. O leito de um rio saía do Éden para regar o jardim, e, dali, ele era dividido, formando quatro cursos de água: o nome do primeiro é Pison... e o segundo é Giom... e o terceiro é Tigre... e o quarto rio é o Eufrates."

Foi permitido a Adão e Eva provarem o fruto de cada árvore – exceto o fruto da Árvore do Conhecimento. Mas eles cederam às tentações da serpente e o Senhor Deus ficou preocupado com a questão da imortalidade:

> Então o Senhor Yahweh disse:
> "Atenção, o Homem se tornou um de nós
> e diferencia o bem e o mal;
> E agora ele não deveria estender a mão
> e provar também da Árvore da Vida,
> e comer e viver para sempre?"
>
> E o Senhor Yahweh expulsou o Homem
> do Jardim do Éden......
> E Ele colocou a leste do Jardim do Éden
> os querubins e a Espada Flamejante que girava
> e protegia o caminho para a Árvore da Vida.

Assim, o Homem foi expulso do lugar onde a Vida Eterna poderia ser sua e, embora tenha sido afastado dessa possibilidade, ele nunca deixou de pensar nela, de desejá-la e tentar alcançar a imortalidade.

Depois de o Homem ser banido do paraíso, heróis foram até os confins da Terra em busca da Imortalidade e apenas um grupo eleito teve a permissão de vislumbrá-la, e pessoas comuns diziam ter se deparado com ela. Com o passar dos tempos, a busca pelo Paraíso foi o domínio do indivíduo, mas no começo deste milênio ela passou a ser a diligência oficial de reinos poderosos.

Fomos levados a acreditar que o Novo Mundo fora descoberto quando os exploradores partiram em busca de novas rotas marítimas que levassem à Índia e às suas riquezas. É a verdade – mas não toda a verdade, pois o que Fernando e Isabel, reis da Espanha, mais desejavam encontrar era a Fonte da Eterna Juventude: uma fonte mágica cujas águas rejuvenesciam e mantinham as pessoas jovens para sempre, pois sua nascente é um poço no Paraíso.

Assim que Colombo e seus homens puseram os pés no que pensavam ser as ilhas da Índia (as "Índias Ocidentais"), eles exploravam as novas terras e ao mesmo tempo procuravam a lendária fonte cujas águas "tornavam os velhos novamente jovens". Os "Índios" capturados eram interrogados e muitas vezes torturados pelos espanhóis, para que revelassem o segredo da localização da fonte.

Um dos espanhóis que mais se destacou nessas investigações foi Ponce de Leon, aventureiro e soldado profissional que foi ascendendo em sua carreira até se tornar governador de parte da Ilha Hispaniola, hoje chamada de Haiti, e também de Porto Rico. Em 1511, ele presenciou o interrogatório de alguns índios capturados. Alguns indígenas que descreveram sua ilha mencionaram pérolas e outras riquezas, e também exaltaram os benefícios maravilhosos de suas águas. Disseram também que havia uma fonte da qual bebeu um ilhéu "gravemente oprimido pela idade avançada". Como consequência, ele "voltou para casa com uma força incrível e desempenhou todas as funções viris, até mesmo se casando outra vez e gerando filhos".

Ponce de Leon – ele mesmo um homem de certa idade – ouviu a história com entusiasmo e ficou convencido de que os indígenas estavam descrevendo a milagrosa fonte de águas rejuvenescedoras. Eles relataram que o ancião que bebeu das águas recobrou sua força masculina e pôde concluir "todos os desempenhos de um homem", até mesmo desposando uma jovem que gerou filhos. Essa parte da história chamou bastante a atenção do conquistador, pois na corte da Espanha, assim como por toda da Europa, há muitos quadros dos maiores pintores, e quando eles representam cenas de amor ou alegorias sexuais, incluem na cena uma fonte. Talvez a mais famosa dessas pinturas seja *Amor Sagrado e Profano,* criada por Ticiano no mesmo período em que os espanhóis estavam em sua viagem pela Índia. Era parte do conhecimento geral da época que a fonte nos quadros insinuava um ato de amor; a fonte cujas águas tornavam possível "todos os desempenhos masculinos" por meio da Eterna Juventude.

O informe de Ponce de Leon ao rei Fernando surge nos arquivos guardados pelo historiador oficial da corte, Pedro Mártir de Anglería. Em sua obra *Decade de Orbe Novo,* Anglería afirma que os indígenas provenientes das Ilhas Lucayos ou das Bahamas tinham revelado que: "existe uma ilha onde há uma fonte perpétua de águas de virtudes maravilhosas, e que essas águas, quando combinadas com alguma dieta, transformam homens velhos em jovens outra vez". Muitos pesquisadores, como Leonardo Olschki em seu trabalho *Ponce de Leon's Fountain of Youth: History of a Geographical Myth,* afirmaram que "a Fonte da Juventude era a mais característica e popular expressão das emoções e expectativas que estimulavam os conquistadores do Novo Mundo". Sem dúvida, o rei Fernando da Espanha era uma dessas pessoas perturbadas que esperavam ansiosamente pela confirmação de suas expectativas.

Quando recebeu a carta de Ponce de Leon, Fernando não perdeu tempo: concedeu-lhe, imediatamente, uma Patente das Descobertas (datada de 23 de fevereiro de 1512), autorizando que uma expedição partisse da Ilha Hispaniola em direção ao norte. Foi ordenado aos almirantes que se dispusessem a ajudar Ponce de Leon com os melhores navios e marinheiros, para que ele pudesse ocupar, o mais rapidamente possível, a ilha de "Beininy" (Bimini). O rei deixou explícita uma condição: "que assim que chegar à ilha e descobrir o que há nela, você deve enviar um relatório a mim".

Em março de 1513, Ponce de Leon partiu em direção ao norte, à procura da Ilha Bimini. A desculpa pública para a expedição foi a busca de "ouro e outros metais", mas o verdadeiro objetivo era encontrar a Fonte da Eterna Juventude. E isso foi o que os marinheiros rapidamente descobriram assim que chegaram não apenas a uma ilha, mas a centenas delas, nas Bahamas. Lançando âncora em cada ilha, as tripulações que desembarcavam em terra eram instruídas a procurar não apenas ouro, mas uma fonte incomum. As águas de cada riacho eram provadas e bebidas, mas sem efeitos evidentes. No domingo de Páscoa – *Pasca de*

Flores, como chamavam os espanhóis –, uma extensa costa foi avistada. Ponce de Leon chamou-a de "ilha" Flórida. Navegando ao longo da costa, e desembarcando de vez em quando, ele e seus homens procuraram pelas florestas tropicais e beberam as águas de inúmeras fontes. No entanto, nenhuma parecia conter o milagre esperado.

O fracasso da missão parece ter destruído a certeza de que a fonte estava realmente lá à espera de ser descoberta. Mais indígenas foram interrogados, e alguns pareciam extremamente jovens para a idade que diziam ter. Outros relatavam as lendas que confirmavam a existência da fonte. Uma dessas lendas surge no livro *Creation Myths of Primitive America*, de J. Curtin, e relata que quando Olelbis, "Aquele que Está Sentado no Alto", estava prestes a criar a humanidade, enviou dois emissários para construir uma escada que ligaria Céu e Terra. A meio caminho, eles deveriam criar um lugar para descanso com uma piscina de água potável e, no alto da escada, duas fontes: uma para beber e outra para se banhar. Quando um homem ou uma mulher envelhecerem – dizia Olelbis –, façam com que ele ou ela suba até o cume dessa escada para beber e se banhar. Assim, sua juventude será restabelecida.

A convicção de que a fonte realmente existia em algum lugar das ilhas era tão forte que, em 1514 – o ano da infrutífera missão de Ponce de Leon –, Pedro Mártir (em sua Segunda Década) informava ao papa Leão X:

> Dizem que a uma distância de 1.800 quilômetros de Hispaniola há uma ilha chamada Boyuca, ou Ananeo, que, segundo aqueles que a exploraram, possui uma fonte extraordinária que tem um efeito rejuvenescedor sobre aqueles que bebem de suas águas.
>
> E não pense Sua Santidade que isso foi dito leviana ou precipitadamente, pois eles espalharam essa notícia como a verdade por toda a corte, de maneira tão veemente, que todo o povo – não apenas os possuidores de fortuna ou sabedoria, que se diferenciam das pessoas comuns – acredita ser a verdade.

Sem se deixar intimidar, Ponce de Leon concluiu, após mais algumas pesquisas, que o que ele teria de procurar seria uma fonte em conjunção com um rio, ambos possivelmente ligados por um túnel escondido e subterrâneo. Se a fonte estava em uma ilha, seria sua nascente um rio na Flórida?

Em 1521, a coroa espanhola enviou Ponce de Leon em uma nova busca, dessa vez com foco na Flórida. Não há dúvidas em relação ao verdadeiro propósito dessa missão – escreveu apenas algumas décadas mais tarde o historiador espanhol Antonio de Herrera y Tordesillas em seu livro *Historia General de las Indias*: "Ele (Ponce de Leon) foi em busca daquela Fonte Sagrada, tão notável entre os indígenas, assim como em busca do rio cujas águas rejuvenescem os mais velhos". Ele estava determinado a encontrar a fonte de Bimini e o rio na Flórida, nos quais os povos de Cuba e Hispaniola "afirmavam que os mais velhos se banhavam e se tornavam jovens novamente".

Em vez da Eterna Juventude, Ponce de Leon acabou encontrando a morte ao ser atingido por uma flecha indígena. E, embora a busca individual por uma poção ou loção que adie o último dia talvez nunca acabe, a busca organizada, sob decreto real, chegara ao fim.

A busca foi em vão? Fernando, Isabel, Ponce de Leon e todos os homens que partiram e morreram em busca da fonte foram tolos e infantis em acreditar em um conto de fadas primitivo?

Para eles, não parece ter sido assim. As Escrituras Sagradas, as crenças pagãs e os contos documentados de grandes viajantes estão em concordância e afirmam que houve, de fato, um lugar onde as águas (ou o néctar das frutas) poderiam conceder Imortalidade, mantendo a pessoa jovem para sempre.

E ainda havia contos antigos em voga na época, deixados pelos celtas quando estiveram na península e que falavam de um lugar sagrado, uma fonte secreta, um fruto ou erva misteriosos que quem encontrasse seria redimido da morte. Falava-se muito na deusa Idunn, que vivia perto de um córrego sagrado e que mantinha maçãs mágicas em sua arca. Quando os deuses envelheciam, procuravam por ela para comer as maçãs, que os tornava jovens novamente. De fato, Idunn significava "jovem novamente"; e as maçãs que ela guardava eram chamadas de "Elixir dos Deuses".

Será que essas narrativas populares eram ecos da lenda de Herakles (Hércules) e seus 12 trabalhos? Uma sacerdotisa do deus Apolo, prevendo suas tribulações em seu oráculo, assegurou-lhe: "Quando isso acontecer, você se tornará um dos Imortais". Para alcançar essa imortalidade, o último dos trabalhos seria ir a Hespérides buscar as maçãs douradas divinas. As Hespérides – "Filhas da Terra da Noite" – residiam no fim da Terra.

Os gregos e os romanos nos deixaram muitos contos sobre homens que foram imortalizados. O deus Apolo ungiu o corpo de Sarpédon, para que ele vivesse a vida de várias gerações de homens. A deusa Afrodite concedeu a Faon uma poção mágica que purificou seu corpo e o transformou em um belo jovem "que despertou o amor nos corações de todas as mulheres de Lesbos". E o menino Demofonte, ungido em ambrosia pela deusa Deméter, teria certamente se tornado imortal não fosse sua mãe – sem saber a identidade de Deméter – raptá-lo da deusa.

Havia o conto de Tântalo, que se tornou imortal por comer o néctar e a ambrosia que roubava da mesa dos deuses. Porém, por ter matado seu próprio filho para oferecer aos deuses sua carne como alimento, ele foi punido e banido para uma terra de águas e frutos deliciosos e eternamente fora de seu alcance. (O deus Hermes trouxe o filho assassinado de volta à vida). A ninfa Calipso propôs a Odisseu (Ulisses para os gregos) que ficasse com ela para sempre em troca da Imortalidade, mas ele declinou da oferta por uma chance para retornar à sua terra e esposa.

E não havia também o conto de Glauco, um simples pescador, que se tornou um deus do mar? Um dia ele observou que um peixe que havia pescado, ao ser tocado por uma erva, voltou à vida e pulou de volta para a água. Glauco colocou a erva na boca e pulou na água exatamente no mesmo lugar; ali, os deuses do mar Oceano e Tétis o aceitaram em seu grupo e transformaram-no em uma divindade.

O ano de 1492, quando Colombo partiu da Espanha, foi também o ano em que a ocupação muçulmana na Península Ibérica terminou com a rendição dos mouros em Granada. Ao longo dos quase oito séculos de disputa entre muçulmanos e cristãos pela península, a interação entre as duas culturas foi imensa, e o conto do Alcorão (o livro sagrado dos muçulmanos) sobre o peixe e a fonte da vida era conhecido tanto pelos mouros como pelos católicos. O fato de o conto ser quase idêntico à lenda grega de Glauco, o pescador, foi tomado como uma confirmação de sua autenticidade, e foi uma das causas da procura pela lendária fonte na Índia – o país que Colombo buscava e que ele acreditava ter atingido.

A parte do Alcorão que contém a história é a 18ª *Sura*. Ela relata as viagens de Moisés, o herói bíblico do êxodo israelita no Egito, e dos mistérios que ele explorava. Durante a preparação para sua missão como mensageiro de Deus, Moisés era instruído por um misterioso "Servo do Senhor", que lhe ministrava o conhecimento necessário. Acompanhado apenas por um criado, Moisés devia ir ao encontro desse enigmático professor com a ajuda de uma única pista: ele deveria levar consigo um peixe seco; o lugar em que o peixe pulasse e desaparecesse seria onde ele encontraria o mestre.

Depois de muitas buscas malsucedidas, o criado de Moisés sugeriu que eles desistissem. Mas Moisés persistiu, dizendo que ele não desistiria até encontrar "a junção dos dois riachos". Sem que eles notassem, foi ali que o milagre aconteceu:

> Quando chegaram à Junção,
> eles se esqueceram do peixe,
> que teve seu cadáver levado pela correnteza,
> como em um túnel.

Depois de continuar a viagem, Moisés disse a seu criado: "Traga-nos nossa primeira refeição". Mas o criado respondeu que não havia mais o peixe:

> Quando nos dirigimos para a rocha,
> Você viu o que aconteceu?
> Eu me esqueci do peixe –
> Satanás fez-me esquecer de dizer a você:
> Ele seguiu seu curso na correnteza,
> de uma forma maravilhosa.
> E Moisés disse:
> "Era isso que estávamos buscando".

O conto do Alcorão (Figura 1) sobre o peixe seco que voltou à vida e nadou de volta para o mar através de um túnel foi além do conto paralelo grego, referindo-se não apenas a um simples pescador, mas ao venerado Moisés. Além disso, se o incidente fosse apresentado não como uma descoberta do acaso, e sim como uma ocorrência premeditada pelo Senhor, quem saberia da localização das Águas da Vida – águas que poderiam ser reconhecidas por meio da ressurreição de um peixe morto?

Como cristãos devotos, o rei e a rainha da Espanha devem ter aceitado de forma literal a visão descrita no Livro do Apocalipse, que falava "de um rio puro e cristalino da Água da Vida que saía do trono de Deus... No meio das ruas da cidade e em cada lado do rio, havia Árvores da Vida que frutificam 12 vezes". Eles devem ter acreditado nas promessas do Livro: "a quem tem sede, darei a Fonte da Água da Vida, e a quem tem fome, darei a Árvore da Vida que fica no centro do Paraíso de Deus". Eles provavelmente também estavam cientes das palavras do salmo bíblico:

> Deste a eles de beber
> do Rio das Eternidades;
> Pois contigo está a Fonte da Vida.

60. Atenção, Moisés disse
A seu criado, "eu não vou
Desistir até encontrar
A junção dos dois
Mares ou (até) passar
Anos e anos viajando".

٦۰۔ وَإِذْ قَالَ مُوسَىٰ لِفَتَىٰهُ لَا أَبْرَحُ حَتَّىٰ أَبْلُغَ مَجْمَعَ الْبَحْرَيْنِ أَوْ أَمْضِيَ حُقُبًا ۝

61. Mas, quando chegaram à
Junção, eles se esqueceram do
Peixe, que seguiu
Seu curso pelo mar
(Direto) como em um túnel.

٦۱۔ فَلَمَّا بَلَغَا مَجْمَعَ بَيْنِهِمَا نَسِيَا حُوتَهُمَا فَاتَّخَذَ سَبِيلَهُ فِي الْبَحْرِ سَرَبًا ۝

62. Quando eles ultrapassaram
(Alguma distância), Moisés disse
A seu criado: "Traga-nos
Nossa primeira refeição; realmente
Sofremos muita fadiga
Neste (ponto da) nossa viagem".

٦۲۔ فَلَمَّا جَاوَزَا قَالَ لِفَتَىٰهُ آتِنَا غَدَاءَنَا لَقَدْ لَقِينَا مِن سَفَرِنَا هَٰذَا نَصَبًا ۝

63. Ele respondeu: "Você viu
(O que aconteceu) quando nos
Dirigimos para a rocha?
Eu realmente esqueci
(Sobre) o peixe: ninguém, mas
Satanás me fez esquecer
De contar (a você):
Ele seguiu seu curso pelo
Mar de uma forma maravilhosa!"

٦۳۔ قَالَ أَرَأَيْتَ إِذْ أَوَيْنَا إِلَى الصَّخْرَةِ فَإِنِّي نَسِيتُ الْحُوتَ وَمَا أَنسَانِيهُ إِلَّا الشَّيْطَانُ أَنْ أَذْكُرَهُ وَاتَّخَذَ سَبِيلَهُ فِي الْبَحْرِ عَجَبًا ۝

64. Moisés disse: "Era isso
Que nós estávamos procurando".
Assim, eles voltaram
Para seu caminho, seguindo
(O caminho pelo qual tinham vindo).

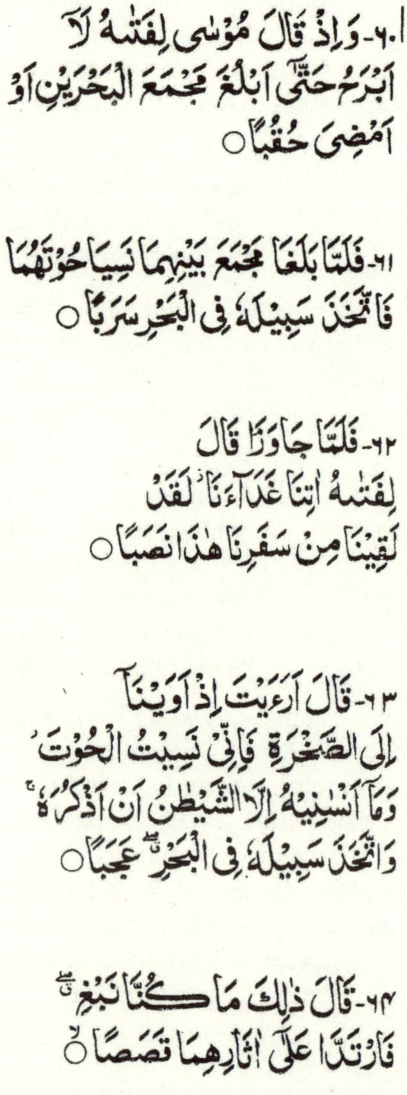

٦٤۔ قَالَ ذَٰلِكَ مَا كُنَّا نَبْغِ فَارْتَدَّا عَلَىٰ آثَارِهِمَا قَصَصًا ۝

Figura 1

Como asseguravam as Sagradas Escrituras, não podia haver nenhuma dúvida quanto à existência da Fonte da Vida ou Rio da Eternidade. O único problema era sua localização e como encontrá-lo.

A 18ª *Sura* do Alcorão parece oferecer algumas pistas importantes. Ela fala dos três paradoxos da vida que foram mostrados a Moisés uma vez que ele localizou o Servo do Senhor. A mesma seção do Alcorão descreve três outros episódios: o primeiro trata de uma visita a uma terra onde o Sol se põe; o segundo trata de uma terra onde o Sol nasce – ou seja, o leste; e, finalmente, uma terra para além da segunda, onde o mítico povo de Gog e Magog (os candidatos bíblicos para o Fim dos Dias) estava causando danos à Terra. Para pôr um fim a esse problema, o herói do conto, Du-al'karnain ("Possuidor dos dois chifres"), preencheu o espaço entre duas montanhas íngremes com blocos de ferro e derramou sobre eles chumbo derretido, criando uma barreira tão impressionante que nem os poderosos Gog e Magog poderiam ultrapassar. Separados, os dois povos não poderiam mais causar danos na Terra.

A palavra *Karnain*, tanto em árabe como em hebraico, significa "Chifres Duplos" ou "Raios Duplos". Os três episódios adicionais, imediatamente seguintes ao conto dos Mistérios de Moisés, surgem para reforçá-lo como seu herói, que poderia muito bem ter sido apelidado de Du-al'karnain, porque seu rosto "tinha raios" – irradiava – depois de descer do Monte Sinai, onde ele encontrou o Senhor frente a frente. Entretanto, crenças populares medievais atribuíam o epíteto e as viagens às três terras a Alexandre, o Grande,* o rei macedônio que no século IV a.C. conquistou grande parte do mundo antigo, chegando até a Índia.

Essa crença popular que liga Moisés a Alexandre, o Grande, tem sua origem em tradições relacionadas às aventuras e conquistas do rei da Macedônia. E elas incluíam não apenas as proezas nas terras de Gog ou Magog, mas também um episódio idêntico do peixe morto e seco, que recobrou a vida quando Alexandre e seu cozinheiro encontraram a Fonte da Vida!

Os documentos que corriam pela Europa e pelo Oriente Próximo em tempos medievais descrevendo as aventuras de Alexandre eram baseados em supostos escritos do historiador grego Calistenes de Olinto, sobrinho e discípulo de Aristóteles. Ele foi escolhido por Alexandre para registrar as explorações, triunfos e aventuras de sua expedição asiática, mas morreu na prisão por ter criticado o rei, e seus escritos pereceram misteriosamente. Séculos mais tarde, no entanto, começou a circular pela Europa um texto em latim, suposta tradução dos textos originais perdidos de Calistenes. Estudiosos se referem a esse texto como um "pseudocalistenes".

Por muitos séculos, acreditou-se que as várias traduções das Explorações de Alexandre que circulavam pela Europa e pelo Oriente Médio eram derivadas dessa versão pseudocalistenes em latim. Mas foi descoberto mais tarde quve outras versões paralelas existiam em várias línguas – incluindo

---

*N.E.: Sugerimos a leitura de *O Gênio de Alexandre, o Grande*, de N.G.L. Hammond, Madras Editora.

hebraico, árabe, persa, siríaco, armênio e etíope –, assim como pelo menos três versões em grego. As várias versões, algumas delas com origens na Alexandria do século II a.C., diferem em alguns pontos, mas suas semelhanças impressionantes realmente indicam uma fonte comum – talvez os escritos de Calistenes, ou, como algumas vezes se alega, cópias das cartas de Alexandre para sua mãe, Olímpia, e para seu mentor, Aristóteles.

As aventuras maravilhosas que nos interessam começam depois de Alexandre completar a conquista do Egito. Os textos não são claros quanto a que direção Alexandre seguiu, nem é certo que os episódios estejam organizados de uma forma geográfica ou cronológica precisa. Entretanto, um dos primeiros episódios pode explicar a confusão que se tornou comum entre Alexandre e Moisés: aparentemente, Alexandre tentou sair do Egito da mesma forma que Moisés, separando as águas para seu exército atravessar a pé.

Quando chegou ao mar, Alexandre decidiu separar as águas construindo em seu meio uma parede de chumbo derretido, e seus pedreiros "continuaram a derramar chumbo e matéria derretida na água até a estrutura se erguer acima da superfície. Então, ele construiu sobre ela um pilar e uma torre, e mandou entalhar seu rosto com dois chifres na cabeça". E ele escreveu no monumento: "Quem passar por este lugar e navegar neste mar, saiba que eu o fechei".

Fechando então as águas, Alexandre e seus homens começaram a cruzar o oceano e, como precaução, enviaram na frente alguns prisioneiros. Mas, conforme iam chegando à torre no meio das águas, "as ondas do mar levantaram-se sobre eles (os prisioneiros), e o mar os engoliu e todos sucumbiram... Quando a figura de dois chifres viu isso, ele temeu o mar com todas as suas forças", e desistiu da tentativa de emular Moisés.

Ansioso, porém, por descobrir a "escuridão" do outro lado do mar, Alexandre fez vários desvios, durante os quais supostamente visitou as fontes do Rio Eufrates e do Rio Tigre, estudando "os segredos dos céus e as estrelas e os planetas".

Deixando suas tropas para trás, o rei da Macedônia tomou o caminho de volta em direção ao País das Trevas, chegando a uma montanha chamada *Mushas,* nas encostas do deserto. Após vários dias de marcha, ele viu "um caminho livre sem muros, onde não havia nenhum lugar alto nem baixo". Ele deixou seus poucos e fiéis companheiros e seguiu sozinho. Após uma viagem de 12 dias e 12 noites, "ele notou o esplendor de um anjo"; mas, conforme se aproximou, o anjo se transformou em um "fogo em chamas". Alexandre compreendeu que ele havia alcançado "a montanha que circunda o mundo todo".

O anjo ficou tão perplexo quanto Alexandre. "Quem és tu e por que razão estás aqui, ó mortal?" – perguntou o anjo, pensando como teria Alexandre conseguido "penetrar nessa escuridão, onde nenhum homem jamais adentrou". E Alexandre respondeu que o próprio Deus o havia guiado e dado forças "para chegar a este lugar, que é o Paraíso".

Para convencer o leitor de que o Paraíso, ao contrário do Inferno, era alcançável mediante passagens subterrâneas, o antigo autor introduziu então um longo diálogo sobre Deus e o Homem, entre o anjo e Alexandre. O anjo, então, incentivou-o a retornar a seus amigos; no entanto, Alexandre persistiu em buscar respostas para os mistérios do Céu e da Terra, Deus e Homens. Por fim, Alexandre disse que iria embora apenas se lhe fosse concedido algo que nenhum homem jamais obtivera antes. Obedecendo, o anjo disse: "Eu vou lhe dizer algo sobre onde você deve viver, e não morrer". O homem de dois chifres disse: "prossiga". E o anjo disse:

> Na terra da Arábia, Deus colocou a negritude de uma escuridão sólida, onde está escondido um tesouro desse conhecimento. Lá também está a fonte de água que é chamada "A Água da Vida"; e quem beber dela, nem que seja uma única gota, jamais morrerá.

O anjo atribuiu outros poderes mágicos a essas Águas da Vida, como "o dom de voar através dos céus, como voam os anjos". Sem necessitar de mais incentivos, Alexandre rapidamente perguntou: "Em qual quarta parte da Terra está situada esta fonte de água?". "Pergunte aos homens que são herdeiros da origem desse conhecimento", foi a resposta enigmática do anjo. Então o anjo deu a Alexandre um cacho de uvas para alimentar suas tropas.

Retornando para os companheiros, Alexandre contou aos colegas sua aventura e deu a cada um deles uma uva. Mas "conforme ele tirava uma uva do cacho, outra crescia em seu lugar". E foi assim que um cacho de uvas serviu para alimentar todos os soldados e seus animais.

Alexandre passou a consultar todos os homens eruditos que encontrava pelo caminho. Ele perguntou aos sábios: "Alguma vez você leu em seus livros que Deus possuía um lugar de escuridão onde está escondido o conhecimento, e a fonte chamada 'Fonte da Vida' também fica lá?". As versões gregas demonstram que ele vasculhou os Confins da Terra em busca do sábio que possuía tal resposta; as versões etíopes sugerem que esse sábio estava lá, entre suas tropas. Seu nome era Matun, e ele conhecia os textos antigos. O lugar – ele disse – "jaz perto do Sol, do lado direito de onde ele se ergue".

Em posse dessas poucas informações enigmáticas, Alexandre colocou-se nas mãos de seu guia e, mais uma vez, foram ao País das Trevas. Depois de viajar por muito tempo, Alexandre cansou-se e enviou Matun sozinho, na frente, em busca do caminho correto. Para ajudá-lo a enxergar na escuridão, Alexandre deu-lhe uma pedra que havia sido oferecida a ele, em circunstâncias misteriosas, por um rei antigo que vivia entre os deuses – uma pedra que foi trazida do Paraíso por Adão e que era mais pesada do que qualquer outra substância na Terra.

Matun toma todas as precauções durante o caminho, mas acaba por se perder. Ele decide recorrer à pedra mágica e coloca-a no chão; quando esta toca no solo, ela emite uma luz da qual Matun avista um poço. Ele ainda não estava ciente de que havia encontrado a Fonte da Vida. A versão etíope descreve o sucedido:

> Agora, ele tinha com ele um peixe seco e, estando com muita fome, ele leva o peixe até a água, com a intenção de lavá-lo e prepará-lo para cozinhar... Mas, pasmem, assim que o peixe toca na água, ele começa a nadar.

"Quando Matun presencia essa cena, ele despe toda a sua roupa e entra na água atrás do peixe e o encontra vivo". Ao perceber que estava no "Poço da Água da Vida", Matun lavou-se em suas águas e bebeu delas. Quando saiu do poço, ele não sentia mais fome, tampouco tinha alguma preocupação digna deste mundo, pois ele havia se tornado *El--Khidr* – "o longevo" –, aquele que seria jovem para sempre.

Quando retorna ao acampamento, ele não comenta sua descoberta com Alexandre (que a versão etíope chama de "Ele dos Dois Chifres"). Então o próprio Alexandre acaba por retomar a busca, tateando na escuridão em busca do caminho correto. De repente, ele vê uma pedra (deixada por Matun) "reluzindo na escuridão; (e) agora ela tem dois olhos que emitem raios de luz". Percebendo que havia descoberto o caminho certo, Alexandre apressa-se, mas é parado por uma voz que o adverte a respeito de suas crescentes ambições, profetizando que, em vez de atingir a Vida Eterna, em breve ele retornaria ao pó. Aterrorizado, Alexandre junta-se a seus companheiros e suas tropas, desistindo da busca.

De acordo com algumas versões, foi um pássaro com traços humanos que falou com Alexandre e o convenceu a voltar quando chegou a um lugar "incrustado de safiras e esmeraldas e jacintos". Na alegada carta de Alexandre à sua mãe, havia dois homens-pássaros que bloqueavam seu caminho.

Na versão grega de pseudocalistenes, foi André, o cozinheiro de Alexandre, quem pegou o peixe seco para lavá-lo em uma fonte "cujas águas cintilavam". Quando tocou na água, o peixe tornou-se vivo e escorregou das mãos do cozinheiro. Ao se dar conta do que tinha encontrado, o cozinheiro bebeu a água e a levou em uma tigela de prata, sem contar a ninguém sobre sua descoberta. Quando Alexandre (nessa versão ele estava acompanhado por 360 homens) continuou a busca, eles chegaram a um lugar que resplandecia, mas onde não havia nem sol, nem lua, nem estrelas. O caminho estava bloqueado por dois pássaros com feições humanas.

"Volte!", um deles ordenou a Alexandre, "pois a terra que você pisa pertence apenas a Deus. Volte, ó mal-aventurado, pois na terra do abençoado você não pode pisar!" Tremendo de medo, Alexandre e seus homens dão meia-volta; mas, antes de abandonarem o lugar, eles levam como lembrança algumas pedras e terra. Depois de vários dias de viagem, eles deixaram a Terra da Noite Eterna; e, quando chegaram à luz, viram que a "terra e as pedras" que haviam levado eram, de fato, pérolas, pedras preciosas e barras de ouro.

Então, o cozinheiro decide contar a Alexandre sobre o peixe que tinha recobrado a vida, mas continuou mantendo em segredo que havia bebido das águas e trazido um pouco dela. Alexandre ficou furioso, agrediu o homem e o baniu do campo. Mas o cozinheiro não queria partir sozinho, pois havia se apaixonado por uma filha de Alexandre. Assim, ele revelou a ela seu segredo e deixou-a beber das águas. Quando Alexandre descobriu, ela também foi expulsa: "Você se tornou um ser divino e imortal", ele disse, "portanto, não pode continuar entre os homens – vá viver na Terra dos Abençoados". Quanto ao cozinheiro, Alexandre o jogou no mar, com uma pedra amarrada no pescoço. Mas, em vez de se afogar, o cozinheiro transformou-se em Andrêntico, o demônio do mar.

"E assim", dizem-nos, "termina o conto do Cozinheiro e da Donzela". Para os eruditos conselheiros dos reis e rainhas da Europa medieval, as várias versões apenas servem para confirmar tanto a antiguidade quanto a veracidade da lenda de Alexandre e a Fonte da Vida. Mas onde ficavam essas águas mágicas?

Será que estavam realmente do outro lado da fronteira do Egito, na península do Sinai – o palco das atividades de Moisés? Estavam perto da área onde os rios Eufrates e Tigre nasciam, em alguma parte do norte da Síria? Alexandre foi mesmo à Índia – os Confins da Terra – para encontrar a Fonte, ou ele embarcou nessas conquistas adicionais depois de ter voltado a esse país?

Enquanto os estudiosos medievais se debatiam para desvendar o mistério, novos trabalhos sobre o assunto, com fontes cristãs, começaram a formar um consenso em favor da Índia. Uma composição latina intitulada *Alexander Magni Inter Ad Paradisum*, uma homilia siríaca sobre Alexandre, do bispo Jacó de Sarug, a *Recensão de Josipo*, em armênio, em conjunto com o conto do túnel, os homens-pássaros e a pedra mágica situam o País das Trevas ou a Montanha das Trevas nos Confins da Terra. Lá, afirmam alguns desses textos, Alexandre navegou no Rio Ganges, que também era o Rio Pison do Paraíso. Na Índia, ou em uma ilha nas proximidades da costa, Alexandre alcançou as Portas do Paraíso.

Enquanto essas conclusões tomavam forma na Europa da Idade Média, uma nova luz pairava sobre o assunto, vinda de uma fonte completamente inesperada. No ano de 1145, o bispo alemão Otto de Freising reporta em seu *Chronicon* uma epístola surpreendente. Ele afirmou que o papa havia recebido uma carta de um governante cristão da Índia, cuja existência, até então, era totalmente desconhecida. E esse rei afirmava em sua carta que o Rio do Paraíso estava realmente localizado em seu domínio. O bispo Otto de Freising afirmou que o papa havia recebido a epístola por um intermediário, o bispo Hugo de Gebal, uma cidade na costa mediterrânea da Síria. O soberano e autor da epístola se chamava João, o Ancião, ou, por ser um padre da Igreja Católica, preste João. Ele era reconhecido como um descendente direto dos três Reis Magos que visitaram Cristo quando criança, e venceu os reis muçulmanos da Pérsia, formando um próspero reino cristão nas localidades dos Confins da Terra.

Alguns estudiosos da atualidade consideram todo esse caso como uma farsa com propósitos propagandistas. Outros acreditam que os relatos que chegaram ao papa foram distorções dos acontecimentos reais. Cinquenta anos antes, o mundo cristão havia dado início às Cruzadas* contra o domínio muçulmano no Oriente Próximo (incluindo a Terra Santa) e encontrou uma derrota devastadora em Edessa, em 1144. Mas, nos Confins da Terra, governantes mongóis começaram a derrubar os portões do império muçulmano e, em 1141, derrotaram o sultão Sanjar. Quando as notícias chegaram às cidades da costa do Mediterrâneo, foram levadas até o papa envoltas na descrição de um rei cristão que havia se empenhado em derrotar os muçulmanos pela retaguarda.

---

*N.E.: Sugerimos a leitura de *O Guia Completo das Cruzadas*, de Paul L. Williams, Madras Editora.

Se a busca pela Fonte da Juventude não fazia parte das razões para a Primeira Cruzada (1095), fazia, aparentemente, parte das Cruzadas subsequentes. Pois, assim que o bispo Otto reportou a existência de preste João e do Rio do Paraíso em seu domínio, o papa emitiu um chamado formal para a retomada das Cruzadas. Dois anos depois, em 1147, o imperador Conrado, da Alemanha, acompanhado por vários governantes e muitos nobres, lançou a Segunda Cruzada.

Enquanto a sorte dos cruzados variava entre sucessos e fracassos, a Europa era devastada pela palavra de preste João e suas promessas de ajuda. De acordo com os cronistas da época, em 1165, preste João enviou uma carta ao imperador bizantino, ao imperador romano e a reis menores, declarando sua intenção definitiva de ir à Terra Santa com seus exércitos. Mais uma vez, seu reino foi descrito de forma entusiasmada como o lugar onde convinha estar o Rio do Paraíso – de fato, as Portas do Paraíso.

A ajuda prometida nunca chegou, o caminho entre Europa e Índia não foi descoberto e, no fim do século XIII, as Cruzadas terminaram, culminando em uma derrota final do mundo cristão pelas mãos dos muçulmanos. Mas, enquanto os cruzados atacavam e se retiravam, a crença ardente na existência das Águas do Paraíso na Índia aumentava e se espalhava.

Antes do final do século XII, uma nova e popular versão das explorações de Alexandre, o Grande, tomou conta dos acampamentos e praças das cidades. A obra se chamava *Romance de Alexandre*, que hoje sabemos ser de dois franceses que basearam sua composição poética e radiante na versão latina de pseudocalistenes e outras "biografias" do herói macedônio disponíveis na época. Cavaleiros, guerreiros e cidadãos dos salões da época não se importavam com quem eram os autores; pois – em um idioma que podiam compreender – esse trabalho descrevia de forma viva e excitante as aventuras de Alexandre em terras estrangeiras.

Entre outros, estava o conto das três fontes maravilhosas. A primeira rejuvenescia o velho; a segunda concedia Imortalidade; a terceira ressuscitava os mortos. As três fontes – explicava o *Romance* – estavam localizadas em terras diferentes, saindo dos rios Tigre e Eufrates, na Ásia ocidental; do Nilo, na África; e do Rio Ganges, na Índia. Esses eram os quatro Rios do Paraíso e, embora desaguassem em terras distintas, saíam todos de uma mesma fonte: o Jardim do Éden – como sempre foi relatado na Bíblia.

O *Romance* relata que Alexandre e seus homens encontraram a Fonte do Rejuvenescimento. Consta que 56 companheiros anciãos de Alexandre "recuperaram as feições de homens de 30 anos depois de beberem na Fonte da Juventude". Como as traduções do *Romance* aumentavam cada vez mais o conto, as versões se tornaram mais específicas em um ponto: não apenas a aparência, mas também a masculinidade e a virilidade dos soldados mais velhos foram rejuvenescidas.

Mas como chegar a essa Fonte, se a rota para a Índia estava bloqueada pelos muçulmanos pagãos?

Os papas tentaram se comunicar com o enigmático preste João diversas vezes, "o ilustre e magnificente rei das Índias e o adorado filho de Cristo". Em 1245, o papa Inocente IV enviou frei Giovanni de Piano Carpini, pelo sul da Rússia, até o governante mongol ou Khan, acreditando que os mongóis fossem nestorianos (um ramo da Igreja Ortodoxa Oriental) e que o Khan fosse o preste João. Em 1254, o padre governante armênio Haitun viajou disfarçado pela parte oriental da Turquia até o território de um chefe mongol no sul da Rússia. Os arquivos de suas viagens aventureiras mencionam que esse caminho levou-o à passagem estreita na costa do Mar Cáspio, chamada de *Portões de Ferro*; e a especulação de que essa rota assemelhava-se à de Alexandre, o Grande (que derramou ferro derretido para fechar a passagem de uma montanha), apenas serviu para sugerir que os Confins da Terra, as Portas do Paraíso, poderiam realmente ser alcançados.

Esses e outros emissários reais e papais foram logo alcançados por aventureiros, como por exemplo os irmãos Nicolo e Maffeo Polo, e o filho de Nicolo, Marco Polo* (1260-1295), e o cavaleiro alemão Guilherme de Boldensele (1336) – todos eles em busca do reinado do preste João.

Enquanto seus diários de viagem mantinham o interesse das cortes e da Igreja, coube mais uma vez a um trabalho literário popular o destino de reanimar o interesse das massas. E seu autor apresentou-se como "Eu, John Maundeville, Cavaleiro", nascido na cidade de St. Albans, na Inglaterra, que "me lancei ao mar no ano de nosso Senhor Jesus 1322". Relatando o fim de suas viagens, 34 anos depois, *sir* John explica que tinha "estabelecido o caminho para a Terra Sagrada e para Hierusalem: e também para as terras do Grande Khan e do preste João, para a Índia e outros países distantes, juntamente com várias e estranhas maravilhas locais".

---

*N.E.: Sugerimos a leitura de *Marco Polo – A Incrível Jornada*, de Robin Brow, Madras Editora.

No capítulo 27, intitulado "Do Estado Real de Preste João", o livro *The Voyages and Travels of Sir John Maundeville, Knight* relata:

> Este imperador, preste João, possui um território muito vasto e tem muitas cidades nobres e boas aldeias em seu reino, e muitas ilhas grandes e extensas. Pois todo o país da Índia foi dividido em ilhas pelas grandes inundações que vieram do Paraíso...
> E esta terra é repleta de bons e ricos... na terra de preste João há muitas coisas e muitas pedras preciosas, tão grandes e tão pequenas, que os homens fazem delas pratos, copos, etc...

Sir John continua descrevendo o Rio do Paraíso:

> Em seu país está o mar chamado de Mar Gravelly... a três dias de viagem existem montanhas altas, das quais sai um grande rio que chega ao Paraíso, que está repleto de pedras preciosas, sem uma gota de água, e ele corre ao lado deserto, transformando-se no Mar Gravelly, seu ponto-final.

Além do Rio do Paraíso, havia uma "ilha grande, comprida e larga, chamada Milsterak", que era o Paraíso na Terra. Ela tinha "o mais belo jardim alguma vez imaginado; e dentro dele havia árvores que produziam variados frutos, todos os tipos de ervas de virtude e de bom cheiro". Esse paraíso – diz *sir* John – tinha pavilhões e câmaras maravilhosos, obras de um homem rico e diabólico, cujo propósito era servir a diversos prazeres sexuais.

Despertando a imaginação (e a ganância) de seus leitores com histórias de pedras preciosas e outras riquezas, *sir* John agora jogava com os desejos sexuais dos homens. O lugar – ele diz – estava repleto das "mais belas donzelas de menos de 15 anos alguma vez vistas e rapazes jovens e belos da mesma idade, e estavam todos ricamente vestidos em ouro; e ele dizia que eram anjos". E o homem diabólico –

> Também mandou construir três belos e nobres poços, todos cercados por pedras de jaspe e cristal, com ouro dilapidado e pedras preciosas e grandes pérolas do Oriente. E ele fez um canal por baixo da terra, assim os três poços, de acordo com sua vontade, deveriam: o primeiro verter leite; o segundo, vinho; e o terceiro, mel. E ele chamou aquele lugar de Paraíso.

E para aquele lugar o habilidoso homem atraía "cavaleiros bons e nobres", e depois de lhes entreter, ele os persuadia a sair e matar seus inimigos; dizendo que eles não deviam temer serem massacrados, pois, caso morressem, seriam ressuscitados e rejuvenescidos:

> Depois de sua morte, eles deveriam vir para este Paraíso, e deveriam ter a mesma idade das donzelas e deveriam brincar com elas. E, depois disso, eles seriam levados a um Paraíso ainda mais justo, onde veriam nitidamente o Deus da Natureza, em sua majestade e beatitude.

Mas esse – disse John Maundeville – não era o verdadeiro Paraíso conhecido biblicamente. Esse – disse ele no Capítulo XXX – estava além das ilhas e das terras pelas quais viajou Alexandre, o Grande. A rota levava ao Oriente distante, em direção a duas ilhas ricas em minas de prata e ouro "onde o Mar Vermelho se separa do Oceano":

> E para além destas terras, ilhas e desertos do reinado de preste João, indo diretamente em direção ao Oriente, os homens não encontravam nada além de montanhas e grandes rochas; e há a região escura, onde nenhum homem consegue ver, nem de dia nem de noite... E este deserto, este lugar de escuridão, vai desta costa até o Paraíso Terrestre, onde Adão, nosso primeiro pai, morava com Eva, sua mulher.

Foi daí que fluíram as águas do Paraíso:

> E no lugar mais alto do Paraíso, exatamente no meio, está um poço de onde saem os quatro rios, que correm para diversas terras; o primeiro deles é chamado de Pison, ou Ganges, que corre através da Índia, ou Emlak, onde existem muitas pedras preciosas e muito aloe lignum, e muita areia e ouro.
> E o outro rio é chamado de Nilo, ou Geon, que atravessa a Etiópia e depois o Egito.
> E o outro é chamado de Tigre, que corre pela Assíria e pela Armênia, a Grande.
> E o outro é chamado de Eufrates, que corre através da Média Armênia e Pérsia.

John Maundeville confessa que ele próprio não havia atingido o bíblico Jardim do Éden: "nenhum simples mortal pode se aproximar daquele lugar sem uma graça especial de Deus; por isso, sobre aquele lugar, eu não posso contar-lhes mais nada".

Apesar dessa confissão, as muitas versões, em muitas línguas, que fluíram do original em inglês, mantêm que o cavaleiro afirmou: "Eu, John de Maundeville, vi a Fonte e bebi três vezes de sua água com meu companheiro, e, depois de beber, eu me senti bem". O fato de, na versão inglesa, Maundeville reclamar que sofria de gota reumática e estava muito próximo ao fim de seus dias não incomodou os leitores que estavam emocionados com os contos maravilhosos. E, na época, também não foi de importância aquilo que os estudiosos hoje acreditam; que "*sir* John Maundeville, o Cavaleiro", tenha na verdade sido um médico francês que nunca viajou, mas que, habilidosamente, escreveu um diário de viagem a partir dos escritos de outros que realmente se arriscaram em viagens longas e distantes.

Ao escrever sobre as visões que motivaram a exploração que culminou na descoberta da América, Angel Rosenblat (*La Primera Vision de America y Otros Estudios*) resume assim as evidências: "junto à crença de um paraíso terrestre, estava associado um outro desejo, de natureza messiânica (ou fáustica); o de encontrar a Fonte da Eterna Juventude. Toda a Idade Média sonhou com isso. Nas novas imagens do Paraíso Perdido, a Árvore da Vida foi convertida em Fonte da Vida, e então no Rio ou Nascente da Juventude". A motivação era a convicção de que a "Fonte da Vida vinha da Índia... uma fonte que curava todas as doenças e garantia a imortalidade. O fantástico John Maundeville realmente a encontrou em sua viagem à Índia... no Reino Cristão do preste João". Encontrar a Índia e as águas que vinham do Paraíso tornou-se "um símbolo do eterno desejo humano por prazer, juventude e felicidade".

Com as rotas terrestres bloqueadas pelo inimigo, os reinos cristãos da Europa lançaram uma rota marítima para a Índia. Sob o comando de Henrique, o navegador, o reino de Portugal emergiu em meados do século XV como a potência que liderava a corrida em busca do Oriente, navegando em torno da África. Em 1445, o navegador português Dinas Dias alcançou a entrada do Rio Senegal e, ciente dos motivos da viagem, relatou que "homens dizem que ele vem do Nilo, e é um dos mais gloriosos rios da Terra que fluem do Jardim do Éden e do Paraíso terrestre". Outros seguiram, navegando em direção e ao redor do Cabo, na ponta do continente africano. Em 1499, Vasco da Gama e sua frota circunavegaram a África e alcançaram o objetivo desejado: a Índia.

Entretanto, os portugueses, que lançaram a Era dos Descobrimentos, perderam a corrida. Diligentemente estudando os mapas antigos e todos os escritos daqueles que se aventuraram em direção ao Oriente, um marinheiro italiano chamado Cristóbal Colón (Cristóvão Colombo) concluiu que, ao navegar em direção ao *oeste*, ele poderia chegar à Índia por uma rota marítima muito mais curta do que a rota oriental procurada pelos portugueses. Em busca de um patrocinador, ele chega à corte de Fernando e Isabel. Ele tinha consigo (e levou em sua primeira viagem) uma cópia anotada da versão latina do livro de Marco Polo. Ele também citava os escritos de John Maundeville, o qual explicou um século e meio antes de Colombo que, indo em direção ao Oriente distante, chega-se ao Ocidente "por conta da redondeza da Terra..., pois nosso Senhor Deus fez a Terra redonda".

Em janeiro de 1492, Fernando e Isabel venceram os muçulmanos, banindo-os da Península Ibérica. Terá sido um sinal divino para a Espanha o fato de ser bem-sucedida onde os cruzados haviam fracassado? No dia 3 de agosto do mesmo ano, Colombo partiu sob a bandeira espanhola para encontrar a rota dos mares ocidentais em direção à Índia. No dia 12 de outubro, ele avistou terra. Até sua morte, em 1506, ele tinha a certeza de ter encontrado as ilhas que faziam parte do grande domínio de preste João.

Duas décadas mais tarde, Fernando emite a Ponce de Leon a Patente do Descobrimento, dando-lhe instruções para encontrar, sem demora, as águas rejuvenescedoras.

Os espanhóis haviam pensado que estavam imitando Alexandre, o Grande. Mal sabiam eles que estavam seguindo as pegadas de uma antiguidade muito maior.

II

Os Antepassados Imortais

Alexandre, o Grande, morreu aos 33 anos, na Babilônia. Ele teve uma vida curta, mas plena em conquistas, aventuras e explorações; uma busca incessante e um desejo impetuoso de encontrar os Confins da Terra, de desvendar os mistérios divinos.

E não foi uma busca em vão. Filho da rainha Olímpia e provavelmente de seu marido, o rei Filipe II, Alexandre foi aluno do filósofo Aristóteles, que o ensinou todas as formas de sabedoria antigas. Ele testemunhou brigas e divórcio entre seus pais, que culminaram na fuga de sua mãe com o jovem Alexandre. Houve também reconciliação e morte, e o assassinato de Filipe levou à coroação de Alexandre quando este tinha 20 anos. Suas primeiras expedições militares o levaram a Delfos, berço do renomado oráculo. Foi lá onde ouviu a primeira de muitas profecias que previram fama, mas uma vida muito curta.

Sem se deixar intimidar, Alexandre partiu – como fizeram os espanhóis quase 1.800 anos depois – em busca das Águas da Vida. E, para descobri-la, ele teria de abrir caminho para o Oriente. Foi de lá que os deuses vieram: o grande Zeus, que atravessou a nado o Mediterrâneo, da cidade fenícia de Tiro até a ilha de Creta; Afrodite, que também surgiu do outro lado do Mediterrâneo, pela ilha de Chipre; Poseidon, que trouxe consigo um cavalo da Ásia Menor; e Atena, que transportou para a Grécia uma oliveira oriunda das terras ocidentais da Ásia. E era também na Ásia – como afirmavam os historiadores ocidentais – onde Alexandre havia lido e estudado, e o local em que ficavam as águas capazes de manter as pessoas jovens para sempre.

Alexandre também deve ter ouvido a história de Cambises, filho de Ciro, rei da Pérsia, que partiu da Síria, Palestina e Sinai para atacar

O Mundo de Alexandre

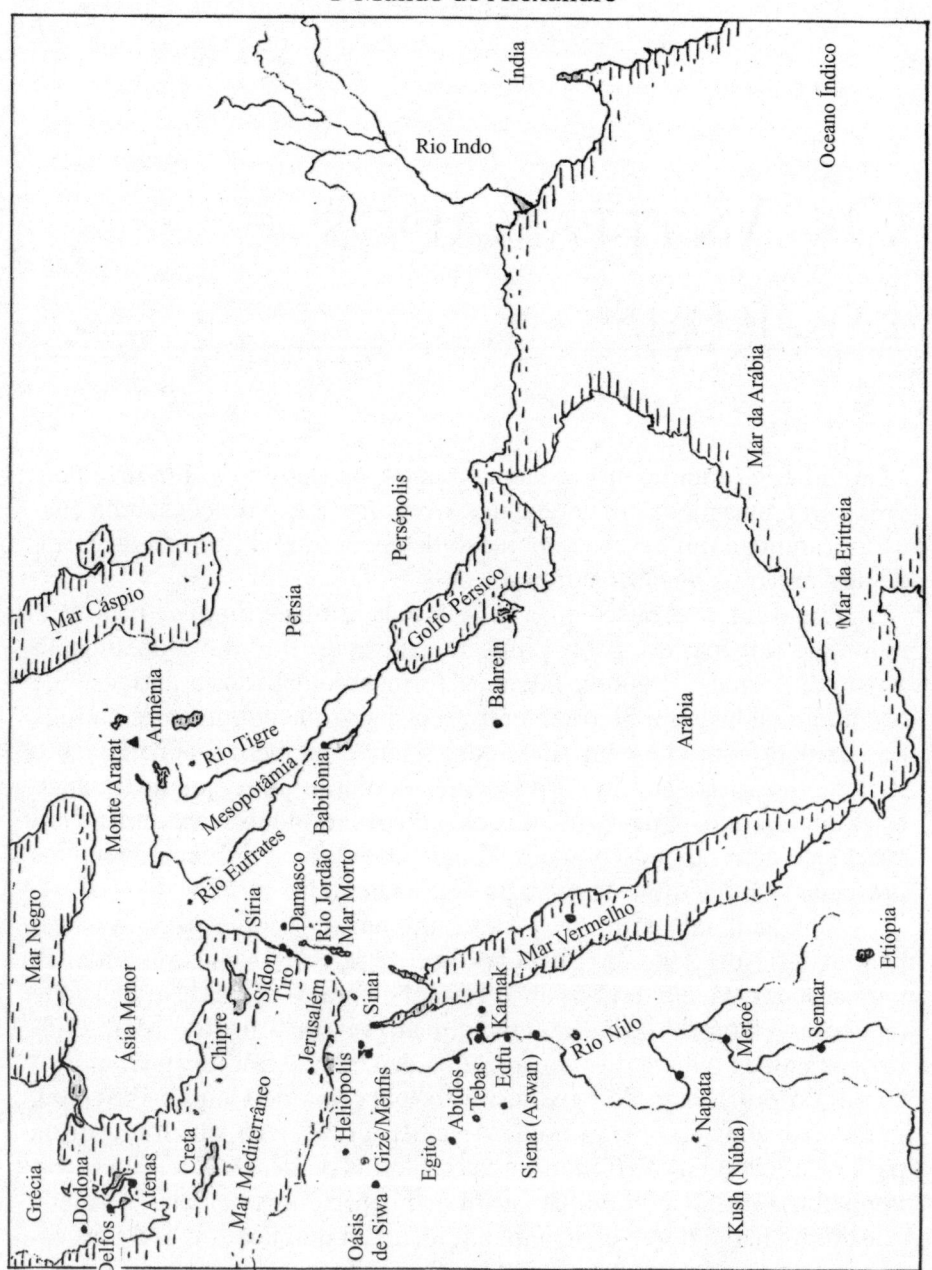

Figura 2

o Egito. Ele derrotou os egípcios, tratou-os cruelmente, e profanou o templo do deus Amon. Depois, ele decidiu continuar a sul e atacar "os longevos etíopes". Ao descrever tais acontecimentos um século antes de Alexandre, Heródoto disse (*História*, Livro III):

> Seus espiões dirigiram-se à Etiópia, com o falso argumento de levar presentes para o rei, mas, na verdade, eles queriam anotar tudo o que viam, e especialmente observar se realmente existia na Etiópia a tal chamada "Mesa do Sol"...

Ao dizer ao rei etíope que "80 anos era a idade mais avançada entre os persas", os emissários/espiões questionaram o soberano a respeito dos rumores da vida longeva de seu povo. Para confirmar,

> O rei os levou a uma fonte, onde, depois de se lavarem, eles notaram que sua pele estava lustrosa e macia, como se tivessem se banhado em óleo. E um perfume como o de violetas exalava da fonte.

Ao retornar para Cambises, os espiões disseram que as águas eram "tão fracas que nada flutuava nelas, nem madeira nem outra substância mais leve, mas todas submergiam". E Heródoto tirou a seguinte conclusão:

> Se o que acontece nesta fonte é verdade, então seria o uso constante dessas águas (pelos etíopes) que os torna tão longevos.

O conto da Fonte da Juventude na Etiópia e a violação do templo de Amon pelo persa Cambises tiveram um efeito direto na história de Alexandre. Corriam rumores de que ele não era o filho legítimo de Filipe, e sim o descendente de uma união entre sua mãe Olímpia e o deus egípcio Amon (Figura 3). A relação tensa entre Olímpia e Filipe apenas serviu para confirmar essa suspeita.

Como foi relatado em várias versões de pseudocalistenes, a corte de Filipe foi visitada por um faraó egípcio a quem os gregos chamavam de Nectanebo. Ele era um mestre da magia, um ser divino, e secretamente seduziu Olímpia. Ela, na verdade, não sabia, mas foi o deus Amon que a visitou, disfarçado de Nectanebo. E então, quando pariu Alexandre, ela deu à luz o filho de um deus. E era o mesmo deus cujo templo o persa Cambises tinha profanado.

Depois de derrotar os exércitos persas na Ásia Menor, Alexandre dirigiu-se para o Egito. Esperando forte hostilidade por parte dos vice-reis da Pérsia que governavam o Egito, ele ficou perplexo ao ver que a grande terra caiu em suas mãos sem qualquer resistência e achou que, sem dúvida, se tratava de um presságio. Sem perder tempo, Alexandre dirigiu-se para o Grande Oásis, berço do oráculo de Amon. Lá, o próprio deus (assim reza a lenda) confirmou a verdadeira ascendência de Alexandre, e os sacerdotes egípcios o divinizaram como faraó; fazendo com que seu desejo de escapar ao destino mortal se tornasse não um privilégio, e sim um direito. (A partir de então, Alexandre foi representado em suas moedas como o Zeus-Amon com chifres – Figura 4).

Alexandre saiu do Grande Oásis e partiu em direção ao sul, para *Karnak*, o centro da adoração de Amon. Havia, no entanto, um motivo não aparente para a viagem. Um centro religioso venerado desde o terceiro milênio antes de Cristo, Karnak era um conglomerado de templos, santuários e monumentos dedicados a Amon e construídos por várias gerações de faraós. Uma das estruturas mais colossais e impressionantes era o templo erguido pela rainha Hatshepsut mais de mil anos antes do período de Alexandre. Dizia-se que ela também era filha do deus Amon, concebida por uma rainha a quem o rei tinha visitado em disfarce.

Figura 3

Figura 4

O que realmente aconteceu ali, ninguém sabe ao certo. O fato é que, em vez de conduzir seus exércitos de volta para o Oriente, em direção ao centro do Império Persa, Alexandre selecionou uma pequena escolta e alguns companheiros mais próximos para uma expedição ainda mais para sul. Surpreendidos, seus companheiros foram levados a crer que ele partia em busca de prazer – os prazeres do amor.

O inusitado interlúdio foi tão incompreensível para os historiadores da época como para os generais de Alexandre. Em uma tentativa de racionalizar, os encarregados de registrar as aventuras de Alexandre descreviam a mulher que ele estava prestes a encontrar como uma *femme fatale*, alguém "cuja beleza nenhum homem poderia enaltecer o suficiente". Ela era Candace, rainha de uma terra ao sul do Egito (hoje, o Sudão). Revertendo o conto de Salomão e da rainha de Sabá, dessa vez era o rei quem viajava para as terras da rainha. Pois, sem que seus companheiros soubessem, Alexandre não estava realmente em busca do amor, e sim do segredo da Imortalidade.

Após uma agradável estadia, a rainha concordou em revelar a Alexandre, como se de um presente se tratasse, o segredo da "caverna maravilhosa onde os reis se congregavam".

Seguindo suas orientações, Alexandre encontrou o lugar sagrado:

> Ele entrou com alguns soldados e avistou uma neblina clara. O teto reluzia, como se iluminado por estrelas. As formas externas dos deuses manifestaram-se fisicamente; uma multidão (os) servia em silêncio.

No início, ele (Alexandre) ficou surpreso e amedrontado. Mas então decidiu ficar para ver o que iria acontecer, pois tinha notado algumas figuras curvadas cujos olhos brilhavam como focos de luz.

A visão dessas "figuras curvadas" com olhos emitindo raios de luz deixou Alexandre paralisado. Seriam também deuses ou divindades mortais? Ele foi então surpreendido por uma voz. Uma das "figuras" falou:

> E um deles disse: "Cumprimentos, Alexandre. Você sabe quem eu sou?".
> E ele (Alexandre) disse: "Não, meu senhor".
> E o outro disse: "Sou Sesonchusis, o rei conquistador do mundo que passou para a categoria dos deuses".

Alexandre estava muito além de surpreso – foi como se tivesse encontrado alguém que buscava há tempos. Sua chegada parecia ter sido algo já esperado, e Alexandre foi convidado a entrar, pelo "Criador e Supervisor de todo o Universo". Ele "adentrou e viu uma névoa brilhante como fogo; e, sentado em um trono, o deus que ele havia visto ser venerado pelos homens de Rokôtide, o Senhor Serápis". (Na versão grega, era o deus Dionísio).

Alexandre viu então a oportunidade de abordar o assunto de sua longevidade. "Senhor Deus", disse ele, "quantos anos viverei?"

Mas Deus não ofereceu resposta. Então, Sesonchusis pôs-se a consolar Alexandre, pois o silêncio de Deus falou por si. "Embora eu próprio tenha me juntado à categoria dos deuses", disse Sesonchusis, "eu não fui tão afortunado como você, pois, apesar de ter conquistado o mundo inteiro e subjugado tantos povos, ninguém se lembra de meu nome; mas você terá grande fama... você terá um nome imortal mesmo depois da morte." E, dessa maneira, ele consolou Alexandre: "Você viverá depois da morte, e assim não morrerá" – imortalizado por uma reputação duradoura.

Desapontado, Alexandre abandonou as cavernas e "continuou a jornada que deveria ser feita" em busca do conselho de outros sábios, a fim de escapar do destino de um mortal e igualar-se a outros que, antes dele, conseguiram juntar-se aos deuses imortais.

De acordo com uma versão, entre aqueles que Alexandre buscou e encontrou estava Enoch, o patriarca bíblico dos tempos que antecederam o Dilúvio, o bisavô de Noé. Ele vivia em um lugar montanhoso, "onde o Paraíso, que é a Terra dos Vivos, está situado", e "também onde fica a morada dos deuses". No topo de uma montanha, havia uma estrutura reluzente, da qual se estendia uma grande escada em direção ao céu, feita de 2.500 blocos de ouro. Alexandre viu, em um vasto corredor ou caverna, "figuras douradas, cada uma em seu próprio nicho", um altar dourado e dois enormes "castiçais", com uma altura aproximada de 18 metros.

> Em um sofá próximo, reclinava-se a forma de um homem coberto com uma manta incrustada em ouro e pedras preciosas, e acima, trabalhados em ouro, estavam ramos de videira que tinham seus cachos de uvas em forma de joias.

De repente, o homem falou, identificando-se como Enoch. "Não se intrometa nos mistérios de Deus", a voz alertou Alexandre. Ouvindo o aviso, Alexandre reuniu-se às suas tropas, mas não sem antes receber como presente de despedida um punhado de uvas que, milagrosamente, eram suficientes para alimentar todo o seu exército.

Ainda em outra versão, Alexandre viu não apenas um, mas sim dois homens do passado: Enoch e o profeta Elias, que, de acordo com as tradições bíblicas, nunca morreram. Aconteceu quando ele atravessava um deserto sem vida. De repente, seu cavalo foi tomado por um "espírito" que levou cavalo e cavaleiro para as alturas, trazendo Alexandre para um tabernáculo cintilante. Dentro, ele avistou os dois homens. Suas faces eram brilhantes, seus dentes mais brancos que leite, seus olhos brilhavam mais que a estrela da manhã; eles eram "de estatura altiva, de olhar gracioso". Eles se apresentaram e disseram que "Deus os escondeu da morte". Eles contaram a Alexandre que o lugar era "a Cidade do Depósito da Vida", de onde emanavam "as Águas Brilhantes da Vida". Mas, antes que Alexandre pudesse descobrir mais ou beber das "Águas da Vida", uma "Carruagem de Fogo" o arrebatou – e ele se encontrou de volta com suas tropas.

(De acordo com tradições muçulmanas, o profeta Maomé também foi transportado para o céu, mil anos mais tarde, em seu cavalo branco).

Terá sido o episódio dos deuses da caverna – assim como os outros episódios nas histórias de Alexandre – pura ficção, mero mito, ou talvez contos que foram crescendo conforme eram passados adiante sem perder a base de fatos históricos?

Houve mesmo uma rainha Candace, uma cidade real chamada Shamar, um conquistador do mundo chamado Sesonchusis? Na verdade, esses nomes tiveram pouco significado para os estudantes da Antiguidade, até relativamente pouco tempo. Se tais nomes pertenciam a personagens reais egípcios, ou a uma província mística do Egito, eles foram tão obscurecidos pelo tempo quanto os monumentos eram obscurecidos por areias devastadoras; e as pirâmides e a esfinge que se sobressaíam das areias apenas aumentavam o enigma; as palavras-imagens hieroglíficas, indecifráveis, apenas confirmaram que há segredos que não devem ser desvendados. Os contos da Antiguidade, transmitidos pelos gregos e romanos, foram dissolvidos em lendas; e, eventualmente, perderam-se na escuridão.

Foi apenas quando Napoleão conquistou o Egito, em 1798, que a Europa começou a redescobrir esse país. Estudiosos sérios que acompanharam as tropas de Napoleão começaram a remover as areias e a levantar a cortina do esquecimento. Foi então que, perto da vila de Roseta, uma tábua de pedra foi encontrada, contendo a mesma inscrição em três idiomas. Foi descoberta a chave para desvendar a língua e as inscrições do antigo Egito: seus relatos de feitos faraônicos, a glorificação de seus deuses.

Nos anos 1820, exploradores europeus, penetrando em direção ao sul, no Sudão, relataram a existência de antigos monumentos (incluindo pirâmides angulosas) em um sítio do Rio Nilo, chamado Meroé. Uma expedição real prussiana descobriu espólios arqueológicos impressionantes durante escavações realizadas entre 1842-1844. Entre 1912 e 1914, outros descobriram sítios sagrados; inscrições hieroglíficas indicavam que uma delas se chamava o Templo do Sol – talvez o mesmo lugar onde espiões de Cambises viram a "Mesa do Sol". Escavações posteriores realizadas nesse século, a junção de descobertas arqueológicas e a contínua decodificação das inscrições estabeleceram que realmente existiu naquela terra um reinado núbio no primeiro milênio antes de Cristo; era a terra bíblica de Kush.

Realmente existiu uma rainha Candace. As inscrições hieroglíficas revelaram que, no início, o reinado núbio era governado por uma rainha sábia e benevolente. Seu nome era Candace (Figura 5). Depois disso, sempre que uma mulher ascendia ao trono – o que não era raro – adotava o nome como símbolo de um grande reinado. E mais para o sul de Meroé, dentro dos domínios do reinado, havia uma cidade chamada *Sennar* – possivelmente a *Shamar,* que foi referida no conto de Alexandre.

E Sesonchusis? A versão etiópica de pseudocalistenes conta que, ao viajar do (e para o) Egito, Alexandre e seus homens passaram por um lago coberto de crocodilos, onde um governante anterior havia mandado construir um caminho para atravessar o lago. "E, acreditem, havia um edifício na costa do lago, e acima do edifício havia um altar pagão no qual estava escrito: 'Eu sou Kosh, o rei do mundo, o conquistador que atravessou este lago'."

Quem seria *Kosh*, esse conquistador do mundo, nomeadamente o rei que governou Kush ou Núbia? Na versão grega desse conto, o conquistador que celebrou sua travessia do lago – descrito como parte das águas do Mar Vermelho – chamava-se Sesonchusis. Assim, Sesonchusis e Kosh eram o mesmo soberano – um faraó que governou o Egito e a Núbia. Monumentos núbios representaram esse rei no momento em que ele recebe de um "deus cintilante" a Fruta da Vida em forma de tamareiras (Figura 6).

Arquivos egípcios falam de um grande faraó que, no começo do segundo milênio antes de Cristo, foi realmente um conquistador do mundo. Seu nome era Senusert, e ele também era devoto de Amon. Historiadores gregos creditaram a ele a conquista da Líbia e da Arábia, e significativamente também da Etiópia e todas as ilhas do Mar Vermelho; de grandes partes da Ásia – adentrando muito mais a leste do que os posteriores persas; e também das invasões à Europa pela Ásia Menor. Heródoto descreveu os grandes feitos desse faraó, que ele chama Sesóstris; afirmando que esse governante ergueu pilares memoriais por todos os lugares em que passava.

Figura 5

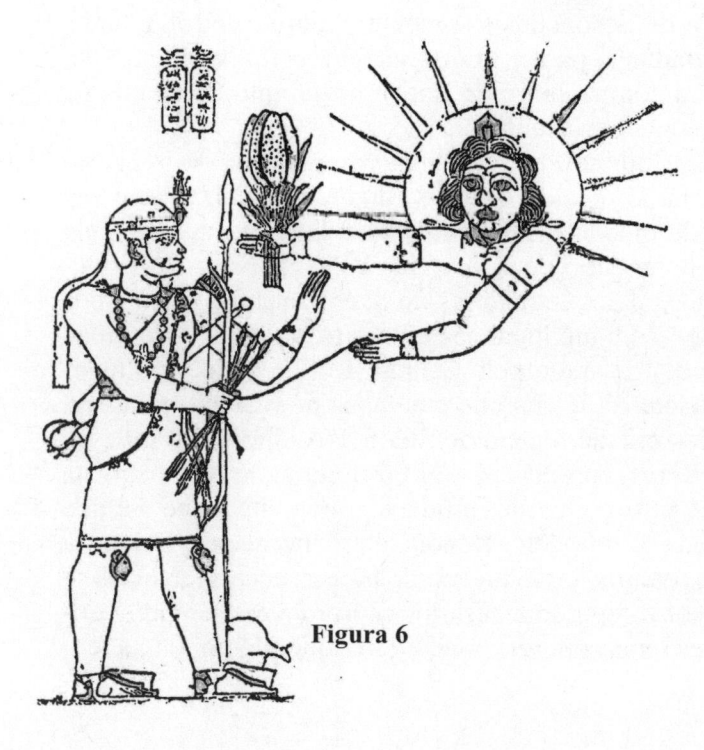

Figura 6

"Os pilares que foram erguidos", escreveu Heródoto, "ainda são visíveis." Assim, quando Alexandre avistou o pilar à beira do lago, apenas confirmou o que Heródoto havia escrito um século antes.

Sesonchusis realmente existiu. Seu nome egípcio significa "Aquele cujos nascimentos vivem". E, em virtude de ser um faraó do Egito, ele tinha todo o direito de se juntar à companhia dos deuses e viver para sempre.

É importante remarcar que essa busca das Águas da Vida ou da Eterna Juventude não foi certamente em vão, pois outros, em dias vindouros, haviam sido bem-sucedidos nessa diligência. Além do mais, se as águas fluíam do Paraíso Perdido, encontrar outros que lá haviam estado não seria uma forma de aprender como chegar até ele?

Foi com essa consciência que Alexandre partiu em busca dos Antepassados Imortais. Se ele realmente os encontrou, não é relevante: o fator importante é que nos séculos que precedem a Era Cristã, Alexandre ou seus historiadores (ou ambos) acreditavam que os Antepassados Imortais realmente existiram – que, em dias que para eles eram remotos e antigos, os mortais podiam tornar-se imortais se os deuses assim desejassem.

Os autores ou editores das histórias de Alexandre relatam vários incidentes nos quais ele encontra Sesonchusis, Elias e Enoch, ou apenas Enoch. A identidade de Sesonchusis somente poderia ser adivinhada, e a forma para sua tradução para a Imortalidade não foi descrita. Nem mesmo com Elias – o companheiro de Enoch no Templo Brilhante, de acordo com uma versão de Alexandre.

Ele era o profeta bíblico que estava ativo no Reino de Israel no século IX a.C., durante o reinado dos reis Ahab e Ahaziah. Como seu próprio nome adotado indicava (*Eli-Yah* – "Meu Deus é Yahweh"), ele era inspirado por e defendia o deus hebraico Yahweh, cujos fiéis estavam sendo perseguidos pelos seguidores do deus canaanita Baal. Após um período de reclusão em um lugar secreto perto do Rio Jordão, onde ele foi aparentemente preparado pelo Senhor, foi-lhe dado um "manto de cabelo" de poderes mágicos que era capaz de realizar milagres. Elias morava perto da cidade fenícia de Sidon, e seu primeiro milagre (como relatado em Reis I, capítulo 17) foi fazer com que uma pequena quantidade de óleo e uma colher de farinha, de uma viúva que lhe deu abrigo, durassem toda a vida dela. Depois, ele convenceu o Senhor a ressuscitar seu filho, quando este faleceu de uma doença violenta. Ele também podia invocar o fogo de Deus, dos céus, que era sempre bem-vindo nas constantes lutas com reis e sacerdotes que sucumbiam a tentações pagãs.

As escrituras dizem que ele não morreu na Terra, pois "ele foi para o céu em um turbilhão". De acordo com as tradições judaicas, Elias ainda é imortal; e, até hoje, a tradição exige que ele seja convidado a entrar nas casas dos judeus na noite de Páscoa. Sua ascensão é descrita detalhadamente no Antigo Testamento. E, como relatado em Reis II, capítulo 2, o acontecimento não foi uma ocorrência súbita ou inesperada. Ao contrário: foi uma operação arranjada e planejada, cuja hora e lugar foram comunicados a Elias antecipadamente.

O local designado seria o Vale do Jordão, no lado oriental do rio – talvez na mesma área onde Elias foi ordenado "um homem de Deus". Ao iniciar sua última viagem a Gilgal – um lugar que celebrava um milagre anterior, como diz a Bíblia –, ele passou maus bocados tentando se livrar de seu devoto e discípulo chefe Eliseu. Durante o trajeto, os dois profetas foram várias vezes interpelados por discípulos, "filhos dos profetas", que perguntavam repetidamente: É verdade que o Senhor levará Elias em direção ao céu hoje?

Deixemos o narrador bíblico contar a história em suas próprias palavras:

E chegou o momento em que o Senhor
levou Elias para o Céu em um Redemoinho,
que Elias partiu com Eliseu de Gilgal.

E Elias disse a Eliseu:
"Espere aqui, eu te suplico,
pois o Senhor me enviou para Beth-El".

E Eliseu disse:
"Enquanto viva o Senhor, e pela tua vida,
Eu não te deixarei".

E assim eles seguiram para Beth-El.

E os filhos dos profetas que estavam em Beth-El
vieram até Eliseu e disseram-lhe:
"Sabias tu que o Senhor vai, neste dia,
tirar o mestre de ti?".

E ele disse:
"Sim, eu também sei; mas mantenham o silêncio".

Agora Elias admitia a Eliseu que seu destino era Jericó, perto do Rio Jordão; e ele pediu a seu colega que ficasse para trás. Mas, outra vez, Eliseu se recusou e seguiu com o profeta: "e assim eles chegaram a Jericó".

E os filhos dos profetas que estavam em Jericó
aproximaram-se de Eliseu e disseram:
"Sabias tu que o Senhor vai, neste dia,
tirar o mestre de ti?".
E ele disse:
"Sim, eu também sei; mas não digam nada".

Assim, frustrado em sua tentativa de prosseguir sozinho, Elias pediu então a Eliseu que ficasse em Jericó e o deixasse seguir desacompanhado para a margem do rio. Mas Eliseu se recusou e não saía de perto de Elias. Encorajados, "50 homens dos filhos dos profetas seguiram juntos; mas pararam a uma certa distância quando os dois (Elias e Eliseu) chegaram ao Jordão".

E Elias pegou seu manto
e o enrolou,
e golpeou as águas.
E as águas separam-se para um lado e para o outro,
e os dois atravessaram em solo seco.

Uma vez do outro lado, Eliseu pediu a Elias que o imbuísse com o espírito divino; mas, antes que pudesse obter uma resposta,

Enquanto continuaram a caminhar e a conversar,
surgiu uma carruagem de fogo,
e cavalos de fogo, e os dois foram separados.
E Elias partiu para o céu,
em um Redemoinho.
E Eliseu viu,
e ele gritou:
"Meu pai! Meu pai!
A Carruagem de Israel e seus cavaleiros!".
E ele não viu mais nada.

Consternado e chocado, Eliseu sentou-se por um momento. Foi então que ele viu que o manto de Elias tinha ficado para trás. Teria sido um acidente ou algo proposital? Determinado a descobrir a razão, Eliseu pegou o manto e voltou para as margens do Jordão, e chamou pelo nome de Yahweh e golpeou as águas. E, pasmem – "as águas se abriram para um lado e para o outro, e Eliseu atravessou". E os filhos dos profetas, os discípulos que ficaram para trás, no lado ocidental do rio, na planície de Jericó, "viram isso; e eles disseram: 'que a inspiração de Elias descanse sobre Eliseu'; e vieram em direção a ele, e prostraram-se diante dele".

Incrédulos do que haviam acabado de ver com seus próprios olhos, os 50 discípulos se perguntaram se, de fato, Elias teria sido levado em direção ao céu para sempre.

Talvez o vento do Senhor tivesse soprado apenas um pouco e ele estaria jogado em uma montanha ou em uma ravina? Sob as objeções de Eliseu, eles procuraram por três dias. E, quando regressaram de sua busca inútil, Eliseu falou: "Eu não disse a vocês, 'desistam'?". Ele bem sabia a verdade: que o Senhor de Israel havia levado Elias em uma Carruagem de Fogo.

O relato dos historiadores que narra o encontro de Alexandre com Enoch introduziu na Busca da Imortalidade um "antepassado imortal", especificamente mencionado tanto no Velho quanto no Novo Testamento. Suas lendas são muito anteriores à Bíblia e foram relatadas por direito próprio.

De acordo com a Bíblia, Enoch era o sétimo patriarca pré-diluviano na linhagem de Adão por intermédio de Seth (distinguido-o da amaldiçoada linhagem de Adão procedente de Caim). Ele era o bisavô de Noé, o herói do Dilúvio. O quinto capítulo do Livro de Gênesis lista as genealogias desses patriarcas, as idades em que seus devidos herdeiros nasceram e com que idade morreram. Mas Enoch era uma exceção: nenhuma menção é feita à sua morte. Explicando que "ele havia partido com o Senhor", o Livro de Gênesis declara que, na idade simbólica ou real de 365 (o número de dias em um ano solar), Enoch "partiu" da Terra, "pois o Senhor o havia levado".

Ampliando a declaração bíblica críptica, comentaristas judeus frequentemente citavam fontes antigas para descrever uma real ascensão de Enoch para os céus, onde ele foi (conforme algumas versões) transformado em Metraton, "Príncipe do Semblante" do Senhor, cujo lugar era exatamente atrás de Seu trono.

De acordo com essas lendas, compiladas por I. B. Lavner em seu *Kol Agadoth Israel [All the Legends of Israel]* , quando Enoch foi chamado para a morada do Senhor, um cavalo flamejante foi-lhe enviado pelos céus. Naquele momento, Enoch estava pregando a virtude ao povo. Quando avistaram o cavalo ardente descendo dos céus, eles pediram uma explicação a Enoch. E ele disse: "Saibam que é chegada a hora de vos deixar e ascender ao Céu". Mas, enquanto ele montava no cavalo, o povo se recusou a deixá-lo partir e seguiram-no durante uma semana inteira. "E foi no sétimo dia que uma carruagem flamejante, conduzida por anjos e cavalos ardentes, desceu e levou Enoch em direção ao céu". Enquanto ele ascendia, os anjos do céu opuseram-se ao

Senhor: "como pode um homem nascido de uma mulher ascender ao céu?". Mas o Senhor citou a piedade e devoção de Enoch, e abriu para ele os Portões da Vida e da Sabedoria, e deu-lhe vestimentas magníficas e uma coroa luminosa.

Assim como em outras ocasiões, referências crípticas nas Escrituras geralmente sugerem que o antigo editor assumia que seu leitor era familiar a um ou outro texto mais detalhado sobre o assunto em questão. Há, inclusive, menções específicas de tais escritos – "O Livro da Virtude", ou "O Livro das Guerras de Yahweh" – que devem ter existido, mas foram totalmente perdidos. No caso de Enoch, o Novo Testamento aumenta uma afirmação críptica de que ele foi "transformado" pelo Senhor, "que ele não deveria ver a morte", segundo uma menção do *Testemunho de Enoch*, escrito ou ditado por ele "antes de sua Transformação" para a Imortalidade (Hebreus 11:5). Judas 14, referindo-se às profecias de Enoch, também menciona alguns escritos deixados por esse patriarca.

Vários documentos cristãos ao longo dos séculos também contêm dicas ou referências similares; e o que aconteceu é que, de fato, circularam desde o século II a.C. várias versões do *Livro de Enoch**. Quando os manuscritos foram estudados no século XIX, eruditos concluíram que havia, basicamente, duas fontes. A primeira, identificada como *I Enoch* e chamada de *Livro Etíope de Enoch,* é uma tradução etíope de um trabalho original em hebraico (ou aramaico). A outra, conhecida como *II Enoch*, é uma tradução eslava de um original escrito em grego cujo título completo era *O Livro dos Segredos de Enoch*.

Eruditos que estudaram essas versões não descartam a possibilidade de tanto o *I Enoch* quanto o *II Enoch* serem derivados de um trabalho original muito anterior; e que realmente pode ter existido, em tempos antigos, um *Livro de Enoch*. O livro *The Apocrypha and Pseudepigrapha of the Old Testament*, que R. H. Charles começou a publicar em 1913, ainda é a principal tradução em inglês dos Livros de Enoch, assim como outros escritos precedentes que foram excluídos dos canonizados Velho e Novo Testamentos.

Escrito em primeira pessoa, *O Livro dos Segredos de Enoch* começa com tempo e lugar precisos:

> No primeiro dia, do primeiro mês do ano de 365, eu estava só em casa, e deitei na minha cama e adormeci... E dois homens apareceram para mim, muito altos, como eu nunca tinha visto na

---

*N.E.: Sugerimos a leitura de *O Livro de Enoch – O Profeta*, Madras Editora.

Terra; e suas faces brilhavam como o sol, e seus olhos eram como lâmpadas incandescentes, e saía fogo de seus lábios. Suas vestimentas tinham aparência de penas, seus pés eram púrpura. Suas asas eram mais brilhantes que ouro; suas mãos mais brancas que neve. Eles pararam na cabeceira da minha cama e me chamaram por meu nome.

Enoch dormia quando esses estranhos chegaram, por isso ele faz questão de acrescentar ao registro que, neste momento, já não dormia; "eu vi claramente esses homens, em pé, à minha frente", declara ele. Ele prestou reverência a eles e foi tomado pelo medo, mas os dois asseguraram-lhe:

Tenha bons ânimos, Enoch, não tenha medo; o Deus perpétuo enviou-nos a ti, e hoje deves ascender conosco ao céu.

Então, disseram a Enoch que despertasse sua família e seus empregados, e desse ordens para não o seguirem, "até que o Senhor te traga de volta a eles". E assim fez Enoch, usando essa oportunidade também para instruir seus filhos nos caminhos da virtude. E então chegou o momento da partida:

Enquanto eu falava a meus filhos, estes homens intimaram-me e levaram-me nas asas e colocaram-me nas nuvens; e pasmem, as nuvens moveram-se... Subindo mais, eu vi o ar e (indo ainda) mais para cima, eu vi o éter; e eles me colocaram no Primeiro Céu; e me mostraram um imenso mar, maior que o oceano terrestre.

Ascendendo, assim, aos céus, em "nuvens que se movem", Enoch foi transportado do Primeiro Céu – onde "200 anjos regem as estrelas" – para o Segundo e melancólico Céu; e depois para o Terceiro Céu. Lá, foi-lhe mostrado um jardim virtuoso em sua aparência; com belas e perfumadas árvores e frutas.

E no meio dele estava a Árvore da Vida – no mesmo lugar onde Deus descansa quando vem ao Paraíso.

Aturdido com a magnificência da Árvore da Vida, Enoch consegue descrevê-la com as seguintes palavras: "É mais bela do que qualquer criação; por todos os lados, ela aparenta ser dourada e carmim, transparente como o fogo". De sua raiz saem quatro rios por onde flui mel, leite, óleo e vinho, e eles saem desse Paraíso celeste e entram no Paraíso do Éden, fazendo uma revolução em volta da Terra. Esse Terceiro Céu e sua Árvore da Vida são protegidos por 300 anjos "muito gloriosos". É nesse Terceiro Céu que estão situados o Lugar da Virtude e o Lugar Terrível, onde os perversos são torturados.

Indo mais acima, para o Quarto Céu, Enoch podia ver os Iluminados e várias outras criaturas maravilhosas, e a Hoste do Senhor. No Quinto Céu, ele viu muitas "hostes"; no Sexto, "bandos de anjos que estudavam as revoluções das estrelas". Foi então que ele atingiu o Sétimo Céu, onde os anjos maiores andavam apressados e onde ele avistou o Senhor – "de longe" – sentado em seu trono.

Os dois homens alados e sua nuvem ambulante deixaram Enoch nos limites do Sétimo Céu; para onde o Senhor enviou o arcanjo Gabriel com a missão de escoltar Enoch até Vossa Presença.

Durante 33 dias, Enoch foi instruído em todas as sabedorias e todos os acontecimentos do passado e do futuro; então, ele foi enviado de volta à Terra por um anjo terrível, que tinha uma "aparência muito fria". No total, ele ficou ausente da Terra por 60 dias. Mas seu retorno à Terra foi com o propósito de instruir seus filhos nas leis e nos mandamentos; e, 30 dias mais tarde, ele foi levado de volta aos céus – desta vez, para sempre.

Escrito tanto como um testamento pessoal quanto como uma resenha histórica, o *Livro Etíope de Enoch,* cujo título antigo provavelmente era *Os Mundos de Enoch*, descreve suas viagens ao Céu, assim como aos quatro cantos do mundo. Enquanto viajava "em direção ao limite norte da Terra", ele "viu por lá um grande e glorioso aparato", cuja natureza não é descrita. E ele também viu por lá, assim como nos confins oeste da Terra, "três portais abertos no céu", um em cada lugar, através dos quais granizo e neve, frio e geada podiam entrar.

"E, de lá, eu fui ao limite sul da Terra", e através dos portais do Céu sopravam orvalho e chuva. E dali ele partiu para ver os portais do leste, por onde as estrelas do Paraíso passavam antes de seguir seu curso.

Mas os principais mistérios e segredos do passado e do futuro foram mostrados a Enoch quando ele foi para "o centro da Terra", e de lá para leste e oeste. O "centro da Terra" era o local do futuro Templo Sagrado, em Jerusalém; em sua viagem a leste, Enoch atingiu a Árvore do Conhecimento; e, indo para o oeste, foi-lhe mostrada a Árvore da Vida.

Em suas viagens em direção ao Oriente, Enoch passou por montanhas e desertos, viu cursos de água fluírem do pico das montanhas cobertas por nuvens, neve e gelo ("água que não flui") e árvores de diversas fragrâncias e bálsamos. Indo mais e mais para leste, ele viu-se novamente sobre montanhas na fronteira com o Mar Eritreu (o Mar Arábico e o

Mar Vermelho). Continuando, ele passou por Zotiel, o anjo guardião da entrada do Paraíso, e "entrou no Jardim da Virtude". Foi ali que ele viu, entre muitas árvores maravilhosas, a "Árvore do Conhecimento". Era tão alta quanto um pinheiro, e as folhas eram como as da caroba e seus frutos como o miolo de uma vinha. E o anjo que o acompanhava confirmou que, de fato, era a mesma árvore cujo fruto Adão e Eva haviam comido antes de ser expulsos do Jardim do Éden.

Em suas viagens em direção ao Ocidente, Enoch chegou a uma "cordilheira de montanhas de fogo que ardia noite e dia". Mais além, ele atingiu um lugar circundado por seis montanhas separadas por "ravinas profundas e agrestes". Uma sétima montanha erguia-se no meio delas, "parecendo o assento de um trono; árvores perfumadas o rodeavam. E entre elas havia uma árvore cujo aroma eu desconhecia... e suas frutas pareciam tamareiras".

O anjo que o acompanhava explicou que o meio da montanha era o trono "no qual o Grande Sagrado, o Senhor da Glória, o Eterno Rei se sentaria quando visitasse a Terra". E, quanto à árvore cujos frutos eram como tamareiras, ele disse:

> E quanto a esta árvore aromática, a nenhum mortal é permitido tocá-la até o Grande Juízo...
> Seu fruto deve servir de comida para o eleito...
> Sua fragrância ficará em seus ossos,
> E eles viverão uma longa vida na Terra.

Foi durante essas viagens que Enoch "viu naqueles tempos quanta corda era dada aos anjos, e eles tinham asas, e eles iam em direção ao norte". E quando Enoch perguntou o que era tudo aquilo, o anjo que o guiava disse: "Eles saíram para tirar medidas.... eles voltarão com as medidas do justo para o justo, e as cordas do justo para o justo... todas essas medidas revelarão os segredos da Terra".

Uma vez visitados todos os lugares sagrados da Terra, chegou o momento de Enoch realizar sua viagem para o Céu. E, como outros depois dele, foi levado "a uma montanha cujo pico alcançava o Céu" e para o País das Trevas:

> E eles (os anjos) me levaram para um lugar onde aqueles que estavam lá eram como fogo ardente, e, quando desejavam, tinham aparência de homens.
>
> E me levaram a um lugar de escuridão, e a uma montanha onde o cume alcançava o céu.

> E eu vi as câmaras dos iluminados, e os tesouros das estrelas, e o trovão, nas grandes profundezas, onde estavam um arco e flechas incandescentes, e eles tremiam, e uma espada flamejante, e todos os relâmpagos.

E foi nesse momento crucial que a Imortalidade escapou das mãos de Alexandre, pois ele a buscou contrariando seu proclamado destino. Ao contrário de Enoch e dos faraós que tomaram seu lugar, eles agiam com bênção divina. Foi então que, nesse momento, ele foi considerado merecedor de prosseguir; e "eles (os anjos) me levaram até as Águas da Vida".

Continuando, ele chegou à "Casa do Fogo":

> E eu adentrei até me aproximar a uma parede feita de cristais e rodeada por línguas de fogo; e comecei a ter medo.
>
> E eu avancei por entre línguas de fogo e cheguei a uma grande casa que era construída com cristais; e as paredes da casa eram como um chão com mosaicos de cristal e seu terreno era de cristal. O teto era como o caminho dos raios e das estrelas, e entre eles estavam Querubins flamejantes, e seu céu era como água.
>
> Um fogo ardente circundava as paredes, e seus portais eram labaredas de fogo.
>
> E eu entrei na casa, e era quente como o fogo e fria como o gelo...
>
> E eu tive uma visão: pasmem, havia uma segunda casa, maior que a primeira, e o portal inteiro estava aberto para mim, e ela era construída com chamas de fogo...
>
> E eu olhei para dentro e vi um trono altivo: sua aparência era de cristal, e as rodas como um sol brilhante, e havia uma aparência de Querubim.
>
> E por baixo do trono saíam raios de luz incandescente, de modo que eu não conseguia olhar adiante.

Ao chegar ao "Rio de Fogo", Enoch foi levado para o alto.

Ele podia então ver toda a Terra – "as nascentes de todos os rios da Terra... e as bases da Terra... e os ventos da Terra carregando as nuvens". Subindo mais alto, ele estava "onde os ventos esticam os arcos do Céu, formando uma estação entre este e a Terra. Eu vi os ventos do Céu, que se torcem e trazem a circunferência do Sol, e todas as estrelas".

Seguindo "os passos dos anjos", ele chegou a um ponto "no firmamento do céu", de onde podia avistar "os confins da Terra".

Dali, ele podia ver a expansão dos céus, e podia ver "as sete estrelas como grandes montanhas brilhantes" – "sete montanhas de pedras magníficas". De onde quer que ele avistasse esses corpos celestiais, "três deles estavam voltados para o leste", onde estava "a região do fogo divino"; lá, Enoch viu se erguerem e caírem "colunas de fogo" – erupções de fogo "que passavam das medidas, tanto em largura quanto em profundidade". Do outro lado, três corpos celestiais estavam "voltados para o sul"; lá, Enoch viu "um abismo, um lugar que não possuía firmamento, e nenhuma terra abaixo... era um lugar vazio e impressionante". Quando pediu uma explicação ao anjo que o estava transportando ao alto, ele respondeu: "Lá, os céus estavam completos... é o fim dos Céus e da Terra; é uma prisão para as estrelas e as hostes do Céu".

A estrela do meio "chegava ao Céu como ao trono de Deus". Com uma aparência de alabastro, "e o pico do trono era como safira", a estrela era como "um fogo ardente".

Continuando sua jornada pelos céus, Enoch disse: "Eu prossegui até onde as coisas estavam caóticas. E eu vi algo horrível". O que ele viu foram "estrelas do céu atadas". E o anjo explicou: "essas são as estrelas do céu que transgrediram os mandamentos do Senhor e ficarão presas aqui até que sejam consumados 10 mil anos".

Concluindo as memórias de sua primeira viagem ao Céu, Enoch disse: "E eu, Enoch, sozinho tive a visão, o final de todas as coisas, e nenhum homem verá como eu vi". Após ter aprendido todas as formas de sabedoria na Morada Celestial, ele foi trazido à Terra para partilhar os ensinamentos com os outros homens. Por um período de tempo não especificado, "Enoch ficou escondido, e nenhum dos filhos dos homens sabia onde ele estava, e onde ele residia e o que havia acontecido com ele". Mas, quando o Dilúvio se aproximou, ele escreveu seus ensinamentos e aconselhou seu bisneto Noé a ser justo e digno de salvação.

Depois disso, Enoch foi, mais uma vez, "erguido daqueles que habitam a Terra. Ele foi levado pela Carruagem dos Espíritos, e seu 'nome' desapareceu entre eles".

III

A Viagem do Faraó para a Vida Após a Morte

As aventuras de Alexandre e sua busca pelos Antepassados Imortais claramente continham elementos que simulavam as experiências desses ancestrais: cavernas, anjos, fogos subterrâneos, cavalos ardentes e Carruagens de Fogo. Mas é igualmente claro que, nos séculos que precederam a Era Cristã, acreditava-se (Alexandre ou seus historiadores, ou ambos) que, se alguém desejasse obter a Imortalidade, deveria imitar os faraós egípcios.

Em vez de simplesmente alegar afinidade a um deus grego local, a reivindicação de Alexandre a uma linhagem semidivina partiu de um caso complicado que envolve uma divindade egípcia. É um fato histórico, e não mera lenda, que Alexandre achou necessário, assim que transpôs as linhas persas na Ásia Menor, não perseguir o inimigo árabe, mas ir para o Egito e, uma vez lá, ir em busca de suas supostas "raízes" divinas e dali iniciar as buscas pelas Águas da Vida.

Enquanto os hebreus, gregos e outros povos da Antiguidade recontaram fábulas de alguns poucos homens que conseguiram escapar de um destino mortal por convite divino, os antigos egípcios transformaram esse privilégio em um direito. Não um direito universal nem um direito reservado aos consideravelmente justos, mas um direito relacionado ao rei egípcio, ao faraó, pela única virtude de ter se sentado no trono do Egito. A razão para tal, de acordo com as antigas tradições egípcias, era que os primeiros governantes do Egito não eram homens, e sim deuses.

As tradições egípcias contam que, em tempos imemoriais, "deuses do céu" vieram à Terra em um Disco Celestial (Figura 7). Quando o Egito foi inundado pelas águas, "um grande deus que veio (à Terra) no começo dos tempos" chegou ao Egito e literalmente ergue-o das águas e da lama, amaldiçoando as águas do Nilo, construindo diques extensos e recuperando terras (foi então que o Egito recebeu o apelido de "a Terra Elevada)". Esse deus remoto foi chamado de PTAH –"o Construtor". Acreditava-se que ele tinha sido um grande cientista, um mestre da arquitetura e da engenharia, o artesão-chefe dos deuses, que até mesmo deu seu toque na criação e formação do Homem. Seu cajado era frequentemente descrito como uma vara graduada – exatamente como as varas graduadas que topógrafos utilizam para medir um campo hoje em dia (Figura 7).

Os egípcios acreditavam que Ptah, em algum momento, tenha se retirado para o sul, onde poderia continuar a controlar as águas do Nilo por meio de canais que tinha ordenado instalar em uma caverna secreta, localizada na primeira catarata do Nilo (o atual sítio da represa de Assuã). Mas, antes de deixar o Egito, ele construiu sua primeira cidade sagrada e a chamou de NA, em honra ao deus dos céus (o bíblico *On*, a quem os gregos chamavam *Heliópolis*). Ele decide oferecer o cargo de primeiro regente divino do Egito a seu próprio filho RÁ (assim chamado em honra ao Globo Celeste).

Rá, um grande "Deus do Céu e da Terra", ordenou que fosse criado um santuário especial em Na para abrigar o *Ben-Ben* – um "objeto sagrado no qual Rá teria, supostamente, descido à Terra, vindo dos Céus.

O tempo foi passando, e Rá acabou por dividir o reino entre seus dois filhos e deuses, OSÍRIS e SETH. Mas a partilha do reinado entre esses dois irmãos divinos não funcionou. Seth vivia em busca da derrocada e morte de seu irmão Osíris. Deu algum trabalho, mas Seth acabou bem-sucedido ao depositar Osíris dentro de um caixão, selando e atirando-o ao mar o mais rapidamente possível. ÍSIS, irmã e mulher de Osíris, conseguiu encontrar o caixão, que estava boiando na costa do atual Líbano. Ela escondeu Osíris, enquanto partiu em busca da ajuda de outros deuses que pudessem trazer Osíris de volta à vida. Seth, contudo, descobriu o corpo e cortou-o em pedaços, espalhando-os por toda a Terra. Com a ajuda de sua irmã NÉFTIS, Ísis conseguiu recuperar todas as partes (com exceção do falo) e reconstruiu o corpo mutilado de Osíris, ressuscitando-o.

A partir de então, Osíris viveu ressuscitado, no Outro Mundo, entre os deuses celestiais. Dele, dizem os escritos sagrados:

> Ele entrou pelos Portões Secretos,
> Na glória dos Senhores da Eternidade,
> Com ele entrou aquele que brilha no firmamento,
> No caminho de Rá.

A Viagem do Faraó para a Vida Após a Morte

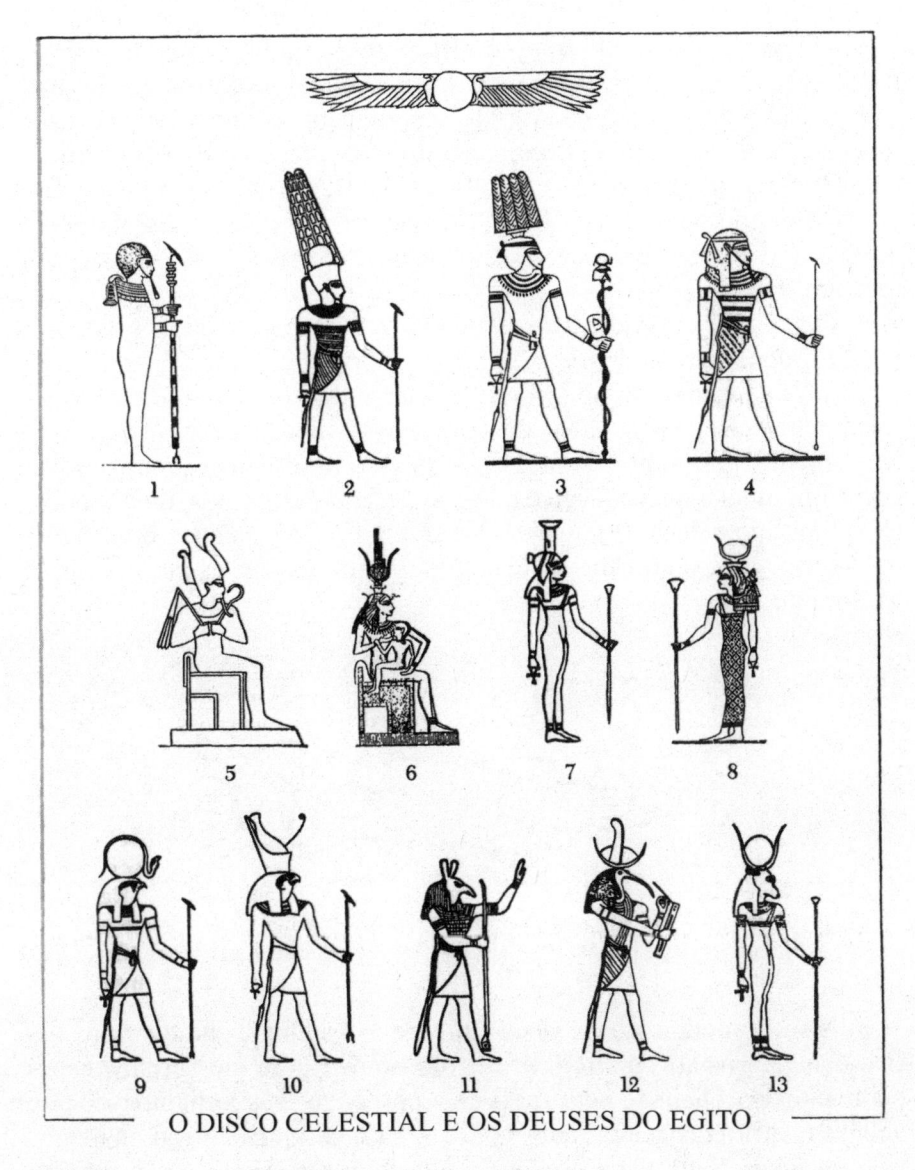

O DISCO CELESTIAL E OS DEUSES DO EGITO

1. Ptah   2. Amen-Rá   3. Thoth   4. Seker
5. Osíris   6. Ísis com Hórus   7. Néftis   8. Hathor

Os deuses com seus atributos:

9. Rá/Falcão   10. Hórus/Falcão   11. Seth/Sinai   12. Thoth/Íbis   13. Hathor/Vaca

Figura 7

O lugar de Osíris no trono do Egito foi tomado por seu filho HÓRUS. Quando ele nasceu, sua mãe, Ísis, escondeu-o nos juncos do Rio Nilo (assim como fez a mãe de Moisés, de acordo com a Bíblia), para mantê-lo distante de Seth. Porém, o garoto foi picado por um escorpião e morreu. Rapidamente, Ísis apelou a THOTH, um deus de poderes mágicos, pedindo sua ajuda. Thoth, que estava nos céus, imediatamente desceu à Terra na "barcaça de anos astronômicos" de Rá e ajudou a restaurar Hórus à vida.

Depois de crescido, Hórus desafiou Seth pelo trono. A luta foi dura e longa, com os deuses a segui-los pelos céus. Hórus atacou Seth de um *Nar*, termo que, no antigo Oriente Próximo, queria dizer "pilar flamejante". Representações de tempos pré-dinásticos mostram essa carruagem celestial como um longo objeto cilíndrico, com uma cauda como um túnel e uma cabeça da qual eram expelidos raios, uma espécie de submarino celeste (Figura 8). Na frente do *Nar* estavam dois faróis ou "olhos" que, conforme contos egípcios, mudavam da cor azul para a vermelha.

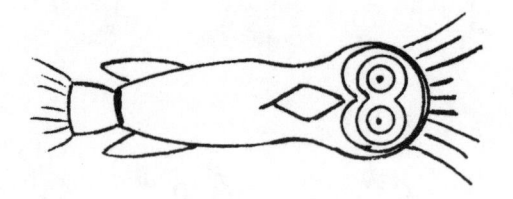

Figura 8

A sorte mudou várias vezes durante as batalhas, que duraram vários dias. Hórus atirou em Seth de fora do *Nar* com um "arpão" especialmente desenhado, e Seth foi ferido, perdendo seus testículos – o que apenas o enfureceu ainda mais. Na batalha final, que ocorreu na península do Sinai, Seth disparou um raio de fogo em Hórus, e este perdeu um "olho". Os grandes deuses pediram uma trégua e reuniram-se em conselho. Após algumas oscilações e indecisões, o Senhor da Terra optou por dar o Egito a Hórus, declarando-o legítimo herdeiro da linhagem de Rá-Osíris. (Desde então, Hórus passou a ser sempre representado com os atributos do falcão, enquanto Seth era mostrado como uma divindade asiática, simbolizado pelo burro, o animal de carga dos nômades (Figura 7).

A ascensão de Hórus ao trono reunificado das Duas Terras (Alto e Baixo Egito) permaneceu na história egípcia como o ponto em que foi dado ao reinado sua conexão divina perpétua, pois todos os faraós foram considerados sucessores de Hórus e ocupantes do trono de Osíris.

Por razões misteriosas, o reinado de Hórus foi seguido por um período de caos e declínio que ninguém sabe ao certo quanto tempo durou. Finalmente, por volta de 3200 a.C., uma "raça dinástica" chegou ao Egito, e um homem chamado Menés subiu ao trono de um Egito reunificado. Foi então que os deuses concederam civilização ao Egito e o que chamamos hoje de religião. O reinado que foi iniciado por Menés continuou por 26 dinastias de faraós, até a dominação persa em 525 a.C., e depois prosseguiu ao longo de tempos gregos e romanos (quando reinou a famosa Cleópatra*).

Quando Menés, o primeiro faraó, estabeleceu o reino unido, ele escolheu um ponto no meio do Nilo, ao sul de Heliópolis, como lugar para a capital dos dois Egitos. Seguindo os trabalhos de Ptah, ele construiu Mênfis em um aterro artificial construído acima das águas do Nilo e dedicou seus templos ao deus criador e divindade patrona da cidade. Mênfis permaneceu o centro político-religioso do Egito por mais de mil anos.

Mas, por volta de 2200 a.C., grandes reviravoltas, cujas origens não são claras para os eruditos, caíram sobre o Egito. Alguns acham que os invasores asiáticos infestaram o país, escravizando o povo e proibindo o culto a seus deuses. Qualquer vestígio que permaneceu da independência egípcia foi mantido no Alto Egito – nas regiões menos acessíveis, mais ao sul. Quando a ordem foi restaurada, cerca de 150 anos mais tarde, os poderes político-religiosos – atributos da monarquia – seguiram para *Tebas*, uma cidade antiga do Alto Egito, sem imponência alguma e às margens do Nilo.

Seu deus era chamado AMEN – "O Oculto" –, o mesmo deus Amon que Alexandre havia procurado como seu verdadeiro pai divino. Como divindade suprema, ele era venerado como Amen-Rá, "O Oculto Rá". E não é claro se ele era o mesmo Rá que surgia agora invisível ou "oculto", ou se era outra divindade.

Os gregos chamavam Tebas de *Diosópolis*, "a cidade de Zeus", pois igualavam Amon a Zeus, seu deus supremo. Esse acontecimento tornou mais fácil a afiliação de Alexandre a Amon; e foi para Tebas que ele correu depois de receber o oráculo favorável de Amon no oásis de Siwa.

Nos distritos de Tebas (hoje conhecidos como Karnak, Luxor e Dier--el-Bahari), Alexandre deparou-se com muitos templos e monumentos

---

*N.E.: Sugerimos a leitura de *Cleópatra – A Mulher cuja Beleza Inspirava Paixões e Selou o Destino de Imperios*, de Henry Rider Haggard, Madras Editora.

dedicados a Amon – impressionantes até hoje, embora estejam vazios e em ruínas. Eles foram construídos principalmente pela 12ª dinastia de faraós, uma das quais foi provavelmente a de "Sesonchusis", que foi em busca das Águas da Vida 1.500 anos antes de Alexandre. Um dos templos colossais foi construído pela rainha Hatshepshut, que também dizem ter sido filha do deus Amon.

Tais contos de parentesco divino não eram incomuns. A reivindicação do faraó a *status* divino, baseada no mero fato de ter ocupado o trono de Osíris, foi muitas vezes aumentada por afirmações de que o monarca era filho ou irmão desse deus ou daquela deusa. Estudiosos consideram que tais afirmações apenas têm valor simbólico, mas alguns faraós egípcios, como três reis da quinta dinastia, mantinham que eram, na verdade, filhos físicos do deus Rá, gerados por ele, quando engravidou a mulher do alto sacerdote em seu próprio templo.

Outros reis atribuíam sua descendência de Rá a meios mais sofisticados. Foi dito que Rá incorporou em um faraó reinante e, por meio desse subterfúgio, ele poderia ter relações sexuais com a rainha. Portanto, o herdeiro do trono poderia alegar descendência direta de Rá. Mas, além de tais afirmações terem origens divinas, cada faraó era, teologicamente, fadado a ser a encarnação de Hórus e, assim, uma extensão do filho do deus Osíris. Por consequência, ao faraó era concedido o mesmo direito de Osíris à Vida Eterna: de ressuscitar em uma vida após a morte.

Era a este círculo de deuses e faraós parecidos com deuses que Alexandre desejava pertencer.

A crença era de que Rá e os outros deuses imortais conseguiram Vida Eterna porque estavam sempre se rejuvenescendo. Da mesma forma, os faraós adotavam nomes significando, por exemplo, "ele, que repete o nascimento" e "reincidente de nascimentos". Os deuses se rejuvenesciam por meio da comida e bebida divinas em suas moradias. E, portanto, para obter a vida após a morte, o rei deveria se juntar aos deuses em sua morada e partilhar de seus alimentos divinos.

As invocações antigas apelavam aos deuses a partilhar com o rei falecido sua comida divina: "Leve este rei consigo, e que ele possa comer do que você come, e beber do que você bebe, e que ele possa viver onde você vive". E, mais especificamente, como em um texto da pirâmide do rei Pepi:

> Dê sustento a este rei Pepi
> De seu alimento eterno;
> De sua bebida perpétua.

O finado faraó esperava conseguir seu sustento eterno no reino celeste de Rá, na "Estrela Imperecível"; em um místico "Campo de Oferendas" ou "Campo da Vida" onde crescia a "Planta da Vida". Um texto da pirâmide de Pepi I o descreve passando pelos guardas com a aparência de um "pássaro emplumado" para ser recebido pelos emissários de Hórus. Com eles:

> Ele viajou para o Grande Lago,
> onde os Grandes Deuses pousavam.
> Estes Grandes da Estrela Imperecível
> ofereceram a Pepi a Planta da Vida
> da qual eles mesmos vivem,
> de forma que ele também possa viver ali.

Representações egípcias mostravam o falecido (às vezes com sua mulher), no Paraíso Celeste, bebendo das Águas da Vida, onde cresce a árvore com seu fruto que dá vida, a tamareira (Figura 9).

O destino supremo era o local de nascimento de Rá, para o qual ele retornou depois de morrer na Terra. E lá Rá era, ele próprio, constantemente rejuvenescido ou "reacordado" pela deusa dos quatro jarros, que derramava sobre ele, periodicamente, um certo elixir. E o desejo do rei era ter a mesma deusa vertendo sobre ele o elixir e "assim, refrescar seu coração para a vida". Foi nessas águas, chamadas "Águas da Juventude", que Osíris rejuvenesceu; e assim foi prometido ao finado rei Pepi que Hórus deveria "conceder-lhe uma segunda temporada de juventude"; que ele iria "renovar sua juventude nas águas cujo nome é 'Água da Juventude'".

Ressuscitado e rejuvenescido para a vida após a morte, o faraó atingiu uma vida paradisíaca: "sua provisão está entre os deuses; sua água é vinho, como de Rá. Quando Rá come, ele oferece a ele; quando Rá bebe, ele dá a ele". E, com um toque de psicoterapia do século XX, o texto acrescenta: "ele dorme profundamente todos os dias... ele passa melhor hoje do que ontem".

O faraó parecia pouco incomodado pelo paradoxo de que deveria primeiro morrer, para então atingir a Imortalidade. Como supremo regente das duas terras do Egito, ele aproveitou o melhor que podia da vida na Terra; e a ressurreição entre os deuses era uma perspectiva ainda mais atraente. Além disso, era apenas seu corpo terrestre que teria de ser embalsamado e sepultado, pois os egípcios acreditavam que todas as pessoas possuem um *Ba*, algo parecido com o que chamamos de "alma", que subia aos céus como um pássaro depois da morte. E um *Ka*

Figura 9

– algo que pode ser traduzido como Duplo, espírito ancestral, essência, personalidade –, forma por meio da qual o faraó era transportado para a vida após a morte. Em sua introdução aos Textos das Pirâmides, Samuel Mercer concluiu que o *Ka* era a personificação mortal de um deus. Em outras palavras, o conceito implicava a existência de um elemento divino no homem, um Duplo celeste ou divino que poderia retomar a existência na vida após a morte.

A vida após a morte era uma possibilidade, mas não era obtida facilmente. O finado rei teria de atravessar uma estrada longa e desafiante, e teria de se submeter a elaboradas preparações cerimoniais antes de poder embarcar em sua viagem.

A deificação do faraó começava com sua purificação e incluía embalsamento (mumificação), para fazer com que o falecido rei se parecesse com Osíris, com todos os seus membros atados. Embalsamado, o faraó era então levado em procissão funerária a uma estrutura em cujo topo ficava uma pirâmide, em frente à qual estava um pilar ovalado (Figura 10).

Dentro desse templo funerário, eram conduzidos rituais eclesiásticos com o objetivo de atingir a aceitação do faraó no final da viagem. As cerimônias, chamadas em textos funerários egípcios de "Abertura da Boca", eram supervisionadas por um sacerdote *Shem* – sempre representado vestindo uma pele de leopardo (Figura 11). Estudiosos acreditam que o ritual era literalmente o que seu nome implicava: o sacerdote, usando um cinto de cobre ou uma ferramenta de ferro, abria a boca da múmia ou de uma estátua representando o falecido rei. Mas ficou claro que a cerimônia era primariamente simbólica, realizada com o intuito de abrir para o morto a "boca", ou entrada aos céus.

Figura 10

Figura 11

A múmia era então fortemente amarrada em várias camadas de tecido e era coroada com a máscara mortuária dourada do rei. Por isso, tocar em sua boca (ou na boca da estátua do rei) poderia apenas ter sido um ato simbólico. De fato, os sacerdotes entoavam não o morto, mas os deuses para "abrir a boca" e permitir que o faraó ascendesse à Vida Eterna. Apelos especiais eram feitos ao "olho" de Hórus, perdido na batalha com Seth, para forçar "a abertura da boca", a fim de "abrir um caminho para o rei entre os iluminados, e para que ele fosse aceito entre eles".

A tumba terrena do faraó (e por suposição, apenas temporária) tinha, de acordo com os textos e descobertas arqueológicas reais, uma porta falsa no lado leste; isto é, a alvenaria foi construída de forma a parecer uma passagem, mas era, na verdade, uma parede sólida. Purificado e com todos os membros atados, "a boca abria" e o faraó era então imaginado levantando-se, tirando a poeira da Terra e partindo pela falsa porta. Um texto da pirâmide que tratava do processo da ressurreição passo a passo afirma que o faraó não poderia ultrapassar sozinho a parede de pedra. "Mantenha-se às portas que seguram as pessoas", dizia o texto, até "que o chefe do departamento" – um mensageiro divino encarregado dessa tarefa – "venha até você. Ele vai segurar em seu braço e vai levá-lo ao céu, a seu pai."

Ajudado então por um mensageiro divino, o faraó saía de sua tumba selada através da porta falsa. E os sacerdotes entoavam um cântico: "o rei está no caminho para o céu! O rei está no caminho para o céu!"

> O rei está a caminho do céu
> O rei está a caminho do céu
> No vento, no vento.
> Ele não é interrompido;
> Não há ninguém que o possa impedir.
> O rei está sozinho, filho dos deuses.
> Seu alimento está acima, com Rá;
> Sua oferenda virá dos céus.
> É ele o rei "que chega novamente".

Mas, antes que o finado rei pudesse ascender ao Céu para comer e beber com os deuses, ele tinha de empreender uma perigosa e árdua viagem. Seu objetivo era uma terra chamada *Neter-Khert*, "a terra dos deuses da montanha". Um local que foi algumas vezes descrito de forma pictórica em hieróglifos utilizando o símbolo para deus (Neter) em uma balsa; e, de fato, para alcançar essa terra, o faraó tinha de atravessar o longo e sinuoso "Lago dos Juncos". As águas pantanosas podiam ser atravessadas com a ajuda de um balseiro divino, mas, antes de fazer a travessia do faraó, ele questionava o rei sobre suas origens: o que o fazia pensar que tinha o direito de atravessar? Ele era filho de um deus ou de uma deusa?

Além do lago, passando um deserto e uma linha de montanhas, depois de vários guardiões de deus, estava o *Duat*, a mágica "morada para subir às estrelas" cujo nome e paradeiro desconcertaram os eruditos. Alguns a tomaram como a Terra do Nunca, a morada dos espíritos, para onde o deus devia ir, assim como fez Osíris. Outros acreditavam que se tratava de um submundo, e realmente muitas de suas cenas eram de um mundo subterrâneo com túneis e cavernas e deuses invisíveis, piscinas de águas ferventes, luzes misteriosas, câmaras guardadas por pássaros, portas que se abriam sozinhas. Essa terra mágica tinha 12 divisões e podia ser atravessada em 12 horas.

O *Duat* deixou muitos perplexos, porque, apesar de sua natureza terrestre (era alcançado depois de atravessar a passagem de uma montanha) ou aspectos subterrâneos, seu nome era escrito de forma hieroglífica com uma estrela e um falcão exorbitante, conforme suas determinativas ⋆🦅🚪, ou simplesmente com uma estrela dentro de um círculo ⊗, denotando uma associação paradisíaca ou celestial.

Por mais truncados que fossem, o fato é que os Textos das Pirâmides, conforme seguiam a progressão de vida, morte, ressurreição e trasladação do faraó para a vida após a morte, consideravam uma falha humana a incapacidade de voar como os deuses. Um texto resume esse problema e sua solução em uma sentença: "homens são enterrados, e deuses ascendem. Faça este rei voar ao céu, (para estar) entre seus irmãos, os deuses". Um texto inscrito na pirâmide do rei Teti expressa a esperança do faraó e o apelo aos deuses, nestas palavras:

> Os homens caem,
> Eles não têm Nome.
> Segure seu rei Teti pelos braços,
> Leve seu rei Teti para o céu,
> Para que ele não morra na Terra, entre os homens.

E assim foi dada ao rei a missão de chegar ao "Local Oculto" e atravessar seus labirintos subterrâneos até encontrar o deus que carrega o emblema da Árvore da Vida e um deus que é o "Arauto do Céu". Eles abrirão para ele portões secretos e o guiarão até o Olho de Hórus, uma escada celestial na qual ele iria subir e que possuía a habilidade de mudar de tom, de azul para vermelho, uma vez que tem "energia". E então, ele próprio transformado em falcão-deus iria elevar-se ao céu, em direção à Outra Vida Eterna, na Estrela Imperecível. Uma vez lá, o próprio Rá o receberia:

> Os Portões do Céu estão abertos para ti;
> As portas do Lugar Fresco estão abertas para ti.
> Encontrarás Rá de pé, esperando por ti.
> Ele tomará tua mão,
> Ele te levará ao Duplo Santuário do Céu;
> Ele te colocará no trono de Osíris...
> Terás apoio, equipado como um deus...
> Entre os Eternos, na Estrela Imperecível.

Muito do que é conhecido hoje sobre o tema vem dos Textos das Pirâmides – milhares de versos combinados em centenas de discursos, que foram descobertos gravados ou pintados (na forma hieroglífica do antigo Egito), nas paredes, passagens e galerias das pirâmides dos cinco faraós (Unas, Teti, Pepi I, Merenre e Pepi II) que governaram o Egito a partir de 2350 a.C. até 2180 a.C. Esses textos foram ordenados e numerados por Kurt Sethe em sua obra-prima *Die altaegyptischen Pyramidentexte*, livro que permaneceu como fonte de referência principal, juntamente com seu homólogo inglês *The Pyramid Texts*, de Samuel A. B. Mercer.

Os milhares de versos que compõem os Textos das Pirâmides parecem ser apenas uma coleção de conjuros desconectados e repetitivos, apelos aos deuses ou exaltações ao rei. Para tirar algum sentido desse material, eruditos desenvolveram teorias de mudanças de teologias no antigo Egito, um conflito e então uma fusão entre uma "religião solar" e uma "religião do céu", um sacerdócio de Rá e um de Osíris, e assim por diante, relembrando sempre que estamos lidando com material que tem sido acumulado durante milênios.

Os estudiosos que viam essa quantidade de versos como expressões de mitologias primitivas, um produto da imaginação de pessoas que se escondiam apavoradas enquanto o vento uivava e o trovão rugia, e chamavam esse fenômeno de "deuses"; tais versos permanecem tão intrigantes e confusos como sempre. Mas todos os estudiosos concordam que foram extraídos por escribas antigos, de escrituras mais antigas e aparentemente bem organizadas, coerentes e compreensíveis.

Inscrições posteriores, em sarcófagos e caixões, assim como em papiros (geralmente acompanhados por ilustrações), realmente mostravam que os versos, homílias e capítulos (com nomes como "capítulo daqueles que ascendem") foram copiados do *Livro dos Mortos*, que continham títulos como "Aquele que está no *Duat*", "O Livro das Portas" e "O Livro dos Dois Caminhos". Estudiosos acreditam que esses "livros" eram versões de dois trabalhos anteriores básicos: escritos arcaicos que lidavam com a viagem celestial de Rá e uma fonte tardia que enfatizava a bem-aventurada vida após a morte daqueles que se juntavam a Osíris ressuscitado. Os dois livros falavam de comida, bebida e prazeres conjugais em uma morada divina. (Versos dessa versão foram até inscritos em talismãs, para atrair a quem os usasse a "união com mulheres de dia ou de noite" e o "desejo das mulheres" em todos os tempos).

No entanto, as teorias eruditas deixam sem explicar os aspectos mágicos da informação oferecida por esses textos. O Olho de Hórus é um objeto que era independente do deus – um objeto em cujo interior o rei pode adentrar, e que pode mudar de tons de azul e vermelho, uma vez que tem "energia". Existem balsas autopropulsoras, portas que se abrem sozinhas, deuses invisíveis cujos rostos irradiam um brilho. Nesse submundo, supostamente habitado apenas por espíritos, "vigas de ponte" e "cabos de cobre" são destacados. E o mais incompreensível de todos os aspectos: por que, se a transformação do faraó o leva ao submundo, os textos afirmam que "o rei está no caminho para o *Céu*"?

Os versos indicam que o rei está seguindo o caminho dos deuses, que ele está atravessando um lago da forma feita anteriormente por um deus, que ele usa uma barca como fez o deus Rá, que ele ascende "equipado como um deus", como fez Osíris, e assim por diante. E surge a questão: e se esses textos não eram fantasias primitivas – mitologia –, mas relatos de uma viagem simulada, em que o falecido faraó imitava o que os deuses haviam realmente feito? E se os textos, substituindo o nome do rei pelo nome de um deus, eram cópias de escrituras ainda mais antigas que tratavam não das viagens dos faraós, e sim das viagens dos deuses?

Um dos egiptólogos pioneiros, Gaston Maspero (*L'Archéologie égypctiénne* e outros trabalhos), julgando pela forma gramatical e outras evidências, sugeriu que os Textos das Pirâmides tiveram origem no começo da civilização egípcia, talvez até mesmo antes de ser escritos hieroglificamente. J. H. Breasted conclui mais recentemente (*Development of Religion e Thought in Ancient Egypt*) que "tal material mais antigo existiu, esteja em nossa posse ou não". Ele encontrou nos textos informação das condições da civilização e acontecimentos que acentuam a veracidade dos textos como portadores de informação factual, e não de fantasias. "Para alguém de imaginação rápida", ele diz: "eles viviam em paisagens de um mundo há muito desaparecido, do qual eles são um reflexo".

Quando analisados juntos, os textos e as ilustrações posteriores descrevem uma viagem para um reino que começa acima da terra, que conduz ao submundo e que termina com uma abertura dos céus por meio da qual os deuses – e os reis que se igualam a eles – foram lançados em direção ao céu (Figura 12). Assim, a conotação hieroglífica combina um lugar subterrâneo com uma função suprema.

Será que os faraós, na viagem de suas tumbas para a vida após a morte, realmente seguiram esse Caminho para o Céu? Mesmo os antigos egípcios afirmavam que a viagem não era para ser realizada pelo corpo mumificado, e sim pelo *Ka* (Duplo) do falecido rei. E eles concebiam e viam esse Duplo como alguém que viaja e faz progressos reais, passando por lugares que para eles realmente existiam.

E se os textos refletem um mundo que tenha realmente existido – e se a viagem do faraó para a Imortalidade, mesmo que apenas por emulação, realmente seguiu passo a passo viagens existentes realizadas em tempos pré-históricos?

Deixemo-nos seguir por esse caminho. Deixemo-nos levar pela Rota dos Deuses.

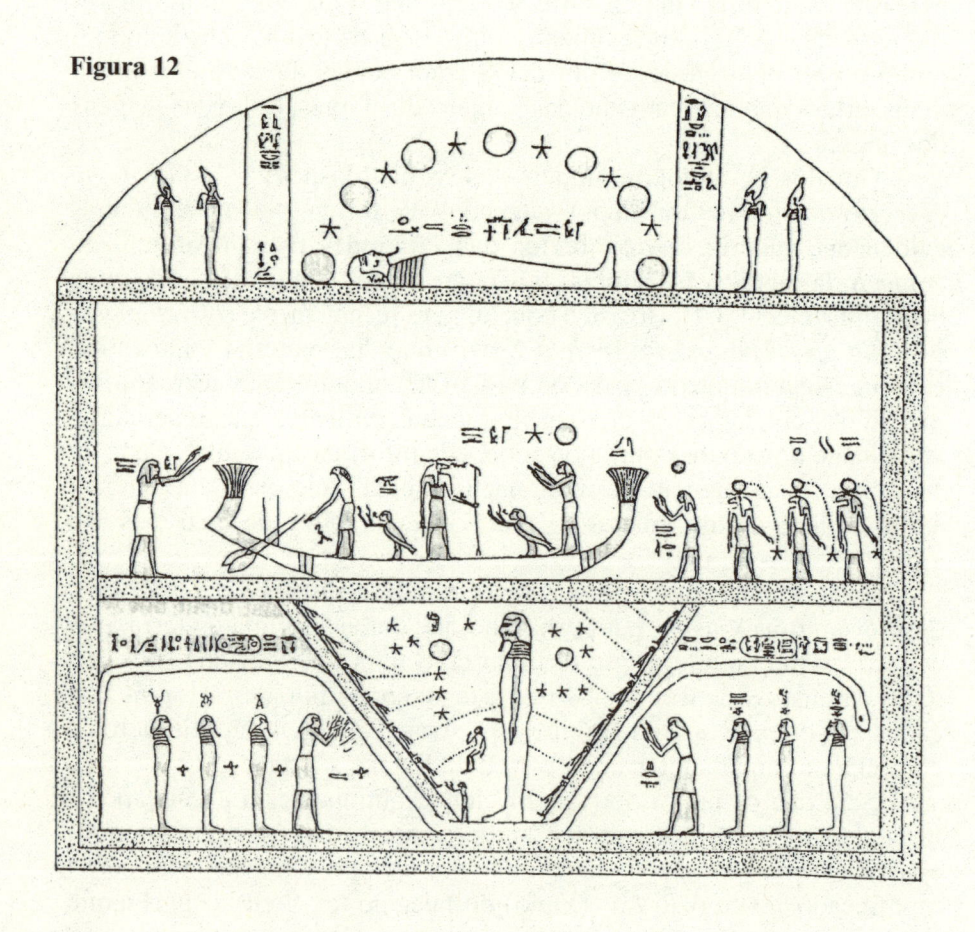

Figura 12

IV

O Caminho para o Céu

Vamos nos transportar para o magnífico templo funerário do faraó e imaginar que estamos presenciando toda a cerimônia. Depois de mumificá-lo e prepará-lo para sua viagem, os sacerdotes *Shem* invocam os deuses, a fim de abrirem uma passagem e um caminho para o rei. O mensageiro divino chegou ao outro lado da falsa porta, pronto para acompanhar o faraó ao longo da parede de pedra no lado leste de sua tumba e lançá-lo em sua viagem.

Quando chegou ao outro lado, o faraó foi instruído a seguir seu curso em direção ao leste. Para não se equivocar, ele foi explicitamente prevenido contra seguir a oeste: "Aqueles que avançam, não retornam!". Seu destino era o *Duat*, na "Terra dos Deuses da Montanha". Ele deveria adentrar a "Grande Casa dos Dois...a Casa do Fogo"; quando, durante "uma noite de anos calculados", ele deverá ser transformado em um ser divino e ascender "ao lado oriental do Céu".

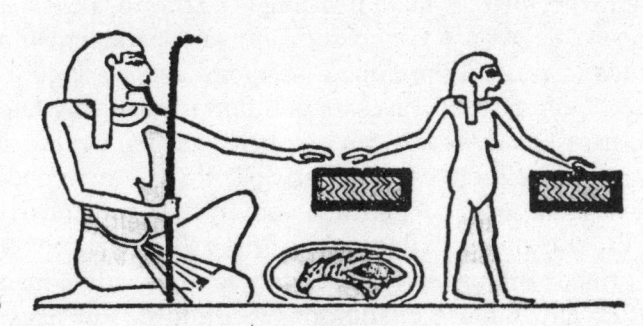

Figura 13

O primeiro obstáculo no caminho do faraó foi o Lago dos Juncos – uma extensa região de águas pantanosas composta por uma série de lagos adjacentes. Simbolicamente, ele tinha a bênção de seu deus guardião para atravessar o rio separando suas águas (Figura 13); fisicamente, a travessia era possível porque quem trabalhava no rio era o Balseiro Divino, que atravessava os deuses em um barco feito por Khnum, o Artesão Divino. Mas o balseiro estava posicionado em um lado distante do lago e o faraó teve de o convencer de que ele tinha o direito de ser recolhido e transportado.

O balseiro questionou o faraó a respeito de suas origens. Ele era filho de um deus ou de uma deusa? Ele fazia parte do "Registro dos Dois grandes Deuses"? O faraó explicou seu direito de ser de "semente divina" e deu garantias de sua virtude. Em alguns casos, funcionava. Em outras ocasiões, o faraó tinha de apelar a Rá ou Thoth para conseguir atravessar; e, nesses momentos, o barco e seus remos ou leme tornavam-se vivos e com forças misteriosas: a balsa começava a se mover sozinha, e o remo de direção, apesar do domínio do rei, seguia seu próprio curso. Tudo parecia ter vida própria e ser autoimpulsionado, apesar de o rei tentar manter o controle. De uma maneira ou de outra, o faraó acabava por conseguir atravessar o lago ou colocar-se no caminho dos "Dois que Aproximam os Céus":

> Ele entra no barco, como Rá,
>   nas margens do Riacho Sinuoso.
> O rei rema no barco de *Hanbu*;
> Ele gira o leme em direção à
> Planície dos "Dois que Aproximam os Céus",
>   na terra que começa depois do Lago dos Juncos.

O Lago dos Juncos estava localizado a leste, onde terminava o domínio de Hórus. E além ficavam os territórios de seu adversário Seth, as "terras da Ásia". Como seria de se esperar em uma fronteira tão delicada, o rei descobre que a margem leste do lago é patrulhada por quatro "Guardas da Travessia que portavam travas laterais". A forma como esses guardas usavam o cabelo era realmente sua característica mais notável. "Preto como o carvão", ele era "arrumado em cachos na testa, nas têmporas e na nuca; e com tranças no centro da cabeça".

O rei usou de diplomacia e firmeza e, mais uma vez, reivindicou suas origens divinas, proclamando que tinha sido convocado por "meu pai Rá". Um faraó é citado por ter usado de ameaças: "atrase minha travessia e eu vou arrancar seus cachos como se arrancam as flores de lótus da lagoa!'". Outros pediam ajuda aos deuses. De fato, mais uma vez, o faraó conseguia prosseguir.

O rei então partia das terras de Hórus. O lugar a leste que pretende alcançar – sob a proteção de Rá – é "na região de Seth". Seu destino é uma área montanhosa que fica na direção leste (Figura 14). Seu caminho é através de uma passagem entre duas montanhas, "as duas montanhas que fazem reverência a Seth". Mas antes ele tem de atravessar uma área seca e estéril, um tipo de terra sem deus entre os domínios de Hórus e Seth. Conforme o ritmo e a urgência dos enunciados crescem, mostrando que o rei se aproxima do Lugar Oculto onde estão as Portas do Paraíso, ele é mais uma vez desafiado pelos guardas. "Aonde vais tu?", eles exigem saber.

Os patronos do rei respondem por ele: "o rei vai para o Céu, para possuir vida e alegria; para que o rei possa ver seu pai, para que o rei possa ver Rá". Enquanto os guardas contemplam o pedido, o rei roga a eles: "Abram a entrada... inclinem as barreiras... deixem-me passar como passam os deuses!".

Vindo do Egito, dos domínios de Hórus, o rei e seus patronos reconhecem a necessidade de prudência. Muitos enunciados e versos são aplicados para apresentar a neutralidade do rei nas disputas dos deuses. O Rei é anunciado como "nascido de Hórus, ele, cujo nome faz toda a Terra estremecer", e também como "concebido por Seth, cujo nome faz o céu vibrar". O rei acentua não apenas sua afinidade com Rá, mas declara que ele atua "a serviço de Rá"; produzindo assim um *passe livre* oferecido pelas altas autoridades. Com sagaz imparcialidade, os Textos das Pirâmides apresentam aos dois deuses motivos que provam seu interesse pessoal em que o deus continue sua viagem, pois Rá certamente apreciaria a ajuda daqueles que vêm a seu serviço.

Finalmente, os guardas da terra de Seth permitem ao rei prosseguir em direção à passagem da montanha. Os patronos do rei asseguram-se de que ele é ciente da importância do momento:

> Tu estás agora no caminho dos lugares altos
> Na terra de Seth.
> Na terra de Seth
> Tu serás colocado nos lugares altos,
> Naquela Árvore alta do Céu Oriental
> Na qual se sentam os deuses.

O rei chegou ao *Duat*.

Figura 14   **Figura 15**

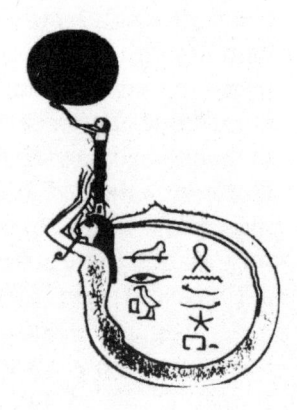

O *Duat* foi concebido como um Círculo dos Deuses (ver Figura 15), com uma abertura no topo voltada para os céus (simbolizado pela deusa Nut), por meio da qual a Estrela Imperecível (simbolizada pelo Disco Celestial) podia ser alcançada. Outras fontes sugerem, na realidade, um vale mais oval ou oblongo; fechado por montanhas. Um rio que se dividia entre muitas correntes fluía por essa terra, mas era de navegação muito difícil e muitas vezes a barca de Rá tinha de ser rebocada, ou movida com suas próprias forças como o "barco da terra", como um trenó.

O *Duat* era dividido em 12 partes, algumas vezes descritas como campos, planícies, círculos murados, cavernas ou salas, começando acima da terra e continuando por baixo desta. O falecido rei levava 12 horas viajando por esse encantado e imponente domínio; até aí ele conseguia chegar porque Rá tinha colocado à sua disposição sua barca ou seu trenó mágico, no qual o rei viajava acompanhado e protegido por seus deuses patronos.

Havia sete desfiladeiros ou passagens nas montanhas que circundavam o *Duat*, e duas delas ficavam nas montanhas do lado leste do Egito (ou seja, nas montanhas a oeste do *Duat*), que eram chamadas de "Horizonte" ou "Chifre" do "Lugar Oculto". A passagem pela qual Rá viajou tinha 220 *atru* (43 quilômetros) e seguia o curso de um rio que secou, fazendo com que a barca de Rá tivesse de ser rebocada. A passagem era protegida e tinha fortificações "cujas portas eram fortes".

Como alguns papiros indicam, o faraó pegou o caminho que levava através da segunda passagem, mais curta (com cerca de 24 quilômetros). Os desenhos do papiro mostram o rei na barca ou trenó de Rá, passando por entre dois picos de montanhas, nos quais estavam posicionados 12 guardiões dos deuses. Os textos contam que havia nas proximidades "um lago de águas ferventes" – águas que, apesar de ser quentes, são muito refrescantes ao toque. Um fogo arde por baixo da terra, e o lugar tem um cheiro forte betuminoso ou de "natron", uma mistura natural feita de sódio que afasta os pássaros. E, não muito longe dali, está representado um oásis com arbustos e árvores baixas à volta.

Já do outro lado da passagem, o rei encontra outras companhias de deuses guardiões. "Entre em paz", dizem eles. Assim, o faraó chegou à segunda divisão do *Duat*.

Quando termina o rio que atravessa essa região, ela passa a se chamar *Ur-nes* (um nome que alguns estudiosos equiparam a *Urano*, o deus grego dos céus). Com cerca de 24 quilômetros x 62 quilômetros, ela é habitada por pessoas de cabelos compridos que se alimentam de carne de burro e dependem dos deuses para água e sustento, pois o lugar é árido e as nascentes estão quase todas secas. Até a barca de Rá, quando chega aqui, transforma-se em um "barco da terra". É um domínio associado ao deus Lua e a Hathor, a deusa da turquesa.

Com a ajuda dos deuses, o rei atravessa com segurança a segunda divisão, e na terceira hora chega a *Net-Asar*, "o rio de Osíris". De tamanho semelhante ao da segunda, essa terceira divisão é habitada pelos "lutadores". Aqui ficam os quatro deuses que controlam os quatro pontos cardeais do compasso.

As descrições pictóricas que acompanham os textos hieroglíficos surpreendentemente mostram o rio de Osíris serpenteando seu caminho a partir de uma região de agricultura e ao longo de uma cadeia de montanhas onde o rio se divide em afluentes. Ali, vigiado pelas lendárias fênix, estava situado o *Caminho para o Céu*, e o barco celestial de Rá era representado repousando em cima de uma montanha, ou subindo aos céus em uma corrente de fogo (Figura 16).

Nesse momento, o ritmo das orações e dos enunciados aumenta outra vez. O rei invoca os "protetores mágicos" e pede que "este homem da Terra possa entrar no *Neter-Khert* sem ser incomodado. O rei aproxima-se do coração do *Duat*; aquele está perto do *Amen-Ta,* o "Local Oculto".

Figura 16

Foi lá que o próprio Osíris ergueu-se para a Vida Eterna e onde "Os Dois que Aproximam o Céu" destacaram-se "além e contra o céu", como duas árvores mágicas. O rei oferece uma oração a Osíris (o título do capítulo no *Livro dos Mortos* é "capítulo em que seu nome é concedido pelo *Neter-Khert*"):

> Que me seja concedido meu *Nome*
>   na Grande Casa dos Dois;
> Que na Casa do Fogo
>   meu nome seja concedido.
> Na noite em que se contam os anos,
>   e que se fala dos meses,
>   que eu seja um Ser Divino,
>   que eu me sente a leste do Paraíso.
> Que a mão de Deus me auxilie;
> Perpétuo é seu nome.

O rei está no ângulo de visão da "Montanha de Luz".
Ele chegou ao CAMINHO PARA O CÉU.

Os Textos das Pirâmides falam de um lugar "que era o caminho para atingir as alturas". Seu trajeto era descrito como "o caminho para o céu, que foi feito para o rei, para que ele possa ascender dali para os céus". A pictografia hieroglífica do Caminho para o Céu era, às vezes, uma simples escada ◿ (que também era feita em ouro e usada como um amuleto), ou com maior frequência, uma escada dupla △, como uma pirâmide em degraus. Esse Caminho para o Céu foi construído pelos deuses da cidade de An – a localização do principal Templo de Rá – com o propósito de "unir-se ao Superior".

O objetivo do rei era a Escada Celestial, um ascensor que iria levá-lo ao alto. Mas, para entrar na Casa de Fogo, a Grande Casa dos Dois, ele devia primeiro entrar no *Amen-Ta*, a Terra Escondida de Seker, deus das Terras Selvagens.

É um domínio descrito como um círculo fortificado, a terra subterrânea da escuridão, à qual se chega entrando-se por uma montanha e descendo por caminhos em espiral escondidos e protegidos por portas secretas. É a quarta divisão do *Duat* que o rei deve penetrar agora; mas a entrada da montanha é protegida por duas paredes, e a passagem entre elas é envolta em chamas e ocupada por deuses guardiões.

Quando o próprio Rá chegou a essa entrada do Lugar Oculto, "ele desempenhou os desígnios" – seguiu os procedimentos – "dos deuses que estão do lado de dentro por meio de sua voz, sem vê-los". Mas pode apenas a voz do rei ser o suficiente para sua admissão? Os textos relembram ao faraó que apenas "aquele que conhece os caminhos do poço escondido que estão nas terras de Seker" deve ter a habilidade para viajar através do Lugar das Passagens Subterrâneas e partilhar o alimento dos deuses.

Mais uma vez, o rei oferece suas credenciais. "Eu sou o Touro, um filho dos antepassados de Osíris", ele anuncia. Então os deuses que o protegem pronunciam em seu favor as palavras cruciais para a admissão:

> A admissão não te é recusada
> nos portões do *Duat*;
> As portas da Montanha da Luz
> estão abertas para ti;
> As fechaduras se abrem para ti.
> Pisas no Salão das Duas Verdades;
> E o deus que está lá te recebe.

Uma vez pronunciada a fórmula ou senha correta, um deus chamado Sa profere um comando; ao ouvir sua voz, as chamas desaparecem, os guardiões retiram-se, as portas abrem-se automaticamente e o faraó é admitido no mundo subterrâneo.

"A boca da terra abre-se para ti, a porta oriental do céu está aberta para ti", anunciam ao rei os deuses do *Duat*. Ele é assegurado de que, apesar de entrar na boca da terra, aquela realmente é a Passagem para o Céu, a tão cobiçada porta oriental.

A viagem pela quarta hora e pelas horas seguintes leva o rei por cavernas e túneis, nos quais algumas vezes são vistos ou ouvidos deuses de diversas funções. Há canais subterrâneos por onde os deuses transitam em barcas silenciosas. Há luzes enigmáticas, águas fosforescentes, tochas que iluminam o caminho. Fascinado e também aterrorizado, o rei prossegue em direção "aos pilares que levam ao Céu".

Os deuses que surgem pelo caminho estão quase sempre organizados em grupos de 12 e são chamados de "Deuses da Montanha", "Deuses da Montanha da Terra Oculta" ou "Proprietários do Tempo na Terra Oculta". Os desenhos que acompanham alguns dos textos antigos identificam esses deuses por meio dos diferentes cetros que carregam, pelo acessório particular que tinham na cabeça ou pela representação dos atributos animalescos – cabeça de falcão, cabeça de chacal ou cabeça de leão. Serpentes também faziam sua aparição, representando guardiões subterrâneos ou servos dos deuses na Terra Oculta.

Os textos e ilustrações antigos sugerem que o rei adentrou em um submundo circular complexo, com um extenso túnel em espiral. As representações, apresentadas de forma transversal, mostram um túnel em declive gradual de cerca de 12 metros de altura, com teto e chão lisos, ambos feitos de algum material sólido com 60 centímetros a 90 centímetros de largura. O túnel está dividido em três níveis, e o rei move-se pelo corredor ou nível intermediário. Os níveis superiores e inferiores estão ocupados por deuses, serpentes e estruturas com diversas funções.

O trenó do rei, puxado por quatro deuses, começa sua viagem deslizando silenciosamente pelo corredor intermediário; apenas um raio emitido pelas luzes do veículo ilumina o caminho, mas logo a passagem é bloqueada por uma divisão oblíqua, e o rei deve descer e continuar a pé.

A divisão, como mostram as representações transversais, é a parede de um poço que atravessa os três níveis do túnel (com um declive de mais ou menos 15°) a um ângulo reto de cerca de 40°. Aparentemente, ela começa acima do túnel, talvez ao nível do chão ou em algum lugar mais alto dentro da montanha, e parece terminar quando chega ao solo do terceiro e mais baixo nível. Ela é chamada de *Re-Stau*, "O Caminho das Portas Ocultas"; e no primeiro e segundo níveis existem realmente espaços que se assemelham a câmaras de compressão. Essas câmaras permitem a Seker e a outros "deuses escondidos" atravessar, embora "a porta não tenha saída". O rei deixa seu trenó e passa por essa parede inclinada apenas com a ordem de algum deus, cuja voz ativou a câmara de ar comprimido. Ele é então recebido do outro lado por representantes de Hórus e Thoth e é apresentado a vários deuses (Figura 17).

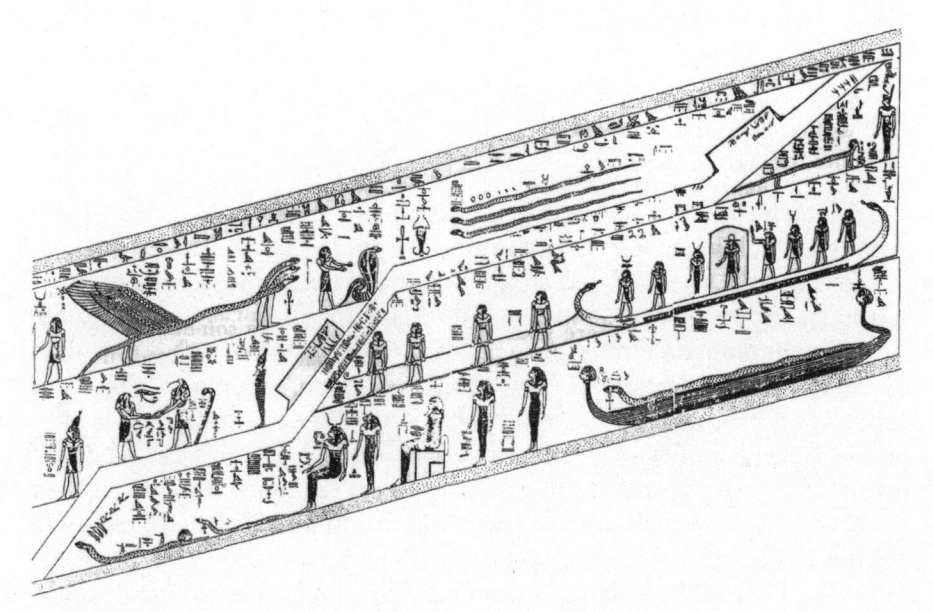

Figura 17

Em seu caminho para baixo, o rei vê "deuses sem rosto" – deuses cujas faces não podem ser vistas. Ofendido, ou simplesmente curioso, ele suplica:

>Descubram vossas faces,
>>tirem o véu que cobre vossas cabeças,
>>para me conhecer,
>
>Pois, vejam, eu (também) sou um deus poderoso
>>Que chegou para estar entre vós.

Mas eles não cedem a seu apelo para mostrar seus rostos; e os textos explicam que mesmo eles, "esses seres escondidos, não veem nem consideram" seu próprio superior o deus Seker, "quando também ele tem essa forma em sua moradia na terra".

Descendo em espiral, o rei passa por uma porta e chega ao terceiro e último nível. Ele entra em uma antecâmara onde fica um emblema do Disco Celestial, e é recebido pelo deus "mensageiro do céu" e por uma deusa que usa um emblema emplumado de Shu, "o que descansou no firmamento, acima do Caminho para o Céu" (Figura 18). Seguindo a indicação do *Livro dos Mortos*, o rei proclama:

> Salve,
>   dois filhos de Shu!
> Salve,
>   filhos do Lugar do Horizonte...
> Posso ascender?
> Posso prosseguir adiante, como Osíris?

A resposta deve ter sido positiva, pois os deuses o deixam passar por uma porta sólida e grandiosa utilizada apenas pelos deuses ocultos.

Na quinta hora, o faraó atinge as partes subterrâneas mais profundas, que são os caminhos secretos de Seker. Seguindo por corredores que se inclinam para cima e para baixo, o faraó não pode ver Seker, mas os desenhos transversais representam o deus como uma pessoa com cabeça de falcão, em pé, acima de uma serpente e segurando duas asas dentro de uma estrutura oval completamente fechada, nas profundezas do subterrâneo e protegida por duas esfinges. Embora o rei não possa ver essa câmara, ele ouve vindo dela "um ruído poderoso, como aquele ouvido nas alturas dos céus quando eles são perturbados por uma tempestade". Da câmara selada, flui uma piscina subterrânea cujas "águas são como fogo". Tanto a câmara como a piscina são cercadas por uma estrutura que parece um *bunker*, com entradas de ar compartimentadas à esquerda e uma porta enorme à direita. Como proteção adicional, um monte de areia está empilhado em cima da câmara selada, e por cima dele há uma deusa cuja cabeça é apenas uma saliência no corredor descendente. O símbolo de um escaravelho (que significa "rolar, tornar-se um ser") conecta a cabeça da deusa a um objeto ou uma câmara cônica no corredor mais elevado (Figura 19), e dois pássaros estão empoleirados sobre ela.

Os textos e símbolos nos mostram que, apesar de Seker estar escondido, sua presença era sentida mesmo na escuridão, por causa de um halo "que fluía da cabeça e dos olhos do grande deus, cujo corpo irradia luz". Essa tríade – deusa, escaravelho (*Kheper*) e câmara cônica

Figura 18

– aparentemente servia para permitir ao deus oculto ser informado do que acontece do lado de fora de sua câmara selada hermeticamente. O texto hieroglífico que acompanha o símbolo do escaravelho diz: "atenção a Kheper cujo (barco?) é imediatamente rebocado para o topo deste círculo, conectando-o com os caminhos do *Duat*. Quando este deus posiciona-se na cabeça da rainha, ele fala com Seker todos os dias".

A passagem do faraó pela câmara secreta de Seker, e também a forma como este foi informado sobre essa passagem, foram fatores cruciais nesse ponto da viagem. Os egípcios não eram os únicos na Antiguidade que acreditavam que cada pessoa que morria seria defrontada com um momento de juízo, um instante em que suas ações ou seus corações seriam avaliados e julgados, e sua alma, ou Duplo, condenada às Águas Ardentes do Inferno ou abençoada e escolhida para apreciar as deliciosas e vitais águas do Paraíso. De acordo com relatos antigos, aqui o faraó chega a seu Momento de Verdade.

Falando pelo Senhor do *Duat*, a deusa de quem se via apenas a cabeça anunciou ao faraó a decisão favorável: "venha em paz para o *Duat*... entre com seu barco pela estrada que está na terra". A rainha, chamada Ament (a oculta), acrescentou: "Ament te chama, para que possas entrar no céu, como o Grande que está no Horizonte".

O rei passou no teste, não morreu uma segunda vez e nasceu novamente. Agora, o caminho passava por uma fileira de deuses cuja função era punir os condenados, mas o rei prossegue ileso. Ele volta para seu

Figura 19

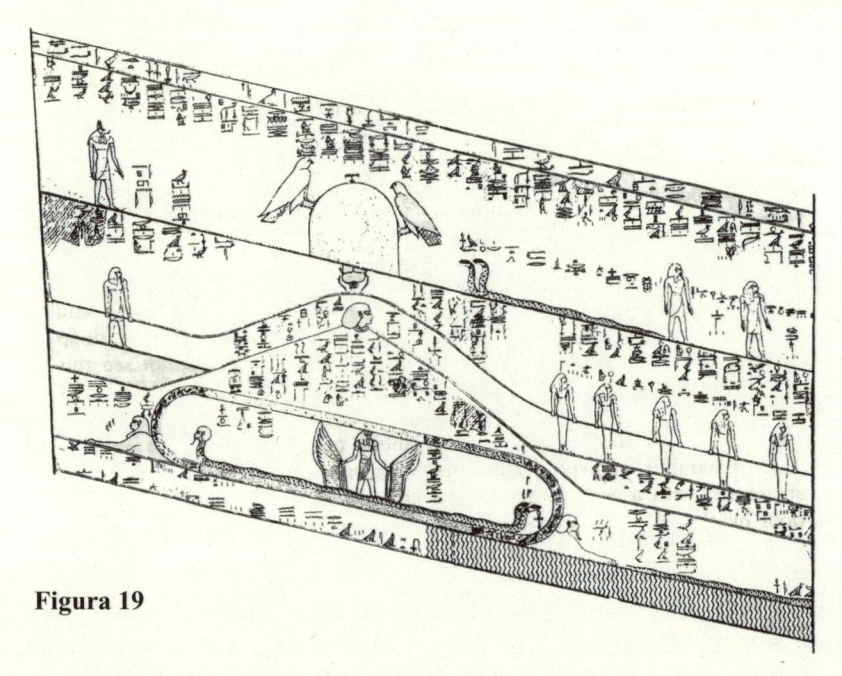

barco ou trenó, que é acompanhado por uma procissão de deuses; um deles segura o símbolo da Árvore da Vida (Figura 20).

O rei foi considerado digno e merecedor da vida após a morte.

Ao deixar a região de Seker, o rei entra na sexta divisão, ligada a Osíris. (Nas versões dos Livros das Portas, era nessa sexta hora que Osíris julgava o falecido). Deuses com cabeça de chacal, "que abrem os caminhos", convidam o rei a dar um mergulho refrescante na piscina subterrânea, ou Lago da Vida, como fez o próprio grande Deus quando passou por aqui. Outros deuses, "sussurrando como abelhas", vivem em cubículos cujas portas se abrem sozinhas conforme o rei se move. À medida que ele avança, os epítetos dos deuses assumem um aspecto técnico: há os 12 deuses que "seguram a corda no *Duat*", e os 12 que seguram "a corda de tirar medidas".

A sexta divisão é composta por várias câmaras muito próximas umas das outras. Um caminho recurvado é chamado de "O Caminho Secreto do Lugar Oculto". O barco do rei é rebocado por deuses vestidos com peles de leopardo, a mesma vestimenta dos sacerdotes *Shem* que realizavam as cerimônias de Abertura da Boca.

Estaria o rei aproximando-se da Abertura da Boca da Montanha? Nesse ponto do *Livro dos Mortos*, os capítulos têm títulos como "O capítulo de farejar o ar e adquirir o poder", e o veículo do faraó está dotado de poderes mágicos... "ele viaja por onde não há correnteza nem ninguém para rebocá-lo; e ele segue o caminho apenas com palavras mágicas" proferidas pela boca de um deus.

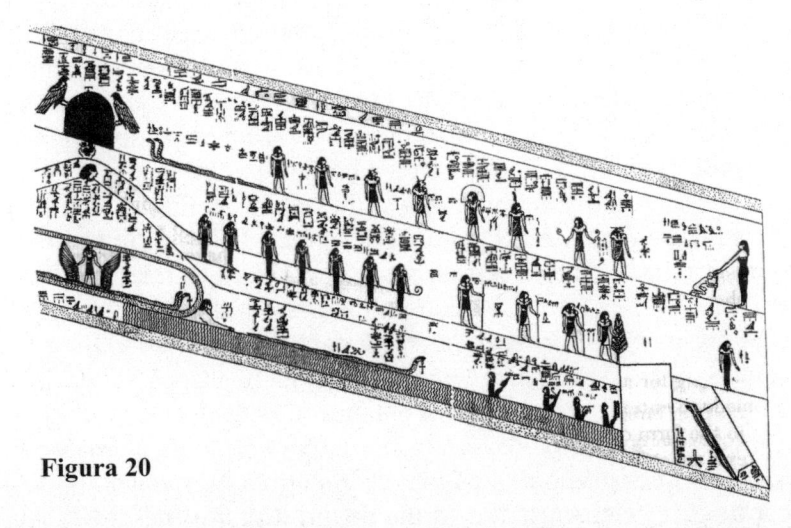

Figura 20

Enquanto o rei atravessa um portão vigiado que o leva para a sétima divisão, os deuses e tudo em volta perdem o aspecto de "submundo" e começam a ganhar ares celestiais. O rei encontra o deus cabeça de falcão *Heru-Her-Khent*, cujo nome hieroglífico incluía o símbolo do caminho. Ele usava na cabeça o símbolo do Disco Celestial e sua função era "lançar os deuses-estrelas e fazer as deusas da constelação seguirem seu curso". Esse grupo era composto por 12 deuses e 12 deusas, representados por símbolos de estrelas. As invocações a eles eram dirigidas aos "deuses estrelados":

> que são divinos e cujos poderes mágicos tornaram-se reais...
> que estão reunidos nas estrelas que se erguem diante de Rá...
> Que as estrelas guiem as mãos de Rá para que possa seguir em paz para o Lugar Oculto.

Nessa divisão, também estão presentes duas companhias divinas associadas ao *Ben-Ben,* o misterioso objeto de Rá mantido em seu templo, na cidade de An (Heliópolis). Eles "são aqueles que possuem e protegem o mistério", que é mantido no *Het-Benben* (a casa de Ben-Ben); e há também oito guardas que "entram no Objeto Oculto". Na sétima divisão também há nove objetos enfileirados representando o símbolo *Shem,* que hieroglificamente significa "seguidor".

O rei chegou às áreas do *Duat* associadas a An, o deus que nomeou Heliópolis. Na nona hora, ele avista o lugar de descanso dos 12 "Remadores Divinos do Barco de Rá", que o conduzem no celestial "Barco de Milhões de Anos". Na décima hora, depois de atravessar um portão, o rei chega a um lugar com muito movimento, onde a tarefa dos deuses é fornecer chama e fogo ao barco de Rá. Um dos deuses chama-se "Capitão dos deuses da nau". Outros dois são aqueles "que desenham o curso das estrelas". Esses e outros deuses são representados por até três símbolos de estrelas, de acordo com a hierarquia dos céus.

Ao passar da décima para a 11ª divisão, a afinidade com os céus aumenta rapidamente. Aqui, os deuses usam o Disco Celestial ou símbolos de estrelas, e há oito deusas com símbolos de estrelas que "vieram da morada de Rá". O rei vê a "Estrela Dama" e a "Estrela Lorde" e deuses cuja obrigação é fornecer "energia para emergir" do *Duat* e "fazer com que o objeto de Rá chegue à Casa Oculta nos Céus Superiores".

Nessa divisão, o rei também encontrou deuses e deusas que o esperavam a fim de equipá-lo para sua viagem celestial "acima do céu". E assim, com um grupo de deuses, ele adentra a "serpente", onde deve "trocar de pele" e emergir "na forma de um Rá rejuvenescido". Alguns dos termos aplicados nos textos não são compreendidos, mas o processo é claramente explicado: o rei entra com a roupa que chegou e emerge como um falcão, "vestido como um deus": o rei "coloca no chão a vestimenta de *Mshdt*"; põe sobre as costas as "vestimentas que possuem as marcas"; tira sua divina vestimenta *Shuh* e finalmente coloca a "gola do venerado Hórus", como "uma gola no pescoço de Rá". E, assim, "o rei ergue-se como os deuses". E ele diz ao deus que o acompanha: "se tu fores para o Céu, o rei irá contigo".

Nessa passagem, as ilustrações dos textos antigos descrevem os deuses com uma roupa estranha, como macacões apertados com gola arredondada (Figura 21).

Eles são guiados por um deus que usa o símbolo do Disco Celestial na cabeça e estende os braços por entre as asas de uma serpente com quatro pernas humanas. Com um fundo estrelado, o deus e a serpente ficam de frente para outra serpente que, embora sem asas, voa transportando o deus Osíris (Figura 22).

Propriamente equipado, o rei é então levado para uma abertura no centro de uma parede semicircular. Ele atravessa a porta oculta e entra em um túnel com "1.300 cúbitos de comprimento" chamado "O Final da Aurora". Ele chega a um pórtico em que os símbolos do Disco Alado são vistos por toda parte e onde encontra uma deusa "que iluminou o

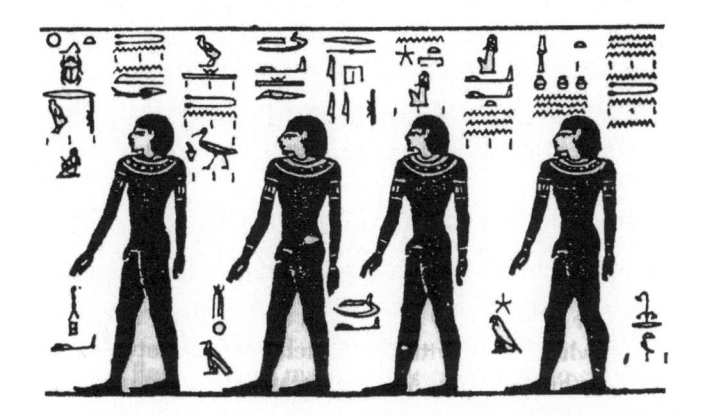

Figura 21

Figura 22

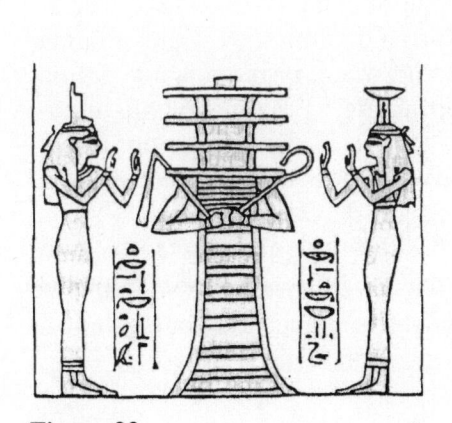

Figura 23 a b

caminho de Rá" e também um cetro mágico, que representa "Seth, o vigilante".

E os deuses veem o rei perplexo e explicam:

>Esta caverna é o átrio de Osíris
>Onde sopram os ventos;
>O refrescante vento do norte
>Te enaltecerá, ó rei, como Osíris.

Chegamos então à 12ª divisão, a hora final das viagens subterrâneas do rei. É o limite "mais extremo da escuridão profunda", um ponto que é chamado "montanha da ascensão de Rá". O rei ergue os olhos e fica maravilhado: ele está diante da embarcação celeste de Rá, com toda a sua glória e seu esplendor.

Ele dirige-se a um objeto que é o "Ascensor para o Céu". Alguns textos sugerem que o próprio Rá preparou o ascensor para o rei, "para ele ascender aos céus"; outros textos alegam que o ascensor foi feito ou preparado por outros deuses e foi o "ascensor que transportou Seth" em direção aos céus. Osíris não podia atingir o firmamento, a não ser utilizando um ascensor; e assim o rei também o exige para sua chegada à Vida Eterna, como fez Osíris.

O Ascensor, ou Escada Divina, não era uma escada comum, ela era feita com cabos de cobre e "seus tendões (como) os de um Touro Divino": As "partes laterais superiores" eram cobertas com um tipo de "pele", seus degraus eram "talhados com *Shesha*" (que significa "o desconhecido") e um "grande suporte (era) colocado por baixo, pelo Unificador".

Ilustrações do *Livro dos Mortos* mostram uma Escada Divina – às vezes com o símbolo *Ankh* ("Vida") ☥ apontando para o Disco Celestial nos céus. Um símbolo que tem a forma de uma torre alta com uma estrutura imponente (Figura 23a, b). Estilizada, a torre tinha esta forma hieroglífica (*Ded*) e significava "Eternidade". Era um símbolo muito associado a Osíris, pois um par desses pilares foi erguido em frente a seu templo de Abydos em homenagem aos dois objetos colocados na terra de Seker que possibilitaram a ascensão de Osíris.

Um longo enunciado nos Textos das Pirâmides é visto tanto como um hino ao Ascensor – a "Escada Divina" – como uma ação de graças ao rei Pepi:

> Saudações, divino Ascensor;
> Saudações, Ascensor de Seth.
> Ergue-te, Ascensor de deus;
> Ergue-te, Ascensor de Hórus
> por onde Osíris chegou ao Céu...
>   Senhor do Ascensor...
> A quem dareis a Escada de deus?
> A quem dareis a Escada de Seth,
> Que Pepi ascenda aos Céus nela
> e preste serviço como cortesão de Rá?
>   Permita que a Escada de deus seja dada a Pepi,
> Deixe que a Escada de Seth seja dada a Pepi
>   e que nela ele possa ascender ao Céu.

Quem fazia o ascensor funcionar eram quatro homens-falcão, "filhos de Hórus", o deus-falcão, e eles eram os "marinheiros da embarcação de Rá", "quatro jovens filhos do céu". São eles que "vêm do lado oriente do céu... que preparam as duas boias para que o rei possa ir nelas pelo horizonte, ao encontro de Rá". São eles que "unem" – montam e preparam – o Ascensor para o rei: "eles trazem o Ascensor... habilitam o Ascensor e o levantam para o rei... para que ele possa ascender ao Céu".

O rei oferece uma oração:

> Que meu "Nome" me seja concedido.
>   na Grande Casa dos Dois;
> Que meu Nome seja proferido
>   na Casa do Fogo,
>   na noite dos Anos Somados.

Algumas ilustrações mostram o rei sendo agraciado com um *Ded* – "Eternidade". Abençoado por Ísis e Néftis, ele é acompanhado por um deus-falcão até um *Ded* em forma de foguete, equipado com barbatanas (Figura 24).

As preces do rei foram ouvidas e a ele foram concedidas a Eternidade, um "Nome" e uma Escada Divina. Ele está pronto para iniciar sua ascensão aos Céus.

Embora precise apenas de uma Escada Divina, dois Ascensores são erguidos. O "Olho de Rá" e o "Olho de Hórus" estão preparados e em posição, um na "asa de Thoth" e o outro na "asa de Seth". Os deuses explicam ao rei perplexo que a segunda embarcação é para o "filho de Aten", um deus que veio no Disco Alado – talvez o deus com quem o rei tenha conversado na "câmara de equipamentos":

O Olho de Hórus está preparado
Sobre a asa de Seth.
Os cabos estão amarrados
   os barcos estão reunidos,
Que o filho de Aten
   não fique sem embarcação.
O rei está com o filho de Aten;
Ele não está sem embarcação.

"Equipado como um deus", o faraó é acompanhado por duas deusas que "seguram seus cabos" para ele poder entrar no "Olho de Hórus". O termo "Olho" (de Hórus ou de Rá), que conforme o tempo foi substituindo o termo Ascensor ou Escada, agora está sendo trocado pelo termo "barco". Portanto, o "Olho" ou "barco" em que o rei entra tem 770 cúbitos (cerca de 300 metros) de comprimento. O deus que comanda o barco e senta-se na proa é instruído: "leve este rei contigo na cabine de teu barco".

Enquanto o rei "instala-se em um poleiro", ele vê o semblante de um deus que está na cabine, "pois o rosto do rei está aberto". O rei "senta-se no barco divino" entre dois deuses, no banco chamado "a verdade que dá a vida". "Dois chifres" saem do capacete que está na cabeça do rei, o mesmo ornamento utilizado por Hórus. Ele está preparado para a ação.

Os textos que tratam da viagem do rei Pepi I à vida após a morte descrevem o momento: "Pepi usa o acessório de Hórus e a roupa de Thoth; Ísis está à sua frente e Néftis atrás; Ap-uat, o que abre caminhos,

Figura 24

abre uma via diante dele; Shu, o emissário do céu, levanta-o; os deuses de An fazem-no ascender pelo Caminho e colocam-no diante do firmamento do céu, e Nut, a deusa do céu, estende sua mão.

Chegou o momento mágico. Há apenas duas portas a ser abertas, e o rei – como Rá e Osíris fizeram antes – vai erguer-se de forma triunfante do *Duat*, e seu barco vai navegar pelas Águas Celestiais. O rei faz uma oração silenciosa: "Ó altivo... tua Porta do Céu: o rei chegou a ti; faz com que esta porta abra-se para ele". Os "dois pilares *Ded* estão eretos" e imóveis.

> De repente, "as portas do céu abrem-se!".
> Os textos precipitam-se em pronunciamentos de êxtase:
> A Porta do Céu está aberta!
> A Porta da Terra está aberta!
> As janelas celestes estão abertas!
> O Caminho para o Céu está aberto;
> Os Degraus da Luz são revelados...
> As Portas do Céu estão abertas;
> As portas de *Khebhu* estão abertas
>   no romper da alvorada,
> para Hórus, que vem do leste.

Os deuses-macacos simbolizam a lua minguante ("amanhecer") que começa a pronunciar palavras "mágicas que fazem o esplendor emanar do Olho de Hórus". O "brilho" – já citado como a marca da Montanha da Luz de dois picos – intensifica-se:

> O deus-céu
>   fortaleceu o esplendor para o rei
>   assim o rei poderá ascender ao Céu
>   como o Olho de Rá.
> O rei está no Olho de Hórus,
>   onde se ouve o comando dos deuses.

O "Olho de Hórus" começa a mudar de tom: primeiro azul, depois vermelho. À volta, há muita excitação e atividade:

> O olho vermelho de Hórus está em cólera,
>   ninguém pode resistir a seu poder.
> Seus mensageiros correm, seu atleta acelera.
> Eles anunciam a ele, que ergue os braços
>   no Leste: "deixem-no passar".
> Que o deus ordene aos pais, os deuses:

"Silêncio... coloquem a mão na boca...
   fiquem à porta do horizonte,
   abram as portas (do céu)".

O silêncio é quebrado; ouvem-se sons enfurecidos, rugidos e terremotos:

   O Céu fala, a Terra treme;
   A Terra estremece;
   Os dois grupos de deuses gritam;
   O chão abre-se...
   Quando o rei ascende aos Céus
      quando ele ultrapassa a abóbada (ao Céu)...

   A terra ri, o firmamento sorri
      quando o rei ascende ao Céu.
   Os Céus rejubilam por ele;
   A Terra treme por ele.
   A tempestade ruidosa o leva,
      ela urra como Seth.
   Os guardiões do Céu
      abrem as portas para ele.

Então "as duas montanhas dividem-se", e o lançamento é feito em direção ao céu nebuloso da aurora, de onde partiram as estrelas da noite:

   O céu está encoberto,
      as estrelas estão escurecidas.
   Os arcos estão agitados,
      os ossos da Terra estremecem.

Entre agitações, trovões e estremecimento, o "Touro do Céu" ("cuja barriga está repleta de magia") ergue-se da "Ilha de Chamas" De repente, a agitação para e o rei é erguido – "surgindo como um falcão":

   Eles veem o rei surgir como um facão,
      como um deus;
   Para viver com seus pais,
      e se alimentar com suas mães...
   O rei é um Touro do Céu...
      cuja barriga está repleta de magia
      da Ilha da Chama.

O Enunciado 422 fala com eloquência desse momento:

> Ó Pepi,
> Partiste!
> És um Glorioso,
> > poderoso como um deus, sentado como Osíris!
>
> Tua alma está dentro de ti;
> Teu Poder ("controle") tens atrás de ti;
> A coroa *Misut* está em tua mão...
> Tu ascendes à tua mãe, deusa do Céu
> > Ela segura em teu braço,
> > ela mostra-te o caminho do horizonte,
>
> o lugar onde Rá está.
> As portas do firmamento são abertas para ti,
> As portas do céu são abertas para ti...
> Tu elevas-te, Ó Pepi... equipado como um deus.

(Uma ilustração na tumba de Ramsés IX sugere que as Portas Duplas foram inclinadas para ser abertas com a ajuda de seis deuses que utilizaram rodas e polias em cada porta.

Pela abertura em formato de funil, emergia um falcão gigante com forma de homem. Figura 25).

Figura 25

Com grande satisfação perante os acontecimentos, os textos anunciam aos súditos do rei: "Ele voa; o rei Pepi vos deixa, mortais. Ele não pertence à Terra, e sim ao Céu... O rei Pepi voa como uma nuvem para o céu, como um pássaro altivo; o rei Pepi abraça o firmamento como um falcão e atinge o céu do deus Horizonte, o rei, continua o texto da pirâmide, está agora "no portador do céu que sustenta as estrelas; e da sombra das paredes de Deus, ele atravessa os céus".

O rei não está apenas voando, ele orbita a Terra:

> Ele envolve o firmamento como Rá,
> Ele atravessa o céu como Thoth...
> Ele viaja pelos domínios de Hórus,
> Ele passa pelas regiões de Seth...
> Por duas vezes, ele envolve o céu completamente,
> Ele girou sobre as duas terras...
> O rei é um falcão que ultrapassou os falcões;
> Ele é o Grande Falcão.

(Um verso dos textos também afirma que o rei "atravessou o céu como *Sunt*, que o cruzou nove vezes em uma noite"; mas o significado de *Sunt*, assim como essa comparação, ainda não foi decifrado).

Ainda sentado entre "estes dois companheiros que viajam com ele pelo firmamento", o rei plana em direção ao longínquo leste. Seu destino é *Aten*, o Disco Alado, que também é chamado de Estrela Imperecível. Agora, as orações estão centradas em fazer o rei chegar com segurança a *Aten*, e os textos entoam: "*Aten*, deixa o rei chegar a ti, envolve-o em teu abraço". O *Aten* é a morada de Rá, e as preces tentam assegurar as boas-vindas ao rei, apresentando-o como o filho que retorna à casa do pai:

> Rá, morador do Aten,
> Teu filho chegou;
> Pepi chegou;
> Permite-o ascender a ti;
> Envolve-o em teu abraço.

"Os céus clamam: 'vemos algo novo', dizem os deuses do firmamento; 'um Hórus nos raios de Rá'". O rei – "seguindo pelo vento em direção ao Céu" – "avança nas alturas" esperando uma boa recepção em sua chegada.

A viagem celestial deve durar oito dias: "e quando chegar a hora da manhã, a hora do oitavo dia, o rei será convocado por Rá"; os deuses que protegem a entrada do *Aten*, a morada de Rá, o deixarão entrar, pois o próprio Rá aguarda o rei na Estrela Imperecível:

> Quando chegar a hora matinal...
> Quando o rei chegar à estrela
>   pelo lado inferior do Céu,
>   ele será tomado como um deus,
>   ouvido como um príncipe.

O rei deverá chamá-lo;
E virão a ele os quatro deuses
   que ficam no cetros-*Dam* do Céu,
   e eles pronunciarão a Rá o nome do rei,
   anunciando seu nome Hórus dos Horizontes:
"Ele veio!
O rei chegou a ti!"

Ao viajar pelo "lago do firmamento", o rei chega "às margens do céu". E, como esperado, os deuses da Estrela Imperecível anunciam: "Ele chegou... Rá estendeu-lhe o braço no Caminho para o Céu". "Tu que conheces o lugar, entra", dizem os deuses. E, realmente, nos portões do Palácio Duplo, Rá esperava o rei:

Tu encontras Rá;
Ele te saúda e toca em teu braço;
Ele guia-te para o Palácio Duplo;
Ele coloca-te no trono de Osíris.

E os textos anunciam: "Rá aceita o rei e leva-o para o lado oriental do Céu... e o rei está na estrela que irradia no Céu".

Agora só resta mais um detalhe. Na companhia de "Hórus do *Duat,* o grande e verde falcão divino", o rei parte em busca da Árvore da Vida pelo Lugar das Oferendas. "Este rei Pepi segue pelo Campo da Vida, o lugar de nascimento de Rá nos céus. Vê Kebehet aproximando-se com os quatro jarros que usa para refrescar o coração do grande deus no dia em que ele acorda. Ela revigora o coração do rei Pepi para a Vida".

Exultantes, os livros anunciam a missão cumprida:

Ó, Pepi!
Uma vida prazerosa é dada a ti;
"A Eternidade é tua", diz Rá...
Não perecerás e não falecerás
   para todo o sempre.

O rei ascendeu ao Caminho para o Céu e chegou à Estrela Imperecível: "sua vida é eterna e seu limite é a imortalidade".

V

Os Deuses que Vieram para o Planeta Terra

Hoje em dia, os voos espaciais são coisas sem importância. Sempre ouvimos falar de planos de estações orbitais; o desenvolvimento de uma nave espacial reutilizável não é visto com espanto, e sim com aprovação, pois tem potencialidades econômicas. E isso porque tivemos a chance de ver com nossos próprios olhos astronautas lançarem-se no espaço e naves sem tripulantes aterrissarem em outros planetas. Aceitamos facilmente viagens espaciais e contatos interplanetários porque ouvimos Neil Armstrong, comandante da nave *Apollo 11*, dizer ao mundo inteiro quando pousou na Lua:

> Houston!
> Aqui fala a Base da Tranquilidade.
> A *Águia* pousou!

A *Águia* não era apenas um codinome para um modelo, mas também o epíteto para a *Apollo 11* e o apelido que identificava os três astronautas (Figura 26). O *Falcão* também se lançou no espaço e pousou na Lua. No Museu Nacional Aeroespacial da Instituição Smithsonian, em Washington, podemos ver e tocar as naves que foram conduzidas ou utilizadas como veículos de apoio no programa espacial norte-americano. Há uma área especial que simula as aterrissagens na Lua com os equipamentos originais, e o visitante pode ouvir a mensagem emitida da superfície da Lua:

> Ok, Houston.
> O *Falcão* está na planície de Hadley!

Foi o centro espacial de Houston que anunciou: "este foi Dave Scott falando direto da *Apollo 15*, na planície de Hadley".

Figura 26

Até algumas décadas atrás, a ideia de que um simples mortal pudesse vestir uma roupa especial, sentar-se no comando de um objeto e sair da face da Terra era considerada absurda e, muitas vezes, ridícula. Há um ou dois séculos essa ideia nem seria concebida, pois nada no conhecimento e experiência humanos tinha desencadeado tais fantasias.

No entanto, como acabamos de ver, os egípcios – há 5 mil anos – podiam facilmente ver seu faraó realizar essa façanha: ele viajaria até o lugar da partida, a leste do Egito, entraria por um complexo de túneis e câmaras subterrâneas e passaria com segurança pela usina atômica e pela câmara de radiação. Em seguida, vestiria a roupa e o equipamento de um astronauta, entraria na cabine do ascensor e se sentaria entre dois deuses; as portas duplas se abririam, revelando o céu matinal, enquanto os motores eram acionados, e o ascensor, transformado na escada celestial que levaria o faraó para a morada dos deuses, no "Planeta de Milhões de Anos".

Em quais canais de TV os egípcios viram isso acontecer, para acreditar tão piamente que tudo isso era possível?

Na ausência da televisão, a única alternativa seria ir a um porto espacial ver foguetes subirem e descerem, ou então visitar o "Smithsonian" e ver a nave em exposição, com direito a guias e simulações de voo. Tudo indica que os egípcios realmente viveram isto: eles viram o sítio de partida, o equipamento e até mesmo os astronautas. Mas estes não eram terráqueos, e sim astronautas vindos de outro lugar para o planeta Terra.

Apaixonados por arte, os antigos egípcios representavam em suas tumbas o que tinham visto e vivido. Os desenhos minuciosos dos corredores e câmaras subterrâneas do *Duat* estão na tumba de Seti I. Foi descoberto um desenho ainda mais surpreendente na tumba de Huy, vice-rei da Núbia e península do Sinai durante o reinado do famoso faraó

Tut-Ankh-Amon. Decorada com pessoas, lugares e objetos das regiões pertencentes ao vice-rei, sua tumba preserva até os dias de hoje imagens coloridas de um foguete, com sua base em um silo subterrâneo e sua cabine de comando acima do solo (Figura 27). A base está subdividida em várias partes: na parte inferior, duas pessoas cuidam das mangueiras e alavancas e, por cima delas, está uma fileira de mostradores circulares. O corte transversal do silo indica que ele está circundado por aberturas tubulares para troca de calor ou outra função relacionada a energia.

Figura 27

Acima do solo, a base hemisférica da parte superior apresenta no desenho cores chamuscadas, como se tivesse tentado entrar novamente na atmosfera da Terra. A cabine – grande o suficiente para acomodar de três a quatro pessoas – é cônica com "orifícios de controle" verticais à volta da parte inferior. A cabine está cercada por tamareiras, girafas e devotos.

A câmara subterrânea é decorada com peles de leopardo, recordando algumas fases da viagem do faraó para a Imortalidade. Essas peles eram o traje utilizado pelo sacerdote *Shem* enquanto realizava a cerimônia de Abertura da Boca, e era também a vestimenta simbólica dos deuses que rebocavam o faraó ao longo "do Caminho Secreto do Lugar Oculto" do *Duat* – um simbolismo utilizado várias vezes para enfatizar a afinidade entre a viagem do faraó e o foguete no silo subterrâneo.

Como esclarecem os Textos das Pirâmides, o faraó, em sua passagem para a Vida Eterna, embarca em uma viagem simulando os deuses Rá, Seth, Osíris, Hórus e vários outros que ascenderam aos céus da mesma maneira. Mas os egípcios também acreditavam que os grandes deuses tinham chegado à Terra no mesmo Barco Celestial. No centro de veneração mais antigo do Egito, An (Heliópolis), o deus Ptah construiu uma estrutura especial – como o "Instituto Smithsonian" –, onde uma cápsula espacial verdadeira podia ser vista e reverenciada pelo povo do Egito!

O objeto secreto – o *Ben-Ben* – era preservado no *Het Ben-Ben*, o "Templo dos Ben-Ben". Sabemos, por meio das representações hieroglíficas do nome do lugar, que a estrutura assemelhava-se a uma torre de lançamento na qual um foguete apontava para o céu (Figura 28).

De acordo com os antigos egípcios, o *Ben-Ben* era um objeto sólido que chegou à Terra no Disco Celestial, a "Câmara Celestial" onde o próprio deus Rá também foi transportado. O termo *Ben* (literalmente "aquele que fluiu") transmite o sentido de "brilhar" e "lançar ao céu".

Uma inscrição sobre estela do faraó Piankhi (por Brugsch, *Dictionnaire Géographique de l'Ancienne Égypte*) dizia:

> O rei Piankhi subiu nas estrelas em direção à janela para ver o deus Rá no *Ben-Ben*. Sozinho e em pé, o rei abriu as portas e avistou Rá, seu pai, no esplêndido santuário de *Het Ben-Ben*. Ele viu as embarcações de Rá e de *Aten*, o *Maad* e o *Sektet*, respectivamente.

Figura 28

Os textos antigos nos mostraram que o santuário era protegido e cuidado por dois grupos de deuses, "aqueles que estão fora do *Het Ben--Ben*", mas tinham acesso às zonas mais sagradas, pois era seu dever receber as ofertas dos peregrinos e levá-las ao templo. E os outros eram guardiões do *Ben-Ben* e "de todos os objetos secretos de Rá que estão no *Het Ben-Ben*". Assim como muitos turistas hoje visitam o Smithsonian para ver e tocar nas naves que foram para o espaço, muitos egípcios da época faziam peregrinações a Heliópolis para reverenciar o *Ben-Ben* – provavelmente com um fervor religioso comparável à fé muçulmana que leva os peregrinos a Meca para honrar a *Qa'aba* (uma pedra preta que se acredita ser a réplica da "Câmara Celestial" de Deus).

No templo de Heliópolis, havia uma fonte ou poço cujas águas obtiveram a fama de ter poderes curativos, em particular nos casos de virilidade e fertilidade. O termo *Ben* e sua representação hieroglífica △ realmente adquiriram, com o tempo, conotações de virilidade e reprodução, e poderia muito bem ter sido a origem da expressão "descendência masculina", que é o significado da palavra *Ben* em hebraico. Além de virilidade e reprodução, o templo também adquiriu atributos de rejuvenescedor, o que acabou por criar a lenda do pássaro *Ben,* o qual os deuses que visitaram o Egito chamavam de *fênix.* Como reza a lenda, a fênix era uma águia com uma plumagem vermelha e dourada, e a cada 500 anos, antes de morrer, ia a Heliópolis a fim de reerguer-se de suas cinzas (ou as de seu pai).

As águas curativas de Heliópolis continuaram a ser veneradas até o começo do Cristianismo, e as tradições locais afirmam que, quando José e Maria fugiram para o Egito com o menino Jesus, eles descansaram junto ao poço do templo.

Historiadores egípcios contam que o santuário de Heliópolis foi destruído diversas vezes por inimigos invasores e que nada resta dele hoje em dia, inclusive o *Ben-Ben*. Mas ele foi representado nos monumentos egípcios como uma câmara cônica dentro da qual se vê um deus. Os arqueólogos de fato encontraram um modelo em escala do *Ben-Ben* que mostra um deus à porta em posição de boas-vindas (Figura 29). Mas a verdadeira forma da Câmara Celestial foi descrita com mais precisão na tumba de Huy (Figura 27), naqueles módulos de comando modernos – cápsulas que transportam o astronauta no topo do foguete e depois os trazem de volta à Terra (Figura 30) e que são bastante semelhantes ao *Ben-Ben,* tanto em propósito como em função.

Na ausência do próprio *Ben-Ben,* existirá qualquer outra prova física que não sejam desenhos ou modelos em escala encontrados no templo de Heliópolis? Citamos anteriormente que, de acordo com os textos egípcios, havia outros objetos sagrados de Rá, tanto em exibição como guardados no santuário. No *Livro dos Mortos*, nove objetos associados ao hieróglifo de *Shem* foram representados em uma divisão paralela ao templo de Heliópolis, o que significa que nove foguetes ou objetos parecidos poderiam também estar em exposição no templo.

Figura 29   **Figura 30**

Arqueólogos podem também ter encontrado uma réplica de um desses objetos circulares com curvas e recortes que têm intrigado os estudiosos desde sua descoberta, em 1936 (Figura 31a). É importante citar que ele foi encontrado juntamente com outros artefatos de cobre na tumba do príncipe Sabu, herdeiro do rei Adjib, da Primeira Dinastia, e é certo que o objeto foi colocado na tumba por volta de 3100 a.C., ou antes, mas nunca depois dessa data.

Quando se fala de suas descobertas no norte do Sakkara (a sul das grandes pirâmides de Gizé), Walter B. Emery (*Great Tombs of the First Dynasty*) descreve o objeto como um "recipiente de xisto em forma de tigela", acrescentando que "não surgiu nenhuma explicação satisfatória em relação ao curioso desenho do objeto". Ele foi talhado de um bloco sólido de xisto, uma pedra que é muito frágil e que facilmente se parte em camadas finas e irregulares. Se fosse utilizado, ele facilmente teria se quebrado. Por isso foi escolhida aquela pedra em particular, porque sua forma rara e delicada poderia ser esculpida naquele material, preservando seu formato, e não sua utilização. Isso levou outros eruditos, como Cyril Aldred (*Egypt to the End of the Old Kingdom*), a concluir que o objeto de pedra "possivelmente imitava uma forma original criada em metal".

Mas que metal poderia ter sido utilizado para produzir tal objeto no quarto milênio antes de Cristo? Que processo de polimento e quais conhecimentos de metalurgia estavam disponíveis para produzir uma estrutura tão complexa e delicada? E, acima de tudo, com que propósito?

Um estudo técnico do desenho incomum do objeto (Figura 31b) ajudou pouquíssimo na descoberta de sua origem ou utilidade. Redondo, com 61 centímetros de diâmetro e menos de 10 centímetros na parte mais espessa, o objeto foi, sem dúvida, feito para ser usado em algum eixo, e seus recortes incomuns sugerem uma possível imersão em um líquido durante a rotação.

Depois de 1936, nenhum esforço foi feito para desvendar o enigma. Mas, em 1976, uma possível função que parecia lógica surgiu em uma revista técnica de modelos de volantes revolucionários desenvolvidos na Califórnia, em conjunto com o programa espacial norte-americano. Preso a uma máquina ou um motor giratório, o volante tem sido usado por quase dois séculos como um meio de regular a velocidade e acumular energia para um único arranque nos compressores de metal (e mais recentemente, na aviação).

São volantes com aros pesados, pois a energia é armazenada na circunferência da roda. Mas, nos anos 1970, engenheiros da Lockheed Missile & Space Company criaram um desenho completamente diferente – uma roda de aro leve, considerada mais apropriada para acumular energia em trens de transporte de massa ou em ônibus elétricos. A Airesearch Manufacturing Company continuou a pesquisa, e o modelo desenvolvido por eles – e nunca aperfeiçoado – deveria ser hermeticamente lacrado em um reservatório cheio de óleo. O fato de seu revolucionário volante (Figura 32) assemelhar-se a um objeto de 5 mil anos descoberto no Egito já é impressionante, mas espantoso mesmo é que um objeto criado em 3100 a.C. possa ser muito mais perfeito do que um objeto ainda em desenvolvimento por engenheiros espaciais em 1978!

Onde está o original em metal desse volante? E os outros objetos aparentemente exibidos no templo de Heliópolis? E o próprio *Ben-Ben*? Como tantos outros objetos que existiram e foram documentados por povos antigos, eles foram destruídos por guerras ou calamidades naturais, e o que sobrava era escondido em locais há muito esquecidos com a intenção de ser preservado. Talvez tenham sido levados para o céu, ou

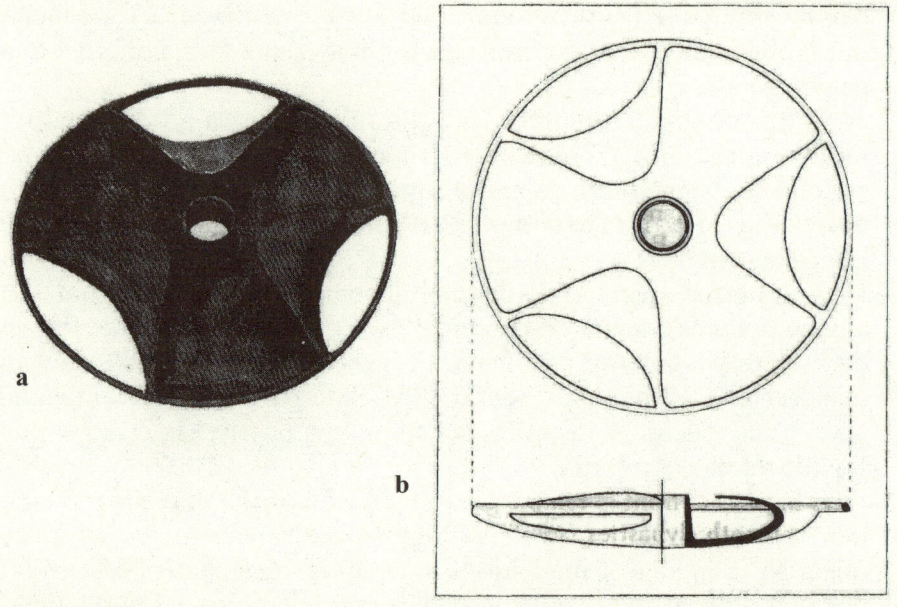

Figura 31

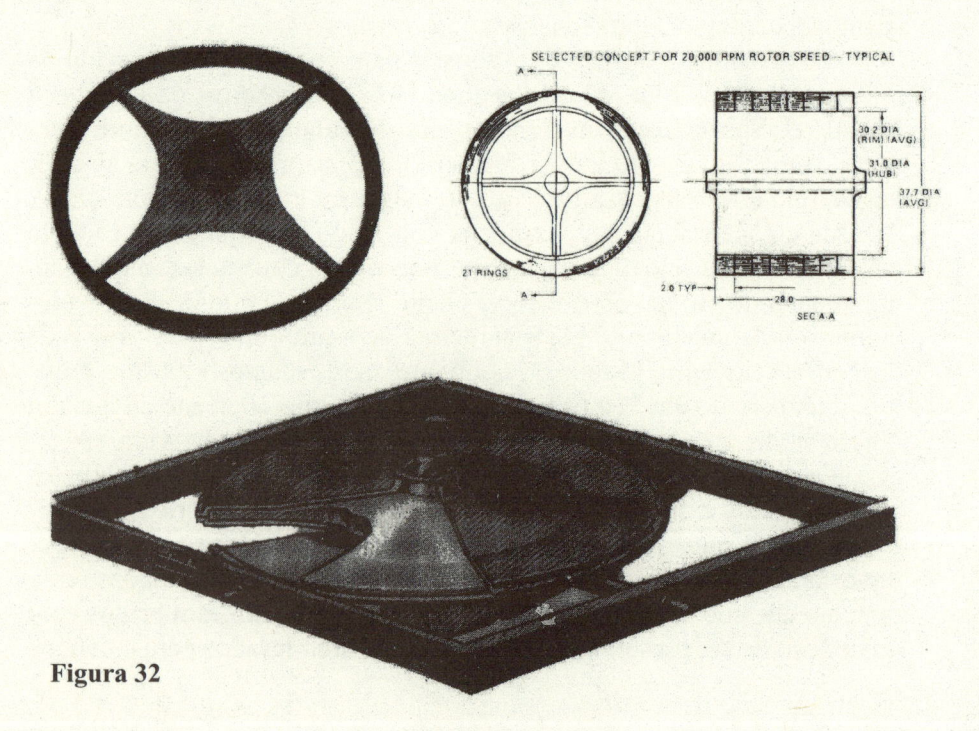

Figura 32

ainda estão entre nós, sem identificação e perdidos no porão de algum museu. Ou, como sugere a lenda da fênix que liga Heliópolis à Arábia, estão escondidos sob a câmara selada da Qaaba, em Meca...

Mas podemos supor que a destruição, o desaparecimento ou a retirada dos objetos sagrados do santuário aconteceu, provavelmente, durante o chamado Primeiro Período Intermediário do Egito, quando a unificação do país foi quebrada e reinou a total anarquia. Sabemos que os santuários de Heliópolis foram destruídos durante períodos de desordem, e foi então que Rá talvez tenha deixado seu templo e se tornado *Amon* – o "Deus Oculto".

Finalmente, sob a 11ª Dinastia, a ordem foi restabelecida no Alto Egito, Tebas foi eleita a capital e o deus supremo era Amon (ou Amen). O faraó Mentuhotep (Neb-Hepet-Rá) construiu um vasto templo, dedicado a Rá, nos arredores de Tebas. E para homenagear a Câmara Celestial de Rá, ele coroou o templo com um "piramidion" (Figura 33).

Depois de 2000 a.C., quando teve início o reinado da 12ª Dinastia, o Egito foi reunificado, a ordem foi restaurada e o caminho para Heliópolis foi recuperado. O primeiro faraó dessa dinastia, Amen-Em-Hat I, começou imediatamente a reconstrução dos templos e santuários de Heliópolis, mas ninguém sabe ao certo se ele conseguiu restaurar os artefatos originais ou mandou construir réplicas em pedra. Seu filho, o faraó Sen-Usert (Kheper-Ka-Rá) – Sesostris ou Sesonchusis para os historiadores gregos –, mandou erguer diante do templo duas colunas enormes de granito (mais de 20 metros de altura), que foram ornamentadas com uma réplica da Câmara Celestial de Rá – um piramidion coberto de ouro ou prata (elétron). Um desses obeliscos de granito continua no local onde foi erigido há quatro milênios, o outro foi destruído no século XII.

Os gregos chamavam esses pilares de *obeliscos*, "pontas cortantes", e os egípcios os chamavam de Raios dos Deuses. Muitos outros foram construídos durante a 18ª e 19ª Dinastias, sempre em pares e diante da entrada do templo (Figura 34). (Posteriormente, alguns foram levados para Nova York, Londres, Paris e Roma). Os faraós diziam construir esses obeliscos para "obter (dos deuses) o dom da Vida Eterna", "obter a Imortalidade", pois os obeliscos simulavam em pedra o que os faraós tinham visto (e presumivelmente alcançado) na montanha sagrada do *Duat*: os foguetes dos deuses (Figura 35).

As lápides de hoje, entalhadas com o nome do falecido a fim de que ele seja lembrado para sempre, são uma versão em pequena escala dos obeliscos e de um costume que criou raízes nos tempos em que os deuses e suas naves eram uma realidade absoluta.

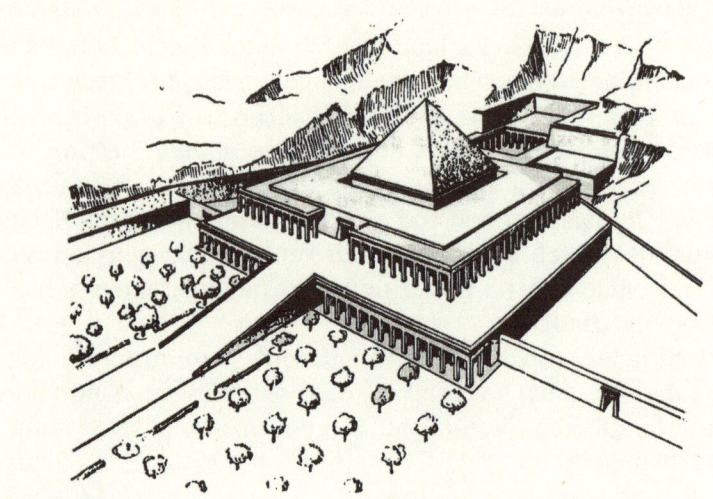

Figura 33

Figura 34

Figura 35

O termo egípcio para Seres Celestiais era NTR – uma palavra que, nas línguas antigas do Oriente Próximo, significava "aquele que observa". O sinal hieroglífico para *Neter* era ⌐|, que, como todos os outros sinais, deve ter representado um objeto real e visível. Sugestões de estudiosos variam desde um machado com cabo longo até um estandarte. Margaret A. Murray (*The Splendor That Was Egypt*) oferece uma visão mais atual: analisando cerâmicas de períodos pré-dinásticos ornamentadas com desenhos de embarcações com uma estaca e dois estandartes (Figura 36), ela concluiu que "as duas flâmulas tornaram-se o sinal hieroglífico para Deus".

O aspecto interessante desses desenhos antigos é que eles representam barcos vindos de um país estrangeiro; e, quando os desenhos incluíam pessoas, mostravam remadores sentados e comandados por um mestre alto, distinguido pelos chifres projetados de seu capacete (Figura 36) – a marca de um *Neter*.

Por meio de imagens, os egípcios afirmavam que, desde seus primórdios, os deuses vinham de outro lugar, o que confirma as lendas de como o Egito começou – que o deus Ptah, vindo do sul e encontrando o Egito inundado, fez grandes trabalhos de contenção e represamento,

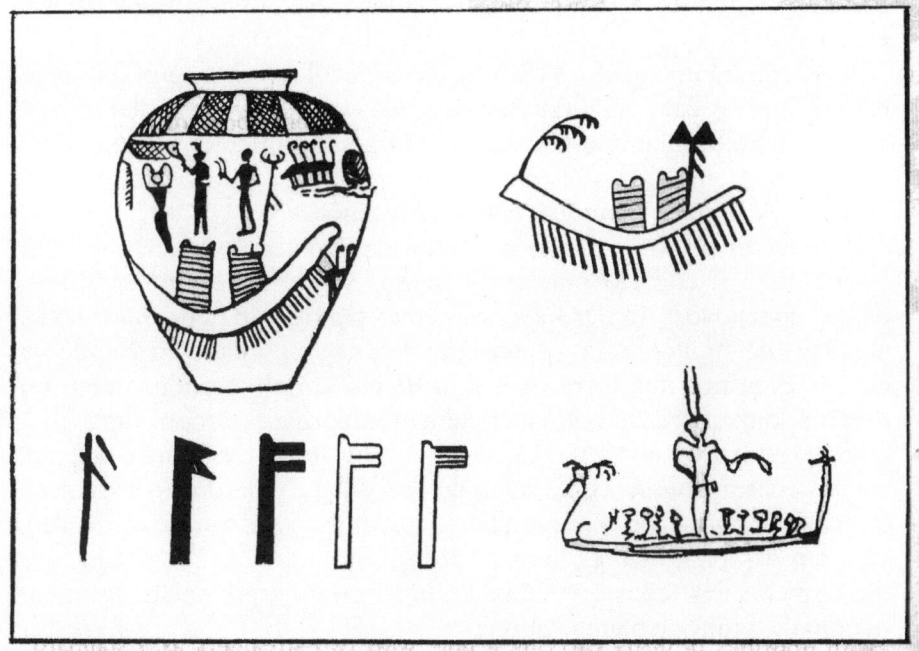

Figura 36

tornando a terra habitável. Na geografia egípcia, havia um lugar chamado *Ta Neter* – "Lugar ou Terra dos Deuses". Estreitos na extremidade sul do Mar Vermelho, que hoje são chamados de Bab-el-Mandeb, e as embarcações com os estandartes NTR transportando os deuses com chifres entravam ao Egito por ali.

O nome egípcio para o Mar Vermelho era Mar de Ur. O termo *Ta Ur* significa a terra estrangeira no Oriente. Henri Gauthier, que compilou em seu *Dictionnaire dês Noms Géographiques* todos os nomes de lugares dos textos hieroglíficos, salientou que o hieróglifo para *Ta Ur* "era um símbolo que designava um elemento náutico... e significa que 'você tem de ir de barco, pelo lado esquerdo'". Examinando um mapa da região na Antiguidade (p. 28), vemos que uma curva à esquerda de quem sai do Egito e passa pelos estreitos de Bab-el-Mandeb navega no sentido da Península Arábica em direção ao Golfo Pérsico.

Surgem mais pistas: *Ta Ur* significa, literalmente, terra de Ur, e o nome *Ur* não era desconhecido. Abraão, o patriarca hebreu, nasceu lá. Descendente de *Shem*, o filho primogênito de Noé (o herói bíblico do Dilúvio), era filho de Taré, que viveu na cidade de Ur, na Caldeia, "e Taré pegou seu filho Abraão, seu neto Lot, filho de Harã, e sua nora Sara, mulher de Abraão, e partiram todos de Ur dos caldeus em direção a Canaã".

No início do século XIX, quando arqueólogos e linguistas começaram a desvendar a história e os registros escritos do Egito, Ur não era citada em texto algum, a não ser no Antigo Testamento. No entanto, a Caldeia era conhecida, pois era o nome que os gregos usavam para denominar Babilônia, o antigo reino da Mesopotâmia.

Quando visitou o Egito e a Babilônia no século V a.C., o historiador grego Heródoto encontrou muitas semelhanças nos costumes desses dois povos. Ao descrever o recinto sagrado do deus *Bel* (que ele chamava de Júpiter Belus) e sua grande torre na cidade da Babilônia, ele escreveu que "na torre mais alta há um templo espaçoso com um divã de tamanho descomunal, ricamente adornado, e com uma mesa dourada ao lado. Não há nenhuma estátua e, à noite, a câmara é ocupada apenas por uma mulher que, segundo os caldeus, sacerdotes desse deus, é escolhida para ele pela divindade... e também declaram... que o deus vem em pessoa a essa câmara e adormece no divã. É como a história dos egípcios em Tebas que fala da mulher que sempre passa a noite no templo do Júpiter tebano (Amon)".

Quanto mais os estudiosos do século XIX aprendiam sobre o Egito, comparando o quadro histórico emergente com os textos de historiadores gregos e romanos, mais dois fatos ficavam evidentes: primeiro, que a grandeza e a civilização egípcia não eram flores isoladas em um deserto cultural, e sim parte de um desenvolvimento comum às terras da Antiguidade. Segundo, que as lendas bíblicas de outras terras e reinos, cidades fortificadas e rotas comerciais, guerras e tratados, migrações e assentamentos eram verdades definitivas.

Os hititas, conhecidos apenas por breves citações na Bíblia, aparecem nos registros egípcios como sendo grandes adversários dos faraós. E há uma página totalmente desconhecida da história – uma batalha crucial que aconteceu em Kadesh, no norte de Canaã, entre exércitos egípcios e legiões hititas que vinham da Ásia Menor. Foi uma descoberta não apenas textual, surge também em descrições pictóricas nas paredes do templo e continha até um toque histórico pessoal, pois o faraó acaba por desposar a filha do rei hitita, em uma tentativa de estabelecer definitivamente a paz entre eles.

Filisteus, "povo do mar", fenícios, hurreus e amoritas – povos e reinos até então conhecidos apenas pelo Antigo Testamento – começaram a emergir como realidades históricas conforme progrediam os trabalhos arqueológicos no Egito, espalhando-se pelas outras terras da Bíblia. No entanto, os impérios antigos da Assíria e da Babilônia pareciam ter sido os maiores de todos, mas onde estavam seus templos magníficos? E onde estavam seus registros históricos?

Tudo o que os viajantes relatavam de suas aventuras pela Terra dos Dois Rios, a vasta planície entre o Eufrates e o Tigre, era a presença de montes e colinas – *tells*, em árabe e hebraico. Como a região carecia de pedras, até as maiores estruturas da antiga Mesopotâmia eram feitas com tijolos de barro, que eram reduzidos a amontoados de terra com as guerras, o clima e o tempo. Em vez de edificações monumentais, escavações nessas terras proporcionaram apenas a descoberta de pequenos artefatos, e entre eles estavam sempre tábuas de barro cozido com marcas de cunha. Já em 1686, um viajante chamado Engelbert Kampfer foi a Persépolis, antiga capital persa de reis que lutaram com Alexandre, e visitou monumentos em que copiou símbolos e sinais com a mesma forma cuneiforme do selo real de Dario (Figura 37). O que ele pensava ser apenas decoração, na verdade eram inscrições em uma língua desconhecida que ninguém sabia decifrar.

A solução para desvendar os escritos cuneiformes foi a mesma encontrada para os hieróglifos egípcios: a chave estava em inscrições feitas em três idiomas que foram descobertas nas rochas das montanhas proibidas, situadas em uma área da Pérsia chamada Behistun. Em 1835, Henry Rawlinson, um major do exército britânico, conseguiu copiar a inscrição e então decifrar o texto e as línguas, descobrindo que a inscrição foi escrita em persa antigo, elamita e acadiano – esta última considerada a língua-mãe de todas as línguas semíticas. E foi por meio do conhecimento do hebraico que eruditos conseguiram ler e entender as inscrições dos assírios e babilônios da Mesopotâmia.

Figura 37

Em 1840, um inglês nascido em Paris, chamado Henry Austen Layard, ficou entusiasmado com as novas descobertas e decidiu ir a Mossul, na época um centro de caravanas no Nordeste iraquiano que fazia parte do Império Otomano. Ele foi recebido por William F. Ainsworth, cuja obra *Researches in Assyria, Babylonia and Chaldea* (1838) e também outros relatos e pequenas descobertas de Claudius J. Rich (*Memoir on the Ruins of Babylon*) não apenas alimentaram sua imaginação, mas levaram-no a conseguir apoio científico e monetário do Museu Britânico e da Royal Geographic Society. Conhecedor dos textos bíblicos e dos clássicos gregos, Layard lembrou-se de que um oficial do exército de Alexandre dizia ter visto na região "um lugar de pirâmides e resquícios de uma cidade antiga" – uma cidade cujas ruínas eram consideradas antigas mesmo no tempo do rei da Macedônia!

Os amigos de Layard, já ambientados com a região, mostraram-lhe os vários *tells* da cidade, dizendo que, por baixo deles, estavam enterradas cidades antigas. Sua autobiografia prova que a emoção foi maior quando chegou a *Birs Nimrud*: "vi pela primeira vez o grande monte cônico de Nimrud erguendo-se no claro céu da noite. Foi um momento tão impressionante que nunca me esquecerei". Terá sido o mesmo lugar da pirâmide enterrada visto pelo oficial de Alexandre? Certamente era o lugar associado ao bíblico Nimrod, "o bravo caçador que tem as graças de Yahweh" e que fundou os reinados e as cidades reais da Mesopotâmia (Gênesis, X).

> E seu reino iniciou com *Babel, Erech* e *Acádia*, todos nas terras do *Shin'ar*. E dessas terras também surgiu *Ashur*, onde foi erguida *Nínive*, a cidade das ruas largas; e *Khalah*, e *Ressen*.

Em 1845, o major Rawlinson já era o cônsul britânico em Bagdá e decidiu apoiar Layard no retorno a Mossul e a dar início às escavações em sua adorada Nimrud. Apesar de suas descobertas, os méritos de ter sido o primeiro arqueólogo da Mesopotâmia não couberam a ele. Dois anos antes, o cônsul francês em Mossul, Paul-Emile Botta (que era amigo de Layard), liderou as escavações de um monte a norte de Mossul, no outro lado do Rio Tigre, um lugar que os nativos chamavam de Khorsabad. As inscrições cuneiformes descobertas ali identificaram o local como *Dur-Sharru-Kin*, a antiga capital bíblica de Sargão, rei da Assíria. Seus palácios e templos elevavam-se sobre a grande cidade, e entre eles estava realmente uma pirâmide construída em sete andares, um zigurate (Figura 38).

Depois das descobertas de Botta, Layard ficou ainda mais entusiasmado e escolheu outra colina, onde acreditava encontrar *Nínive*, a renomada capital bíblica assíria, e começou as escavações. Acabou por descobrir um centro militar assírio chamado Kalhu (a bíblica *Khala*). Os esforços valeram a pena porque dentre os tesouros descobertos estava um obelisco construído pelo rei Shalamaneser II, em que as inscrições comprovavam a visita de "Jehu, filho de Omri, rei de Israel" (Figura 39).

Finalmente, as descobertas na Assíria serviam para corroborar a veracidade histórica de fatos do Antigo Testamento.

Em 1849, Layard decidiu escavar no lado oposto a Mossul, nas margens orientais do Tigre. O local, chamado Kuyunjik, era realmente Nínive, a capital erguida pelo rei assírio Senaqueribe, cujo exército foi derrotado pelo anjo do Senhor quando ele tomou Jerusalém (Reis II, 18). Nínive transformou-se nas capitais de Assaradão e Assurbanipal, de onde saíram os tesouros assírios que hoje fazem parte da grande coleção do Museu Britânico.

Conforme o ritmo das escavações acelerava com a ajuda de equipes de arqueólogos de vários países, todas as cidades assírias e babilônicas citadas na Bíblia, com uma pequena exceção, foram descobertas.

E enquanto os museus do mundo se enchiam com tesouros antigos, a descoberta mais importante foram as tábuas de argila, algumas tão pequenas que cabiam na palma da mão. Elas eram utilizadas pelos assírios, babilônios e outros povos da Ásia Ocidental para escrever contratos comerciais, sentenças de tribunais, casamentos, registros de heranças, informações geográficas e matemáticas, fórmulas médicas, leis, histórias das famílias reais, enfim, registros e documentos dignos de uma sociedade avançada e civilizada. Narrativas épicas, contos da Criação, provérbios, textos filosóficos, canções de amor e muitas outras coisas que constituíram uma vasta herança literária. Sem falar nos temas celestiais, listas de constelações e estrelas, informação planetária, tabelas astronômicas, listas de deuses, suas famílias e atributos, tarefas e funções – deuses comandados por 12 deuses maiores, "Deuses do Céu e da Terra", aos quais estavam associados os 12 meses, as 12 constelações do zodíaco e os 12 corpos celestes do sistema solar.

Algumas inscrições provaram que as línguas realmente derivavam do arcadiano. E outras evidências também confirmaram que Assíria e Babilônia (que surgiram no cenário histórico por volta de 1900 a.C.) tinham sido precedidas por um reinado chamado Acad, fundado por *Sharru-Kin*, "o Virtuoso", a quem chamamos Sargão I, por volta de 2400 a.C. Foram encontradas algumas inscrições em que ele se vangloria de, com a graça do deus *Enlil*, ter conseguido avançar seu império pelo Golfo Pérsico e Mar Mediterrâneo. Ele se autodenominava "rei de Acádia, rei de Kish", e dizia ter "derrotado *Uruk*, derrubando sua muralha... (foi) vencedor na batalha com os habitantes de *Ur*".

Muitos estudiosos acreditam que Sargão I era o bíblico Nimrod, pois os versos bíblicos são dedicados a ele e a uma cidade chamada Kish (ou Kush), onde houve um reinado anterior a Acádia:

> E Kush criou Nimrod;
> Sendo o primeiro poderoso da terra...
> E seu reinado teve como bases
> Babel, Erec e Acádia,
> Cidades da terra do Sinar.

A cidade real de Acádia foi descoberta a sudeste da Babilônia, e a antiga cidade de Kish estava a sudeste de Acádia. E quanto mais os arqueólogos desciam nessa direção pela planície entre os rios Tigre e Eufrates, mais antigos eram os lugares descobertos. A cidade bíblica de *Erech* foi fundada em uma região hoje chamada de Warka, na cidade de Uruk, que Sargão I afirma ter derrotado. Um lugar que transportou

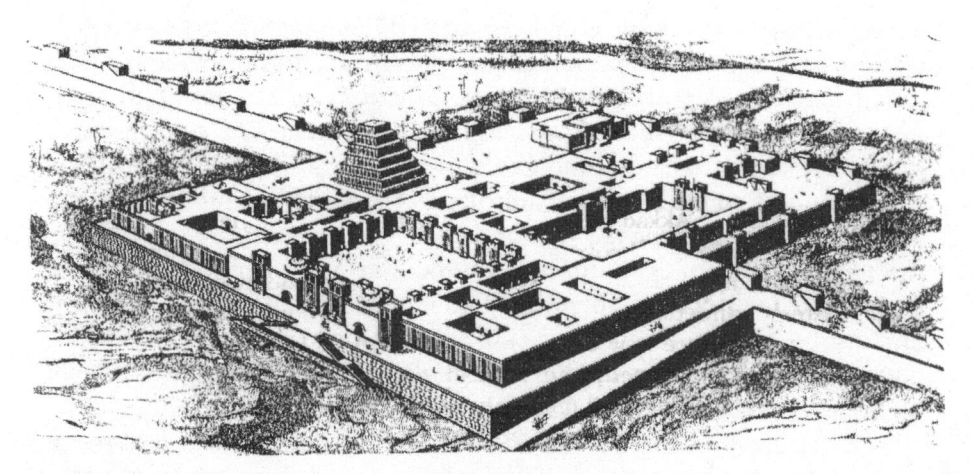

Figura 38

Figura 39

os arqueólogos do terceiro para o *quarto* milênio antes de Cristo. Eles descobriram a primeira cerâmica cozida em um forno, evidências de uma roda de oleiro, um pavimento de calcário que é o mais antigo do gênero, o primeiro zigurate ou pirâmide em andares, e os primeiros registros escritos da Humanidade: textos (Figura 40) e selos cilíndricos (Figura 41) que, quando desenrolados sobre argila úmida, deixavam uma impressão permanente.

Mais a sul, foi encontrada Ur, o local de nascimento de Abraão e a costa litorânea em funcionamento no Golfo Pérsico na Antiguidade – um forte centro comercial, sítio de um zigurate imenso e o berço de muitas dinastias. Será a parte sul e mais antiga da Mesopotâmia a terra bíblica do Sinar – o lugar onde aconteceram os eventos da Torre de Babel?

Uma das maiores descobertas da Mesopotâmia foi a biblioteca de Assurbanipal, em Nínive, que continha mais de 25 mil tábuas ordenadas por assunto. Um rei de muita cultura, Assurbanipal colecionava todos os textos que via, ordenando a seus escribas que copiassem e traduzissem textos que sobreviveram milênios e hoje são acessíveis. Os escribas identificavam muitas tábuas como "cópias de textos antigos", e um grupo de 23 tábuas terminava com o seguinte pós-escrito: "tábua 23ª; linguagem de *Shumer* não modificada". O próprio Assurbanipal escreveu:

> O deus dos escribas concedeu-me a dádiva do conhecimento de sua arte. Fui iniciado nos segredos da escrita e posso até ler tábuas complexas em sumério. Compreendo as palavras enigmáticas gravadas em pedras nos dias que antecederam o Dilúvio.

Em 1853, Henry Rawlinson sugeriu à Sociedade Real Asiática que havia uma língua desconhecida que precedia o arcadiano, ressaltando que os textos assírios e babilônios geralmente tomavam palavras emprestadas dessa língua desconhecida, em especial quando se tratava de textos religiosos ou científicos. Em 1869, Jules Oppert propôs em um encontro da Sociedade Francesa de Arqueologia e Numismática que a existência de uma língua primitiva, assim como do povo que a falava e escrevia, deveria ser reconhecida. Ele tentou provar que os acadianos chamavam seus antecessores de *sumérios* e falavam da Terra de *Shumer* (Figura 42), que era, na verdade, a terra bíblica do Sinar, cujo nome – *Shumer* – significava literalmente Terra dos Observadores, e que foi de fato a egípcia *Ta Neter* – Terra dos Observadores, por onde os deuses chegaram ao Egito.

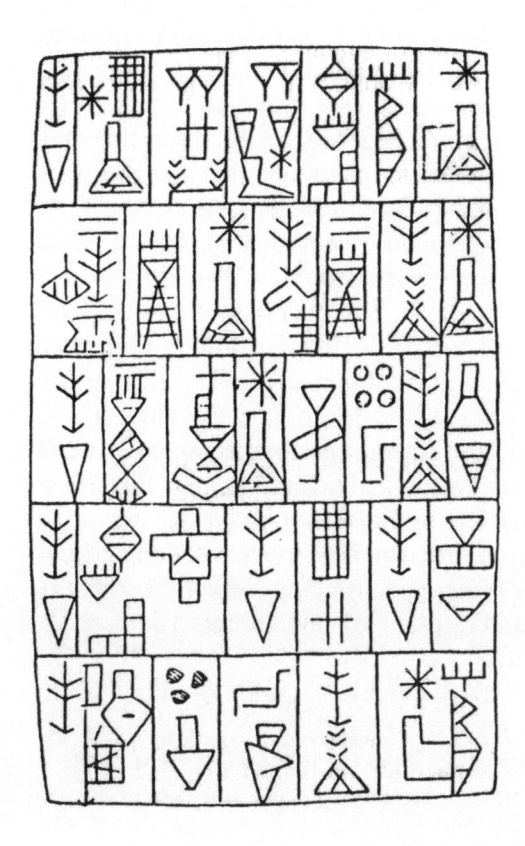

Figura 40

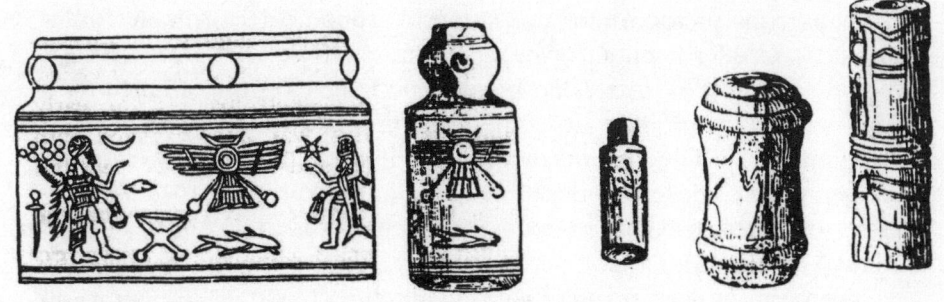

Figura 41

Eruditos dizem que foi muito difícil na época aceitar que a civilização conhecida como o Ocidente não teve início em Roma e na Grécia, e sim com as civilizações egípcias recém-descobertas cuja grandiosidade era inegável. Será que, como sugeriam os próprios egípcios, a civilização e a religião não começaram no Egito, e sim no sul da Mesopotâmia?

No século seguinte às primeiras descobertas da Mesopotâmia, ficou evidente que foi em Sumer (como preferem dizer os estudiosos) que a moderna civilização começou. Foi logo após 4000 a.C. – quase 6 mil anos atrás – que começaram a surgir do nada e sem motivo aparente todos os elementos essenciais para uma civilização desenvolvida. Todas as raízes e aspectos de nossa cultura e civilização modernas podem ser encontrados em Sumer: cidades, edifícios altos, ruas, mercados, celeiros, docas, escolas, templos; metalurgia, medicina, cirurgia, tecidos, arte culinária, agricultura, irrigação; o uso de tijolos, a invenção do forno; a roda, carroças; embarcações e navegação; comércio internacional, pesos e medidas; a monarquia, leis, tribunais, juízes; a escrita e os arquivos; notas e instrumentos musicais, dança e acrobacias; animais domésticos e zoológicos, a arte da guerra, o artesanato e a prostituição. E, acima de tudo, o estudo e o conhecimento dos céus e dos deuses "que vieram para a Terra".

Que fique claro que nem os acadianos nem os sumérios chamavam os visitantes da Terra de deuses. Foi por meio do paganismo posterior que a noção de seres divinos foi introduzida em nossa linguagem e pensamento. Utilizamos esse termo aqui simplesmente por ter uso e aceitação generalizados.

Os acadianos os chamavam de *Ilu* – "Altíssimos" –, de onde se originou o termo bíblico hebreu *El*. Cananeus e fenícios usavam *Baal*, ou Senhor. Mas, nos primórdios de todas essas religiões, os sumérios os chamavam DIN.GIR, "os Virtuosos dos Foguetes Espaciais". Nos primeiros escritos pictográficos dos sumérios (que posteriormente foram estilizados na escrita cuneiforme), os termos DIN e GIR eram escritos ⌬ ⇥. Quando os dois estão ligados, podemos ver que a lança ou o GIR – como um módulo de comando cônico-piramidal – encaixa-se perfeitamente ao DIN, representando um foguete. E, quando verticalizamos a palavra-desenho, descobrimos que ela tem uma forma semelhante ao foguete espacial pintado no silo subterrâneo da tumba egípcia de Huy (Figura 43).

Conseguimos criar uma história coerente de como tudo começou e o que aconteceu em tempos pré-históricos quando estudamos os poemas épicos e lendas cosmológicas sumérias, os textos que serviram

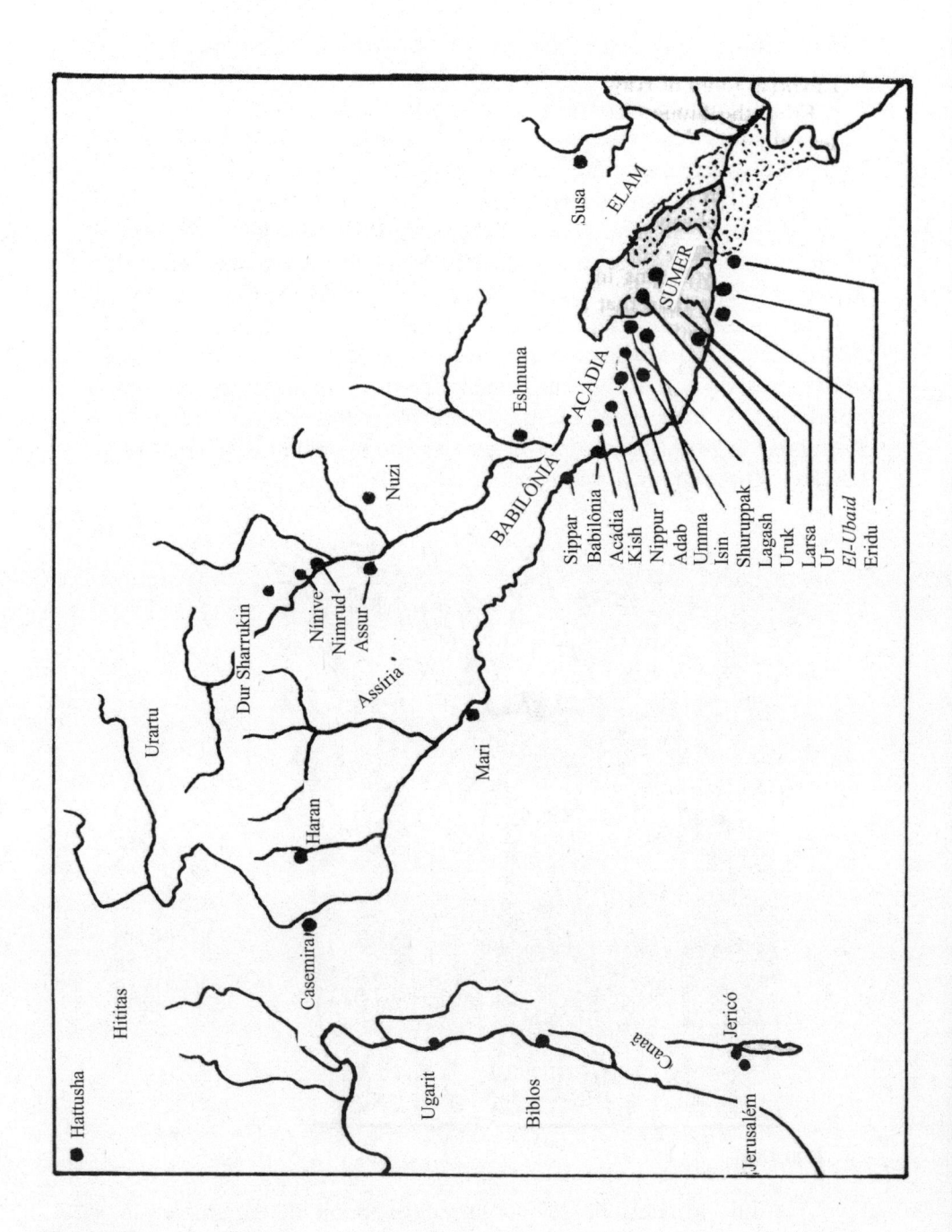

Figura 42

como autobiografia desses deuses, as listas de suas funções, relacionamentos e cidades, as histórias e cronologias chamadas de listas do rei e uma quantidade de outros textos, inscrições e desenhos.

A história começa em tempos primitivos, quando nosso sistema solar ainda era jovem e um planeta enorme surgiu no espaço e foi atraído para ele. Os sumérios chamaram o invasor de NIBIRU, o "planeta da travessia"; e os babilônios deram-lhe o nome de *Marduk*. No momento em que passava pelos planetas externos a nosso sistema solar, sua trajetória foi alterada por causa de força da atração, causando a colisão com um antigo residente, o planeta Tiamat. Ao se tocarem, os satélites de Marduk cortaram Tiamat ao meio, esmagando sua parte inferior e transformando esses pequenos pedaços em cometas e no cinturão de asteroides – o "bracelete celestial" de restos planetários que orbita entre Júpiter e Marte. A parte superior e o satélite principal de Tiamat foram lançados em uma nova órbita, tornando-se Terra e Lua.

Figura 43

Marduk saiu ileso desse encontro e foi apanhado em uma vasta órbita elíptica em torno do Sol, que o levou de volta ao sítio onde ocorreu a "batalha celestial" entre Júpiter e Marte há 3.600 anos-Terra (Figura

44). E foi assim que o sistema solar ganhou *12* membros – o Sol, a Lua (que os sumérios consideravam um corpo celestial por direito próprio), os nove planetas que conhecemos e um 12º: o Marduk.

Quando invadiu nosso sistema solar, Marduk trouxe consigo a semente da vida, e, no choque com Tiamat, algumas dessas sementes foram transferidas para um local onde pudessem sobreviver: o planeta Terra. Ao se desenvolver na Terra, a vida copiava a evolução em Marduk. E enquanto a espécie humana começava apenas a desabrochar, seres inteligentes em Marduk já tinham atingido altos níveis de civilização e tecnologia.

Os sumérios diziam que foi por meio desse 12º membro do sistema solar que os astronautas, os "Deuses do Céu e da Terra", chegaram à Terra. E foi a partir das crenças sumérias que todos os outros povos antigos adquiriram seus deuses e religiões. Os sumérios afirmavam que esses deuses criaram a Humanidade e a civilização com todo o seu conhecimento e ciências, incluindo um nível avançado de sofisticação astronômica.

A ciência abrangia o reconhecimento do Sol como corpo principal do sistema solar e a cognição de todos os planetas que conhecemos hoje, até planetas distantes como Urano, Netuno e Plutão, que são descobertas relativamente recentes da astronomia moderna. Planetas que não podiam ser vistos e observados a olho nu. E, nas listas e nos textos planetários, assim como nas descrições pictográficas, os sumérios insistiam na existência de um outro planeta – NIBIRU, *Marduk,* que no ponto de sua órbita mais próximo da Terra passava entre Marte e Júpiter, como mostramos neste selo cilíndrico de 4.500 anos (Figura 45).

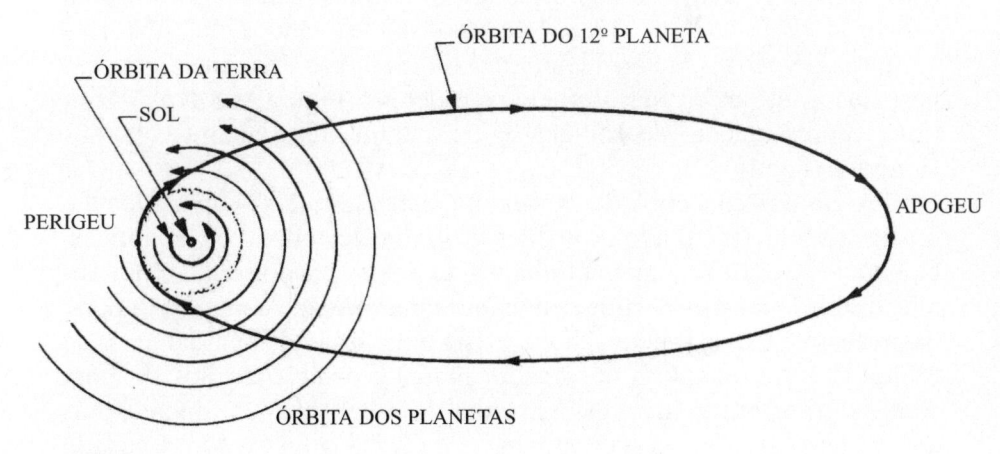

Figura 44

Figura 45

Os sumérios atribuíam essa sofisticação em conhecimentos celestiais – que não se limitava apenas a familiaridades com o sistema solar – aos astronautas que vieram de Marduk. Havia o Universo infinito, repleto de estrelas, e foi em Sumer – e não na Grécia, séculos mais tarde, como se havia pensado – que elas foram identificadas, agrupadas em constelações, nomeadas e localizadas nos céus. Todas as constelações que vemos nos céus do hemisfério norte, e grande parte das estrelas do hemisfério sul, foram ordenadas em tábuas astronômicas sumérias, de forma correta e com os nomes que usamos até hoje!

As constelações de maior importância eram as que parecem circundar o plano ou faixa onde os planetas orbitam o Sol. Chamada pelos sumérios de UL.HE ("o rebanho luminoso"), nome adotado pelos gregos como o *zodiakos kyklos* ("círculo dos animais") e que atualmente resumimos à palavra zodíaco. Elas foram reunidas em 12 grupos para formar as 12 casas do zodíaco. Não só os nomes dados pelos sumérios – Touro, Gêmeos, Câncer, Leão, etc. –, mas até as imagens pictóricas permaneceram inalteradas durante os milênios (Figura 46). E as posteriores representações do zodíaco egípcio eram quase idênticas às dos sumérios (Figura 47).

Além dos conceitos da astronomia esférica que são aplicados até os dias de hoje (incluindo as noções de eixo celestial, polos, eclípticas, equinócios e outras), e que já tinham sido aperfeiçoados em tempos sumérios, havia também a impressionante familiaridade com o fenômeno da precessão. Como sabemos hoje, existe uma ilusão de retardamento da órbita da Terra quando o observador marca a posição do Sol em uma data fixa (por exemplo: o primeiro dia da primavera) em oposição às constelações do zodíaco que atuam como cenário no espaço. Causado pelo fato de o eixo da Terra ser relativamente inclinado em relação a seu plano de órbita em torno do Sol, esse retardamento ou precessão é infinitesimal em termos da expectativa de vida dos seres humanos. Em 72 anos, a alteração no cenário zodiacal é de apenas 1° em um círculo celestial de 360°.

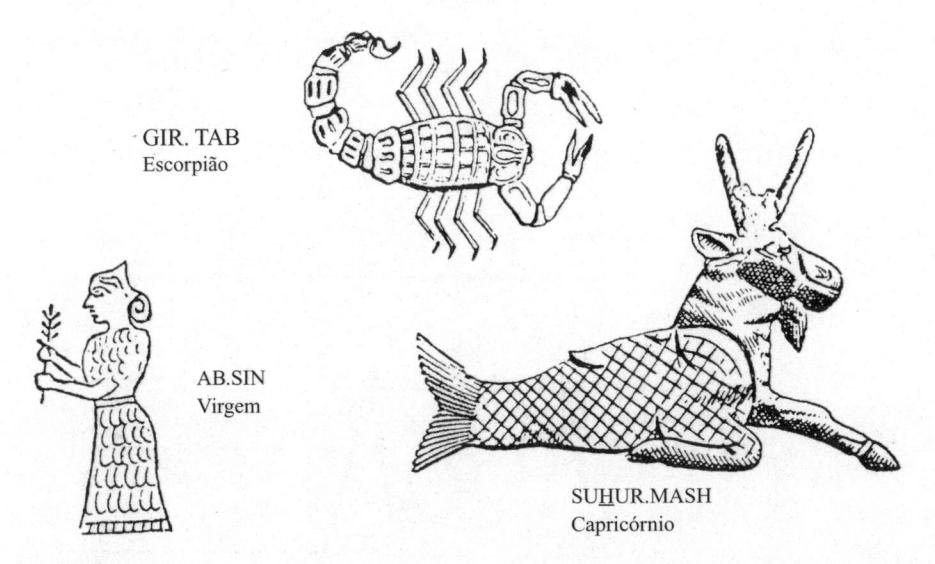

GIR. TAB
Escorpião

AB.SIN
Virgem

SUḪUR.MASH
Capricórnio

Figura 46

Desde que o círculo zodiacal que circunda a faixa onde a Terra e outros planetas orbitam em torno do Sol foi dividido em 12 Casas arbitrárias, cada uma delas ocupa 1/12 do círculo completo, ou um espaço celestial de 30°. Assim, a Terra leva 2.160 anos (72 x 30) para atrasar no vão completo de uma Casa Zodiacal. O que significa que, se um astrônomo na Terra observar o céu no dia da primavera em que o Sol começou a se erguer contra a constelação de Peixes, seus descendentes, 2.160 anos depois, observarão o acontecimento com o Sol contra o pano de fundo da constelação adjacente, a "Casa" de *Aquário*.

Nenhum homem, ou nem mesmo nação, poderia ter observado e compreendido esse fenômeno na Antiguidade. No entanto, as provas são incontestáveis: os sumérios, que começaram a contagem do tempo com calendário na Idade de Touro (cerca de 4400 a.C.), tinham ciência e anotaram em suas listas astronômicas as alterações precessionais anteriores para Gêmeos (cerca de 6500 a.C.), Câncer (cerca de 8700 a.C.) e Leão (cerca de 10900 a.C.). E, por volta de 2200 a.C., foi reconhecido que o primeiro dia da primavera, dia do Ano-Novo para os povos da

Áries Touro Gêmeos

Câncer Leão

Virgem Libra Escorpião

Sagitário Capricórnio

Aquário Peixes

Figura 47

Mesopotâmia, teve um retrocesso de 30° completos e passou para a constelação ou "Idade" de *Áries*, o Ram (KU.MAL, em sumério).

Alguns estudiosos do passado, que combinavam seus conhecimentos de egiptologia e assiriologia com astronomia, reconheceram que as descrições pictóricas e textuais mostravam a Era Zodiacal como um grande calendário celeste, em que os eventos na Terra eram relacionados à escala ainda maior dos céus. Mais recentemente, esse conhecimento foi aplicado para ajudar na cronologia pré-histórica e histórica em estudos como os de G. de Santillana e H. Von Dechend (*O moinho de Hamlet*). E não há dúvida de que a esfinge em forma de leão a sul de Heliópolis, ou que as esfinges com feições de Rá guardando os templos de Karnak, representavam as eras do zodíaco e seus acontecimentos e que os deuses e reis representados eram seres supremos.

O ponto comum entre o conhecimento da astronomia e todas as religiões, crenças, eventos e descrições do mundo antigo era a convicção de que há um planeta a mais em nosso sistema solar, um planeta supremo ou "Senhor Celestial" com a maior órbita de todas. Aquele que os egípcios chamavam a Estrela Imperecível ou "Planeta de Milhões de Anos", a morada celeste dos deuses. E todos os povos antigos, sem exceção, rendiam homenagem a esse planeta que possuía uma órbita majestosa e imensa. No Egito, na Mesopotâmia e em toda parte, seu símbolo onipresente era o Globo Alado (Figura 48).

Os estudiosos reconheceram que o Disco Celestial nas ilustrações egípcias representava a Morada Celeste de Rá e insistiram em se referir a ele como um "Deus Sol", e ao Disco Alado como um "Disco Solar". E ficou claro que não era o Sol, e sim o 12º Planeta que era apresentado dessa forma. De fato, as pinturas egípcias faziam claramente a distinção entre o disco celestial, representando esse planeta, e o Sol. Como podemos ver (Figura 49), *ambos* eram mostrados no céu (representados pela forma arqueada da deusa Nut); o que deixa claro que dois corpos celestiais estavam envolvidos, e não apenas um. E o 12º Planeta é mostrado como um globo ou disco celestial, um planeta, enquanto o Sol é mostrado emitindo seus raios benevolentes à deusa Hat-Hor, "Senhora das Minas" da península do Sinai.

Será que os egípcios e os sumérios sabiam, há milênios, que o Sol era o centro de um sistema composto por 12 membros? Sabemos que isso é verdade pelas descrições de mapas celestiais pintadas nos sarcófagos das múmias.

Um desses sarcófagos foi descoberto em 1857 em ótimo estado por H. K. Brugsch, em uma tumba em Tebas (Figura 50). Ele mostra a

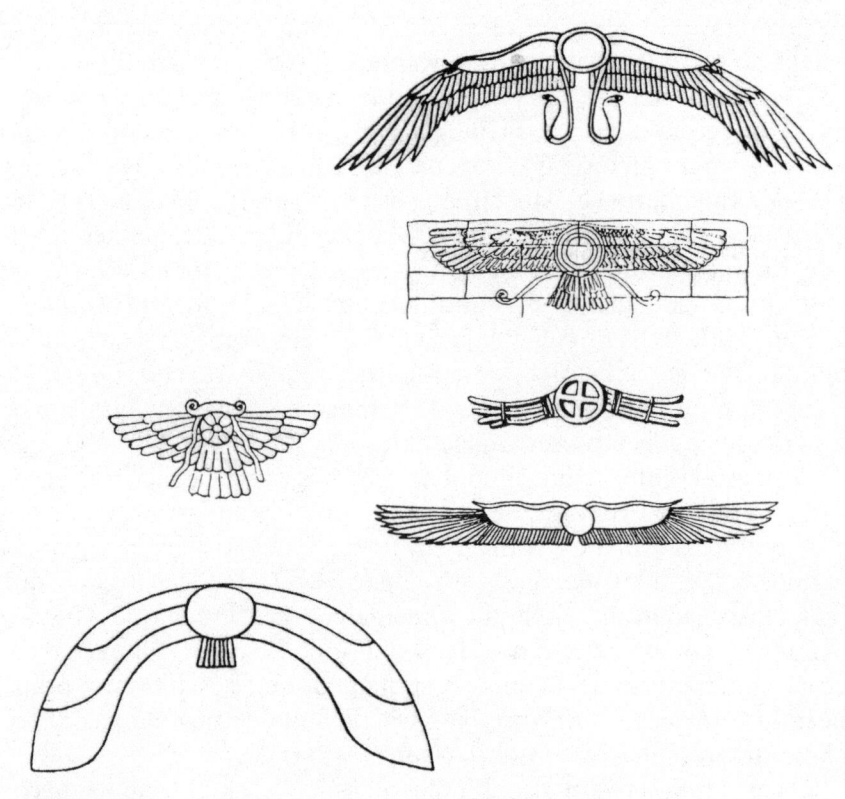

Figura 48

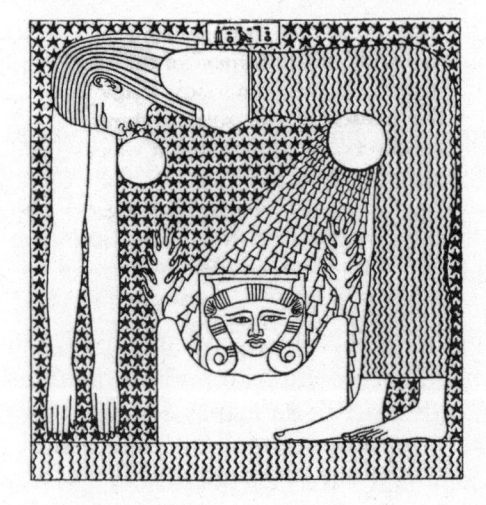

Figura 49

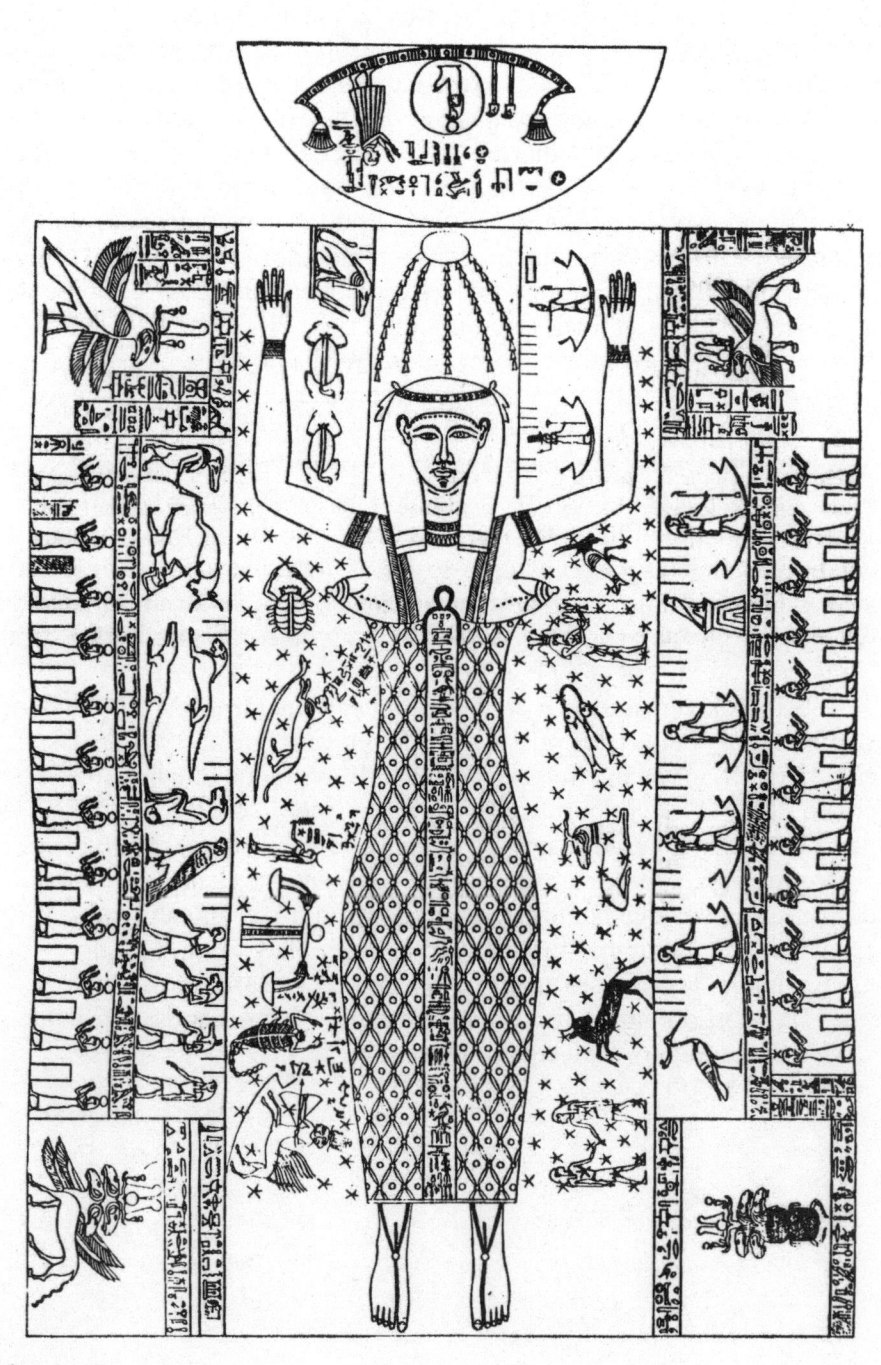

Figura 50

deusa Nut ("Os Céus") no painel central acima do caixão, cercada pelas 12 constelações do Zodíaco. Ao lado do sarcófago, as fileiras inferiores descreviam as 12 horas da noite e do dia. E os planetas, os Deuses Celestiais, eram mostrados viajando em suas órbitas predeterminadas, barcas celestiais que os sumérios chamavam de "destinos" dos planetas.

Na posição central, vemos o globo do Sol emitindo raios, e ao lado da mão esquerda erguida de Nut vemos dois planetas: Mercúrio e Vênus (este último corretamente representado por uma mulher; o único planeta considerado feminino por todos os povos antigos). E no painel à esquerda, vemos a Terra (com o símbolo de Hórus), a Lua, Marte e Júpiter como deuses celestiais seguindo em suas Barcas Celestiais.

No painel à direita, vemos mais quatro deuses além de Júpiter; e com órbitas desconhecidas pelos egípcios (portanto, sem Barcas), vemos Saturno, Urano, Netuno e Plutão. A época da mumificação do corpo está marcada pelo lanceiro apontando para o (signo de) Touro.

Assim encontramos todos os planetas em sua ordem correta, inclusive os planetas externos, que só foram descobertos pelos astrônomos modernos muito recentemente. Brugsch, que se tornou diretor da Escola de Egiptologia do Cairo, assim como outros de seu tempo, desconheciam a existência de Plutão.

Eruditos versados nos conhecimentos planetários da Antiguidade seguiam o raciocínio dos povos que acreditavam que cinco planetas, inclusive o Sol, giravam em torno da Terra. Eles diziam que qualquer descrição ou referência de outros planetas era mera "confusão". Mas não havia confusão alguma, e sim uma precisão impressionante. O Sol era o centro de todo o sistema, a Terra era um planeta, e além dela, da Lua e dos oito planetas que conhecemos hoje, há um outro planeta maior, que está representado acima de todos os outros e da cabeça de Nut, como um Senhor Celestial com sua própria órbita ou "Barca Celestial".

De acordo com as fontes sumérias, há 450 mil anos, astronautas vindos desse Senhor Celestial pousaram na Terra.

VI

Os Dias que Antecederam o Dilúvio

"Eu compreendo as palavras enigmáticas entalhadas nas pedras antes do Dilúvio."

Assim afirmou o rei assírio Assurbanipal em uma inscrição autoelogiosa. E, de fato, por toda a vasta literatura da antiga Mesopotâmia, havia algumas referências a um Dilúvio que devastou a Terra. Ao se deparar com tais textos, os eruditos pensavam se realmente o conto bíblico do Dilúvio não era apenas um simples mito ou alegoria, ou se foi mesmo um evento que ocorrera e não era lembrado apenas pelos hebreus.

E até essa simples frase na inscrição de Assurbanipal tinha força científica. Ele não só confirmou a existência de um Dilúvio como afirmou que os ensinamentos do deus dos escribas incluíam a compreensão de inscrições pré-diluvianas, "as palavras enigmáticas esculpidas nas pedras nos dias anteriores ao Dilúvio". O que significa que antes do Dilúvio existiam escribas e entalhadores, línguas e formas de escritas, e até mesmo uma civilização!

Não bastou o trauma de os eruditos terem de assumir que as raízes da civilização ocidental moderna não estavam na Grécia e na Judeia do primeiro milênio antes de Cristo, nem na Assíria e Babilônia do segundo milênio e nem mesmo no Egito do terceiro milênio antes de Cristo. Agora, a credibilidade científica tinha de retroceder para a Sumer do quarto milênio antes de Cristo, aos dias que até os sumérios consideravam os "velhos tempos" e à enigmática era "anterior ao Dilúvio".

No entanto, para qualquer conhecedor do Antigo Testamento, essas palavras não teriam parecido nada chocantes, pois foi dito que, depois que a Terra e o Cinturão de Asteroides foram criados (o *Raki'a* ou

Céu de Gênesis), a Terra se formou e a vida evoluiu e surgiu "Adão", o homem que foi colocado no pomar do Éden. E foi por meio das conspirações de uma brilhante "serpente" que se atreveu a desafiar Deus que Adão e sua companheira Eva tiveram acesso a conhecimentos que não deviam possuir. E Deus, falando a pessoas cujos nomes não sabemos, estava preocupado com o homem que, "tendo se transformado em um de nós", poderia se servir da Árvore da Vida e "comer e viver para sempre".

>Então, Ele baniu Adão,
>E colocou ao leste do Jardim do Éden,
>os Querubins e a chama da Espada Flamejante,
>para guardar o caminho da Árvore da Vida.

E foi assim que Adão foi expulso do maravilhoso pomar que o Senhor plantou no Éden e passou a "comer ervas do campo" e a buscar o alimento "com o suor de seu rosto". "Adão conheceu Eva e ela concebeu e pariu Caim... e teve outro filho, seu irmão, Abel, que se tornou pastor enquanto Caim trabalhava no campo".

A afirmação bíblica de uma civilização pré-diluviana segue duas linhagens. Uma delas é Caim, que, ao matar Abel, deixa uma suspeita de homossexualidade como causa. Caim foi banido para o leste, para a "Terra das Migrações", onde sua mulher deu à luz Enoch, nome que significa "fundação". A Bíblia explica que Caim "estava construindo uma cidade" quando Enoch nasceu, por isso a utilização desse nome para pessoas e a associação com a cidade tornou-se um costume que vingou na história do antigo Oriente Médio.

A linhagem de Caim continuou por intermédio de Irade, Meujael, Matusalém e Lameque. O primogênito de Lameque foi Jabal, nome que no original hebraico (*Yuval*) significa "tocador de alaúde". Como explica o Livro do Gênesis, "Jabal foi o pai daqueles que tocam harpa e lira". Um segundo filho de Caim, Tubalcaim, podia "afiar todos os cortadores de cobre e ferro". E nada mais sabemos a respeito desse habilidoso povo do leste, pois, considerando amaldiçoada a linhagem de Caim, o Antigo Testamento não teve interesse em pesquisar mais profundamente sua genealogia e seu destino.

Já o capítulo V do Livro do Gênesis volta-se para Adão e seu filho Seth, e conta-nos que Adão tinha 130 anos quando Seth nasceu e viveu por mais 800 anos, um total de 930 anos. Seth, que foi pai de Enos aos 105, viveu até os 912 anos. Enos gerou Cainã aos 90 e morreu aos 905 anos. Cainã viveu 910 anos, e seu filho Maalalel morreu aos 895 anos; seu filho Jared faleceu aos 962 anos de idade.

O Livro do Gênesis fornece uma pequena biografia de todos esses patriarcas pré-diluvianos: quem foram seus pais, quando nasceu o filho herdeiro e, "depois de ter outros filhos e filhas", quando morreram. Mas o próximo patriarca sempre recebe tratamento especial:

> E Jared viveu 162 anos e teve *Enoch*...
> E ao completar 65 anos, Enoch gerou Matusalém.
> E passeou com o Senhor, depois do nascimento de Matusalém, por 300 anos, e teve (outros) filhos e filhas.
> E Enoch viveu 365 anos.

Surge em seguida a impressionante explicação do porquê de tanta atenção e detalhes bibliográficos dispensados a Enoch. Afinal, ele não morreu:

> Enoch foi passear com o Senhor e partiu; o Senhor o levou consigo.

Matusalém foi o que viveu mais tempo – 969 anos – sendo sucedido por Lameque, que atingiu os 777 anos e gerou Noé, o herói do Dilúvio. Aqui, surge uma informação histórico-bibliográfica que nos conta que Lameque dá esse nome a seu filho porque a Humanidade estava passando por um período de grande sofrimento e a terra estava árida e improdutiva. Ao chamar seu filho Noé ("Descanso"), Lameque demonstra a esperança de que "este possa trazer uma trégua às nossas lutas e frustrações nestas terras que o Senhor amaldiçoou".

E assim, ao longo de dez gerações de patriarcas antediluvianos abençoados com o que os eruditos chamam de "vida lendária", as narrativas bíblicas chegam ao importante evento do Dilúvio.

O Dilúvio é apresentado no Livro do Gênesis como uma oportunidade do Senhor "de fazer desaparecer da face da Terra o Homem que eu criei". Os autores antigos acharam necessário fornecer uma explicação para uma decisão tão enérgica e acabam por ir buscar as perversões sexuais masculinas, em especial relações sexuais entre "as filhas do Homem" e os "filhos dos deuses".

Apesar dos esforços monoteístas dos compiladores e editores do Livro do Gênesis em tentar proclamar a fé em um único ser divino dentro de um mundo totalmente politeísta, ficaram gravados inúmeros deslizes no qual a Bíblia fala de deuses, no plural. O próprio termo "divindade" (quando o Senhor não é especificamente chamado de Yahweh) não é o singular *El*, mas o plural *Elohim*. Quando surge a ideia de criar Adão, a narrativa adota o plural: "e Elohim (as divindades) disseram:

"façamos o homem à *nossa* imagem e semelhança". E depois do incidente com o Fruto do Conhecimento, mais uma vez Elohim dirigiu-se no plural a pessoas que não foram identificadas.

De quatro versos enigmáticos do capítulo VI do Livro do Gênesis, que preparam o cenário para o Dilúvio, tomamos conhecimento que essas divindades tiveram filhos (no plural) que chatearam o Senhor por ter relações sexuais com as filhas do Homem, agravando seus pecados ao gerarem filhos ou semideuses nascidos dessas relações ilícitas:

> E quando os homens começaram a se multiplicar na Terra, e tiveram filhas e
> Os filhos dos deuses viram que as filhas de Adão eram belas,
> Cada um escolheu uma para desposar.

E o Antigo Testamento continua:

> Naqueles dias os *Nefilins* estavam na Terra, onde permaneceram;
> E os filhos dos deuses uniam-se às filhas de Adão
> E estas lhes davam filhos
> Que eram os Poderosos da Eternidade, o Povo de *Shem*.

Nefilim, ou "gigantes", literalmente significa "aqueles que foram depositados" na Terra, os "filhos dos deuses", o "povo de *Shem*", *o povo dos foguetes espaciais*.

E voltamos para a Suméria e os DIN.GIR, os "justos das naves espaciais", e para os arquivos que deixamos para trás.

Os textos sumérios afirmam que, há 450 mil anos, os astronautas do Marduk vieram à Terra em busca de ouro. Não procuravam o metal para fazer joias, mas sim por uma questão de sobrevivência no 12º Planeta.

O primeiro grupo a aterrissar era composto por 50 astronautas chamados *anunnakis*, "os do Céu que estão na Terra". Eles caíram no Mar Arábico e seguiram para o alto do Golfo Pérsico, onde estabeleceram sua primeira estação terrestre E.RI.DU, "lar longínquo". O comandante era um engenheiro e cientista brilhante que adorava navegar pelos mares, e a pesca era seu passatempo favorito. Seu nome era E.A., "aquele cuja casa é água", e sua descrição era a do protótipo aquariano. Por ter liderado a aterrissagem na Terra, foi-lhe dado o título EN.KI – "Senhor Terra" –, e, como todos os deuses sumérios, sua principal característica era um enfeite de cabeça com chifres (Figura 51).

Parece que o plano original de extrair ouro das águas do mar não deu muito certo, e a única alternativa seria a mais difícil: extrair o minério no sudeste da África, despachá-lo de navio para a Mesopotâmia e ali derretê-lo e refiná-lo. Os lingotes de ouro refinados eram então transportados em um ônibus espacial e deixados em uma nave para orbitar a Terra. Ali, eles aguardavam a visita periódica da nave-mãe, que vinha em busca do metal precioso.

Para ajudar no projeto, 600 anunnakis foram trazidos para a Terra, e outros 300 cuidavam do ônibus espacial e da estação orbital. Um porto espacial foi construído em *Sippar*, "a cidade dos pássaros", na Mesopotâmia, e o sítio apropriado eram os picos do Ararat, por ser um dos pontos de referência mais visíveis do Oriente Próximo. Outros assentamentos, como o centro de fundição e refinamento de *Bad-Tibira* e o centro médico de *Surupak*, foram construídos para formar um corredor de aterrissagem em forma de flecha. E exatamente no meio ficava o centro de controle da missão, NIBRU.KI, "o lugar da travessia na Terra"; ou *Nippur* em acadiano.

O comandante dessa grande iniciativa na Terra era EN.LIL, "Senhor do Comando". Nos primeiros escritos pictográficos sumérios, o nome de Enlil e de seu centro de controle da missão foram representados como um complexo de estruturas com antenas altas e telas de radar (Figura 52).

Tanto Ea/Enki como Enlil eram filhos do então regente do 12º Planeta, NA, *Anu* em acadiano, ou "ele, dos Céus". Sua forma pictográfica era uma estrela ✻. Ea era o primogênito, mas não era o herdeiro do trono; esse direito coube a Enlil, por ser filho de outra esposa que também era meia-irmã de Anu. Enlil tomou o comando de Ea e foi enviado à Terra, onde as coisas se complicaram ainda mais com a

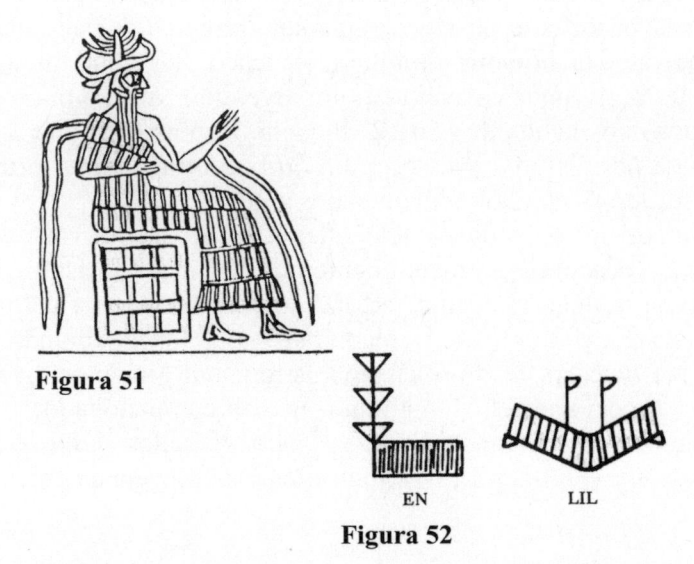

Figura 51

EN   LIL

Figura 52

chegada de NIN.HUR.SAG, o médico-chefe oficial, "a senhora do pico da montanha", uma meia-irmã de Ea e Enlil. Ela incitou-os a segui-la, com o argumento de que, se um deles tivesse um filho com ela, este seria o herdeiro do trono. Mas o ressentimento de Ea, aliado à competição constante com seu irmão, acabou por atingir seus descendentes, sendo a causa de vários acontecimentos.

Apesar de cada 3.600 anos serem equivalentes a um ano no ciclo de vida dos anunnakis, conforme os milênios passavam, esses astronautas sem patente começavam a ficar descontentes. Seria mesmo tarefa de homens do espaço cavar minérios em túneis quentes, escuros e poeirentos? Para evitar mais atritos com seu irmão, Ea passava cada vez mais tempo no Sudeste africano, longe da Mesopotâmia. Os anunnakis que trabalhavam duro nas minas reclamavam a ele e acabavam por falar de seus mútuos descontentamentos.

Até que um dia, Enlil foi fazer uma inspeção de praxe a uma das minas e o sinal foi dado para começar uma rebelião: os anunnakis saíram das minas, atearam fogo às suas ferramentas e marcharam em direção à casa de Enlil, gritando "basta"!

Enlil entrou em contato com Anu, propondo renunciar ao cargo de comandante e retornar a casa. Anu veio à Terra e reuniu um conselho de guerra. Enlil ordenou que o instigador do motim fosse condenado à morte, mas os anunnakis recusaram-se a identificar o homem e Anu acabou por concluir que aquele trabalho era realmente muito pesado, considerando se deveria ou não ser continuado.

Ea chegou com uma solução, dizendo que vagavam seres pelo sudeste da África que poderiam muito bem ser treinados para o trabalho nas minas, caso fosse possível implantar "a marca dos anunnakis" neles. Tratava-se de homens e mulheres-macaco, seres que tinham evoluído na Terra, mas que estavam em um nível de evolução muito distante em relação aos habitantes do 12º Planeta. Depois de muita discussão, foi dada a permissão a Ea: "crie um *lulu*, um trabalhador primitivo, e faça-o responsável pelos trabalhos dos anunnakis".

Ninhursag, o médico-chefe oficial, foi quem liderou os experimentos até descobrir o procedimento correto, que consistia em extrair o óvulo da mulher-macaco e fertilizá-lo com o esperma de um jovem astronauta. Ea e Ninhursag implantaram o ovo fertilizado não no útero da mulher-macaco, mas no de uma astronauta. Finalmente foi conseguido o "modelo perfeito", e Ninhursag gritou emocionado: "eu o criei com minhas próprias mãos!" e ergueu para que todos vissem o primeiro *homo sapiens* (Figura 53), o primeiro bebê de proveta da Terra.

Mas, como qualquer híbrido, o terráqueo não podia procriar sozinho; portanto extraíram-se mais óvulos da mulher-macaco e os implantaram nos úteros das "deusas do nascimento". Catorze de cada vez, assim nasceriam sete homens e sete mulheres. E, conforme os seres terrestres foram se ocupando dos trabalhos nas minas do Sudeste africano, os anunnakis que labutavam na Mesopotâmia começaram a ficar enciumados e a reclamar a ajuda desses trabalhadores primitivos. Mesmo com a objeção de Ea, Enlil levou alguns terráqueos para E.DIN, "a moradia dos virtuosos", na Mesopotâmia. E a Bíblia lembra o evento, dizendo que o "Senhor levou Adão e o instalou no Jardim do *Éden*, para cultivá-lo e preservá-lo".

Figura 53

O que preocupava os astronautas na Terra era o problema da longevidade. Seu relógio biológico funcionava apenas em seu planeta, sendo o tempo que levava para dar uma volta completa em torno do Sol equivalente a um ano de vida para eles. Mas, em apenas um ano, a Terra orbitava o Sol 3.600 vezes, ou seja, 3.600 anos para a Terra. Para manter seus ciclos vitais mais longos na vida célere da Terra, os astronautas consumiam "a água e o alimento da vida", provenientes de seu planeta. Em seus laboratórios de Eridu, cujo símbolo era uma serpente emaranhada (Figura 54), Ea tentou desvendar os segredos da vida, reprodução e morte. Por que os filhos dos astronautas nascidos na Terra envelheciam muito mais rápido que seus pais? E por que o híbrido *homo sapiens* vivia mais que o homem-macaco, mas vidas curtas, se comparados com os visitantes da Terra? Seria genético ou algo relacionado com o meio ambiente?

Ea decidiu prosseguir com os experimentos em manipulação genética e utilizou seu próprio esperma, dando origem a um novo "modelo perfeito", o *Adapa*. Mais inteligente, ele adquiriu a importante capacidade de procriar, mas nunca conseguiu a longevidade dos astronautas:

Figura 54

> Com amplo conhecimento,
>   ele aperfeiçoou-o...
> concedendo-lhe inteligência;
> mas não a Vida Eterna.

E foi assim que, no Livro do Gênesis, Adão e Eva receberam a dádiva ou fruto não apenas do Conhecimento, mas do *Conhecer*, o termo bíblico hebreu para relações sexuais com o propósito da reprodução. Esse conto "bíblico" pode ser visto nas ilustrações sumérias (Figura 55).

Enlil ficou furioso quando descobriu os feitos de Ea. Os homens não deveriam procriar como os deuses, só faltava agora Ea dar ao homem o dom da Vida Eterna. Anu também não gostou da novidade e, "levantando-se de seu trono, ordenou: tragam Adapa!".

Temendo que seu humano aperfeiçoado fosse destruído na Morada Celestial, Ea instruiu-o a evitar qualquer água ou alimento oferecidos, pois estariam certamente envenenados. Ele o aconselhou:

> Adapa,
> Vais estar perante Anu, o Governante.
> A estrada para o Céu lá te levará.
> E quando lá chegares,
>   e te aproximares dos portões de Anu,
> Encontrarás Tamuz e Gizida...
> Eles falarão com Anu;
> E ele mostrar-te-á seu rosto benigno,
> E quando estiveres diante dele,

E te oferecem o Pão da Morte,
    tu não comerás.
E quando te oferecem a Água da Morte,
    tu não beberás...

Figura 55

"Ea acompanhou-o até a estrada para o Céu e ele partiu." Anu ficou muito impressionado com a rapidez e perspicácia com que Adapa aprendera com Ea os "planos do Céu e da Terra". "Agora que Ea o distingue, fazendo dele um *Shem* e deixando-o vir a Marduk na nave espacial, o que faremos com ele?", perguntou Anu a seus conselheiros.

A decisão foi manter permanentemente Adapa em Marduk, oferecendo-lhe "o Pão e a Água da Vida". Lembrando-se dos avisos de Ea, Adapa não quis nem comer nem beber. Quando descobriram seus motivos, já era tarde demais, ele tinha perdido a oportunidade de atingir a Vida Eterna.

Em seu retorno à Terra, Adapa viu a "imensidão" do espaço, "do Céu ao zênite do horizonte". Foi ordenado Alto Sacerdote de Eridu, e Anu prometeu-lhe que, a partir daquele momento, a Deusa da Cura cuidaria das doenças da Humanidade. Contudo, o objetivo final dos mortais – a Vida Eterna – não seria mais alcançado.

A Humanidade progrediu, os humanos não eram mais apenas escravos nas minas ou servos nos campos. Executavam todo tipo de tarefas, construíam "casas" para os deuses – os "templos" – e rapidamente aprenderam a cozinhar, tocar e dançar para eles. Carentes da companhia feminina de sua própria espécie, os anunnakis começaram a ter relações sexuais com as filhas do Homem. Uma vez que todos provinham da mesma semente da vida e o homem era um híbrido criado a partir da "essência" dos anunnakis, os astronautas e os terráqueos acabaram por descobrir que eram biologicamente próximos, e "deles nasceram filhos".

Enlil assistiu a tudo com apreensão. A proposta original da viagem à Terra e o sentido da missão estavam esquecidos e perdidos. Uma vida boa parecia ser a única preocupação dos anunnakis e ainda por cima na companhia de uma raça de híbridos!

Foi a própria natureza que ofereceu a Enlil a oportunidade de colocar um fim à deterioração da ética e moral dos anunnakis. A Terra estava começando uma nova idade do gelo, e o clima agradável estava se tornando mais frio e seco. As chuvas eram menos frequentes, as águas dos rios mais escassas, as colheitas foram diminuindo e a fome se espalhou. A Humanidade começou a sofrer as consequências: filhos escondiam alimento de seus pais, mães comiam os próprios filhos. A pedido de Enlil, os deuses não ajudaram os homens: deixem-nos passar fome, deixem-nos definhar, dizia Enlil. Na Antártida, a "grandeza inferior", a Idade do Gelo também causava danos. A calota de gelo que cobria o continente no Polo Sul tornava-se mais espessa e, com a pressão de seu peso, a fricção e o calor aumentavam na parte inferior. Logo, a calota de gelo estaria flutuando em uma placa escorregadia de neve. Foi então que veio o alerta da estação orbital de que a calota de gelo estava se tornando instável e, caso caísse no oceano, uma onda gigante engoliria a Terra!

O perigo era iminente. No céu, o 12º Planeta orbitava de volta para o local da travessia entre Júpiter e Marte. Em outras ocasiões em que se aproximou da Terra, sua força gravitacional causou terremotos e outros distúrbios, tanto na Terra como nos movimentos celestes. E agora, já era certo, essa força gravitacional causaria o deslocamento da calota de gelo e inundaria a Terra com um Dilúvio. E dessa catástrofe nem os astronautas estariam imunes.

Começaram os preparativos para levar todos os astronautas ao porto espacial e tirá-los de lá antes que a onda chegasse. Foram usadas muitas artimanhas para esconder dos homens esse desastre iminente, com medo de que eles atacassem o porto. Todos os deuses mantiveram segredo, e sobre a Humanidade, Enlil disse: "que eles pereçam; que a semente humana seja varrida da face da Terra".

As relações entre homens e deuses atingiram seu apogeu em Surupak, cidade sob o reinado de Ninhursag. Ali, pela primeira vez, um homem atingiu o *status* de rei. Com o aumento das privações da Humanidade, ZI.U.SUD.RÁ (como o chamavam os sumérios) implorou a ajuda de Ea. De vez em quando, Ea e seus marinheiros levavam, de maneira clandestina, um carregamento de peixe a Ziusudra e seu povo. Mas agora a questão envolvia o destino da própria Humanidade. Todo o trabalho de Ea e Ninhursag deveria perecer e "tornar-se barro", como desejava Enlil, ou a semente humana deveria ser preservada?

Lembrando-se de seu juramento e agindo por conta própria, Ea viu em Ziusudra a oportunidade de salvar a Humanidade. E quando este veio ao templo para orar e suplicar, Ea, fingindo falar consigo mesmo, sussurrou instruções urgentes:

> Destrói a casa, constrói um barco!
> Abandona tuas posses e busca a vida!
> Esquece o que tens e mantém tua alma viva!
> Embarca a semente de todas as coisas vivas.
> O barco que construirás
> Deverá ter as medidas corretas.

O barco construído deveria ser uma nave submergível, um "submarino" que pudesse suportar a força da água. Os textos sumérios contêm as dimensões e outras instruções de estrutura para vários conveses e compartimentos, tudo com tal riqueza de detalhes que é possível desenhar o barco, como fez Paul Haupt (Figura 56). Ea ofereceu a Ziusudra um navegador que deveria levar a embarcação para a "Montanha da Salvação", o Monte Ararat, a maior cadeia de montanhas do Oriente Próximo, cujos picos seriam os primeiros a emergir das águas.

O Dilúvio veio como era esperado, "ganhando velocidade a partir do sul, submergindo montanhas e derrubando pessoas como em uma batalha". Vendo a catástrofe de sua nave, enquanto orbitavam a Terra, os anunnakis e seus líderes perceberam que realmente gostavam da Terra e da Humanidade. "Ninhursag chorou... e os deuses choraram com ela pela Terra... e os anunnakis, humildemente, sentaram-se e choraram", amontoados, gelados e famintos, em seu ônibus espacial.

Quando as águas baixaram e os anunnakis iniciaram a aterrissagem em Ararat, eles vibraram ao descobrir que a semente da Humanidade estava salva. E Enlil, que também chegava, ficou furioso ao saber que "uma alma viva tinha escapado". Os anunnakis suplicaram, e Ea tentou persuadi-lo a compreender seu ponto de vista, que a Terra deveria ser repovoada e que os serviços dos homens eram indispensáveis.

E foi assim que os filhos de Ziusudra e suas famílias foram enviados para povoar as montanhas que flanqueavam a planície dos dois rios enquanto aguardavam que as planícies estivessem secas o suficiente para ser habitadas. E os anunnakis disseram de Ziusudra:

LINHA DA ÁGUA

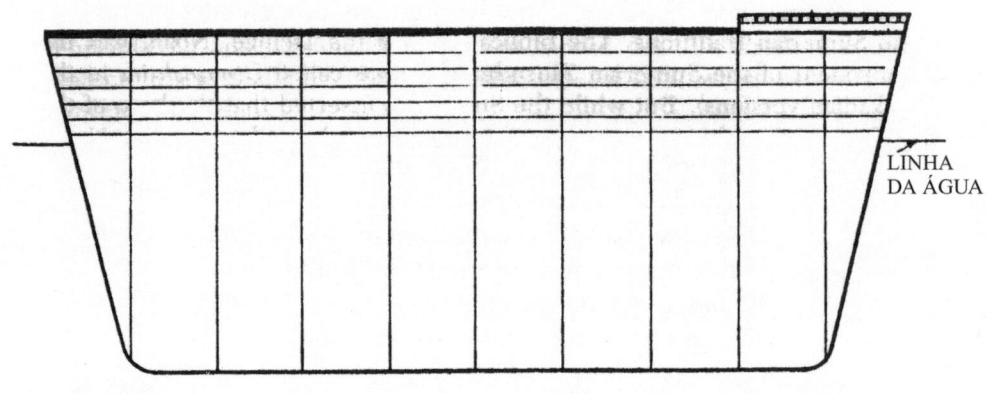

Figura 56

Deram-lhe a vida de um deus;
E concederam-lhe, como a deus, o fôlego eterno.

Isso foi conseguido por meio da troca do "Fôlego da Terra" pelo "Fôlego do Céu". E então Ziusudra, "o que manteve viva a semente da Humanidade", foi levado com sua esposa para "viver no lugar distante".

Na terra da travessia,
A terra de *Tilmun*,
O lugar onde Utu eleva-se,
Ele foi levado para viver.

Hoje é evidente que as narrativas sumérias dos deuses do Céu e da Terra e da criação do homem e do Dilúvio foram a fonte da qual outras nações do antigo Oriente Próximo extraíram seu conhecimento, crenças e "mitos". Vimos como as crenças egípcias eram parecidas com as sumérias, como sua primeira cidade sagrada foi chamada An e como o *Ben-Ben* se assemelhava ao sumério GIR, e assim por diante.

Também aceitamos que os relatos bíblicos da Criação e os acontecimentos que levaram ao Dilúvio são versões hebraicas provenientes das tradições sumérias. Noé, o herói bíblico do Dilúvio, era o equivalente Ziusudra dos sumérios (chamado *Utnapishtim* nas versões acadianas). Porém, a afirmação suméria de que o herói do Dilúvio tornou-se imortal não foi transposta para a Bíblia. Também foi dada pouca importância à imortalização de Enoch, ao contrário do detalhado conto sumério sobre Adapa e outros textos que falam da ascensão de eleitos. Mas essa atitude bíblica repentina não impediu a disseminação, ao longo de milênios, de lendas que falam de heróis bíblicos e suas viagens ao Paraíso.

De acordo com lendas muito antigas que sobreviveram em várias versões originárias de uma composição de quase 2 mil anos chamada *O livro de Adão e Eva*, Adão adoeceu quando tinha 930 anos. Vendo seu pai "enfermo e com dores", Seth ofereceu-se para ir "à porta mais próxima do Paraíso... lamentar e suplicar a Deus, que talvez me ouça e envie seu anjo com a fruta que tanto desejas", a fruta da Árvore da Vida.

Aceitando seu destino mortal, Adão só desejava que as dores lancinantes tivessem fim. Então, pediu à sua mulher Eva que fosse com Seth às "vizinhanças do Paraíso", não para pedir o fruto da vida, e sim uma gota do "óleo da vida" que fluía da árvore para "ungir-me com ele e aliviar as dores".

Eva e Seth fizeram como ele pediu, alcançando as portas do Paraíso e rogando ao Senhor. Finalmente, o anjo Miguel surgiu e anunciou que o desejo não seria concedido. "O tempo de vida de Adão expirou", ele disse, "e sua morte não deve ser evitada nem adiada. Seis dias mais tarde, Adão morreu.

Até os historiadores de Alexandre criaram um vínculo direto entre suas aventuras e Adão, o primeiro homem a habitar o Paraíso, provando a existência desse lugar sagrado e seus poderes de conceder a vida. No caso de Alexandre, a ligação era a pedra que irradiava luz e que diziam ter sido trazida por Adão do Jardim do Éden; ela passou de geração a geração até chegar às mãos de um faraó que a ofereceu a Alexandre.

A trama fica mais densa quando descobrimos que havia uma antiga lenda judaica que afirmava que o cajado com o qual Moisés fazia milagres, incluindo a separação das águas do Lago dos Juncos, foi trazido do Jardim do Éden por Adão. Ele o deu a Enoch, que, por sua vez, o passou a seu bisneto Noé, o herói do Dilúvio. E então seguiu pela linhagem de Sem, filho de Noé, de geração em geração, até chegar a Abraão (o primeiro patriarca hebreu); e foi seu bisneto José quem levou o cajado ao Egito, onde alcançou a mais alta posição na corte do faraó. O cajado permaneceu entre os tesouros de reis egípcios, até chegar a Moisés, que foi eleito um príncipe egípcio antes de escapar pela península do Sinai. Uma versão diz que o cajado era feito de uma única pedra; outra diz que era feito de um galho da Árvore da Vida, que crescia no Jardim do Éden.

Nessas relações entrelaçadas que remontam a tempos primórdios também havia relatos ligando Moisés a Enoch. Um conto judaico chamado "A ascensão de Moisés" relata que, quando o Senhor chamou Moisés ao Monte Sinai e encarregou-o de liderar a saída dos israelitas do Egito, Moisés resistiu por várias razões, alegando inclusive não possuir um discurso rápido e eloquente. Determinado a dissuadi-lo de sua timidez, o Senhor mostrou-lhe seu trono e "os anjos e os mistérios dos céus". E assim "Deus ordenou a Metraton, o anjo do semblante, que conduzisse Moisés às regiões celestiais". Aterrorizado, Moisés perguntou a Metraton: "Quem és tu?" E o anjo – palavra que significa "emissário" – do Senhor respondeu: "Eu sou Enoch, filho de Jared, seu antepassado". Acompanhado pelo angélico Enoch, Moisés viajou pelos Sete Céus e viu Inferno e Paraíso sendo levado para o Monte Sinai, onde finalmente aceitou sua missão.

Conseguimos saber um pouco mais sobre Enoch e suas preocupações com o iminente Dilúvio e seu herói, seu bisneto Noé, por meio de outro livro muito antigo, *O Livro dos Jubileus*, conhecido na Antiguidade como o *Apocalipse de Moisés*, por ter sido escrito por ele no Monte Sinai enquanto um anjo ditava as histórias passadas. (Eruditos acreditam que o trabalho foi escrito no século II a.C.).

O texto segue de perto as narrativas bíblicas do Livro do Gênesis, oferecendo mais detalhes, como os nomes das esposas e filhas dos patriarcas antediluvianos; e também amplia os acontecimentos vividos pela Humanidade naqueles dias pré-históricos. A Bíblia nos diz que o pai de Enoch era Jared, "o descido", mas não explica por que lhe foi dado esse nome. O *Livro dos Jubileus* esclarece esse ponto, afirmando que os pais de Jared assim o nomearam,

> Pois naquele momento os anjos do Senhor – os *observadores* – vieram à Terra com a missão de instruir os filhos dos homens e estabelecer o julgamento e a integridade na Terra.

Dividindo as eras em "jubileus", o *Livro dos Jubileus* conta que "no 11º Jubileu, Jared casou-se com *Baraka*, 'clarão do raio', filha de seu tio Rasujal, e ela deu-lhe um filho chamado Enoch. E ele foi um dos primeiros homens que nasceram na Terra a aprender a escrever, tendo acesso ao conhecimento. Foi ele que escreveu os sinais vindos do céu de acordo com a ordem dos meses, e assim, os homens puderam aprender as estações do ano de acordo com esse raciocínio e hierarquia."

No 12º Jubileu, Enoch casa-se com *Edni*, 'meu éden', filha de Danel, e tem um filho chamado Matusalém. Depois, Enoch juntou-se "aos anjos de Deus por seis jubileus de anos, e eles mostraram-lhe tudo que há no Céu e na Terra, e ele escreveu tudo".

Mas a essa altura a situação já estava complicada, e o Livro do Gênesis relata que foi antes do Dilúvio "que os filhos dos deuses viram as belas filhas dos homens e tomaram-nas como esposas, fazendo com que o Senhor se arrependesse de ter colocado o homem na Terra. E o Senhor disse: eu farei desaparecer da face da Terra o homem que eu criei".

O *Livro dos Jubileus* ainda conta que Enoch teve um papel importante na mudança de atitude do Senhor, pois "ele testemunhou contra os Observadores que tinham pecado com as filhas dos homens". E foi para protegê-lo da vingança dos anjos pecadores do Senhor que "ele foi tirado da companhia dos filhos dos homens e levado para o Jardim do Éden". Dos quatro lugares de Deus na Terra, foi no Jardim do Éden que Enoch se escondeu e escreveu seu Testamento.

E foi depois desses tempos turbulentos que nasceu Noé, o virtuoso escolhido para sobreviver ao Dilúvio. Uma época em que "os filhos dos deuses" estavam envolvidos sexualmente com mortais e que causou muitas crises matrimoniais na família patriarcal. E como diz o Livro de Enoch, Matusalém "casou seu filho Lameque com uma mulher que lhe deu um filho". Mas quando o bebê Noé nasceu, havia algo raro:

> Seu corpo era branco como a neve e vermelho como o desabrochar de uma rosa, e seu cabelo com longos cachos era branco como o algodão e seus olhos eram lindos.
>
> E quando abriu os olhos, ele iluminou toda a casa como um sol, deixando-a cintilante.
>
> E, ainda nas mãos da parteira, ele abriu os olhos e conversou com o Senhor da Virtude.

Chocado, Lameque correu para seu pai, Matusalém, e disse:

> Eu tive um filho estranho, diferente de todos os homens e parecido com os filhos do Deus do Céu. Sua natureza é rara, ele não é como nós...
> E parece que ele não foi gerado por mim, e sim pelos anjos.

Desconfiando que sua mulher tivesse ficado grávida de um anjo, Lameque decidiu pedir a confirmação a seu avô, Enoch, que estava entre os filhos de Deus. E disse a Matusalém: "meu pai, eu suplico e imploro que procures teu pai, Enoch, em sua morada entre os anjos, e descubra toda a verdade".

Matusalém atendeu ao desejo de Lameque e foi à Morada Divina convocar Enoch e explicar o caso do menino invulgar. Após fazer algumas perguntas, Enoch assegurou que Noé era filho legítimo de Lameque e que sua fisionomia diferente era apenas um sinal de que algo estava para acontecer: "Haverá um Dilúvio e grande destruição durante um ano", e esse menino, que deverá ser chamado Noé ("descanso"), e sua família serão salvos. "Eu li sobre isso nas tábuas divinas", completou Enoch.

O termo utilizado nessas escrituras remotas para designar os "filhos dos deuses" envolvidos em tolices pré-diluvianas é "*observadores*", que tem o mesmo significado da palavra *Neter*, empregada pelos egípcios para chamar os deuses; e também tinha o mesmo sentido do nome *Shumer*, o lugar de pouso na Terra.

Os vários livros que esclarecem um pouco mais os acontecimentos dramáticos dos dias antediluvianos foram preservados em muitas versões que são apenas traduções, diretas ou indiretas, dos originais em hebraico perdidos há muito tempo. Sua autenticidade foi confirmada com as recentes descobertas dos manuscritos do Mar Morto. Entre outros achados, estavam fragmentos de pergaminhos que, sem dúvida, faziam parte de originais em hebraico, como "as memórias dos Patriarcas".

Um pergaminho bastante interessante, que trata do raro nascimento de Noé, fez-nos compreender o termo original em hebraico que havia sido traduzido como "observadores ou gigantes". Tanto em versões antigas como modernas (de T. H. Gaster, *The Dead Sea Scriptures* e *The Essene Writings from Qumran*, de H. Dupont-Sommer), a segunda coluna do pergaminho começa assim:

> Vejam, eu pensei que esta criança havia sido concebida por um dos
> *observadores*,
> um dos sagrados, e que ela realmente pertencia aos *gigantes*.
> Meu coração transformou-se com a chegada da criança.
> E eu, Lameque, apressei-me e disse à minha mulher, Bath-Enosh:
> Quero que jures pelo mais sagrado, pelo Senhor Supremo, o rei de
> todos os mundos,
> o governante dos filhos do Céu, e me dirás a verdade se...

Mas, ao analisar o original em hebraico (Figura 57), vemos que ele não diz "*observadores*", e sim *nefilim*, o termo utilizado no capítulo 6 do Livro do Gênesis. Todos os textos e lendas antigos confirmam: os dias precedentes ao Dilúvio foram os dias em que "os poderosos nefilins, o povo dos foguetes, estavam na Terra".

II Coluna

הא באדין חשבת בלבי די מן עירין הריאנתא ומן קדישין הויא ולנפילין 1

ולבי עלי משתני על עולימא דנא 2
באדין אנה למך אתבהלת ועלת על בתאנוש אנותתי ואמרת 3

[אנא ועד בעליא במרה רבותא במלך כול עולמים] 4

Figura 57

Nas palavras das listas dos reis sumérios, "o Dilúvio varreu" 120 *shars* – 120 órbitas de 3.600 anos cada – depois da primeira aterrissagem dos astronautas, situando o Dilúvio há cerca de 13 mil anos. Esse foi o momento exato em que terminou a última idade do gelo e teve início a agricultura. E, depois de 3.600 anos, começou o que os eruditos chamam de a nova Idade da Pedra, a era da cerâmica. E só depois de 3.600 anos, a civilização iniciou sua plenitude, "na planície entre os rios" da Suméria.

"E toda a Terra falava a mesma língua e possuía as mesmas coisas", diz o Livro do Gênesis. Mas, assim que os povos se estabeleceram na terra de Shin'ar (Suméria) e construíram casas de tijolos de barro, surgiu a ideia de "construir uma cidade e uma torre cujo topo levasse ao Céu".

Os textos sumérios de onde foram extraídos esses contos bíblicos ainda não foram encontrados, mas podemos ver alusões a tal evento em várias lendas sumérias. O que emerge é um aparente esforço por parte de Ea em preparar a Humanidade para tomar o controle das instalações espaciais dos nefilins. Mais um incidente na luta constante entre os irmãos Ea e Enlil que ficou como herança a seus descendentes. A Bíblia diz-nos que o Senhor e seus companheiros desconhecidos decidiram dispersar a Humanidade e "confundir" seus idiomas, criando civilizações diferentes e distantes.

As deliberações dos deuses na era posterior ao Dilúvio são mencionadas em vários textos sumérios. O épico de Etana diz:

> Os grandes anunnakis que decidem o destino sentaram-se em conselho para falar sobre a Terra. Foram eles quem criaram as quatro regiões, que fundaram as povoações, que cuidaram da Terra, estavam muito distantes da Humanidade.

Foram tomadas duas decisões: estabelecer quatro regiões distintas na Terra e instalar intermediários (reis-sacerdotes) entre os deuses e os homens, assim "a monarquia da Terra viria mais uma vez do Céu".

Em uma tentativa inútil de terminar com as constantes desavenças entre as famílias de Ea e Enlil, os deuses fizeram um sorteio para determinar quem ficaria com o domínio de quais regiões. Ásia e Europa foram designadas a Enlil e seus descendentes, enquanto Ea ficou com a África.

A primeira região da civilização foi a Mesopotâmia e as terras fronteiriças. As terras montanhosas onde a vida e a agricultura se estabeleceram, terras que passaram a ser conhecidas como Elam, Pérsia e Assíria, foram concedidas ao filho herdeiro e "principal guerreiro" de Enlil, NIN.UR.TA. Foram descobertos alguns textos sumérios que falam das tentativas heroicas de Ninurta para represar os desfiladeiros e garantir a sobrevivência de seus súditos humanos nos tempos difíceis que se seguiram ao Dilúvio.

Quando a camada de lama que cobriu a planície entre os dois rios secou o suficiente para permitir o repovoamento, a Suméria e as terras que partiam dali para o oeste e o Mediterrâneo foram confiadas a outro filho de Enlil, NAN.NAR (*Sin*, em acadiano). Um rei benevolente, ele supervisionou a reconstrução da Suméria e das cidades antediluvianas em seu local original, fundando também novas cidades. Entre elas estava sua favorita *Ur*, local de nascimento de Abraão. Suas representações incluíam o símbolo da lua crescente, que era seu "correspondente" celeste (Figura 58). Ao filho mais novo de Enlil, ISH.KUR (*Adad*, em acadiano), foram dadas as terras a noroeste, Ásia menor e ilhas mediterrâneas. E a civilização eventualmente se expandiu para a Grécia e, como Adad, Zeus foi representado montando um touro e empunhando um raio ou relâmpago.

Ea também dividiu a África, a segunda região, entre seus filhos. Um deles, NER.GAL, foi senhor das regiões mais a sul. GI.BIL aprendeu com seu pai as artes da mineração e metalurgia e ficou com o controle das minas de ouro. Um terceiro filho, e o predileto de Ea, teve a honra de receber o nome do planeta natal *MARDUK* e aprender com ele

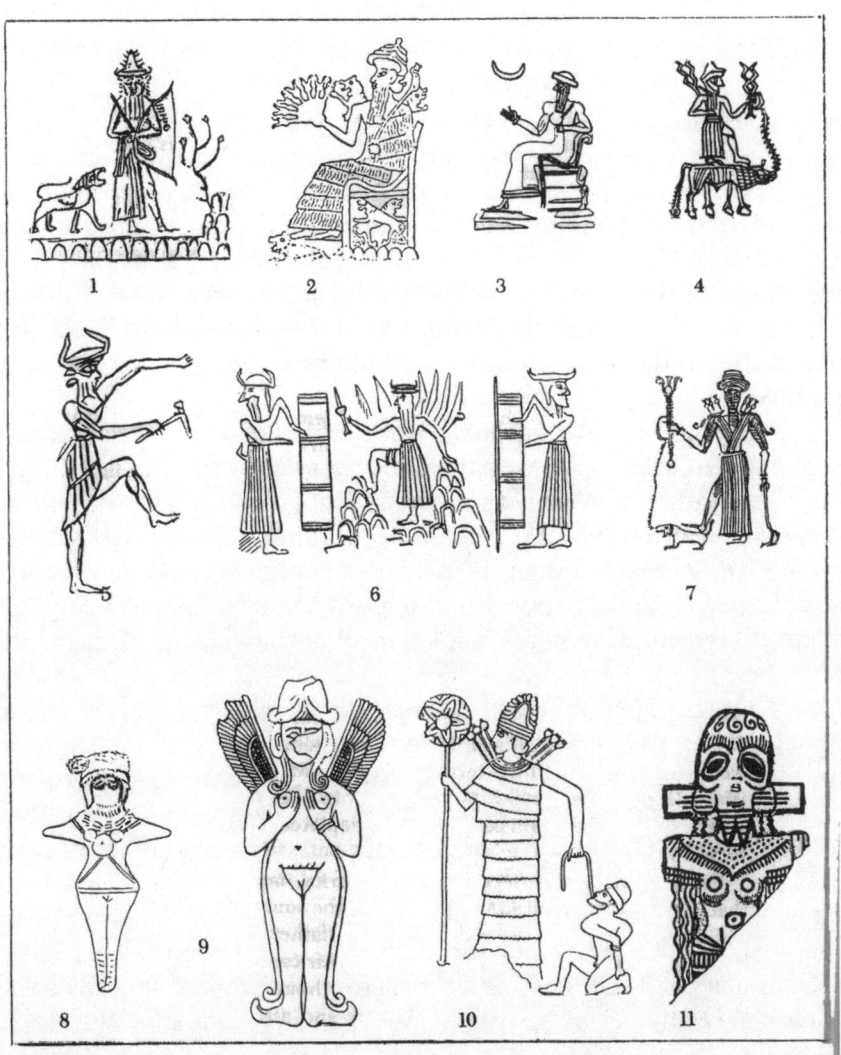

Figura 58

OS DEUSES DO CÉU E DA TERRA

1. ENLIL 2. NINURTA 3. NANNAR/Sin 4. ISHKUR Adad 5. NERGAL

6. GIBIL 7. MARDUK. 8. IRNINI/Ishtar como Grande Senhora 9. Feiticeira 10. Guerreiro

11. Piloto.

todas as ciências e a astronomia. (Por volta de 2000 a.C., Marduk arrebatou a soberania da Terra e foi declarado deus supremo da Babilônia e dos "quatro cantos da Terra"). E, como já vimos, um filho cujo nome egípcio era *Rá* governava o centro dessa civilização, o vale do Nilo.

Há apenas 50 anos, tomamos conhecimento de que a terceira região ficava no subcontinente da Índia, onde uma grande civilização também despontou na Antiguidade, alguns mil anos antes dos sumérios. A civilização chama-se Vale do Indo, cujo centro era uma cidade real construída em *Harappa*. Seu povo rendia homenagem não a um deus, e sim a uma deusa, que era representada em estatuetas de barro como uma mulher sedutora, enfeitada com colares e com os seios levantados por faixas que cruzavam seu corpo.

A escritura da civilização do Vale do Indo nunca foi decifrada, por isso ninguém sabe como os harapanos chamavam sua deusa, ou quem era ela exatamente. Achamos que era a filha de Sin, que os sumérios tratavam por IR.NI.NI, "a dama forte e perfumada", que para os acadianos era *Ishtar*. Textos sumérios falam dos domínios dessa deusa em um país distante, conhecido por *Arata,* famoso por suas colheitas de grãos e celeiros, tal como Harappa, e para onde ela fazia viagens aéreas vestida de piloto.

A quarta região foi reservada pelos anunnakis para servir de porto espacial. Uma área que seria para seu uso exclusivo, e não dos homens. Todas as instalações espaciais desde sua chegada na Terra, como o porto espacial de Sippar e o centro de controle da missão em Mippur, foram devastadas pelo Dilúvio. E a baixa planície da Mesopotâmia continuaria lamacenta por milênios até permitir a reconstrução dessas instalações vitais. Por isso, um lugar mais elevado e apropriado, resguardado, mas acessível, deveria ser descoberto para a criação dos portos espaciais e suas instalações auxiliares. Uma "zona sagrada", uma área restrita acessível apenas com permissão prévia, foi chamada pelos sumérios de TIL. MUN, literalmente "Terra dos Mísseis".

O encarregado desse porto espacial pré-diluviano era o filho de Sin, neto de Enlil e irmão gêmeo de Irnini/Ishtar. Seu nome era UTU, "o brilhante"; *Shamash*, em acadiano. Foi ele quem habilmente liderou a Operação Dilúvio: a evacuação de Sippar. Ele era o chefe dos "águias", os astronautas na Terra. E era com orgulho que ele usava seu uniforme de águia em ocasiões formais (Figura 59).

Dizem as tradições que, antes do Dilúvio, alguns mortais foram eleitos para decolar do porto espacial. *Adapa* perdera sua chance de se tornar imortal. *Enmeduranki*, que os deuses Shamash e Adad levaram para a Morada Celestial para ser iniciado nos segredos do sacerdócio e depois devolvido à Terra, teve o mesmo destino. E assim foi também com *Ziusudra*, "aquele dos dias e vida prolongados", herói do Dilúvio, que foi levado com sua mulher para viver em Tilmun.

Os registros sumérios dos tempos pré-diluvianos dizem que *Etana*, um governante antecessor a Kish, foi transportado em um *Shem* para a morada dos deuses, onde lhe seria concedida a planta do nascimento e rejuvenescimento, mas ele teve medo de concluir a viagem. O faraó Tutmés III afirmava em suas inscrições que o deus Rá o levara para o alto, fazendo com ele uma visita pelos céus antes de retornar à Terra:

>Ele me abriu as porta do Céu,
>Abriu-me os portais de seu horizonte.
>Voei para o céu como um falcão divino...
>Que eu pude ver seus misteriosos caminhos no Céu...
>E saciei-me com a sabedoria dos deuses.

Para continuar vivo na memória da Humanidade, o *Shem* passou a ser venerado como um obelisco, e o foguete saudado pelas "águias" foi substituído pela sagrada Árvore da Vida (Figura 60). Mas, na Suméria e no Egito dos primeiros faraós, Tilmun, a "Terra dos Mísseis", era um lugar real onde o homem podia atingir a Imortalidade.

E, na Suméria, foi registrado o conto do homem que, sem a permissão dos deuses, tentou alterar seu destino.

Figura 59

Figura 60

VII

GILGAMESH: O REI QUE SE RECUSOU A MORRER

A lenda suméria da primeira busca pela Imortalidade fala de um governante muito longevo que pediu a seu padrinho divino para entrar na "Terra dos Vivos". Escribas antigos registraram alguns contos épicos sobre esse soberano:

> Ele viu coisas secretas;
> Ele descobriu o que era proibido para os homens.
> Ele trazia notícias de tempos
>   anteriores ao Dilúvio;
> Ele fez a longa viagem,
>   fatigante e arriscada.
> E, quando retornou, em uma coluna de pedra
>   deixou gravada sua labuta.

Sobreviveram menos de 200 linhas desse remoto conto sumério, mas passamos a conhecê-lo por intermédio das traduções em idiomas dos povos que seguiram os sumérios no Oriente Próximo: assírios, babilônios, hititas e hurritas. Todos contaram e recontaram as lendas, e as tábuas de argila nas quais mais tarde foram escritas – algumas perfeitas, outras danificadas e muitas ilegíveis – permitiram a muitos estudiosos, por quase um século, conseguir recompor a história.

O principal objeto de estudo são as 12 tábuas em acadiano que estavam na biblioteca de Assurbanipal, em Nínive. A primeira pessoa a perceber sua importância foi George Smith, que selecionou e classificou centenas de milhares de tábuas e fragmentos que chegavam ao Museu Britânico de Londres, vindos da Mesopotâmia. Um dia, o fragmento de um texto que parecia narrar a história do Dilúvio chamou sua atenção.

Não havia equívocos: os textos cuneiformes dos assírios falavam de um rei que procurou o herói do Dilúvio e ouviu de sua própria boca todo o acontecimento!

Entusiasmados com a descoberta, os diretores do museu enviaram George Smith ao sítio arqueológico em busca de fragmentos perdidos. Ele teve sorte e acabou por encontrar o suficiente para poder reconstruir o texto e organizar a sequência das tábuas. Em 1876, ele provou de forma conclusiva sua teoria no livro *The Chaldean Account of the Flood*. Pela língua e pelo estilo, ele concluiu que o trabalho "fora composto na Babilônia por volta de 2000 a.C.".

George Smith começou por descobrir o nome do rei que procurava por Noé, *Izdubur*, e sugeriu que ele era ninguém menos do que o rei e herói bíblico Nimrod. Durante um período, os eruditos acreditaram realmente que o conto tratava do primeiro monarca poderoso e referia-se aos textos das 12 tábuas como "a epopeia de Nimrod". Novas descobertas e muitas pesquisas acabaram por estabelecer a origem suméria da tábua e a grafia original do nome do herói: GIL.GA.MESH. E foi confirmado, por meio de outros textos históricos, incluindo a lista dos reis sumérios, que ele foi o governante de Uruk, a Erech bíblica de 2900 a.C. *O Épico de Gilgamesh* é o título desse antigo trabalho literário que nos transporta 5 mil anos no tempo.

É preciso conhecer a história de Uruk para captar a abrangência dramática do épico. Os arquivos históricos sumérios confirmam os relatos bíblicos dizendo que, depois do Dilúvio, as dinastias reais tiveram início em Kish. E só depois foram transferidas para Uruk, por desejo de Irnini/Ishtar, que não apreciava as terras de seu império que iam além da Suméria.

Inicialmente, Uruk era apenas o local de um templo sagrado dedicado a An, "Senhor do Céu", que foi erguido no topo de um zigurate e chamava-se E.AN.NA, "a Casa de An". Em uma das raras visitas de An à Terra, ele apaixonou-se por Irnini e deu-lhe o título de IN.AN.NA, "a Amada de An". Falatórios antigos sugerem que foi mais do que um amor platônico e que ela foi instalada em Eanna, um local desabitado.

E de que servia uma cidade sem pessoas, um reinado sem súditos? Ea vivia praticamente isolado em Eridu, às margens do Golfo Pérsico, mas estava sempre atento aos assuntos humanos, oferecendo conhecimento e civilização quando julgava necessário. Encantadora e perfumada, Inana faz uma visita a seu tio-avô Ea, que embriagado e apaixonado, acaba por atender aos desejos da sobrinha: transformar Uruk no novo centro da civilização suméria, a sede da monarquia, em vez de Kish.

Seu objetivo final era realmente entrar no círculo interno dos 12 grandes deuses, e para isso Inana-Ishtar pede a ajuda de seu irmão Utu/Shamash. O casamento entre os nefilins e as filhas dos homens era proibido pelos deuses nos tempos antediluvianos, mas depois passou a ser visto com mais naturalidade, e por isso o alto sacerdote do templo de An era filho de Shamash com uma humana. Ele foi designado rei de Uruk por Ishtar e Shamash, dando início à primeira dinastia do mundo composta por reis- sacerdotes. De acordo com a lista dos reis sumérios, ele governou por 324 anos, e seu filho, "que construiu Uruk", por 420 anos. Quando Gilgamesh, o quinto monarca da dinastia, ascendeu ao trono, Uruk já era um centro em expansão que dominava seus vizinhos e negociava com terras distantes (Figura 61).

Descendente de Shamash por parte de pai, Gilgamesh era considerado "dois terços deus e um terço homem" simplesmente por ser filho da deusa NIN.SUN (Figura 62). Por isso, foi-lhe dado o privilégio de ter seu nome antecedido pelo prefixo "divino".

Figura 61

Figura 62

Orgulhoso e autoconfiante, Gilgamesh iniciou seu reinado com benevolência e consciência, envolvendo-se em tarefas como erguer as muralhas da cidade ou adornar o recinto do templo. E, quanto mais aprendia sobre deuses e homens, mais ele tornava-se filosófico e inquieto. Em momentos de alegria e diversão, seus pensamentos se voltavam para a morte, fazendo-o questionar se, por ser dois terços divino, viveria tanto quanto seus antepassados semideuses. Ou prevaleceria sua parte um terço mortal e ele teria o tempo de vida destinado aos homens?

>Ele não se conteve e contou sua angústia a Shamash:
>Na minha cidade, os homens morrem
>e meu coração está apreensivo.
>Os homens perecem e meu coração está pesado...
>O homem, mesmo o mais alto, não pode alcançar o Céu;
>O homem, mesmo o mais largo, não pode cobrir a Terra.

Conseguirei vislumbrar o que vem depois ou terei o mesmo destino? – perguntou a Shamash.

Evitando uma resposta direta, talvez por nem sabê-la, Shamash tentou fazer com que Gilgamesh aceitasse seu destino, fosse qual fosse, e apreciasse a vida enquanto pudesse:

>Quando os deuses criaram a Humanidade,
>Eles espalharam por ela a morte.
>E a vida retiveram para si.

Depois de refletir, Shamash continuou:

>Gilgamesh, satisfaça teus desejos;
>Festeja dia e noite!
>Que cada dia seja uma celebração;
>Dia e noite, canta e dança!
>Que tuas vestimentas sejam imaculadas,
>   Tua cabeça e teu corpo banhados em água.
>Dá atenção ao pequeno que segura em tua mão,
>   Deixa tua esposa deleitar-se em teu peito,
>   Pois essa é a sina da Humanidade.

Mas, sendo dois terços divino e um terço humano, Gilgamesh recusou-se a aceitar sua sorte. Por que deveria a parte mortal, que era menor, sobrepor-se ao grande elemento divino e determinar sua sina? Vagando sem destino durante o dia e apreensivo à noite, Gilgamesh insistiu em manter-se jovem, intrometendo-se na vida de recém-casados e exigindo ter relações sexuais com a noiva antes do marido. Até que, em uma noite, ele teve uma visão que achou ser um presságio. Correu para a mãe e pediu que o ajudasse a interpretar seu sentido:

> Minha mãe,
> Durante a noite fiquei excitado,
> E vaguei de um lado para o outro.
> E no meio (da noite) surgiram presságios.
> Uma estrela foi crescendo no céu.
> A obra de Anu surgiu em minha direção!

"A obra de Anu" que veio do céu caiu perto dele, e Gilgamesh continua seu relato:

> Tentei erguê-la,
>   mas era demasiado pesada para mim.
> Tentei agitá-la,
>   mas não podia movê-la nem levantá-la.

Enquanto ele tentava libertar o objeto, que deve ter se enterrado profundamente no chão, "os nobres juntaram-se à sua volta e o povo aglomerou-se". Aparentemente, a queda do objeto tinha sido vista por muita gente, pois "toda a terra de Uruk arrebanhara-se à sua volta". Os fortes ou "heróis" ajudaram o rei a deslocar o objeto: "os heróis seguraram a parte de baixo e eu puxei-o pela parte de cima".

O objeto não foi descrito nos textos, mas certamente não era um meteoro disforme, e sim um objeto trabalhado que podia muito bem receber o nome de *obra* do grande Anu. Tudo indica que os antigos leitores não necessitavam de maiores explicações, pois estavam familiarizados com o termo "obra de Anu" ou suas representações, como uma possível imagem encontrada em um antigo selo cilíndrico real (Figura 63).

Os textos de Gilgamesh descrevem a parte inferior, suspensa pelos heróis, com uma palavra que pode ser traduzida por "pernas". No entanto, havia outras partes salientes e até era possível entrar no objeto, como fica esclarecido pela continuação das descrições dos acontecimentos daquela noite, feitas por Gilgamesh:

> Apertei com força a parte superior;
>   Não podia nem remover a tampa
> nem levantar o Ascensor.
> Consegui abri-la com fogo destruidor
> e entrei em suas profundezas.
> Levantei a parte móvel que puxa para a frente
> E trouxe-a para ti.

apesar da tua força heroica.
Portanto,
Deixa-me ir à tua frente,
deixa tua boca proferir:
"Avança, sem medo!"

O plano era seguir pelas "terras subterrâneas de Shamash", na Montanha de Cedros, conseguindo então "escalar o céu", como fazem os deuses. Gilgamesh argumentou que nem mesmo o mais alto dos homens "podia alcançar o céu". Mas, agora que sabia onde ficava o local, ele caiu de joelhos e implorou: "Deixa-me ir, ó Shamash! Minhas mãos estendem-se em reverência ao local de aterrissagem, dá o comando e cobre-me com tua proteção!"

Infelizmente, a parte da tábua que contém a resposta de Shamash está quebrada, mas sabemos que, "quando Gilgamesh descobriu seu presságio, lágrimas escorreram por seu rosto". Aparentemente, ele teve permissão para continuar, mas por sua própria conta e risco, e lutar com Huwawa mesmo sem a ajuda do deus. "Se eu falhar", ele disse, "todos se lembrarão de mim e dirão: Gilgamesh foi derrotado pelo terrível Huwawa". Mas, se tiver sucesso – continuou – terei direito a um *Shem*, o veículo "com o qual se alcança a eternidade".

Ele exigiu armas especiais para lutar contra Huwawa, e os sábios de Uruk tentaram dissuadi-lo: "você ainda é muito jovem, Gilgamesh, por que se arriscar a encontrar a morte se ainda tem tantos anos pela frente? Você não sabe se será bem-sucedido". Eles alertaram Gilgamesh, contando tudo o que sabiam sobre a Floresta de Cedros:

Ouvimos dizer que Huwawa tem
uma constituição impressionante;
Quem poderá enfrentar suas armas?
Será uma luta desequilibrada
    contra uma máquina como Huwawa.

Mas tudo isso apenas fez Gilgamesh "olhar à sua volta e sorrir". O discurso de que Huwawa era um monstro mecânico, uma "máquina" que foi "maravilhosamente construída", apenas o encorajou a acreditar que tudo era realmente controlado pelos deuses Shamash e Adad. Como não conseguiu uma promessa clara do apoio de Shamash, Gilgamesh decidiu procurar sua mãe. "De mãos dadas, Gilgamesh e Enkidu foram ao grande palácio, perante Ninsun, a grande rainha. Gilgamesh deu um passo à frente e disse: Ó, Ninsun... decidi empreender uma grande viagem à terra de Huwawa, para enfrentar uma batalha incerta e percorrer caminhos desconhecidos. Ó, minha mãe, suplique a Shamash por mim!"

Atendendo a seu pedido, "Ninsun entrou em sua câmara, vestiu o traje que assenta em seu corpo com perfeição, ornamentou os seios e pôs sua tiara". Ergueu os braços em oração a Shamash e colocou toda a carga da viagem sobre ele. "Por que", disse retoricamente, "dando-me Gilgamesh como filho, tu o dotaste com um coração tão inquieto? E agora, sob tua influência, ele empreenderá uma longa viagem à terra de Huwawa!" Ela implorou a Shamash que protegesse seu filho:

> Até ele alcançar a Floresta de Cedros,
> Até ele assassinar o terrível Huwawa,
> Do dia de sua partida ao dia de seu retorno.

O povo ouviu que afinal o rei iria mesmo "ao Local de Aterrissagem" e "aproximou-se dele", desejando-lhe sucesso. Os conselheiros foram mais práticos e disseram: "Deixe que Enkidu siga na frente, ele conhece o caminho... deixe-o penetrar na floresta e nas passagens de Huwawa... o que vai à frente, salva o companheiro!". E também invocaram as bênçãos de Shamash: "que Shamash conceda teu desejo; se tua boca falar, deixa que ele ilumine teus olhos; que ele abra para ti os caminhos fechados, as estradas que seguram teu rastro e a montanha fechada para teus pés!".

Ninsun guardou algumas palavras para a despedida, pedindo a Enkidu que protegesse seu filho: "embora não sejas fruto de meu ventre, eu te adoto (como filho), protege Gilgamesh como se fosse teu irmão!". Em seguida, colocou seu símbolo no pescoço de Enkidu e os dois seguiram sua jornada perigosa.

A quarta tábua da epopeia de Gilgamesh é dedicada à viagem dos dois amigos pela Floresta de Cedros. Infelizmente, a tábua está tão destruída que, apesar da descoberta de outros fragmentos no idioma hitita, não foi possível reconstruir um relato coerente.

Mas é evidente, no entanto, que ambos atravessaram grandes distâncias em direção ao Ocidente. Por várias vezes, Enkidu tentou persuadir Gilgamesh a desistir da aventura. Ele dizia que Huwawa podia ouvir uma vaca gemer a quase 300 quilômetros. Sua "rede" atinge grandes distâncias, seu chamado reverbera até "o local onde é feita a ascensão" para Nippur. A fraqueza apodera-se de quem se aproxima da entrada da floresta. Vamos voltar – ele implorou –, mas o rei foi irredutível:

> E eles chegaram à montanha verde.
> Suas palavras foram silenciadas;
> Eles ficaram imóveis.

> Parados, contemplaram a floresta.
> Observaram a altura dos cedros;
> Viram a entrada da floresta.
> Havia um caminho por onde passava Huwawa:
>   as pegadas eram retas, uma trilha flamejante.
> Eles contemplaram a Montanha de Cedros,
> A morada dos Deuses,
>   a encruzilhada de Ishtar.

Assustados e cansados, os dois deitaram-se e dormiram; mas no meio da noite foram despertados: "acordaste-me"?, perguntou Gilgamesh. Enkidu respondeu que não, e mal fecharam os olhos Gilgamesh acordou o amigo outra vez e disse que havia tido uma visão impressionante, mas não tinha certeza se estava acordado ou dormindo:

> Em minha visão, meu amigo,
>   o chão desmoronou-se,
> Derrubou-me e prendeu-me pelos pés
> O clarão era dominante!
> Surgiu um homem;
>   parecia o mais belo de todas as terras.
> Ele tirou-me dos escombros.
> Deu-me água para beber e aquietou meu coração.
> E colocou meus pés no chão.

Quem seria este "homem mais belo de toda a terra" que tirou Gilgamesh das ruínas? O que foi este "clarão dominante" que acompanhou a derrocada de terra? Enkidu não tinha respostas e, cansado, voltou a dormir, porém a tranquilidade da noite foi perturbada mais uma vez:

> No meio da vigília,
>   o sono de Gilgamesh foi interrompido.
> E ele disse a seu amigo:
> "Amigo, chamaste-me?
> Por que estou acordado?
> Não me tocaste?
> Por que estou agitado?
> Será que um deus passou por aqui?
> Por que tenho o corpo dormente?"

Enkidu negou tudo e deixou seu amigo acreditando que talvez tivesse mesmo "passado um deus por ali". Intrigados, os dois adormeceram e foram despertados mais uma vez. E Gilgamesh descreve o que viu:

A visão que tive foi extraordinária!
Os céus tremeram, a terra bramiu.
Embora estivesse amanhecendo, a noite caiu.
Relâmpagos cintilaram, uma chama se ergueu.
As nuvens incharam e choveu morte!
Então, o esplendor desapareceu, o fogo sumiu.
E tudo que havia caído tornou-se cinzas.

Gilgamesh sabia que havia testemunhado a ascensão de uma "Câmara Celestial". A terra tremeu com o ruído da partida dos motores, e nuvens de poeira e fumaça envolveram o local, escurecendo o céu da madrugada. O brilho do fogo dos motores podia ser visto através das nuvens espessas e pesadas e, quando a nave finalmente partiu, deixou um rastro fulgurante. Uma visão "realmente impressionante", mas que apenas encorajou Gilgamesh a continuar, uma vez que tinha de fato chegado ao "Local de Aterrissagem".

Durante a manhã, os amigos adentraram na floresta com cautela, evitando "árvores que matam como uma arma". Enkidu encontrou o portão que havia falado a Gilgamesh e, ao tentar abri-lo, foi projetado para trás por uma força invisível que o deixou paralisado por 12 dias.

Quando voltou a falar e a andar, ele implorou a Gilgamesh: "não vamos ao coração da floresta". Mas seu amigo tinha boas notícias. Enquanto Enkidu se recuperava do choque, Gilgamesh havia encontrado um túnel, e pelo som, ele tinha certeza de que havia ligação "ao recinto onde são dadas as ordens de comando". "Vamos", ele disse animado, "não fique parado, meu amigo, desçamos juntos!"

Gilgamesh devia estar certo, pois os textos sumérios dizem que:

Seguindo pelas entranhas da floresta,
ele descobriu a morada secreta dos anunnakis.

A entrada para o túnel estava coberta (ou escondida) por árvores e arbustos e tapada por terra e pedras. "Enquanto Gilgamesh cortava as árvores, Enkidu cavava", mas quando finalmente abriram uma clareira, o terror começou. "Huwawa ouviu o barulho e ficou enraivecido" e começou a caça aos invasores. Ele tinha um aspecto "poderoso, com cara de leão e dentes de dragão, sua chegada era estrondosa como uma inundação se aproximando". E o mais terrível era um "raio" que emanava de sua testa, "devorando árvores e mato; nada podia escapar" de sua força assassina. Um selo cilíndrico sumério mostra um deus, Gilgamesh e Enkidu atacando um robô mecânico; sem dúvida o épico "monstro de raios mortais" (Figura 65).

Os fragmentos de texto sugerem que Huwawa armava-se com "sete capas", mas, quando se aproximou, "apenas uma estava vestida". Os dois amigos aproveitaram a oportunidade e tentaram encurralar o monstro, que, ao virar para encarar seus adversários, traçou um caminho de destruição com o raio mortal de sua testa.

No momento preciso, a ajuda veio dos céus. Vendo sua aflição, "o divino Shamash desceu dos céus e falou com eles". Não tentem escapar – ele aconselhou; em vez disso, "aproximem-se de Huwawa". E o deus invocou uma hoste de ventos em redemoinho, "que foram contra os olhos de Huwawa" e neutralizaram seu raio. Como Shamash pretendia, "os raios desapareceram e o brilho turvou-se". Huwawa ficou imobilizado, "incapaz de se mover para a frente ou para trás". E os dois amigos atacaram: "Enkidu feriu o guardião Huwawa, derrubando-o. Por quase dez quilômetros, os cedros estremeceram" com a queda ruidosa do monstro. Então, Enkidu "matou-o".

Rejubilados com a vitória, mas exaustos pela batalha, eles pararam para descansar junto a um riacho. Gilgamesh despiu-se para se lavar, "ele se livrou das roupas sujas, vestiu outras limpas e enrolou uma túnica debruada amarrada por um faixa". Não havia pressa: o caminho para a "morada secreta dos anunnakis" não estava mais bloqueado.

Mal sabia ele que o desejo de uma mulher estragaria sua vitória...

O lugar, como foi dito anteriormente no conto épico, era "as encruzilhadas de Ishtar". A própria deusa tinha por hábito passar pelo "Local de Aterrissagem", e assim como Shamash, deve ter assistido toda a batalha. Talvez de sua Câmara Celestial aérea ("alada"), como foi representado em um selo hitita (Figura 66). Ao ver Gilgamesh despir-se e banhar-se, "a gloriosa Ishtar reparou na beleza do rei".

Ao aproximar-se do herói, ela não mediu as palavras para expressar seus pensamentos:

> Venha, Gilgamesh, seja meu amante!
> Conceda-me o fruto de seu amor.
> Seja meu homem,
> E eu serei sua mulher!

Com promessas de carruagens de ouro, um palácio magnífico, soberania sobre outros reis e príncipes, Ishtar estava segura de que seduziria Gilgamesh. Mas, ao responder, ele disse que não tinha nada para oferecer a uma deusa. E em relação a seu "amor por ele", quanto tempo duraria? Mais cedo ou mais tarde, ela iria livrar-se dele como "de um sapato que aperta o pé de seu dono". Ele citou o nome de outros homens com quem ela tinha se deitado e declinou sua oferta. Insultada e furiosa, Ishtar pediu a Anu que deixasse "o Touro do Céu" esmagar Gilgamesh.

Figura 65

Figura 66

Atacados pelo Touro do Céu, o rei e seu amigo Enkidu esqueceram sua missão e fugiram para salvar suas vidas. Ajudando-os na fuga para Uruk, Shamash concedeu-lhes "a distância de um mês e 15 dias, em apenas três dias de viagem". Mas o Touro do Céu alcançou-os nos arredores de Uruk, perto do Rio Eufrates. Gilgamesh conseguiu chegar à cidade e convocar seus guerreiros, mas Enkidu ficou fora das muralhas tentando afastar o monstro. O touro "resfolegou", abrindo covas na terra grandes o suficiente para abrigar 200 homens. Enkidu caiu em um dos fossos, mas conseguiu subir rapidamente e sacrificar o monstro.

Não ficou claro o que o Touro do Céu era exatamente. O termo sumério GUD.AN.NA também podia significar o "atacante de Anu", seu "míssil de cruzeiro". Artistas da Antiguidade, fascinados pelo episódio, representavam frequentemente Gilgamesh ou Enkidu lutando com um touro de verdade, assistidos pela serpente Ishtar e, às vezes, Adad (Figura 67). Mas, com os textos épicos, fica claro que essa arma de Anu era um artefato mecânico feito de metal e com duas pinças ("os chifres") que eram "fundidos de 30 minas de lápis-lazúli e com capas de dois dedos de espessura". Algumas imagens antigas mostram um "touro" mecânico descendo dos céus (Figura 67b).

Figura 67

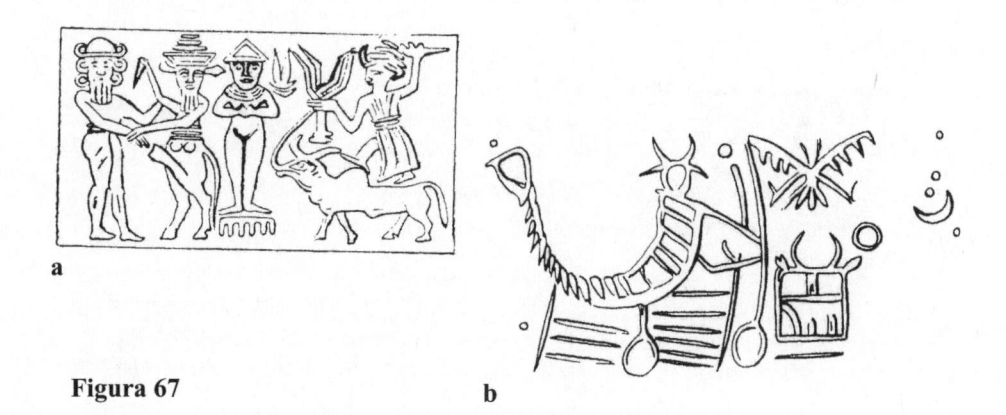

Após derrotá-lo, Gilgamesh "reuniu os artesãos, armadores e todos os outros" para estudar o monstro mecânico e desmontá-lo. Triunfantes, o rei e Enkidu foram render homenagem a Shamash. E "Ishtar, em sua morada, lançou um lamento".

No palácio, os amigos descansavam das comemorações, mas os deuses supremos, em sua morada, consideravam as queixas de Ishtar. "E Anu disse a Enlil: eles mataram o Touro do Céu, eles mataram Huwawa, e por isso ambos devem morrer." E Enlil falou: "Enkidu deve morrer, mas Gilgamesh não". Shamash intercedeu: "se tudo foi feito com seu consentimento, por que deveria o inocente Enkidu morrer?".

Enquanto os deuses deliberavam, Enkidu estava em coma profundo. Consternado e preocupado, Gilgamesh "andava de um lado para o outro diante do divã" em que Enkidu jazia imóvel. Lágrimas amargas escorriam por seu rosto. E, embora estivesse muito triste pelo companheiro, seus pensamentos foram novamente tomados por sua constante ansiedade: será que um dia ele também se encontraria com a morte? Será que, depois de tantos esforços, ele morreria como um humano?

Os deuses finalmente chegaram a uma resolução. A sentença de morte de Enkidu foi substituída por trabalhos forçados, durante o resto de seus dias, nas profundezas das minas. Disseram a Enkidu que, para acompanhá-lo a seu novo domicílio, surgiriam dois emissários "vestidos como pássaros e usando asas". Um deles, "um jovem de pele escura e parecido com um homem-pássaro", deveria transportá-lo para a terra das minas:

Ele estará vestido como uma Águia;
E te estenderá o braço.
"Siga-me", (ele dirá); ele te guiará
Até a Casa da Escuridão,
  a morada abaixo do solo;
A morada onde os que entram jamais saem.
Uma Casa cujos habitantes são desprovidos de luz,
  onde a poeira está em suas bocas
  e o barro é seu alimento.

Uma imagem antiga registrada em um selo cilíndrico ilustra a cena, mostrando um emissário alado ("anjo") levando Enkidu pelo braço (Figura 68).

Ao ouvir a sentença de seu amigo, Gilgamesh teve uma ideia. Ele sabia que, não muito longe da Terra das Minas, estava a *Terra dos Vivos*: o lugar para onde os deuses levavam os humanos que recebiam a dádiva da eterna juventude!

Era a "morada dos antepassados que foram ungidos pelos grandes deuses com águas purificadoras". O local onde eles viviam e partilhavam da comida e da bebida dos deuses:

Príncipes coroados
  que tinham governado a terra em dias longevos;
Como Anu e Enlil, eles degustavam carnes temperadas.
E bebiam água fresca servida em odres.

Não era o mesmo lugar para onde Ziusudra/Utnapishtim, o herói do Dilúvio, tinha sido levado e por onde Etana ascendera ao céu?

Figura 68

E foi assim que "o senhor Gilgamesh decidiu partir para a Terra dos Vivos". Enkidu estava recuperado, e Gilgamesh explicou que iria acompanhá-lo em parte de sua jornada:

> Ó Enkidu,
> Mesmo os poderosos definham e encontram
> seu derradeiro final.
> (Portanto), nessa terra entrarei,
> Estabelecerei meu *Shem*.
> No lugar onde os *Shem* têm sido erigidos,
> Eu, um *Shem* mandarei erguer.

No entanto, cruzar a Terra das Minas em direção à Terra dos Vivos não era um assunto que um simples mortal pudesse decidir. Com palavras enérgicas, os conselheiros de Uruk e sua deusa mãe aconselharam Gilgamesh a obter primeiro a permissão de Utu/Shamash:

> Se na Terra desejas entrar,
>   avisa Utu, avisa Utu, o herói Utu!
> A Terra é dominada por Utu;
> A Terra alinhada com os cedros
>   é domínio do herói Utu.
> Avisa Utu!

Depois de ouvir os conselhos e as advertências, Gilgamesh ofereceu um sacrifício a Utu, e implorou por seu consentimento e proteção:

> Ó Utu,
> Na Terra desejo entrar;
>   seja meu aliado!
> Na Terra que está alinhada com os cedros frescos
> Eu desejo entrar: seja meu aliado!
> Nos locais onde os *Shem* foram erigidos,
> Permita que eu construa meu *Shem*!

No início, Utu/Shamash duvidou se Gilgamesh estaria pronto para entrar na terra. Mas, depois de mais súplicas e orações, ele avisou-o de que a viagem seria por uma região árida e inóspita: "o pó das encruzilhadas será tua morada, o deserto será tua cama, espinhos e silveiras esfolarão teus pés, a sede rasgará tuas bochechas". Incapaz de dissuadir Gilgamesh, ele acabou por dizer que "o lugar onde os *Shem* foram erigidos" está cercado por sete montanhas, e os desfiladeiros são protegidos pelos terríveis "Poderosos" que podem lançar um "fogo causticante" ou "um relâmpago que não pode ser recuado". Utu acabou por ceder e "aceitou as lágrimas de Gilgamesh como uma oferenda; e, sendo misericordioso, mostrou misericórdia".

Mas "o senhor Gilgamesh agiu friamente" e, em vez de seguir pelo árduo caminho terrestre, optou por fazer grande parte da viagem por uma confortável rota marítima. Quando chegassem ao porto distante, Enkidu iria para a Terra das Minas, e ele (Gilgamesh) seguiria viagem para a Terra dos Vivos. Ele escolheu 50 jovens sem compromisso para acompanhá-los como remadores. Sua primeira tarefa seria cortar e enviar para Uruk madeiras especiais, a fim de construir o MA.GAN, "barco do Egito". Os ferreiros da cidade forjaram armas poderosas e, quando tudo estava pronto, ambos partiram.

De acordo com os relatos, eles navegaram pelo Golfo Pérsico com o objetivo de circundar a Península Arábica e subir pelo Mar Vermelho em direção ao Egito. Mas a ira de Enlil não tardou em chegar. Não tinha sido dito a Enkidu que um jovem "anjo" o levaria pelo braço à Terra das Minas? Por que motivos então ele estaria navegando com o alegre Gilgamesh e 50 homens em uma embarcação real?

Ao entardecer, Utu – que deve tê-los visto partir com grande apreensão – "foi embora de cabeça erguida". As montanhas ao longo da costa "tornaram-se escuras, e sombras espalharam-se sobre elas". E, "parado ao pé da montanha", estava alguém que, como Huwawa, era capaz de emitir raios "dos quais ninguém escapava". "Ele era como um touro na grande casa da Terra", uma torre de vigia. A terrível sentinela deve ter desafiado a embarcação e seus tripulantes, pois o medo tomou conta de Enkidu. Ele suplicou para voltarem a Uruk, mas Gilgamesh não o ouviu, dirigindo o navio em direção à costa e determinado a lutar com o vigilante: "aquele homem, seja ele um homem ou um deus".

Houve então uma calamidade: a vela, o "tecido de trama tripla", rompeu-se. Como se tocada por uma mão invisível, a embarcação virou e afundou. Gilgamesh e Enkidu conseguiram nadar até a praia, de onde avistaram o navio naufragado com a tripulação toda a postos, como se os homens estivessem vivos na própria morte:

> Depois de afundar no mar, no mar ter afundado,
> Na noite em que o barco de *Magan* afundou,
> Depois que a embarcação com destino a *Magan* afundou,
> Dentro dela, como se ainda estivessem vivos,
>   sentavam-se aqueles que nasceram de um ventre.

Eles passaram a noite naquela costa desconhecida, discutindo qual caminho seguir. Gilgamesh ainda estava determinado a encontrar "a terra". Enkidu achava melhor encontrar um caminho de volta para "a cidade", Uruk, mas logo o cansaço apoderou-se dele. Com uma camaradagem apaixonante, Gilgamesh exortou-o a agarrar-se à vida, dizendo: "meu caro e fraco amigo, eu te levarei para a terra". Mas "a morte, que não faz distinções", não pôde ser evitada.

Por sete dias e sete noites Gilgamesh chorou a morte do amigo, "até que um verme caiu de seu nariz". Ele vagou sem rumo, "chorando amargamente por seu amigo enquanto andava perdido pelo mato, com um vazio no estômago e temendo a morte". Ainda preocupado com seu próprio destino, "temendo a morte", ele perguntou-se: "quando morrer, ficarei como Enkidu?".

E, mais uma vez, a determinação em evitar um destino mortal apoderou-se dele, e ele gritou a Shamash: "devo enterrar minha cabeça na terra e dormir por toda a eternidade?". "Permita que meus olhos vislumbrem o sol e que eu me encha de luz", ele implorou ao deus. Determinando seu caminho pelo sol nascente e poente, "ele seguiu em direção à Vaca Selvagem, a Utnapishtim, filho de Ubar-Tutu". Gilgamesh seguiu por caminhos nunca antes desbravados, sem nunca encontrar um homem e caçando para comer. "Que montanhas subiu, que rios atravessou, ninguém saberá", mencionaram com tristeza os antigos escribas.

Versões encontradas em Nínive e sítios arqueológicos hititas dizem que, finalmente, ele chegou a regiões habitadas, um território devoto a *Sin*, o pai de Shamash. "Ao atingir um desfiladeiro durante a noite, Gilgamesh viu leões e teve medo":

> Ele ergueu a cabeça em direção a Sin e orou:
> "Que meus passos me guiem
>   ao lugar onde os deuses rejuvenescem...
> Protege-me!"

"E, durante a noite, ele despertou de um sonho" que interpretou como uma profecia de Sin, prevendo que iria "regozijar-se na vida". Encorajado, Gilgamesh "desceu como uma flecha em direção aos leões". Sua batalha com eles foi amplamente celebrada na Mesopotâmia e em todas as terras da Antiguidade, inclusive o Egito (Figura 69a, b, c).

Quando amanheceu, Gilgamesh atravessou mais um desfiladeiro e avistou um leito de água, como um grande lago, "impulsionado por longos ventos". Na planície adjacente ao mar, havia uma cidade cercada por uma muralha, onde ficava o "templo consagrado a Sin".

Fora da cidade, "perto do mar", Gilgamesh viu uma taberna. Ao aproximar-se, ele encontrou "Siduri, a cervejeira". Ela segurava "um jarro (de cerveja) e uma tigela de mingau dourado". Assim que o viu, ela ficou assustada com sua aparência. "ele é pele e osso, com a barriga

Figura 69

murcha e vazia, seu rosto é de um viajante que vem de muito longe". Assustada, "assim que o viu, ela fechou a porta e bloqueou o portão". Com muito esforço, Gilgamesh convenceu-a de sua verdadeira identidade e suas boas intenções, contando suas aventuras e o propósito de sua viagem.

Depois de comer, beber e descansar, Gilgamesh estava pronto para continuar. Qual o melhor caminho para a Terra dos Vivos?, perguntou a Siduri. Seria melhor circundar mar e vento pelas montanhas desoladas ou poderia ganhar tempo atravessando as águas?

> Cervejeira, qual é o caminho...
> Quais são os marcos?
> Dê-me, ó, dê-me seus marcos!
> Se for mais conveniente, atravessarei o mar;
> Caso contrário, seguirei meu curso pelas terras inóspitas.

A escolha não era assim tão simples, pois o mar que estava diante dele era o "Mar da Morte":

E a cervejeira disse: Gilgamesh!
É impossível atravessar o mar
Há muito tempo que
    ninguém chega pelo outro lado.
O valente Shamash atravessou o mar,
    mas quem além de Shamash poderá fazê-lo?
Penosa é a travessia,
    desolado, seu caminho.
    As Águas da Morte são estéreis.
Gilgamesh, como atravessarás este mar?

Gilgamesh ouvia silencioso, e Siduri continuou, revelando que talvez haveria uma forma de atravessar o mar de Águas Mortais:

Gilgamesh,
Há *Urshanabi*, o barqueiro de Utnapishtim.
Com ele, as coisas flutuam,
    nas matas, ele recolhe as coisas que se unem.
Vai e deixa-o contemplar teu rosto.
Se ele quiser, contigo atravessará.
Se não quiser, ele te afastará.

Seguindo as direções dadas por ela, Gilgamesh encontrou o barqueiro Urshanabi. E depois de muitas perguntas, de querer saber quem ele era, como chegara até ali e para onde ia, ele achou Gilgamesh digno de seus serviços. Com varas compridas, ambos empurraram a jangada pelo mar. Em três dias "passaram-se um mês e 15 dias"; o que seria por terra uma viagem de 45 dias.

E finalmente ele chegou a TIL.MUN, a "Terra dos Vivos".

"Que caminho devo seguir?", perguntou Gilgamesh. "Você tem de chegar a uma montanha cujo nome é *Mashu*", respondeu Urshanabi.

As instruções dadas por Urshanabi estão registradas em fragmentos da versão hitita do épico encontrados em Boghazkoy, na Turquia, e outros sítios arqueológicos. Esses fragmentos foram reunidos por Johannes Friedrich em *Die hethitischen Bruchstükes des Gilgamesh-Epos*, e dizem que Gilgamesh foi aconselhado a ir por um "caminho conhecido" que segue em direção "ao Grande Mar, que está muito distante". "Ele deveria então procurar pelas duas colunas de pedras ou "marcos" que, segundo Urshanabi, "sempre me levam ao destino". Depois delas, há uma curva que leva para a cidade de *Itla*, sagrada para o deus que os hititas chamavam de *Ullu-Yah* ("Ele, das Montanhas"). Para continuar a viagem, Gilgamesh teria de conseguir a bênção desse deus.

Seguindo as coordenadas, ele chegou a Itla, de onde avistava o Grande Mar com dificuldade. Ele comeu, bebeu e se lavou, tornando-se apresentável, como convém a um rei. Mais uma vez, Shamash veio em seu auxílio, aconselhando-o a fazer oferendas a Ulluyah. Ele levou o rei perante o Grande Deus (Figura 70) e suplicou a Ulluyah: aceite suas oferendas, "conceda-lhe a vida". Mas Kumarbi, outro deus muito conhecido dos relatos hititas, contrapôs: a Imortalidade não pode ser concedida a Gilgamesh, ele disse.

Figura 70

Sentindo que não conseguiria um *Shem*, Gilgamesh tentou uma segunda opção: será que ele poderia, ao menos, conhecer seu antepassado Utnapishtim? Enquanto os deuses deliberavam, Gilgamesh, com a conivência de Shamash, deixou a cidade e avançou em direção ao Monte *Mashu*, parando todos os dias para oferecer sacrifícios a Ulluyah. Após seis dias de viagem, ele realmente chegou ao monte que era o Lugar dos *Shem:*

> O nome da montanha é *Mashu*.
> À montanha de *Mashu,* ele chegou;
> E observou diariamente os *Shem*.
> Que partiam e chegavam.

O monte tinha a função indispensável de ser ligado tanto aos céus distantes como aos confins da Terra:

> Por cima, ele está conectado
>   à Faixa Celestial.
> Por baixo,
>   está ligado ao Mundo Inferior.

Havia uma passagem para dentro do monte, mas a entrada, o "portal", era fortemente guardado:

> Homens-foguete protegem o portal.
> Seu terror é impressionante, seu olhar é mortal.
> Seu farol aterrorizante varre as montanhas.
> Eles vigiam Shamash
>   enquanto ele sobe e desce.

Foram encontradas imagens que mostram seres alados ou homens-touro divinos utilizando um aparelho de raios circulares instalados em um poste. Talvez sejam ilustrações antigas do "farol aterrorizante que varre as montanhas" (Figura 71a, b, c).

Figura 71

"Quando os olhos de Gilgamesh foram atingidos pelo brilho terrível, ele protegeu o rosto, aproximando-se." Ao notar que o raio ameaçador afetou Gilgamesh muito levemente, o homem-foguete gritou ao seu companheiro: "Este que vem é feito da mesma matéria que os deuses!". Os raios podiam aturdir e até matar os humanos, mas eram inofensivos aos deuses.

Com a permissão de se aproximar, Gilgamesh foi ordenado a identificar-se e a justificar sua presença naquela área proibida. Descrevendo suas origens parcialmente divinas, ele explicou que vinha "em busca da Vida" e desejava encontrar seu antepassado Utnapishtim:

> Eu venho em busca de meu antepassado,
>   Utnapishtim.
> Ele que se uniu à congregação dos deuses.
> E desejo perguntar-lhe sobre a Vida e a Morte.

"Nunca nenhum mortal conseguiu esse feito", disseram os guardas. Sem se intimidar, Gilgamesh invocou Shamash e explicou que era dois terços divino. O que acontece a seguir é um mistério, pois a tábua estava partida; mas os homens-foguete disseram a Gilgamesh que a permissão lhe fora concedida: "o portal do monte está aberto para ti!".

(A "Passagem para o Céu" era um tema recorrente em selos cilíndricos do Oriente Próximo. Eles mostravam uma passagem alada, em forma de escada, que levava à Árvore da Vida e, em algumas imagens, ela era protegida por serpentes – Figura 72).

Gilgamesh entrou e "tomou o caminho que leva a Shamash". Sua viagem prolongou-se por 12 *beru* (horas duplas); e durante quase todo o trajeto "ele não podia ver nada nem à frente nem atrás"; talvez estivesse vendado, pois os textos sublinham que *"para ele*, não havia nenhuma luz". Na oitava hora dupla, ele gritou aterrorizado; na nona, ele "sentiu o vento do norte tocar seu rosto". "Quando atingiu o 11º *beru,* estava amanhecendo". No final da 12ª hora dupla, "ele atingiu a luz".

Ele podia ver novamente, e o que viu foi impressionante: "um recinto como o dos deuses", onde "crescia" um jardim feito inteiramente de pedras preciosas! O esplendor do lugar é citado nos antigos textos danificados:

> Como frutos, desabrocham cornalinas,
>   sua vinhas são belas demais para ser contempladas.
> A folhagem é de lápis-lazúli;
> As uvas, exuberantes demais ao olhar,
>   são feitas de pedras...
> Suas... de pedras brancas...
> Em suas águas, puros juncos... de pedras *sasu*;
> Como uma Árvore da Vida e uma Árvore de...
>   aquela feita com pedras de *An-Gug*.

E assim os versos continuavam. Perplexo e emocionado, Gilgamesh passeou pelo jardim, claramente um "Jardim do Éden" *simulado!*

O que acontece a seguir ainda é desconhecido, pois uma coluna inteira da nona tábua está completamente ilegível. Talvez no jardim artificial, ou em outro lugar, Gilgamesh finalmente tenha encontrado

Figura 72

Utnapishtim. Sua primeira impressão ao observar um homem "de dias tão longevos" foi notar o quanto eram parecidos:

> Gilgamesh disse
>   a Utnapishtim "O Longínquo":
> "Eu olho para ti, Utnapishtim,
> E não és nada diferente;
>   é como se eu fosse tu..."

E foi direto ao assunto que interessava:

> Diz-me
> Como te juntaste à congregação dos deuses
>   em tua busca pela Vida?

Utnapishtim respondeu: "Gilgamesh, vou te revelar um assunto proibido; vou te contar um segredo dos deuses". O segredo era o *Conto do Dilúvio*. Utnapishtim era o governante de Shuruppak, e os deuses decidiram que o Dilúvio destruiria a Humanidade. Enki instruiu-o a construir secretamente uma embarcação submersível e levar sua família consigo e "a semente de todas as coisas vivas". Um navegador apontado por Enki conduziu a embarcação em direção ao Monte Ararat. Quando as águas permitiram, ele desembarcou para oferecer sacrifícios. Os deuses e as deusas que cruzavam a Terra em suas naves durante a inundação também aterrissaram no Monte Ararat e saborearam a carne assada no sacrifício. Enlil também pousou e ficou furioso ao descobrir que, em vez de seguir o voto feito por todos os deuses, Enki permitiu que a Humanidade sobrevivesse.

Mas, quando sua ira acalmou, ele foi capaz de ver os méritos em tal sobrevivência. E Utnapishtim continua, dizendo que foi assim que Enlil concedeu-lhe a Vida Eterna:

> Em seguida, Enlil entrou no barco.
> Segurando-me pela mão, levou-me a bordo.
> Levou minha esposa a bordo,
>   e fez com que ela se ajoelhasse a meu lado.
> De pé entre nós,
>   ele tocou nossos semblantes para nos abençoar:
> "Até então, Utnapishtim era humano;
> Deste momento em diante, ele e sua mulher
>   serão como deuses para nós.
> Muito distante será a morada de Utnapishtim,
> na foz dos rios."

E foi assim que Utnapishtim foi levado para viver na Morada Longínqua, entre os deuses. Mas como poderia Gilgamesh conseguir o mesmo feito? "Agora quem, em teu favor, conseguirá reunir os deuses em assembleia para te conceder a vida que tanto buscas?", concluiu Utnapishtim.

Ao perceber que apenas um conselho de deuses poderia decretar a Vida Eterna que ele, sozinho, jamais conseguiria, Gilgamesh desmaiou. Ficou inconsciente por sete dias e sete noites. Utnapishtim disse, com sarcasmo, à sua mulher: "Veja só este herói que busca a Vida. Com um simples sono, ele se dissolve em névoa". E, para manter Gilgamesh vivo, fizeram uma vigília constante, "para que ele retorne com segurança pelo caminho de onde veio; pelo mesmo portal por onde entrou, possa voltar à sua Terra".

O barqueiro Urshanabi foi chamado para transportar Gilgamesh. Mas, no momento da partida, Utnapishtim contou-lhe mais um segredo: embora não pudesse evitar um destino mortal, Gilgamesh poderia adiá-lo. Bastava conseguir a planta secreta que os deuses comiam para se manter *Eternamente Jovens*!

> Utnapishtim disse-lhe:
> "Vieste até aqui, enfrentando adversidades.

O que é que posso te dar,
    para que retornes feliz à tua terra?
Vou te contar um segredo, ó Gilgamesh;
Há uma planta secreta dos deuses:
Há uma planta
    que tem a raiz parecida com a dos frutos
    vermelhos espinhosos.
Seus espinhos são como os de uma roseira brava
    que picarão tuas mãos.
E, se tuas mãos encontrarem a planta,
Encontrarás Nova Vida".

O texto seguinte conta-nos que a planta cresce debaixo d'água:
Assim que ouviu a novidade,
    Gilgamesh abriu uma conduta de água.
Amarrou pedras pesadas nos pés;
E desceram-no para as profundezas;
Ele viu a planta.
Pegou-a, apesar de ela espetar suas mãos.
Depois se livrou das pedras pesadas nos pés;
E foi levado, em um átimo, de volta para o lugar
de onde veio.

Ao encontrar o barqueiro, Gilgamesh disse, triunfante:

Urshanabi,
Esta planta é única entre todas as plantas:
Com ela, um homem pode recuperar todo o seu vigor!
Eu a levarei para a cidade fortificada de Uruk,
    onde vou cortá-la e comê-la.
Vamos chamá-la de
"*O homem que se torna jovem na velhice!*"
Comerei desta planta,
    e recobrarei toda a minha juventude.

Um selo cilíndrico sumério de cerca de 1700 a.C. ilustra cenas do conto épico e mostra, à esquerda, um Gilgamesh seminu e desgrenhado lutando com os dois leões. À direita, ele revela a Urshanabi a planta da eterna juventude. No centro, um deus segura uma estranha ferramenta ou arma em forma de espiral (Figura 73).

Mas, como sempre fez durante séculos e milênios, o destino se colocou mais uma vez no caminho daqueles que partiram em busca da Planta da Juventude.

Enquanto se "preparavam para a noite, Gilgamesh viu um poço de águas frescas e decidiu banhar-se". E aconteceu uma desgraça: "uma cobra sentiu o perfume da planta, aproximou-se e a levou embora".

> Gilgamesh sentou-se e chorou,
>   as lágrimas escorriam-lhe pelo rosto.
> Ele segurou a mão do barqueiro Urshanabi.
> "Por quem", perguntou, "as minhas mãos lutaram?
> Por quem meu coração verteu sangue?
> Pois eu não obtive a bênção;
>   Ofereci a dádiva a uma serpente..."

Um outro selo sumério ilustra o final trágico da epopeia: a passagem alada serve como pano de fundo, e Urshanabi conduz a embarcação enquanto Gilgamesh luta com a serpente. Como não encontrou a Imortalidade, ele agora é perseguido pelo Anjo da Morte (Figura 74).

E foi assim que, por gerações vindouras, escribas copiaram e traduziram, poetas recitaram e contadores de histórias passaram o relato da primeira busca em vão pela Imortalidade: o conto épico de Gilgamesh. Começava assim:

> Que o país inteiro saiba sobre
> Ele, que avistou o Túnel;
> Ele, que conhece os mares,
>   deixem-me contar toda a história.
> Ele também visitou o.....(?),
> Os segredos de sabedoria, todas as coisas...
> Coisas secretas ele viu,
>   o que foi escondido do homem, ele descobriu.

Figura 73

Figura 74

Ele até trouxe notícias
    de tempos antecedentes ao Dilúvio.
E também realizou a longa viagem,
cansativa e repleta de dificuldades.
E ele retornou, gravando em uma coluna de pedra,
    todos os seus esforços.

Segundo as listas dos reis sumérios, foi assim que tudo terminou:

O divino Gilgamesh, cujo pai era um mortal, um alto sacerdote do templo, reinou por 126 anos. Ur-lugal, seu filho, governou depois dele.

VIII

Cavaleiros das Nuvens

Sem dúvida, a viagem de Gilgamesh em busca da Imortalidade foi a fonte original de muitos relatos, durante os milênios subsequentes, de semideuses ou heróis que se gabavam de ter ido em busca do Paraíso na Terra ou da Morada Celestial dos deuses. Também é indiscutível que sua detalhada epopeia serviu de guia para posteriores viajantes que buscavam em sua história os antigos pontos de referência que levariam diretamente à Terra dos Vivos.

As semelhanças entre os marcos geográficos; os túneis, os corredores, as entradas de ar e as câmaras de radiação construídos por homens, ou melhor, por deuses. Os seres com aparência de pássaros, as "águias", assim como vários outros detalhes idênticos demais para serem mera coincidência. Ao mesmo tempo, o relato épico da viagem explica a confusão que existiu durante milênios sobre o local exato e o objetivo desejado, porque, como mostram nossas análises detalhadas, Gilgamesh empreendeu na verdade duas viagens. Um fato que é, em geral, ignorado pelos estudiosos modernos, e provavelmente pelos antigos.

A história dramática do rei que não queria morrer atinge seu apogeu na Terra de *Tilmun*, a Morada dos Deuses e o local dos *Shem*. Foi lá que ele conheceu um antepassado e encontrou a planta secreta da eterna juventude, conseguindo escapar de sua sina mortal. Essa terra foi palco de muitos encontros divinos e acontecimentos que afetaram o curso da história humana durante os milênios seguintes. Acreditamos que também era onde ficava o *Duat* – o Caminho para o Céu.

Mas, se seguirmos os passos de Gilgamesh na sequência correta, veremos que aquele não foi seu primeiro destino. Quando partiu, ele não pensava em chegar a Tilmun, mas ao "Local de Aterrissagem" na Montanha de Cedros, na grande Floresta de Cedros.

Estudiosos (como S. N. Kramer, que escreveu *The Sumerians*) consideram enigmáticas as afirmações sumérias de que Shamash também poderia "ascender" na "Terra do Cedro", e não apenas em Tilmun. A resposta é que, além do porto espacial de Tilmun, que levaria aos céus longínquos, havia também um "Local de Aterrissagem" por onde os deuses "podiam escalar os céus da Terra. Essa opinião é apoiada por minha conclusão de que os deuses, na verdade, possuíam dois tipos de naves: os GIR, foguetes que eram operados a partir de Tilmun, e outra, que os sumérios chamavam de MU, uma "Câmara Espacial". Foi graças à avançada tecnologia dos nefilins que a parte superior do GIR, o módulo de comando que os egípcios chamavam de *Ben-Ben,* podia separar e sobrevoar os céus da terra como um MU".

Os povos antigos avistavam os GIR em seus silos (Figura 27), ou até mesmo voando (Figura 75), mas retratavam com mais frequência as "Câmaras Celestiais"; hoje chamados de óvnis (Objetos Voadores Não Identificados). O que o patriarca Jacó disse ter contemplado em sua visão pode muito bem ter sido algo parecido com a Câmara Celestial de Ishtar (Figura 66); e a roda voadora descrita pelo profeta Ezequiel era muito semelhante à descrição assíria de um deus voador percorrendo os céus em uma Câmara Celestial esférica (Figura 76a). Representações encontradas em um local antigo do outro lado do Rio Jordão, perto de Jericó, sugerem que, para aterrissar, esses veículos esféricos utilizavam três pernas (Figura 76b). Podiam muito bem ter sido os ventos flamejantes que arrebataram e transportaram o profeta Elias para o céu, exatamente no mesmo lugar.

Figura 75

Figura 76

Assim como as "águias" sumérias, os deuses voadores da Antiguidade foram retratados por todos os povos antigos como deuses equipados com asas; os Seres Alados que originaram a crença judaico-cristã em *querubins* e anjos, literalmente, os emissários do Senhor (Figura 77).

Tilmun era, então, o lugar do porto espacial; e a Montanha de Cedros, o "Local de Aterrissagem", as "Encruzilhadas de Ishtar", o aeroporto dos deuses – o primeiro destino da viagem de Gilgamesh.

Apesar de ser um grande desafio conseguir identificar e localizar Tilmun, não há o menor problema em encontrar a Floresta de Cedros. Com a exceção de poucas ocorrências na ilha de Chipre, só há um lugar no Oriente Próximo com esse tipo de árvore: as montanhas do Líbano. Esses cedros magníficos, que podem chegar a 46 metros de altura, foram repetidamente louvados na Bíblia; e suas características particulares eram conhecidas por todos os povos da Antiguidade. Como textos bíblicos e outros relatos do Oriente Próximo afirmam, os cedros do Líbano eram destinados à construção e decoração dos templos ("a casa dos deuses"). Uma prática descrita em detalhes no texto I dos Reis, que trata da construção do Templo de Jerusalém por Salomão (feita depois da reclamação do deus Yahweh: "por que não constrói uma casa de cedros para mim?").

Esse Senhor bíblico era muito familiarizado com os cedros e frequentemente falava deles em suas alegorias, comparando-os a reis ou nações: "a Assíria era um cedro no Líbano, com belos ramos, sombra protetora e grande estatura... alimentada por águas e ribeiros subterrâneos que lhe deram essa altivez"; até que a ira de Yahweh a derrubou e esmagou seus galhos. Parece que os homens nunca foram capazes de cultivar essas árvores, e a Bíblia recorda uma tentativa que foi um total fracasso (verdadeiro ou alegórico) do rei da Babilônia: "ele veio ao Líbano e levou consigo o mais alto ramo dos cedros" e selecionou dele a melhor semente. Depois, "plantou-a em um campo fértil junto a grandes águas". E o que cresceu não foi um cedro alto, e sim uma árvore semelhante a um salgueiro, "uma trepadeira de pouca estatura".

Mas o Senhor conhecia os segredos do cultivo de cedro:

E o Senhor Yahweh disse:
"Do cume dos cedros, de seus galhos mais altos, tirarei um rebento macio;
E o plantarei em uma montanha alta e íngreme...
E ele criará ramos e dará frutos e se tornará o poderoso cedro".

Essa ideia parece ter se originado no fato de os cedros crescerem no "jardim dos deuses", onde nenhuma outra árvore se igualava a eles, e "eles eram invejados por todas as outras árvores do Jardim do Éden". O termo hebraico *Gan* (pomar, jardim) tem sua origem em *Gnn* (proteger, guardar) e transmite o sentido de uma área restrita ou protegida, exatamente como na narrativa de Gilgamesh: uma floresta que se estende "por muitas léguas", vigiada por um Guerreiro Flamejante ("terrível com os mortais") e acessível apenas por meio de um portal que paralisa o invasor que tentar ultrapassá-lo. No interior, ficava "a morada secreta dos anunnakis", e um túnel levava ao "recinto onde eram dadas as ordens de comando", o "local subterrâneo de Shamash".

Figura 77

Com a ajuda e permissão de Shamash, Gilgamesh quase conseguiu chegar ao Local de Aterrissagem. Mas, ao repudiar o assédio de Ishtar, ele despertou sua ira e o curso dos acontecimentos foi totalmente alterado. De acordo com o Antigo Testamento, o destino de outro rei mortal foi bem diferente. Tratava-se do soberano de Tiro, uma cidade-Estado na costa do Líbano, a pouca distância das montanhas dos cedros. De acordo com o capítulo 28 do Livro de Ezequiel, a divindade deu-lhe permissão para visitar a Montanha Sagrada:

> Estiveste no Éden, no Jardim de Deus;
> Onde todas as pedras preciosas eram tuas...
> És um Querubim ungido e protegido;
> E eu te coloquei na Montanha Sagrada.
> E parecias um deus movendo-se entre
> as Pedras Flamejantes.

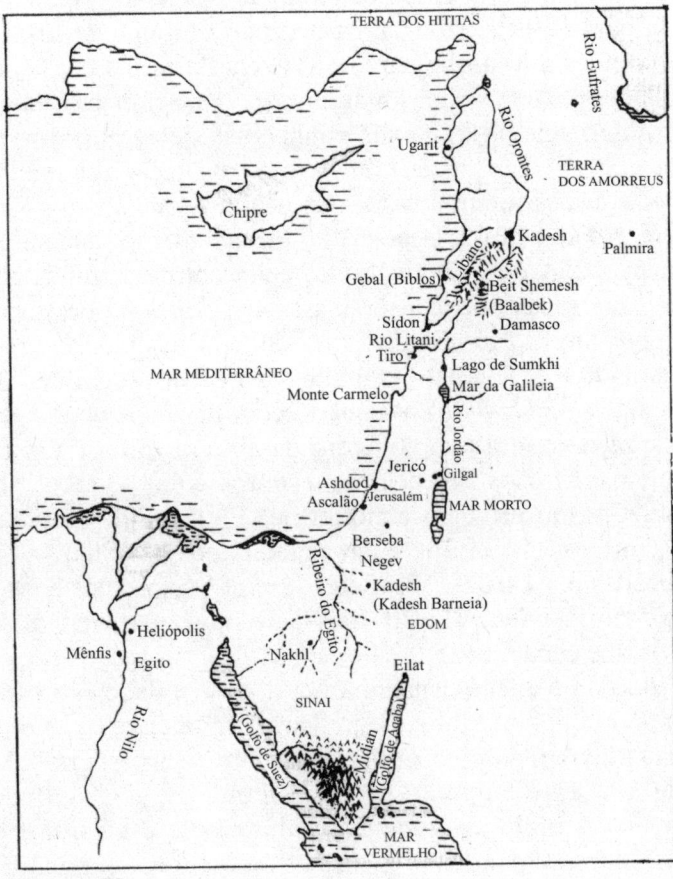

Figura 78

Gilgamesh tentou penetrar no Local de Aterrissagem sem ser convidado. O rei de Tiro não só tinha permissão para visitar, como pegava carona nas "pedras flamejantes", voando como um querubim. "Sou um deus", dizia ele, "na Morada do Divino eu me sento, no meio das águas". Por tamanha arrogância, o profeta disse a Gilgamesh que ele deveria morrer como um pagão nas mãos de estranhos.

Tanto os hebreus dos tempos bíblicos como seus vizinhos do Norte tinham conhecimento da natureza e localização do Local de Aterrissagem, nas Montanhas de Cedros, que Gilgamesh tentara penetrar no milênio anterior. Como mostraremos, não era um local "mitológico", e sim um lugar legítimo, cuja existência e função ficaram provados em textos e ilustrações de dias longevos.

No conto do rei que tentou plantar um cedro, o Antigo Testamento diz que ele "levou um galho até um país de comerciantes" e plantou a semente "em uma cidade de mercadores". Não foi preciso procurar muito esse país e essa cidade para saber que, ao longo da costa do Líbano, onde começa a Anatólia para o norte e a Palestina para o sul, havia muitas cidades costeiras canaanitas cujos poder e riqueza vinham de seu comércio internacional. As mais conhecidas pelas narrativas bíblicas eram Tiro e Sídon, centros de comércio e navegação durante milênios; seus tempos áureos foram durante a época governada pelos fenícios.

Outra cidade, talvez o posto de destacamento canaanita mais a norte, na fronteira do império hitita, jazia entre as ruínas das várias destruições causadas por invasores assírios. Foi descoberta por acaso, em 1928, por um lavrador que tentava cultivar os campos perto de um monte chamado Ras Shamra. As muitas escavações seguintes revelaram a antiga cidade de *Ugarit*. Entre as descobertas espetaculares estavam um grande palácio, um templo dedicado ao deus *Baal* ("O Senhor") e vários objetos. Mas os verdadeiros tesouros eram as tábuas de argila com inscrições em alfabeto cuneiforme (Figura 79), escritas em um idioma "semítico ocidental" similar ao hebraico da Bíblia. As tábuas foram publicadas por Charles Virollaud durante vários anos em seu jornal científico chamado *Syria* [Síria]. Elas desvendavam a vida, os costumes e os deuses dos canaanitas.

No topo do panteão canaanita ficava a divindade suprema *El*, um termo que no hebraico bíblico significava "divindade" e que tinha sua origem na palavra acadiana *Ilu*, literalmente "o Altíssimo". Mas, nos contos de deuses e homens, *El* era o nome de uma divindade que tinha a palavra final em todos os assuntos, ele era pai dos deuses e também *Ab Adam* ("pai dos homens"). Seus epítetos eram O Bondoso,

O Misericordioso. Ele era o "criador de todas as coisas" e "o único que poderia conceder a soberania". Uma estela encontrada na Palestina (Figura 80) mostra El em seu trono sendo servido por uma divindade mais jovem, talvez um de seus muitos filhos. El usa o adorno de cabeça cônico com chifres, que era a marca dos deuses por todo o antigo Oriente Próximo, e a cena é dominada pela onipresença do Globo Alado, símbolo do Planeta dos Deuses.

Figura 79

Figura 80

Em "tempos longevos", El era a divindade principal do Céu e da Terra. Mas, no tempo dos acontecimentos relatados nas tábuas, El vivia semirrecluso, distante das coisas terrenas. Sua moradia ficava "nas montanhas", junto "às duas nascentes", onde recebia emissários, aconselhava-se com os deuses e tentava apaziguar as constantes disputas entre os deuses mais jovens. Muitos eram seus próprios filhos, e alguns textos sugerem que El talvez tivesse 70 descendentes, 30 dos quais gerados por sua consorte oficial, Asherah (Figura 81). Os outros filhos eram de uma variedade de concubinas divinas ou humanas. Um poema conta que duas mulheres viram El nu, enquanto passeavam pela praia, e ficaram encantadas com o tamanho de seu pênis, acabando cada uma delas por lhe dar um filho. (Esse atributo de El é bem evidente em uma moeda egípcia, na qual ele é representado como um deus alado, Figura 82).

Figura 81

Figura 82

Os principais descendentes de El eram três filhos e uma filha: os deuses *Yam* ("Oceano, Mar"), *Baal* ("Senhor"), *Mot* ("Golpeador, Aniquilador") e a deusa *Anat* ("Ela que Respondeu"). Seus nomes e descrições tinham um paralelo evidente com os deuses gregos Poseidon (Deus dos Mares), Zeus (Senhor dos Deuses) e Hades (Deus do Mundo

Inferior). Baal, assim como Zeus, estava sempre armado com um míssil-relâmpago (Figura 82), e seu símbolo era um touro. Quando Zeus lutou com Tifão, sua irmã Atena, deusa da guerra e do amor, juntou-se a ele; nos relatos egípcios, Ísis ficou do lado de seu marido-irmão Osíris. Quando Baal lutou com seus dois irmãos, sua irmã e amante correu em seu auxílio. Assim como Atena, ela era ao mesmo tempo "A Donzela", sempre ostentando sua beleza nua (Figura 82), e a Deusa da Guerra, tendo o leão como símbolo de sua bravura (Figura 83). No Antigo Testamento, ela era chamada de Astarte.

As ligações entre crenças e memórias pré-históricas egípcias eram tão óbvias como as da Grécia. Osíris foi ressuscitado por Ísis depois de ela encontrar seus restos mortais na cidade canaanita de Biblos. Da mesma forma, Anat trouxe Baal de volta à vida depois de ser golpeado por Mot. Seth, o adversário de Osíris, era muitas vezes tratado nos textos egípcios por "Seth de *Safon*". Baal, como veremos, adquiriu o título de "Senhor de *Zafon*". Seguindo o período canaanita, monumentos egípcios do Novo Reinado geralmente representavam os deuses canaanitas como divindades egípcias, chamando-os de Min, Reshef, Kadesh e Anthat (Figura 84). Por todo o mundo antigo, encontramos relatos sobre os mesmos deuses, mas com nomes diferentes.

Estudiosos assinalaram que todos esses contos eram ecos, ou versões, de relatos originais sumérios muito anteriores que tratavam da busca do homem por Imortalidade, amor, morte e ressurreição entre os deuses. Os textos estão repletos de episódios, detalhes, epítetos e ensinamentos que também fazem parte do Antigo Testamento. Todos falam de um mesmo lugar, Canaã, de tradições afins e de versões originais em comum.

Um exemplo é o conto de *Danel* (Dan-el), "o juiz de El", *Daniel*, em hebraico. Um soberano justo que não conseguia gerar um herdeiro legítimo. Suplicou aos deuses que lhe dessem um filho, pois, quando morresse, ele poderia erguer uma estela em sua memória, em *Kadesh*. Podemos deduzir que a região desses eventos é onde o extremo sul de Canaã (o *Negev*) confunde-se com a península do Sinai, pois foi onde Kadesh (a cidade "Sagrada") foi localizada.

Kadesh fazia parte do território do patriarca bíblico Abraão, e o relato canaanita de Daniel tem realmente muitas semelhanças com a história dele e de sua mulher Sara – ambos já em idade avançada – e do nascimento de seu filho, Isaac. Assim como no Livro do Gênesis, o relato canaanita conta que Daniel passou anos sem conseguir gerar um filho herdeiro e viu a chance de conseguir ajuda divina quando dois

Figura 83

Figura 84

deuses chegaram à sua casa. "Imediatamente, ele oferece comida e bebida aos Seres Sagrados". Os hóspedes divinos, afinal, eram El, "o que cura", e Baal. Eles passam uma semana ouvindo as súplicas de Daniel, até que Baal decide interceder por ele, e El "segura a mão de seu servo" e concede-lhe "*Espírito*", reconstituindo a virilidade de Daniel:

> O sopro da vida reanima Daniel...
> Com o sopro da vida ele é revigorado.

El promete-lhe um filho, dizendo: vá para a cama, beije e abrace sua mulher... "pela concepção e gravidez, ela dará à luz um filho homem de Daniel". E, de acordo com a Bíblia, a matriarca gera um herdeiro legítimo, garantindo a sucessão. Seu nome será *Aqhat*, e para os deuses ele será *Na'aman*, "o agradável".

O menino torna-se um homem, e o artesão dos deuses o presenteia com um arco exclusivo, despertando a inveja de Anat, que deseja possuir essa peça mágica. Para consegui-lo, ela promete qualquer coisa a Aqhat – ouro, prata e até a Imortalidade:

> Peça a Vida, ó jovem Aqhat,
> Peça a Vida e ela te concederei.
> (Peça) Imortalidade e te atenderei.
> Ao lado de Baal poderás contar os anos.
> Com os filhos de El, contarás os meses.

Além de lhe prometer uma vida tão longa quanto à dos deuses, Anat disse que ele também seria convidado para a cerimônia divina da Vida:

> Baal, quando concede Vida,
> também oferece uma festa.
> Ele faz um banquete em homenagem àquele
> que recebeu a Vida.
> Serve-lhe bebida,
> Canta e entoa com candura.

Mas Aqhat não acredita que o homem possa escapar ao seu destino mortal e não quer separar-se do arco:

> Ó Donzela, não minta,
> para um herói tuas mentiras são desprezíveis.
> Como pode um mortal conseguir uma outra
> vida após a morte?
> Como pode um mortal obter a Eternidade?
> Morrerei a morte dos homens;
> Sim, certamente morrerei.

Ele argumenta que o arco foi feito para guerreiros como ele, e não para o uso feminino. Insultada, Anat "atravessa a terra" a fim de pedir permissão a El para aniquilar Aqhat. A resposta enigmática de El autoriza que o castigo seja restrito.

Anat começa a tramar sua vingança. Ela viaja em direção a Aqhat "por sobre milhares de campos, 4 mil hectares". Ela ri e brinca, fingindo que está tudo bem entre eles e tratando-o por "jovem Aqhat". "És meu irmão e eu sou tua irmã" – ela diz –, persuadindo-o a acompanhá-la até a cidade do "Pai dos deuses; o Senhor da Lua". Lá, ela pede a *Tafan* para "matar Aqhat e tirar seu arco", e depois "ressuscitá-lo". Uma morte temporária, para que ela ganhe tempo e consiga escapar com seu arco. Seguindo as instruções da deusa, Tafan "golpeia Aqhat duas vezes no crânio e três vezes acima da orelha", e sua "alma escapa como vapor". Não se sabe se era essa a intenção de Anat, mas, antes de trazê-lo de volta à vida, o corpo de Aqhat é atacado por abutres. A terrível notícia chega a Daniel, que, "sentado diante do portão, sob uma árvore frondosa, julga a causa da viúva e adjudica o caso do órfão". Com a ajuda de Baal, é instituída uma busca pelo corpo despedaçado de Aqhat, mas nada é encontrado. Procurando vingança, a irmã de Aqhat viaja disfarçada para a terra de Tafan, deixa-o bêbado e tenta matá-lo. (Um possível final feliz, com a ressurreição de Aqhat, ainda não foi encontrado).

A mudança do lugar da ação das montanhas do Líbano para a "Cidade do Deus Lua" é outro elemento encontrado na epopeia de Gilgamesh. Por todo o antigo Oriente Próximo, a divindade associada à Lua era Sin (Nannar, no original sumério). Seu epíteto ugarítico era "Pai dos Deuses", e ele realmente era o pai de Ishtar e seus irmãos. A primeira tentativa de Gilgamesh em atingir seu destino pelo Local de Aterrissagem, na Montanha de Cedros, foi frustrada por Ishtar, que tentou que o Touro do Céu o matasse depois de ele rejeitá-la. Na segunda viagem, através da Terra de Tilmun, Gilgamesh também chega a uma cidade cercada por muralhas "cujo templo era dedicado a Sin".

Mas, quando Gilgamesh chegou à região de Sin depois de uma longa e perigosa jornada, Anat – como Ishtar – podia ir de um lugar a outro com grande rapidez, pois ela nem caminhava nem viajava no lombo de animais. Ela voava. Vários textos da Mesopotâmia fazem referência às viagens de Ishtar e sua capacidade de vagar pela amplidão, "atravessando céu e atravessando terra". Uma imagem encontrada no templo dedicado a ela em Ashur, a capital assíria, mostra a deusa usando óculos, um capacete justo e grandes "fones de ouvido" ou painéis (ver Figura 58). Foi encontrada outra estátua de tamanho natural nas ruínas de Mari, no Rio Eufrates; dessa vez, Ishtar estava equipada com uma "caixa preta", uma mangueira, um capacete com chifres, fones de ouvido e outros acessórios dignos de um astronauta (Figura 85). A habilidade de "voar como um pássaro", também atribuída às divindades canaanitas, surge em todos os relatos épicos descobertos em Ugarit.

Em um desses contos, em que uma deusa voa para salvar alguém, há um texto que os eruditos chamam de "A Lenda do Rei Keret" – *Keret* pode ser interpretado como o nome pessoal do rei ou o nome de sua cidade ("A Capital"). O tema principal da narrativa é o mesmo do épico sumério de Gilgamesh: a busca do homem pela Imortalidade, mas começa como a história de Jó e tem outras fortes semelhanças com a Bíblia.

Figura 85

De acordo com o conto bíblico, Jó era um homem virtuoso e "puro", de grande riqueza e poder, que vivia na "Terra de *Utz*" (a "Terra do Conselho"), que fica nos domínios dos "Filhos do Oriente". Tudo ia bem, até "que um dia, quando os filhos dos deuses vieram se apresentar ao Senhor, Satanás veio escondido entre eles". Conseguindo permissão do Senhor para testar Jó, Satanás primeiro fez com que ele perdesse seus filhos e sua riqueza, e depois fosse afligido por todo tipo de doenças. Enquanto sofria e se lamentava, três amigos vieram consolá-lo. O *Livro de Jó* foi escrito como registro das discussões que tiveram acerca da vida e da morte e dos mistérios do Céu e da Terra.

Triste com as desgraças que abateram sua vida, Jó sonhava com os tempos idos, quando ele era honrado e respeitado: "nos portões de *Keret*, na praça pública, eu tinha sempre lugar reservado". Jó lembrava que, naquele tempo, ele acreditava que "meus dias seriam como os da fênix, e eu morreria com meu Criador". Mas, agora, pobre e doente, tudo que ele queria era apenas morrer.

Seu amigo que viera do sul lembrou-lhe que "o Homem nasceu para trabalhar e somente o filho de *Reshef* pode voar para as alturas". O homem era um simples mortal, portanto, para que tanta agitação?

Enigmático, Jó disse que as coisas não eram assim tão simples: "a Essência de Deus está em mim, e seu esplendor alimenta meu *Espírito*". Neste verso, até hoje incompreendido, será que sua intenção era revelar que tinha sangue divino? E, como Gilgamesh, ele esperava viver eternamente jovem como a fênix e morrer apenas quando seu "Criador" morresse? Mas agora ele percebia que "eternamente eu não viverei; meus dias são como a névoa".

A história de Keret também o apresenta como um homem próspero que, rapidamente, perde a mulher e seus filhos, por meio da doença e da guerra. "Ele vê sua descendência arruinada... toda a sua posteridade perecendo" e sente que é o fim de sua dinastia: "seu trono está completamente arruinado". Sua dor e seu lamento aumentam dia após dia; "sua cama está encharcada de lágrimas". Todos os dias "ele entra na câmara interior" do templo e chora aos deuses. Finalmente, El "desce a ele" para saber "que males afligem Keret e o fazem chorar assim". É nesse momento que os textos revelam que Keret, por ser filho de El com uma humana, é um semideus.

El aconselha seu "adorado amigo" a parar de se lamentar e casar-se novamente, pois será agraciado com um novo herdeiro. Ele deve lavar-se, tornar-se apresentável e ir pedir a mão da filha do rei de Udum (provavelmente o bíblico Edom). Acompanhado por suas tropas e carregado de presentes, Keret segue as instruções de El e vai para Udum, mas o rei recusa todo o ouro e toda a prata. Sabendo que Keret "é carne do Pai dos Homens" e, portanto, com origens divinas, ele exige um único dote: que o filho primogênito de sua filha também seja um semideus!

Claro que a decisão não cabia a Keret, e sim a El, quem o aconselhou a procurar um novo casamento, mas, como El não estava disponível, Keret foi ao templo de Asherah pedir ajuda. A próxima cena acontece na casa de El, para onde os jovens deuses são enviados com os apelos de Asherah:

> E chegaram as companhias dos deuses,
> E o influente Baal disse:
> E agora, ó caridoso e benigno El:
> Não abençoarás Keret, o puro sangue,
>   nem agradarás o adorado rapaz de El?

O estímulo surte efeito, e El acaba por consentir e "abençoar Keret", prometendo que ele terá sete filhos e muitas filhas. Ele proclama que o primogênito deve ser chamado *Yassib* ("Permanente"). Realmente lhe será concedida grande permanência, pois, ao nascer, ele não será amamentado por sua mãe, e sim pelas deusas Asherah e Anat. (Imagens de filhos de reis sendo amamentados por deusas, obtendo assim uma vida mais longa, aparecem em todas as artes dos povos do Oriente Próximo – Figura 86).

Figura 86

Os deuses mantêm suas promessas, mas Keret, crescendo com riqueza e poder, esquece seus votos. Exatamente como aconteceu com o rei Tiro nas profecias de Ezequiel, seu coração tornou-se soberbo e ele começou a se vangloriar com seus filhos sobre suas origens divinas. Irritada, Asherah atingiu-o com uma doença fatal. Quando se torna evidente que Keret está mesmo morrendo, seus filhos, perplexos, perguntam-se como tal coisa poderia acontecer, pois "Keret era filho de El, um descendente do Generoso, um ser divino". Ainda sem acreditar, os filhos interrogam o pai, pois certamente esse fracasso em conseguir a Imortalidade também afetará a vida de todos eles:

> Pai, nós regozijamos em tua Vida;
> Exaltamos tua Eternidade...
> Então, morrerás, pai, como um mortal?

O silêncio de Keret fala por ele, e seus filhos dirigem-se aos deuses:

> Como podem ter dito
> "Keret é filho de El,
>   um descendente do Generoso,
>   um ser sagrado?"
> Então, um deus deve morrer?
> Um descendente do Generoso não deve viver?

Constrangido, El pergunta aos outros deuses: "quem, entre os deuses, pode afastar a doença, expulsar os males?". El suplicou por sete vezes, mas "ninguém entre os deuses respondeu". Desesperado, ele apela ao Artesão dos Deuses e suas assistentes, as deusas das artes, que conhecem todas as magias. A deusa Shataqat, "que alivia as doenças", levanta voo depois de responder. "Ela sobrevoa centenas de cidades, sobrevoa uma infinidade de povoados" e chega à casa de Keret, mesmo a tempo de conseguir revivê-lo.

(Entretanto, este relato não acaba bem. As súplicas de Keret pela Imortalidade provaram-se inúteis, e seu filho primogênito sugeriu que ele abdicasse do trono em seu favor...).

Os vários contos épicos que falam dos deuses são de suma importância para a compreensão dos acontecimentos da época. A capacidade dos deuses em voar é aceita como um fato natural, e a "Crista de Zafon" é apresentada como um refúgio de descanso para os aeronautas. Os irmãos e amantes, Baal e Anat, são as personagens centrais desses relatos. O epíteto mais conhecido de Baal é "O Cavaleiro das Nuvens", cognome que o Antigo Testamento acabou reivindicando para sua divindade hebraica. A capacidade de voar de Anat fica aparente nos contos que falam das relações entre homens e deuses, e fica ainda mais evidente naqueles que tratam dos próprios deuses.

Em um desses textos, Anat descobre que Baal foi pescar "nos prados de *Shamakh*" (Figura 87), em uma área que preserva o mesmo nome até os dias de hoje: o Lago de Sumkhi ("Lago dos Peixes"), no extremo norte de Israel, onde o Rio Jordão desagua no Mar da Galileia; águas muito conhecidas por sua riqueza de peixes e vida selvagem. Ali, Anat decidiu juntar-se a Baal:

> Ela levanta as asas, a Donzela Anat,
>   ela ergue as asas e alça voo
>   em direção ao centro dos campos de Shamakh,
>   onde abundam os búfalos.

Ao avistá-la, Baal acena para que desça, mas Anat começa a brincar de esconde-esconde. Irritado, Baal pergunta se ela esperava que ele "ungisse seus chifres" – uma expressão carinhosa – "enquanto ela estivesse no ar". Sem encontrá-la, ele partiu "em direção aos céus", para seu trono na "Crista de Zafon". A brincalhona Anat logo surgiu, sobre "Zafon com prazer (estar)".

No entanto, esse encontro idílico só aconteceu anos mais tarde, quando Baal finalmente foi coroado Príncipe da Terra e reconhecido como governante das terras do Norte. Antes dessas conquistas, Baal envolvia-se em lutas de vida ou morte com outros pretendentes ao trono divino. O prêmio de todas essas batalhas era um lugar conhecido como

Figura 87

Zarerath Zafon, traduzido como "As Alturas de Zafon", mas com o significado específico de "O Pico Rochoso do Norte".

Essas batalhas sangrentas pelo domínio de algumas terras ou fortalezas tinham como objetivo alcançar uma posição de destaque na sucessão, pois o chefe do panteão estava velho e quase aposentado. Os primeiros relatos sumérios escritos que tratam das tradições de casamento contam que Asherah ("filha do monarca"), a oficial consorte de El, era sua meia-irmã. Isso faria de seu primeiro filho o legítimo herdeiro. E essa não seria a primeira vez em que ele seria desafiado por um alegado primogênito, um filho que, apesar de ser o primeiro na linhagem, tinha outra mãe. (O fato de Baal, que teve pelo menos três mulheres, não poder desposar sua adorada Anat confirma que ela era sua irmã por parte de pai e mãe, e não apenas meia-irmã.)

Os contos canaanitas começam na remota e montanhosa morada de El, onde ele secretamente concede a sucessão ao Príncipe Yam. A deusa Shepesh, "Tocha dos Deuses", literalmente voa para contar a Baal a má notícia: "El está tomando o reinado!" –, ela grita, alarmada.

Baal é aconselhado a convocar El e levar a disputa perante o "Corpo de Assembleia", o conselho dos deuses. Suas irmãs incitam-no a ser duro e desafiador:

> Vá, está na hora de partir
>   em direção à Assembleia dos Deuses,
>   no centro do Monte Lala.
> E não caias aos pés de El,
>   Nem te prostres diante da Assembleia;
> Ergue-te com orgulho e profere teu discurso.

Yam descobre tudo sobre o plano e envia seus próprios emissários para a plêiade dos deuses, com o intuito de exigir que o rebelde Baal seja entregue em suas mãos. "Os deuses estavam sentados à mesa, prontos para jantar. Baal servia El" quando entraram os emissários. Ficaram todos em silêncio e eles apresentaram as exigências de Yam. Para mostrar que eram irredutíveis, "eles não se prostraram diante de El" e empunhavam suas armas o tempo todo, "com olhos que são como espadas afiadas e brilham como um fogo que a tudo consome". Os deuses atiram-se ao chão para se proteger, enquanto El parece disposto a entregar Baal. Mas este saca suas próprias armas e, no momento de atacar os emissários, sua mãe o detém e diz que um dos emissários possui imunidade.

Os emissários retornam a Yam de mãos vazias, e fica claro que só há uma saída: um encontro entre os dois deuses no campo de batalha. Uma deusa, talvez Anat, conspira com o Artesão dos Deuses para munir Baal com duas armas divinas, o "perseguidor" e o "atirador", que "atacam como uma águia". No combate, Baal surpreende Yam e, no momento de "esmagá-lo", ouve a voz de Asherah: poupe Yam! É-lhe permitido viver, mas ele será banido para seus domínios marítimos.

Baal aceita, mas em troca exige o apoio de Asherah para conseguir a supremacia da Crista de Zafon. Ela descansa em um *resort* à beira-mar e resiste em fazer a viagem até a morada de El, um lugar quente e seco, mas acaba por ir e chega "morta de sede"; expõe o problema e pede que a decisão seja tomada com sabedoria e não com emoção. E lisonjeia: "és realmente grande e sábio, tua barba grisalha te guiará... sabedoria e Vida Eterna são partes de ti". Ele pesa a situação e concorda: Baal será o rei da Crista de Zafon, onde construirá sua casa.

Mas o que Baal tem em mente não é apenas uma casa. Seus planos requerem os serviços de *Kothar-Hasis* ("O Conhecedor e Habilidoso"), o Artesão dos Deuses. Além dos estudiosos modernos, até Philo de Biblos no século I, citando historiadores fenícios, compara Kothar-Hasis ao artífice divino grego Hefesto, que construiu a morada de Zeus e Hera. Outros encontram paralelos entre o egípcio Toth, deus das artes, dos ofícios e da magia. De fato, textos ugaríticos afirmam que os emissários de Baal enviados para buscar Kothar-Hasis deveriam procurá-lo em Creta e no Egito, onde provavelmente seus talentos eram muito requisitados na época.

Quando Kothar-Hasis finalmente chegou à casa de Baal, os dois iniciaram os projetos de construção. Baal tinha pensado em uma estrutura de duas partes; sendo uma delas o *E-khal* ("casa grande") e a outra um *Behmtam*, traduzido como "casa", mas que literalmente significa "uma plataforma elevada". Houve certa discórdia entre os dois acerca de uma janela parecida com um funil que poderia ser aberta e fechada de uma forma estranha. "Deves considerar minhas palavras, ó Baal", insistiu Kothar-Hasis. Quando o projeto ficou pronto, Baal temeu pela segurança de sua mulher e seus filhos. Para aplacar seus temores, Kothar-Hasis mandou que "preciosos cedros de *Sirion*", no Líbano, fossem empilhados dentro da estrutura e fez uma fogueira que ardeu durante uma semana inteira. Ela derretia prata e ouro, mas a estrutura ficou intacta, sem nenhum dano.

O silo subterrâneo e a plataforma elevada estavam prontos!

Sem perder tempo, Baal decidiu testar as instalações:

> Ele abriu o Funil na Plataforma Elevada,
>   a janela dentro da Grande Casa.
> Nas nuvens, Baal abriu fendas.
> Onde ecoou seu clamor divino...
> Seu clamor divino agita a terra.
> As montanhas estremeceram...
> Estremecidas ficaram as...
> No Oriente e no Ocidente, as montanhas da terra vacilaram.

Baal foi acompanhado em seu voo pelos mensageiros Gapan e Ugar: "os dois alados congregam-se nas nuvens" por trás de Baal; "como pássaros, os dois" sobem para os picos nevados de Zafon. Mas, com as novas instalações, a Crista de Zafon foi transformada em "Refúgio de Zafon"; e o Monte *Líbano* (chamado como seus picos nevados, "O Branco") adquiriu o cognome de *Sirion*, a Montanha "Armada".

Com a soberania do Refúgio de Zafon, Baal também adquiriu o título de *Baal Zafon*, que significa "Senhor de Zafon", o Lugar do Norte. Mas a conotação original do termo Zafon não era geográfica e significava tanto "o escondido" como o "local de observação". Sem dúvida, todas essas conotações influenciaram na nomeação de Baal, "Senhor de Zafon".

Agora, senhor de todos esses poderes e prerrogativas, as ambições de Baal cresceram. Ele convidou os "filhos dos deuses" para um banquete e exigiu fidelidade e vassalagem. Os que discordaram foram perseguidos: "Baal prende os filhos de Asherah, ataca Rabbim pelas costas e golpeia Dokyamm com um malho". Alguns foram mortos e outros escaparam. Embriagado pelo poder, Baal escarnece deles:

> Os inimigos de Baal fogem pelas matas;
> Escondem-se nos flancos das montanhas.
> O potente Baal grita:
> "Ó inimigos de Baal, por que vocês tremem?
>   Por que fogem, por que se escondem?
> O Olho de Baal fulmina;
> Sua mão aberta arrebenta os cedros;
> Sua mão (direita) é poderosa.

Decidido a conquistar todo o poder e com a ajuda de Anat, Baal combate e aniquila adversários masculinos como "Lothan, a serpente", Shalyat, "o dragão de sete cabeças", Atak "o bezerro", e a deusa Hashat, "a cadela". Sabemos pelo Antigo Testamento que o Senhor Yahweh foi um feroz adversário de Baal; e conforme a influência deste crescia entre os israelitas, depois do casamento do rei com uma princesa canaanita, o profeta Elias acabou por organizar uma competição entre os dois no Monte Carmelo. Assim que Yahweh venceu, os 300 sacerdotes de Baal foram prontamente executados. E foi assim que o Antigo Testamento conferiu a Yahweh a soberania sobre a Crista de Zafon. Essas reivindicações foram feitas em uma mesma língua, como esclarecem o Salmo 29 e outros versos:

> Outorguem a Yahweh, o filho dos deuses,
> Que a Yahweh seja concedida glória e supremacia.
> Atribuam ao Senhor a glória de seu *Shem*;
> Curvem-se perante ele e seu Esplendor Sagrado.
> O brado do Senhor está sobre as águas:
> O Senhor da Glória troveja,
>   ecoando por sobre uma imensidão de águas.
> Seu brado é poderoso e majestoso.
> O clamor do Senhor parte os cedros;
> Os cedros do Líbano, Yahweh estilhaça.
> Ele faz o *Líbano* escorregar como um bezerro,
> E *Sirion* como um jovem búfalo.
> O clamor das chamas flamejantes de Yahweh tudo queima...
> O Senhor é glorificado em sua Grande Casa.

Nos textos canaanitas, Baal era como a Divindade Hebraica, um "Cavaleiro das Nuvens". O profeta Isaías teve uma visão d'Ele voando na direção sul, para o Egito, "cavalgando uma nuvem com maestria, ele descerá no Egito, e os deuses estremecerão diante dele". Isaías também afirmava ter visto pessoalmente o Senhor e Seus guardiões alados:

No ano em que faleceu o rei Uzias, eu vi e contemplei o Senhor sentado em um Trono alto e elevado; seus Carregadores enchiam a Grande Casa. Os Atendentes do Fogo pairavam sobre ele, com seis asas, seis asas para cada um deles... As vigas do átrio estremeceram com o ruído, e a fumaça inundou o Templo.

Os hebreus eram proibidos de idolatrar, e por isso não construíam estátuas ou imagens gravadas. Mas os canaanitas, que deviam saber da existência de Yahweh, assim como os hebreus sabiam de Baal, deixaram-nos uma imagem de sua concepção de Yahweh. Uma moeda datada do século IV a.C., com a inscrição *Yahu* ("Yahweh"), mostra uma divindade barbada sentada em um trono com forma de roda alada (Figura 88).

Foi então assumido universalmente no antigo Oriente Próximo que ao detentor do reinado de Zafon seria concedida a supremacia sobre os deuses que podiam voar.

Figura 88

E era exatamente isso que Baal esperava. Mas, depois de sete anos da edificação do Refúgio de Zafon, Baal foi desafiado por Mot, Senhor das terras do sul e do Mundo Inferior. Mas essa disputa já não era pela supremacia de Zafon, e sim sobre "quem teria o controle de toda a Terra".

De alguma forma, Mot ficou sabendo que Baal estava envolvido em atividades suspeitas. Ilegal e clandestinamente, ele estava "pondo um lábio na Terra e outro no Céu", na tentativa de "ampliar seu domínio pelos planetas". De início, Mot exigiu o direito de poder inspecionar o que acontecia *dentro* da Crista de Zafon. Para apaziguá-lo, Baal enviou emissários de paz. Quem precisa de guerra?, perguntou ele. Vamos "instalar a paz e a amizade no centro da Terra". Mas Mot foi insistente, e Baal concluiu que o único modo de evitar sua visita a Zafon era ir ele mesmo à sua casa. E assim, ele empreendeu uma viagem até a "cova" de Mot, "nas profundezas da Terra", para jurar obediência.

O que Baal tinha em mente era algo um pouco mais trágico: a derrocada de Mot. E, mais uma vez, pediu socorro à sua sempre fiel Anat, enviando-lhe emissários enquanto ele visitava Mot. Os dois emissários foram instruídos a repetir, palavra por palavra, a seguinte mensagem enigmática:

> Eu tenho um segredo para te contar,
>   uma mensagem para te sussurrar:
> É um dispositivo que lança palavras,
>   uma Pedra que murmura.
> Os homens não compreenderão suas mensagens;
> As multidões da Terra nada entenderão.

Devemos lembrar que, nos idiomas antigos, as "pedras" englobavam qualquer substância extraída por meio do minério ou garimpo, e incluíam todos os metais e minerais. Portanto, Anat compreendeu exatamente qual era a intenção de Baal: ele instalaria na Crista de Zafon algum aparelho sofisticado capaz de enviar ou interceptar mensagens secretas!

A "Pedra do Esplendor" foi descrita na mensagem secreta levada pelos emissários:

> Ela faz o Céu dialogar com a Terra,
>   e os mares conversar com os planetas.
> É uma Pedra Esplendorosa;
> No Céu, ainda é desconhecida.
> Vamos, eu e tu erguê-la na minha caverna,
>   no altíssimo Zafon.

E este era o segredo: Baal, sem o conhecimento do "Céu" – o governo do planeta-mãe –, instalaria um centro de comunicações clandestino para poder falar com todas as partes da Terra e também com as Naves no espaço. Seria um primeiro passo "para conseguir domínio sobre toda a Terra". Com esse plano, ele entra em conflito direto com Mot, pois era em seus territórios que o "Olho da Terra" seria oficialmente instalado.

Ao receber e compreender a mensagem, Anat prontifica-se a ir ao auxílio de Baal e promete aos apreensivos emissários que chegaria a tempo. "Vocês são lentos, mas eu sou rápida", ela garantiu:

> Adentrarei na casa distante de deus,
> a Cova distante dos filhos dos deuses.
> Duas entradas ela (tem) sob o Olho da Terra,
> e três largos túneis.

Ao chegar à capital de Mot, ela não encontra Baal e exige saber seu paradeiro, ameaçando-o com violência, e finalmente descobre a verdade: os dois deuses lutaram e "Baal estava prostrado". Enfurecida, Anat "feriu Mot com uma espada". E, com a ajuda de Shepesh, monarca dos Refaim (os "Curadores"), o corpo sem vida de Baal foi levado de volta para o pico de Zafon e ocultado em uma caverna.

Rapidamente, as duas deusas convocaram o Artesão dos Deuses, também chamado de *El Kessem*, "O Deus da Magia". Assim como Toth reviveu Hórus depois de ter sido picado por uma serpente, Baal também foi milagrosamente ressuscitado. Mas não fica claro se ele voltou à vida física, na Terra, ou se partiu para a vida após a morte.

Quando os deuses viveram essas aventuras na Crista de Zafon, ninguém sabe ao certo. No entanto, não restam dúvidas de que a Humanidade reconhecia a existência e os atributos únicos de um "Local de Aterrissagem", já nos primórdios dos registros históricos.

Começamos com a viagem de Gilgamesh à Montanha dos Cedros, que seu épico também trata por "Morada dos deuses, as Encruzilhadas de Ishtar". Ele "penetrou nessa floresta" e se deparou com um túnel que levava "ao recinto onde eram dadas as ordens de comando". Aprofundou-se na montanha até "abrir a entrada da morada secreta dos anunnakis". Era como se Gilgamesh tivesse invadido as mesmas instalações construídas secretamente por Baal! Versos da epopeia que antes eram repletos de mistérios agora assumem um caráter mais empolgante:

> Coisas secretas ele viu;
> O que era escondido do Homem, agora ele sabe...

Sabemos que toda essa saga aconteceu no terceiro milênio antes de Cristo, por volta de 2900 a.C.

Outro elo importante entre deuses e homens é o relato do idoso Daniel, que não tinha herdeiros e vivia perto de Kadesh. Não é possível determinar em que época tal história aconteceu, mas as semelhanças com o conto bíblico do patriarca sem herdeiros, Abraão – incluindo a aparição repentina dos "homens", que afinal são o Senhor e seus Emissários, e até o local, perto de Kadesh –, sugerem a possibilidade de que estamos lendo duas versões da mesma história. Se for esse o caso, temos outra data: o começo do segundo milênio antes de Cristo.

Zafon, o Refúgio dos Deuses, ainda existia no primeiro milênio antes de Cristo. O profeta Isaías (século VIII a.C.) puniu Senaqueribe, o invasor assírio da Judeia, por ter insultado os deuses ao ascender com suas carruagens "ao topo da montanha, à Crista de Zafon". Salientando a antiguidade do local, o profeta transmite a Senaqueribe as reprimendas do Senhor:

> Não ouviste falar?
> Há muito tempo eu a construí,
> Em dias longevos, eu a criei.

Isaías também castigou o rei da Babilônia por tentar atingir sua divinização escalando a Crista de Zafon:

> Ó, como caíste do céu,
>   estrela da Manhã, filho da Aurora!
> Foste atirado ao chão,
>   conquistador das nações.
> Disseste em teu coração:
>   "hei de ascender aos céus,
>   e acima dos planetas de El erguerei meu trono;
> No Monte da Assembleia, eu me sentarei,
>   na Crista de Zafon.
> Na Plataforma Elevada, subirei,
>   um Altíssimo, eu serei!"
> Contudo irás, sim, para a Terra Inferior,
>   para as profundezas de uma cova.

Agora, temos a confirmação da existência do lugar e sua antiguidade, e também uma descrição de tudo, inclusive de uma "plataforma elevada" por onde o homem ascenderia aos céus tornando-se um "Altíssimo" – um deus.

Sabemos por outros textos bíblicos que essa ascensão era feita por meio de "pedras" (objetos mecânicos) que podiam viajar. No século VI a.C., o profeta Ezequiel puniu o rei de Tiro por seu coração tornar-se arrogante depois de lhe ter sido permitido alcançar a Crista do Zafon. Após viajar nas "pedras que se movem", ele anunciou: "eu sou um deus".

Uma moeda antiga encontrada em Biblos (a bíblica Gebal), uma das cidades fenício/canaanitas da costa mediterrânea, pode ser uma boa ilustração das estruturas erguidas em Zafon por Kothar-Hasis (Figura 89). Ela mostra uma "casa grande" construída em uma área elevada, protegida por uma muralha alta e imponente. Em um pódio sustentado por vigas cruzadas capazes de suportar um peso muito grande está instalado um objeto cônico. Um objeto que surge em tantas outras descrições do Oriente Próximo: a Câmara Celestial dos deuses, a "pedra que se move".

Figura 89

Esses são os indícios que chegaram até nós da Antiguidade. Milênio após milênio os povos do antigo Oriente estavam cientes de que dentro da Montanha de Cedros havia uma enorme plataforma com "pedras que se movem". E ao lado estava uma "grande casa", em que ficava escondida a "pedra que sussurra".

Se nossa interpretação dos desenhos e textos antigos está correta, como foi que um local grandioso e tão conhecido desapareceu?

IX

O Local de Aterrissagem

As ruínas do maior templo romano não estão em Roma, e sim nas montanhas do Líbano. Trata-se de um complexo que inclui um templo a Júpiter – o mais grandioso jamais construído na Antiguidade em homenagem a um único deus. Durante quatro séculos, muitos governantes romanos trabalharam arduamente para glorificar esse local distante e remoto, e nele erigiram estruturas monumentais. Generais e imperadores vinham em busca do segredo dos oráculos, para descobrir seu destino. Os legionários romanos armavam acampamento em suas imediações, os devotos e curiosos vinham em peregrinação para vê-lo com seus próprios olhos, pois esse templo era uma das grandes maravilhas do mundo antigo.

Desde sua descoberta por Martin Baumgarten, em janeiro de 1508, corajosos viajantes europeus arriscaram a própria vida para contar ao mundo sobre a existência dessas ruínas. Em 1751, o viajante Robert Wood e o artista James Dawkins restauraram parte da antiga popularidade do local ao descrevê-lo em palavras e desenhos: "quando comparamos as ruínas... com tantas outras que visitamos em cidades da Itália, Grécia, Egito e outras regiões da Ásia, descobrimos que são resquícios do *projeto mais audacioso* jamais visto no mundo da arquitetura" – mais ousado em muitos aspectos do que as próprias pirâmides do Egito. A vista que Wood e seu colega retratam é um cenário em que o topo da montanha, os templos e os céus combinam-se formando uma única imagem harmoniosa (Figura 90).

O sítio fica nas montanhas do Líbano, de onde se divide para formar um vale plano e fértil entre a cadeia do "Líbano", a oeste, e a cadeia "AntiLíbano", a leste. Um ponto em que dois rios muito conhecidos na Antiguidade, o Litani e o Orontes, fluem em direção ao Mediterrâneo. Os imponentes templos romanos foram construídos sobre uma vasta plataforma horizontal, criada artificialmente a uma altitude de 1.200 metros acima do nível do mar. O recinto sagrado era cercado por uma muralha, que servia tanto para proteger o complexo e suas edificações como de arrimo para deter a terra que se juntava no topo. A área fechada, e relativamente quadrada, com algumas laterais de cerca de 800 metros, media mais de 465 mil metros quadrados.

A área sagrada foi construída de maneira a permitir o comando do flanco das montanhas e controlar quem se aproximasse do vale pelo norte e pelo sul; e tinha o canto noroeste deliberadamente cortado em um ângulo reto – como visto nesta moderna imagem aérea (Figura 91a).

Figura 90

Esse corte em ângulo reto criou uma área alongada que ampliava ainda mais a desimpedida vista da plataforma de norte para oeste. E foi nesse canto criteriosamente concebido que foi erguido o maior templo de sempre dedicado a Júpiter, com as mais altas (quase 20 metros) e mais largas (2,30 metros de diâmetro) colunas da Antiguidade. Elas suportavam uma estrutura com decoração elaborada (a "arquitrave"), com quase 5 metros de altura, sobre a qual ficava um telhado inclinado que erguia ainda mais o pináculo do templo.

O templo em si ficava na parte mais antiga e ocidental de um santuário de quatro partes dedicado a Júpiter, e acredita-se que os romanos iniciaram sua construção assim que ocuparam a região, no ano de 63 a.C.

Agrupados ao longo de um eixo leste-oeste ligeiramente oblíquo (Figura 91b), ficavam, primeiro, uma entrada monumental (A) com uma escadaria grandiosa e um pórtico elevado suportado por 12 colunas e nichos para abrigar as estátuas dos 12 deuses do Olimpo. Os devotos passam essa entrada e chegam a um átrio hexagonal (B) único em toda a arquitetura romana. E por ele seguem até chegar a outro pátio (C)

Figura 90

a

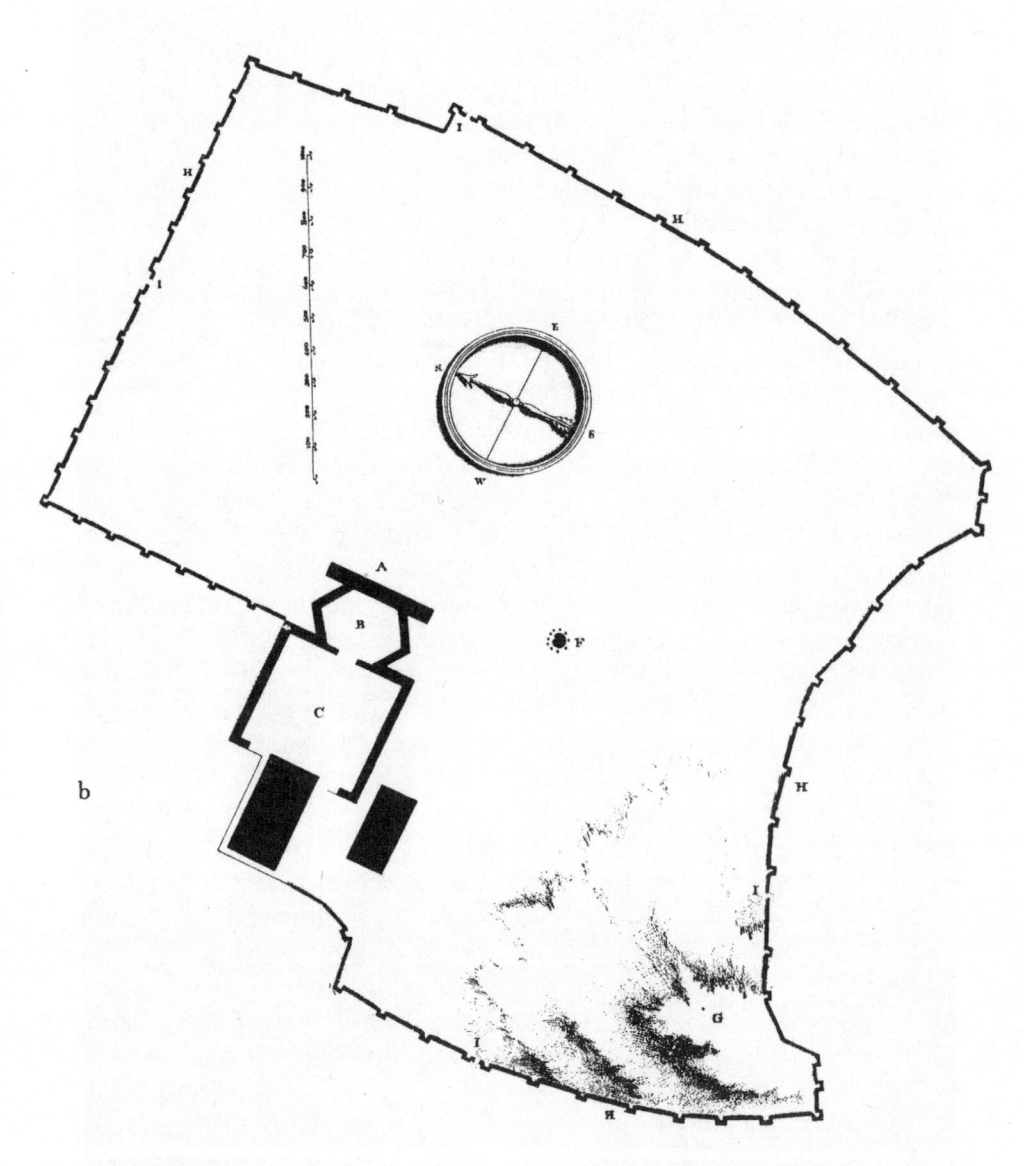

Figura 91

inteiramente ocupado por um altar de proporções monumentais, com cerca de 18 metros de altura, que saía de uma base quadrada com 23 metros em cada lado. No extremo mais ocidental do pátio ficava a casa do deus (D). Com medidas colossais de 91,5 metros por 53,4 metros, seu alicerce era um pódio com uma elevação de 5 metros do pátio, o que o deixava a 13 metros acima da plataforma principal. E era a partir dessa altura que as colunas, a arquitrave e o telhado compunham um verdadeiro arranha-céu da Antiguidade.

Desde a entrada e escadaria monumentais até a última parede ocidental, o santuário estendia-se por mais de 300 metros. Era tão imenso que tornava pequeno um grande templo ao sul (E), dedicado a uma divindade masculina que alguns afirmam ter sido Baco, mas que, provavelmente, era Mercúrio. Também havia um templo pequeno e redondo mais a sudeste, onde Vênus era venerada. Uma equipe de arqueólogos alemães, sob o comando do Kaiser Guilherme II, explorou e estudou a história do sítio logo após uma visita dele às ruínas, em 1897. Eles conseguiram reconstruir a disposição do recinto sagrado, criando uma imagem artística de como poderiam ser templos, escadarias, pórticos, passagens, colunas, pátios e altares em tempos romanos (Figura 92).

Uma comparação com a famosa Acrópole de Atenas pode dar uma boa ideia da escala do tamanho dessa plataforma libanesa e seus templos. O complexo de Atenas (Figura 93) foi construído em uma pradaria em forma de navio com menos de 300 metros de comprimento e pouco mais de 100 metros de largura máxima. O deslumbrante Partenon, o templo de Atena, que ainda domina a área antes sagrada e toda a planície de Atenas, tem apenas cerca de 70 metros por 30 metros; bem menor que o templo de Baco ou Mercúrio no sítio libanês.

O arquiteto e arqueólogo *sir* Mortimer Wheeler visitou as ruínas e escreveu sobre elas, há algumas décadas: "os templos... não devem nada de suas qualidades e materiais a novidades como o concreto. Eles repousam tranquilamente sobre as *maiores pedras alguma vez vistas no mundo,* e algumas de suas colunas são *as mais altas da Antiguidade...* Temos aqui o último grande monumento... do mundo helênico".

De fato, tanta opulência só poderia pertencer ao mundo helênico, pois nenhum historiador ou arqueólogo foi capaz de encontrar alguma razão que explicasse um esforço tão grande por parte dos romanos em construir essas edificações em uma província tão distante e sem importância. Só se fosse pelo fato de o lugar ter sido consagrado pelos gregos que os precederam. Os deuses consagrados com três templos foram

Figura 92

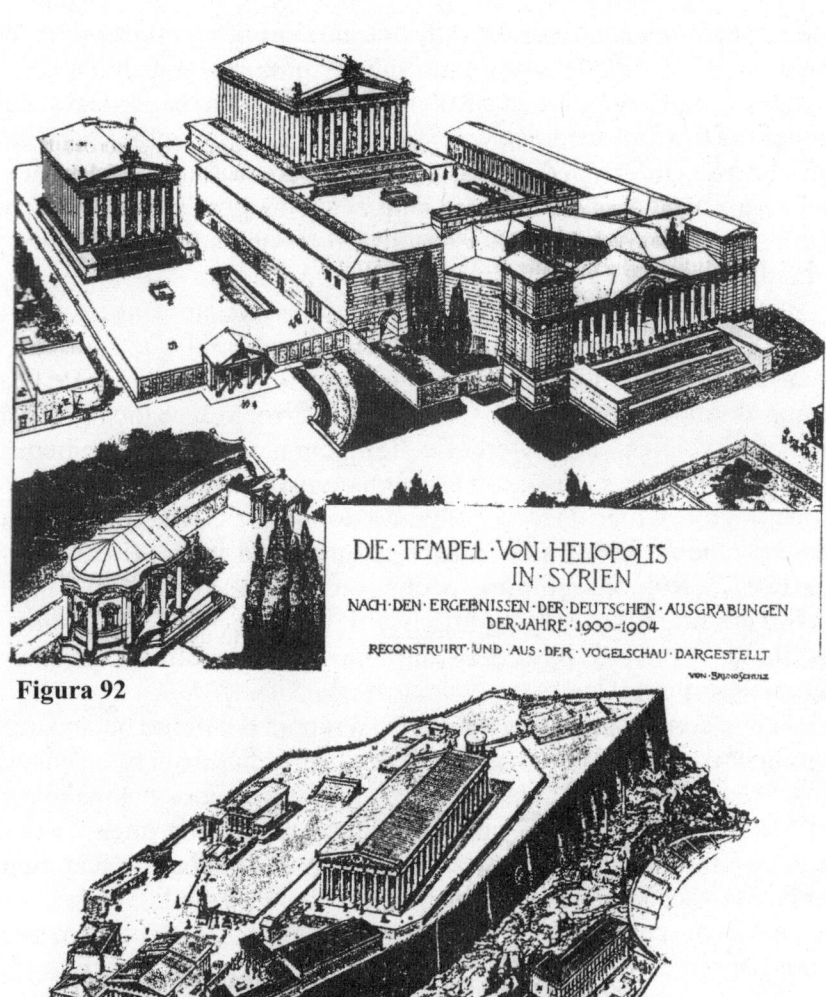

Figura 93

Júpiter, Vênus e Mercúrio (ou Baco), que eram para os gregos os deuses Zeus, sua irmã Afrodite e seu filho Hermes (ou Dionísio).

Os romanos consideravam o sítio e seu grande templo como a manifestação máxima da supremacia e glória de Júpiter. Eles o tratavam por *Iove* (que lembra o hebreu *Yehovah*) e inscreveram sobre o templo e sua estátua principal as iniciais divinas I.O.M.H. – *Iove Optimus Maximus Heliopolitanus* – o Ótimo e Máximo Júpiter, o Heliopolitano.

Esse título de Júpiter tem origem no fato de que, apesar de o grande templo ser dedicado ao Deus Supremo, se julgava que o lugar tinha sido um refúgio de descanso para *Hélio*, o deus Sol, que costumava atravessar os céus em suas carruagens velozes. Essa crença foi transmitida pelos gregos, e os romanos acabaram por também adotar o nome do local: *Heliópolis*. Ninguém sabe ao certo por que os gregos utilizaram esse nome; alguns estudiosos acreditam que tenha sido escolha de Alexandre, o Grande.

No entanto, a veneração grega ao local deve ter sido muito antiga e profunda, pois fez com que os romanos o glorificassem com o maior dos monumentos, consultando os oráculos da região que continham os segredos de seu destino. Senão, como explicar o fato de que, "em termos de simples medidas, peso de pedras, dimensões de blocos individuais e quantidade de entalhes, esse recinto não possuía rivais no mundo greco-romano" (John M. Cook, *The Greeks in Ionia and the East*).

Na verdade, a associação do local a alguns deuses vem de tempos longevos. Arqueólogos acreditam que ali possam ter sido construídos até seis templos antes da época dos romanos. E não resta dúvida de que qualquer santuário que os gregos possam ter erguido – como depois fizeram os romanos – foi feito em cima de fundações já existentes. Devemos lembrar que Zeus (o Júpiter dos romanos) veio da Fenícia (atual Líbano) para Creta atravessando o Mediterrâneo a nado depois de ter raptado a bela filha do rei de Tiro. Afrodite também chegou à Grécia pela Ásia Ocidental. E o apreensivo Dionísio, a quem o segundo templo (ou talvez outro na região) foi dedicado, trouxe para a Grécia a uva e a arte da fabricação do vinho.

Ciente das origens antigas da veneração do local, o historiador e gramático romano Macróbio esclareceu seus compatriotas com as seguintes palavras (*Saturnália* I, Capítulo 23):

> Os assírios também veneram o sol, que chamam de Júpiter. Também o conhecem como Zeus Helioupolites e realizam rituais importantes na cidade de Heliópolis.

A prova de que esta divindade é ao mesmo tempo Júpiter e o Sol manifesta-se na natureza de seu ritual e em sua aparência.

Para evitar argumentos que começam com longas listas de divindades, explico logo aquilo que os assírios acreditavam ser o poder do sol (deus): eles o tratavam por *Adad* e o veneravam como o melhor e mais alto.

A atração que o local exerceu sobre as crenças e imaginação dos povos durante milênios também se manifestou na história do templo após a veneração romana. Quando Macróbio escreveu o texto citado, por volta do ano 400 d.C., Roma já era cristã e o sítio já tinha sido alvo de destruição fanática. Assim que se converteu ao Cristianismo, Constantino, o Grande (306-337), parou com qualquer trabalho no local e imediatamente iniciou sua conversão a um templo cristão. Em 440, um cronista disse: "Teodósio destruiu o templo dos gregos e transformou em uma igreja católica o templo de Heliópolis, aquele de Baal Hélio, o grande Sol-Baal do conhecido Trilithon". O imperador Justiniano (525-565) mandou levar alguns dos pilares de granito vermelho para Constantinopla, a capital bizantina, onde construiu a Basílica de Santa Sofia (Hagia Sophia). Esses esforços em cristianizar o lugar foram várias vezes deparados com uma oposição armada da população local.

Quando os muçulmanos conquistaram o domínio da região no ano 637, converteram os templos romanos e as igrejas cristãs, construídos sobre a gigantesca plataforma elevada, em um enclave maometano. Onde Zeus e Júpiter tinham sido adorados, foi construída uma mesquita para venerar *Alá*.

Estudiosos da atualidade tentaram descobrir mais sobre a adoração ancestral nesse local analisando as descobertas arqueológicas das imediações. O principal local era Palmira (a bíblica Tadmor), um antigo centro de caravanas na rota entre Damasco e a Mesopotâmia. Eruditos como Henry Seyrig (*La Tríade Héliopolitaine*) e René Dussand (*Temples et Cultes Héliopolitaine*) concluíram que a mesma tríade tinha sido venerada ao longo dos tempos. Os mais cultuados eram o Deus do Trovão, a Donzela Guerreira e o Condutor da Carruagem Celestial. Com a ajuda de outros estudiosos, eles conseguiram a aceitação por parte da comunidade acadêmica de que essa tríade greco-romana provinha de crenças semíticas que, por sua vez, se baseavam no panteão sumério. A primeira de todas as tríades era liderada por *Adad*, que recebeu de Enlil – o principal deus da Suméria – "as terras montanhosas do norte". O membro feminino da tríade era *Ishtar*. Depois de visitar a região, Alexandre, o Grande, mandou cunhar uma moeda em homenagem a Ishtar/

Astarte e Adad. O nome do imperador macedônio aparece inscrito no idioma fenício-hebraico (Figura 94). O terceiro membro da tríade era o Condutor da Carruagem Celestial, *Shamash*, o comandante dos astronautas pré-históricos. Os gregos honraram-lhe (e a Hélio) construindo uma estátua colossal no cume do templo principal (ver Figura 92) e representavam-no conduzindo uma quadriga. Eles acreditavam que sua alta velocidade era atingida pelos quatro cavalos que iam à frente, mas os autores do *Livro de Enoch* diziam que "a quadriga de Shamash era conduzida pelo vento".

Figura 94

Ao examinar as tradições e crenças greco-romanas, somos levados mais uma vez à Suméria. Voltamos a Gilgamesh e sua busca pela Imortalidade na Floresta de Cedros e nas "encruzilhadas de Ishtar". Apesar de localizado no território de Adad, o local estava sob a jurisdição de Shamash. E eis que surge a tríade original: Adad, Ishtar e Shamash.

Será que chegamos ao Local de Aterrissagem?

São poucos os estudiosos da atualidade que ainda duvidam que os gregos fossem conhecedores das aventuras épicas de Gilgamesh. Em sua "investigação sobre as origens do conhecimento humano e sua transmissão através do Mito", intitulado *Hamlet's Mill*, Giorgio de Santanilla e Hertha Von Deschend salientaram que "Alexandre foi uma verdadeira réplica de Gilgamesh". E muito antes disso, nos relatos históricos de Homero, Odisseu (Ulisses) teria seguido por caminhos semelhantes. Depois do naufrágio durante a viagem para a casa de Hades, no Mundo Inferior, seus marinheiros chegaram a um lugar onde "se alimentaram do gado do deus Sol" e foram mortos por Zeus. Solitário,

Odisseu vagou pelo mundo até chegar à "Ilha Ogígia", um lugar remoto de tempos pré-diluvianos. Ele encontrou a deusa Calipso, "que o manteve em uma caverna e o alimentou, e, se ele aceitasse a proposta de casamento, ela o tornaria imortal; assim, ele nunca envelheceria". Mas Odisseu recusou sua proposta, assim como fizera Gilgamesh, ao declinar o amor de Ishtar.

Henry Seyrig, que na função de diretor das Antiguidades da Síria dedicou toda a sua vida ao estudo da grande plataforma e seu significado, descobriu que os gregos costumavam praticar "rituais misteriosos, nos quais a vida após a morte era representada como a Imortalidade para os humanos – a identificação com a divindade era obtida por meio da ascensão (ao céu) da alma". Seyrig concluiu que, de fato, os gregos associavam esse local com os esforços do homem em atingir a Imortalidade.

Seria esse o mesmo local na Montanha de Cedros para onde Gilgamesh se dirigiu com seu amigo Enkidu – a Crista do Zafon, de Baal?

Para obter uma resposta definitiva, devemos analisar com atenção as características físicas do local. Sabemos que os gregos e os romanos erigiram sobre uma plataforma pavimentada, que já existia há muito tempo, uma área feita de grandes e pesados blocos de pedra ajustados uns aos outros de forma tão perfeita que ninguém até hoje conseguiu penetrá-la e estudar suas câmaras, túneis, cavernas e outras subestruturas que permanecem ocultas.

Acreditamos que essas estruturas subterrâneas realmente existem porque outros templos gregos também continham grutas e adegas por baixo do solo aparente. Georg Ebers e Hermann Guthe (*Palästina in Bild und Wort*; na versão inglesa, *Picturesque Palestine*) contam que, há um século, árabes da região entraram nas ruínas "pela abertura a sudeste, através de uma longa passagem arqueada como um túnel ferroviário *sob a grande plataforma*" (Figura 95). "Dois arcos corriam paralelos, de leste a oeste, e eram ligados por um terceiro, que seguia no sentido norte-sul, formando ângulos retos". Os dois escritores entraram no túnel e viram-se envoltos em total escuridão; havia somente alguns pontos de luz verde e estranha, que entrava por "janelas entrelaçadas". Quando emergiram do túnel de 140 metros, eles perceberam que estavam por baixo da parede norte do Templo do Sol, "que os árabes chamavam de *Dar-as-saadi*, Casa da Suprema Bem-Aventurança".

Equipes de arqueólogos alemães também relataram que a plataforma, aparentemente, ficava assente sobre arcos gigantes, mas estavam mais preocupados em mapear e reconstruir a estrutura. Nos anos 1920, uma missão arqueológica francesa liderada por André Parrot confirmou a existência de um labirinto subterrâneo, mas não conseguiu penetrar em suas partes escondidas. Quando a plataforma foi perfurada a partir dos grandes blocos de pedra da parte superior, foram descobertas provas de outras estruturas construídas por baixo.

Figura 95

Os templos foram erguidos sobre uma plataforma elevada que chegava a atingir 9 metros de altura, dependendo do terreno. Ela era pavimentada com pedras que, a julgar pelas beiradas visíveis das peças, tinham um comprimento que variava entre um metro e nove metros; uma largura geralmente de um metro e uma espessura de 1,83 metro. Até hoje ninguém se atreveu a calcular a quantidade de pedras extraídas, cortadas, moldadas, transportadas e assentadas, camada sobre camada. Provavelmente ultrapassaria a Grande Pirâmide do Egito.

Quem quer que tenha construído essa plataforma, prestou particular atenção ao canto retangular noroeste, onde fica o templo de Júpiter/Zeus. Os mais de 15 mil metros quadrados do templo apoiavam-se sobre um pódio elevado que certamente foi construído com o propósito de sustentar uma grande quantidade de peso. Com camadas e camadas de pedras gigantescas, o Pódio eleva-se oito metros acima do nível do pátio à sua frente e 13 metros acima do solo em suas extremidades a norte e a oeste. Na parte ao sul, onde ainda podemos ver seis colunas do templo, notamos claramente as camadas de pedra (Figura 96a). Intercaladas entre pedras menores, há camadas alternadas de blocos que medem até 6,5 metros de comprimento. Também notamos, no canto inferior esquerdo, as camadas mais baixas do Pódio projetando-se como um terraço sob o templo. Ali, os blocos de pedra são monstruosos.

E maiores ainda eram os blocos de pedra na face ocidental do Pódio. Como mostrado no desenho esquemático do canto noroeste feito pela equipe de alemães (Figura 96b), a base saliente e as camadas superiores do Pódio foram construídas com blocos de pedra "ciclópicos", alguns com quase dez metros de comprimento, quatro metros de altura e 3,60 metros de espessura. Feitas as contas, cada um dos blocos tem 140 metros cúbicos de pedra e pesa mais de 500 toneladas.

Podem parecer grandes, mas, se contarmos que as maiores pedras da Grande Pirâmide do Egito pesavam 200 toneladas, certamente esses não foram os maiores blocos de granito utilizados pelos engenheiros da Antiguidade.

A camada central do Pódio, situada a cerca de seis metros acima da base, era feita com pedras ainda maiores. Topógrafos modernos dizem que são "gigantes", colossais, "enormes". Os historiadores da época as chamavam de *Trilithon* – a Maravilha das Três Pedras. E estão expostos no lado ocidental do Pódio, lado a lado, três únicos blocos de pedra que não podem ser vistos em nenhum outro lugar do mundo. Trabalhadas com precisão e com ajuste perfeito, cada uma das três pedras (Figura 97) mede por volta de 20 metros de comprimento e tem laterais entre quatro e cinco metros, o que representa um total de 280 metros cúbicos de granito com um peso acima de mil toneladas!

As pedras para a Plataforma e o Pódio foram extraídas localmente, e Wood e Dawkins incluem uma dessas pedreiras em seu desenho panorâmico (Figura 90), no qual mostram alguns blocos espalhados pela área. No entanto, os blocos gigantes foram extraídos, talhados e

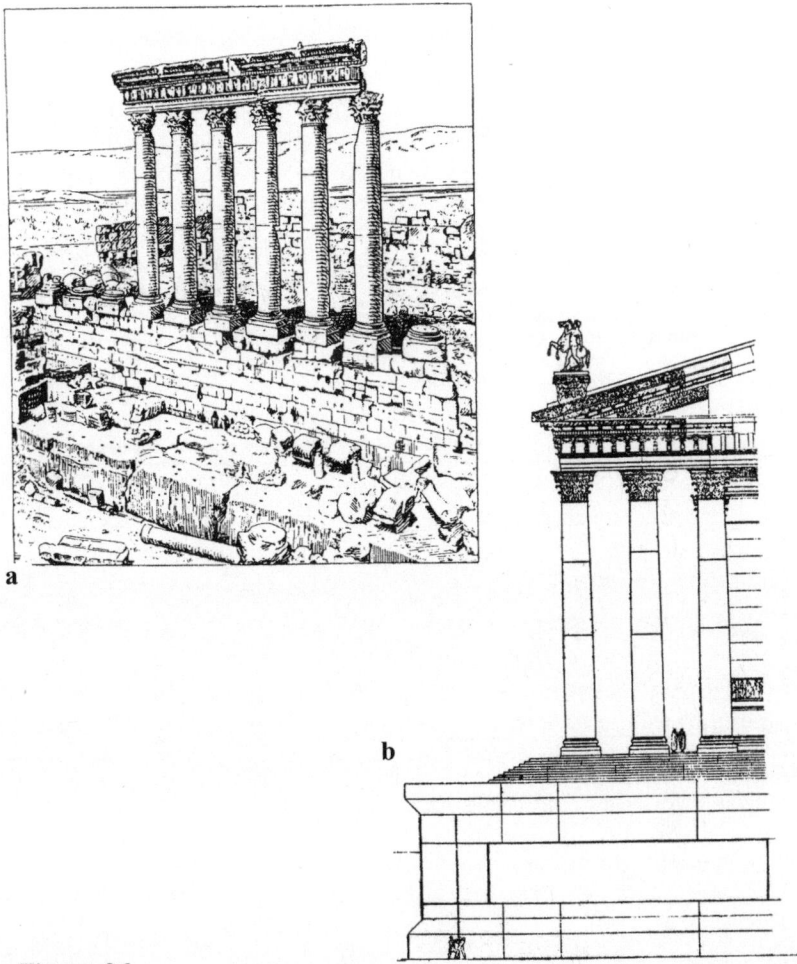

Figura 96

moldados em outra pedreira situada em um vale a quase um quilômetro a sudoeste do recinto sagrado. Foi ali que tivemos uma visão ainda mais impressionante que o Trilithon.

Vimos, parcialmente enterrada, outra pedra gigantesca abandonada *in situ* pelo canteiro da Antiguidade. Cortada e moldada com maestria, sua base era conectada ao solo pedregoso por meio de uma linha extremamente fina. E tinha dimensões inacreditáveis: 21 metros de comprimento e uma circunferência de cinco metros por quatro metros. Uma pessoa lá no alto parecerá uma mosca pousada em um *iceberg*... De acordo com estimativas, essa pedra teria mais de 1.200 toneladas.

Figura 97

Figura 98

Muitos estudiosos acreditam que a intenção seria transportá-la, assim como as outras três, ao local sagrado onde talvez fosse feita uma ampliação do lado norte do terraço do Pódio. Ebers e Guthe registraram a teoria de que na fileira abaixo do Trilithon não há duas pedras menores, e sim uma única semelhante à encontrada na pedreira da região, medindo mais de 20 metros de comprimento, e danificada ou trabalhada para ter a aparência de dois blocos menores, assentados lado a lado.

Talvez a intenção tenha sido inserir a gigantesca pedra em algum lugar, mas de qualquer maneira ela serve de testemunha à imensidão e singularidade da Plataforma e do Pódio instalados nas montanhas do Líbano. O fato mais intrigante é que, até os dias de hoje, não existe um guindaste, veículo ou mecanismo capaz de levantar um peso de mil a 1.200 toneladas. Isso sem falar em carregar um objeto com essas proporções por vales e montanhas e depois colocá-lo em uma posição precisa e predefinida a vários metros acima do solo. Não há indícios de nenhuma estrada, passagem, rampa ou qualquer outra obra que possa sugerir, mesmo que remotamente, que esses megálitos tenham sido arrastados ou puxados da pedreira até o topo da colina.

No entanto, em dias remotos, alguém, de alguma maneira, conseguiu tal feito...

Mas quem? As tradições locais afirmam que o recinto sagrado já existia desde os tempos de Adão e seus filhos, que viveram na área da Montanha de Cedros depois de Adão e Eva serem expulsos do Jardim do Éden. Essas lendas dizem que Adão vivia na atual Damasco e faleceu não muito longe dali. Foi seu filho Caim quem construiu um refúgio na Crista do Cedro, depois de matar seu irmão Abel.

O patriarca maronita do Líbano deixou registrada a tradição que diz que "a fortaleza no Monte Líbano é a edificação mais antiga do mundo. Foi construída por Caim, filho de Adão, no ano 133 da Criação, durante um ataque de loucura. Ele deu-lhe o nome de seu filho Enoch e povoou-a com gigantes que eram punidos por suas injustiças com a inundação". Depois do Dilúvio, a área foi reconstruída com os esforços do bíblico Nimrod, que tentava escalar os céus. Conforme dizem as lendas, a Torre de Babel não ficava na Babilônia, mas sobre a grande plataforma do Líbano.

D'Arvieux, um viajante do século XVII, escreveu em suas *Mémoires* (parte II, capítulo 26) que tanto os habitantes locais judeus como os muçulmanos diziam que um manuscrito antigo encontrado no sítio revelava que "depois da Inundação, quando Nimrod governou o Líbano, ele enviou gigantes para reconstruir a Fortaleza de Baalbek, cujo nome é uma homenagem a Baal, o deus dos moabitas, adoradores do deus Sol".

A associação do deus Baal com o lugar sagrado em tempos pós-diluvianos é notável e nos faz pensar que, assim que os gregos e romanos partiram, os povos da região abandonaram o nome helênico Heliópolis e voltaram a tratar o local sagrado por seu nome semita. Aliás, o nome que conhecemos até hoje: *Baalbek*.

Há opiniões divergentes a respeito do significado exato do nome. Muitos acreditam que queria dizer "O Vale de Baal". Mas, pela grafia e pelas referências que encontramos no Talmude, deduzimos que significava "O Lamento de Baal".

Vamos ler, mais uma vez, os versos finais do épico encontrado em Ugarit que descrevem a derrota de Baal em sua luta com Mot, a descoberta de seu corpo sem vida e o sepultamento solene realizado por Anat e Shepesh em uma gruta na Crista de Zafon:

> Eles encontraram Baal, que jazia no chão;
> O bravo Baal está morto;
> O Príncipe, Senhor da Terra, sucumbiu...
> Anat chora todo o seu lamento;
> No vale, ela bebe suas lágrimas como o vinho.
> Ela clama perante Shepesh, a Tocha dos Deuses:
> "Eu suplico, ergue o bravo Baal,
>   coloca-o sobre mim".
> Shepesh, a Tocha dos Deuses, ouve suas súplicas,
> Levanta o bravo Baal,
> E pousa-o sobre os ombros de Anat.
> Ela o transporta para o Refúgio de Zafon;
> Lamenta-o, sepulta-o;
> Deita-o nos buracos da terra.

As lendas locais, assim como todas as outras, contêm em sua raiz um pouco de antigas memórias de acontecimentos reais e dizem que Baalbek realmente pertence a tempos muito antigos. Elas atribuem sua criação aos "gigantes" e relacionam sua construção com o Dilúvio. Também fazem ligações com Baal e a "Torre de Babel", o lugar por onde "se escalava aos céus".

Quando examinamos a vasta Plataforma, sua localização e desenho, e pensamos em qual seria o propósito do imenso Pódio construído para sustentar grandes quantidades de peso, acabamos por nos lembrar da imagem da moeda de Biblos (Figura 89): um templo imenso, uma área sagrada protegida por muralhas, um pódio de edificações maciças e, sobre ele, a Câmara Celestial em forma de foguete.

As descrições do Lugar Oculto de Gilgamesh também nos voltam à mente; a muralha invencível, o portão que deixava em choque qualquer um que toque nele, o túnel que leva ao "recinto em que são dadas as palavras de comando", a "casa secreta dos anunnakis" e o Guardião monstruoso com seu "raio flamejante".

E para nós não restam dúvidas de que encontramos em *Baalbek* a Crista de Zafon de Baal, o destino da primeira viagem de Gilgamesh.

A designação de Baalbek como "As Encruzilhadas de Ishtar" implica que, enquanto transitava pelos céus, a deusa podia entrar e sair do "Local de Aterrissagem", e também passar por outros locais de aterrissagem na Terra. Da mesma forma, a tentativa de Baal de instalar no topo da Crista de Zafon "um objeto que lança palavras, 'uma pedra que sussurra'", implica a existência, em algum lugar, de unidades de comunicação similares capazes de "unir o Céu e a Terra, os mares e os planetas".

Será que realmente existiram outros lugares na Terra que podiam servir de Locais de Aterrissagem para as aeronaves dos deuses? Existiam, além da conhecida Crista de Zafon, outras "pedras que sussurram?"

A primeira, e mais óbvia, evidência era o próprio nome Heliópolis – prova de que os gregos acreditavam que Baalbek era, assim como essa cidade egípcia, uma "Cidade do deus sol". O Antigo Testamento também reconhecia a existência de uma *Beth-Shemesh* ("Casa de Shamash") ao norte e uma outra ao sul, chamada *On*, o nome bíblico para a egípcia Heliópolis. O profeta Jeremias disse que nesse local ficavam "as Casas dos deuses do Egito", os obeliscos erigidos pelos faraós.

A Beth-Shemesh do norte ficava no Líbano, próximo de *Beth-Anath* ("Casa/Lar de Anat"). O profeta Amós identificou-a como a localização dos "palácios de Adad... a Casa daquele que viu El". Durante o reinado de Salomão, suas terras abrangiam partes da Síria e do Líbano, e os vários lugares onde ele mandou construir grandes edificações incluem *Baalat* ("O Lugar de Baal") e *Tamar* ("O Lugar das Palmeiras"). Muitos eruditos reconhecem essas regiões como sendo Baalbek e Palmira (veja mapa, Figura 78).

Historiadores gregos e romanos fizeram inúmeras referências às ligações entre as duas Heliópolis. Quando falava do panteão egípcio dos 12 deuses a seus alunos, o historiador grego Heródoto citava um "Imortal que os egípcios veneravam como um Hércules", dando a Fenícia como lugar de origem de culto, "onde ouvi falar de um templo dedicado a Hércules, muito idolatrado por todos". No templo, ele viu dois pilares: "um de ouro puro e outro de esmeraldas que, à noite, possuíam um brilho fulgurante".

Esses sagrados "Pilares do Sol", ou "Pedras dos deuses", foram representados em moedas fenícias que ilustram a conquista da região por Alexandre (Figura 99). Heródoto ainda nos deixou mais uma informação: as duas pedras eram ligadas, sendo que uma delas era feita de um metal considerado o melhor condutor de eletricidade (ouro). E a outra era feita de uma pedra preciosa (esmeralda), muito utilizada atualmente em aparelhos de comunicação a laser e, quando emitem um raio de alta potência, emanam uma luz esverdeada. Não é algo parecido com o objeto elaborado por Baal que os textos canaanitas chamam de "as pedras do esplendor"?

O historiador romano Macróbio, ao mencionar explicitamente a ligação entre a fenícia Heliópolis (Baalbek) e sua correspondente egípcia, também fala de uma pedra sagrada: "um objeto" que cultuava o deus solar Zeus Helioupolites, que foi levado por sacerdotes da Heliópolis egípcia para a Heliópolis (Baalbek), no norte. "O objeto", ele acrescenta, "é hoje venerado pelos assírios, e não pelos egípcios".

Outros historiadores romanos salientaram que "as pedras sagradas" adoradas pelos "assírios" e egípcios tinham uma forma cônica. O historiador romano Quinto Curcio recorda que o objeto estava no templo de Amon, no oásis de Siwa. Quinto escreveu que "a coisa era venerada como um deus e não tem a mesma forma que os artesãos utilizam para os deuses; sua aparência é a de um *umbilicus* feito de esmeralda fundida com outras pedras preciosas".

A informação de um objeto cônico venerado em Siwa foi citada por F. L. Griffith quando ele anunciou no *The Journal of Egyptian Archaeology* (1916) a descoberta de um "*omphalos*" em Núbia, a "cidade-pirâmide" de Napata. Esse "monumento singular meroítico" (Figura 100) foi encontrado por George A. Reisner, da Universidade de Harvard, na câmara interior do templo de Amon – no extremo sul do Egito.

O termo *omphalos*, em grego, ou umbilicus, em latim, significa "umbigo" – uma pedra cônica que até hoje os estudiosos não entendem por que era usada na Antiguidade para demarcar o "centro da Terra".

O templo de Amon, no oásis de Siwa, era onde estava o oráculo que Alexandre não perdeu tempo em consultar assim que chegou ao Egito. Temos o testemunho de Calístenes, historiador de Alexandre, e também de Quinto Curcio, que dizem que o *omphalos* feito de pedras preciosas era o "objeto" venerado nesse templo.

Figura 99   **Figura 100**

O templo dedicado a Amon, onde Reisner descobriu a pedra em forma de *omphalos*, ficava em Napata, uma antiga capital dominada pelas rainhas núbias – o que nos faz lembrar a visita de Alexandre à rainha Candace durante sua busca incansável pela Imortalidade.

Terá sido mera coincidência que, como reportou Heródoto, o rei persa Cambises, em sua busca pelos segredos da longevidade, enviou seus homens para a Núbia à procura do templo no qual a "Mesa do Sol" era conservada? No início do primeiro milênio antes de Cristo, a rainha de Sabá empreendeu uma longa viagem de visita ao rei Salomão, em Jerusalém, e as lendas de Baalbek contam que ele adornou as construções do Líbano em sua honra. Será que a rainha de Sabá seguiu por caminhos longos e perigosos apenas para admirar a sabedoria de Salomão, ou seu objetivo seria também consultar o oráculo de Baalbek, na bíblica "Casa de Shemesh"? Parece haver mais do que meras coincidências, e a questão que surge é: se no centro desses oráculos ficava mesmo um *omphalos*, seria então esse objeto a verdadeira fonte dos oráculos?

A construção (ou reconstrução) na Crista de Zafon de um silo de lançamento e uma plataforma de aterrissagem não foi a causa da batalha fatal entre Baal e Mot. O combate foi causado pela tentativa de Baal em instalar clandestinamente no local uma "Pedra do Esplendor", um aparelho que possibilitava a comunicação com os céus e outros domínios na Terra. Além do mais, era:

> Uma pedra que sussurra;
> Suas mensagens serão desconhecidas para os homens,
> As multidões da Terra não irão compreender.

Quando consideramos a dupla função aparente da Pedra do Esplendor, fica clara a mensagem secreta que Baal enviou a Anat: o objeto que os deuses utilizavam para se comunicar entre si era o mesmo de onde emanavam as respostas dos oráculos dos deuses para os reis e heróis!

Em um estudo mais minucioso sobre o assunto, Wilhelm H. Roscher (*Omphalos*) mostra que o termo indo-europeu para essas pedras – *navel*, em inglês, *nabel*, em alemão – tem origem no sânscrito *nabh*, que significa "emanar com força". Então não é coincidência que nas línguas semíticas *naboh* signifique "predizer" e *nabih*, "profeta". Todos esses termos acabam por nos remeter aos sumérios, para quem NA.BA(R) queria dizer "pedra clara e brilhante que ilumina".

Conforme estudamos os textos antigos, surge uma verdadeira rede de lugares com oráculos. Heródoto, que reportou com precisão a existência do oráculo meroítico de Júpiter – Amon (Livro II, 29), acrescentou informações relevantes às ligações que estabelecemos, dizendo que os "fenícios", que ergueram o oráculo de Siwa, também criaram o mais antigo oráculo da Grécia, que fica em *Dodona*, uma região montanhosa do noroeste (perto da atual fronteira com a Albânia). Ela conta uma história que ouviu quando visitou o Egito, que narra que "duas mulheres sagradas foram roubadas e levadas de Tebas (no Egito) pelos fenícios. Uma foi vendida na Líbia (oeste do Egito), e a outra na Grécia. Essas mulheres foram as primeiras pessoas a encontrar os oráculos em ambos os países". Heródoto escreveu que ouviu essa versão dos sacerdotes egípcios de Tebas, mas em Dodona corria a versão de que "as duas pombas negras voaram de Tebas", uma pousou em Dodona e outra em Siwa. E assim foram criados os dois templos com oráculos de Júpiter, que era chamado de Zeus pelos gregos de Dodona, e Amon pelos egípcios de Siwa. O historiador romano Silio Itálico (século I), ao contar que Aníbal consultara o oráculo de Siwa para saber o destino de suas guerras com Roma, também atribuiu o voo das duas pombas de Tebas à criação dos oráculos do deserto da Líbia (Siwa) e da Caônia grega (Dodona). Séculos mais tarde, o poeta grego Nonnus descreve em sua obra-prima *Dionysiaca* os santuários de Siwa e Dodona como sendo lugares gêmeos, e afirma que os dois estavam em constante conversação entre si:

> Eis a recém-encontrada voz do Zeus da Líbia!
> As areias sedentas enviaram uma mensagem oracular
> à pomba da Caônia (= Dodona).

Mas, para F. L. Griffith, a descoberta do *omphalos* na Núbia lembra outro centro de oráculo na Grécia. Ele dizia que a forma cônica do *omphalos* núbio "era exatamente a mesma do *omphalos* do oráculo de Delfos".

Delfos, o sítio do oráculo mais popular da Grécia, era dedicado a Apolo ("O de Pedra"), e suas ruínas são até hoje um dos locais mais visitados por turistas que visitam o país. Assim como em Baalbek, lá também o recinto sagrado ficava em uma plataforma construída na encosta de uma montanha, de frente a um vale que se abre como um funil em direção ao Mar Mediterrâneo e às terras costeiras.

Vários registros históricos citam a pedra de *omphalos* como o objeto mais sagrado de Delfos. Ela ficava em uma base especial, na câmara interior do templo de Apolo; uns afirmam que sozinha, e outros dizem que ficava ao lado de uma estátua feita em ouro do deus. Em uma câmara subterrânea, longe da vista dos fiéis, a sacerdotisa, em transe, respondia às perguntas dos reis e heróis com frases enigmáticas enviadas pelo deus e transmitidas pelo objeto.

O *omphalos* sagrado original desapareceu misteriosamente, provavelmente durante alguma das várias guerras sagradas ou invasões estrangeiras. Contudo, uma réplica, talvez de tempos romanos, foi descoberta em escavações arqueológicas e atualmente se encontra em exibição no Museu de Delfos (Figura 101).

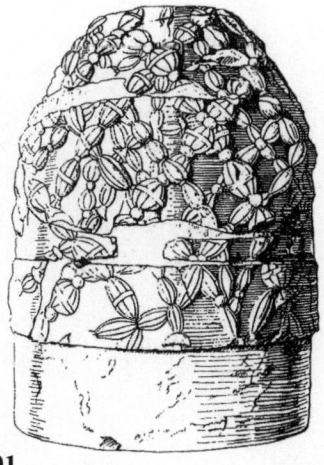

Figura 101

Para demarcar o local onde existia o primeiro oráculo em Delfos, mesmo antes de o templo ser construído, alguém, em uma época desconhecida, colocou uma pedra simples de *omphalos* no Corredor Sagrado que leva ao templo.

As moedas de Delfos mostravam Apolo sentado no *omphalos* (Figura 102), e quando a Fenícia foi conquistada pelos gregos, eles também representavam Apolo sobre o *omphalos* "assírio". Também era muito frequente as pedras serem mostradas como cones gêmeos ligados um ao outro por uma base comum, como na Figura 99.

Por que Delfos foi escolhida como o lugar sagrado para o oráculo, e como a pedra de *omphalos* foi parar lá? As tradições dizem que quando Zeus queria encontrar o centro da Terra, ele soltava águias dos dois polos opostos do mundo. Elas voavam até se encontrar em Delfos; por isso o local foi eleito e consagrado com a instalação do *omphalos*, a grande pedra umbilical.

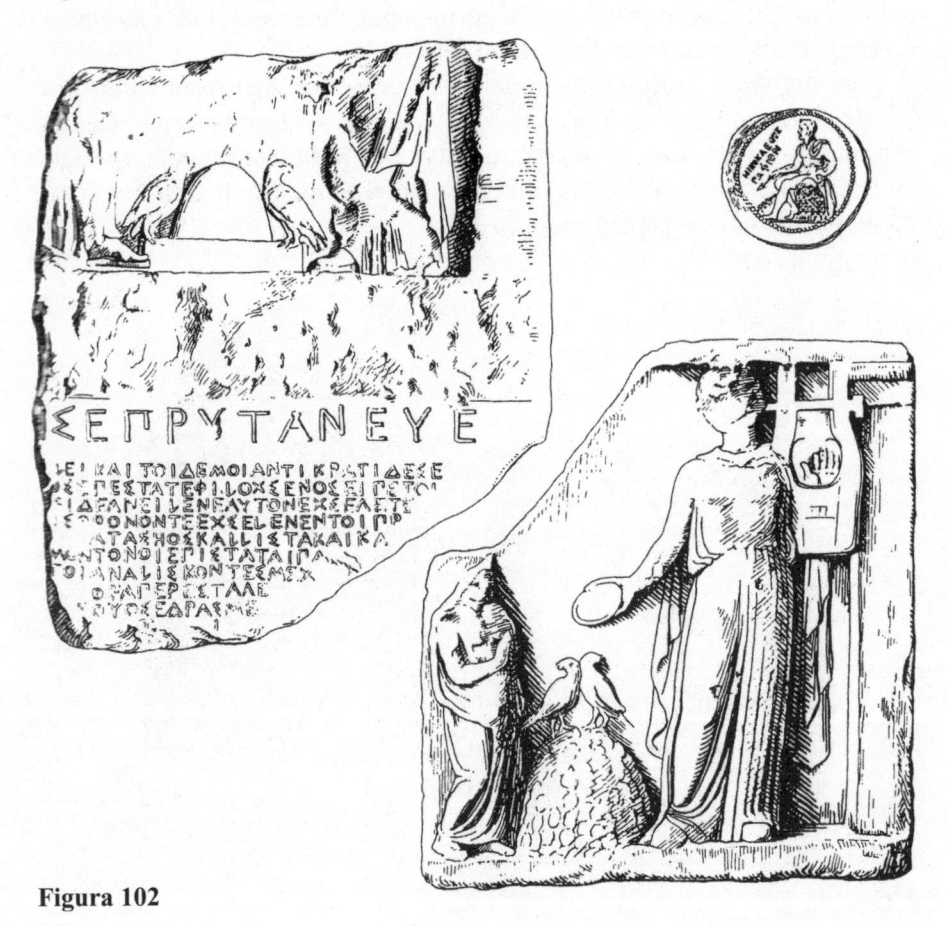

Figura 102

Imagens do objeto foram encontradas na arte grega, mostrando dois pássaros lado a lado, no topo da pedra cônica (Figura 102). Em vez de águias, muitos estudiosos dizem ser pombos-correios capazes de encontrar o caminho de volta a um determinado lugar, por isso acabaram por simbolizar a medida de um Centro da Terra ao outro.

As lendas gregas dizem que Zeus refugiava-se em Delfos durante suas batalhas aéreas com Tifão, descansando na plataforma na qual depois foi construído o templo de Apolo. Além de corredores subterrâneos, túneis misteriosos e passagens secretas, o santuário de Amon, em Siwa, tinha uma área secreta, de 55 metros por 51 metros, cercada por uma enorme muralha. No centro, erguia-se uma plataforma de pedra maciça, sempre associada com "as pedras que sussurram". Podemos concluir então que, tal como a imensa Baalbek, eles eram tanto um Local de Aterrissagem como um Centro de Comunicações?

Não nos surpreende que as duas Pedras Sagradas apareçam em textos egípcios acompanhadas pelas duas águias (Figura 103). E muitos séculos antes de os gregos começarem a erguer centros de oráculos e criar santuários, um faraó egípcio já tinha mandado representar um *omphalos* com dois pássaros em sua pirâmide. Foi Seti I, que viveu no século XIV a.C., e seu desenho mostra o Deus Oculto nas terras de Seker, o *omphalos* mais antigo alguma vez visto (Figura 19). Ele era o meio de comunicação pelo qual as mensagens, "ou palavras", "eram transmitidas diariamente a Seker".

Figura 103

Em Baalbek, encontramos o objetivo da primeira viagem de Gilgamesh. Seguimos a trilha que liga as Pedras do Esplendor "que sussurram" e chegamos ao *Duat*.

Era o local em que os faraós buscavam o Caminho para o Céu, para a vida após a morte. Acreditamos que esse foi o lugar para onde Gilgamesh se dirigiu em sua segunda viagem em busca da Vida.

X

TILMUN: A TERRA DOS FOGUETES

Sem dúvida, a busca épica de Gilgamesh pela Imortalidade foi a fonte original para muitas outras histórias e lendas sobre reis e heróis que, durante milênios, seguiram seus passos à procura da eterna juventude. As memórias mitificadas da Humanidade afirmavam que havia algum recôndito lugar na Terra, onde o Homem poderia se juntar aos deuses e escapar da indignidade da morte.

Há quase 5 mil anos, Gilgamesh de Uruk suplicou a Utu (Shamash):

> Em minha cidade os homens morrem;
> oprimido está meu coração.
> O homem perece; pesado está meu coração,
> Mesmo o mais alto dos homens não consegue
> alcançar o Céu.
> Ó Utu,
> Na Terra desejo entrar, seja meu aliado.
> No local onde foram erguidos os *Shem*,
> Que eu também erga meu *Shem*!

Sabemos que o *Shem*, comumente traduzido por "Nome" (pelo qual cada um é lembrado), era de fato um foguete. Enoch evaporou em seu "Nome" quando foi levado para o céu. Quinhentos anos após o épico de Gilgamesh, o rei Teti, faraó do Egito, fez quase a mesma súplica:

> Os homens perecem,
> Eles não têm *Nome*.
> (Ó Deus)

Segura o rei Teti pelos braços,
Leva o rei Teti para o céu,
Para que ele não morra na Terra, entre os homens.

O destino de Gilgamesh era Tilmun, o local de onde os foguetes eram instalados. Perguntar como ele chegou a esse local é o mesmo que perguntar que caminho Alexandre seguiu, acreditando ser um faraó e um filho de deus. E ainda nos perguntamos: em que lugar da Terra ficava o *Duat*?

Para nós, uma coisa está bem clara: todos esses lugares que serviram de busca para a Vida Eterna eram o mesmo.

E mostraremos de forma contundente que o local onde eles esperavam encontrar o Caminho para o Céu era a península do Sinai.

Aceitando a possibilidade de que o *Livro dos Mortos* faz realmente referência ao atual Egito, alguns estudiosos acreditam que a suposta viagem do faraó foi ao longo do Rio Nilo, seguindo todos os santuários que vão do Alto ao Baixo Egito. No entanto, textos antigos citam claramente uma viagem que ultrapassa as fronteiras do país. O faraó segue em direção a leste, e não a norte. E depois de passar pelo Lago dos Juncos e por um deserto, ele não deixa apenas o Egito, mas a África, pois são muito citados os perigos, reais e "políticos", em abandonar os domínios de Hórus e entrar nas "Terras de Seth", na Ásia.

Quando os Textos das Pirâmides foram inscritos pelos primeiros faraós, a capital do Egito era Mênfis; e, a uma curta distância a nordeste, ficava o antigo centro religioso de Heliópolis. Desses centros, uma rota de viagem na direção leste passava por uma cadeia de lagos de juncos e correntezas. Para além, ficavam o deserto, os desfiladeiros e a península do Sinai, onde os céus foram palco da batalha final entre Hórus e Seth, Zeus e Tifão.

O conceito de que a viagem do faraó para a vida após a morte na verdade levou-o até a península do Sinai é sustentado pelo fato de Alexandre ter imitado não apenas os reis do Egito, mas também o Êxodo Israelita sob o comando de Moisés.

Assim como na Bíblia, o lugar de partida era o Egito e logo em seguida vinha o "Mar Vermelho", uma barreira aquosa cujas águas se abriram para que os israelitas pudessem atravessar a pé. Também encontramos essas barreiras aquosas nas histórias de Alexandre, e eram sempre chamadas de Mar Vermelho. Assim como no Êxodo, Alexandre também tentou fazer com que suas tropas conseguissem atravessar as águas a pé, por um tipo de ponte, segundo uma versão; e, em outra, "Alexandre abriu as águas com suas orações". Caso fosse bem-sucedido ou não (depende da versão), soldados inimigos eram levados pelas águas, assim como os egípcios que perseguiam os judeus acabaram morrendo afogados. Depois da travessia, os israelitas lutaram com os inimigos amalequitas. Na versão cristã das histórias de Alexandre, o inimigo aniquilado "pelas águas do Mar Vermelho que se derramam sobre eles" eram chamados "amalequitas". Ultrapassadas as águas – a tradução literal do termo bíblico *Yam Suff* é "Mar/Lago dos Juncos" –, começa uma travessia pelo deserto em direção à montanha sagrada. A montanha principal que Alexandre atingiu era chamada *Mushas*, a Montanha de Moisés, cujo nome hebraico era *Moshe*. Foi lá que Moisés encontrou um anjo que falou por intermédio do fogo (o arbusto ardente); e um incidente semelhante surge nas lendas de Alexandre.

Os paralelos multiplicam-se quando lembramos o conto do Alcorão que fala de Moisés e do peixe. No livro sagrado muçulmano, o local das Águas da Vida era "a junção de dois rios". Exatamente onde as águas de Osíris se dividiam em dois afluentes, os faraós encontraram a entrada para o reino subterrâneo. E, nos contos de Alexandre, foi na junção dos dois rios subterrâneos que o ponto crucial foi atingido, onde a "Pedra de Adão" emitia luz, onde o macedônio foi aconselhado pelos seres divinos a tomar o caminho de volta.

Também havia uma tradição corânica que igualava Alexandre a Moisés chamando-o "O dos Dois Chifres", o que nos faz lembrar a afirmação bíblica de que Moisés, depois de visitar o Senhor no Monte Sinai, ficou com um semblante radiante de onde despontavam "chifres" (literalmente, raios) de luz.

O cenário para o Êxodo bíblico foi a península do Sinai, e a conclusão que tiramos de todas essas semelhanças é que só pode ter sido na direção da península do Sinai que Alexandre, Moisés e os faraós seguiram em suas viagens para leste do Egito. E mostraremos que essa era a mesma meta de Gilgamesh.

Para chegar a *Tilmun*, em sua segunda e decisiva viagem, Gilgamesh embarcou em um "Navio de *Magan*", um Navio do Egito. Seguindo pela Mesopotâmia, ele navegou a sul do Golfo Pérsico, circundando a Península Arábica para entrar no Mar Vermelho (que os egípcios chamavam de Mar de Ur). Como o nome de sua embarcação indica, ele teria subido o Mar Vermelho em direção ao Egito. Mas, na verdade, seu destino era Tilmun. Será que ele pretendia ancorar na Núbia, na costa ocidental do Mar Vermelho? Ou na Arábia, para leste, ou então seguir em frente em direção à península do Sinai? (veja mapa, Figura 2).

Facilitando nossa investigação, Gilgamesh deparou-se com um infortúnio. Seu navio foi naufragado por um deus guardião logo após o início da viagem. Ele não estava muito distante da Suméria, pois Enkidu (cuja presença no navio foi o motivo do naufrágio) rogou para que eles voltassem, a pé, para Uruk. Decidido a prosseguir, o rei continuou a viagem por terra. Se sua meta fosse as margens do Mar Vermelho, talvez ele tivesse atravessado a Península Arábica; mas as lendas contam que ele seguiu para noroeste. O que para nós é um fato, porque, depois de atravessar um deserto e desbravar montanhas de difícil acesso, sua primeira visão de algo parecido com uma civilização foi um "mar na baixada". Havia uma cidade nas proximidades e uma taberna em sua periferia. A "cervejeira" alertou-o de que o mar que ele desejava atravessar era o "Mar das Águas da Morte".

Tal como os Cedros do Líbano serviram de ponto de referência para marcar o primeiro destino de Gilgamesh, "O Mar das Águas da Morte" era uma pista fundamental para determinar o paradeiro do rei em sua segunda epopeia. Pelo Oriente Próximo e por todas as terras do mundo antigo, só há um leito de água como esse, e ele tem o mesmo nome até hoje: *Mar Morto*. Ele é realmente um "mar baixo", aliás, o menor de todos, pois fica em uma depressão a cerca de 400 metros abaixo do nível do mar. Suas águas são tão saturadas de sais e outros minerais que são totalmente desprovidas de qualquer vida marítima.

Uma muralha cercava a cidade às margens do Mar de Águas Mortas, seu templo era dedicado a Sin, o deus-Lua, e a dona da taberna que ficava nos arredores recebeu Gilgamesh com hospitalidade e deu-lhe toda a informação de que ele necessitava.

Nesse ponto, não podemos ignorar as incríveis semelhanças com um famoso relato bíblico. Quando terminaram os 40 anos de peregrinação dos judeus por terras inóspitas, chegou o momento da chegada a Canaã. Eles vieram pela península do Sinai, deram a volta pela margem sul até chegarem ao local onde o Rio Jordão desagua no Mar Morto. Quando Moisés subiu a uma colina por cima da planície, avistou – como Gilgamesh – as águas reluzentes do "mar baixo". *Jericó* ficava em uma planície do outro lado do Jordão. Como essa cidade era um impedimento para o avanço dos israelitas em direção a Canaã, eles enviaram dois espiões para explorar suas defesas. Com o auxílio da dona de um albergue junto às muralhas da cidade, eles conseguiram guarida, informação e direções.

O nome hebraico para Jericó é *Yeriho*, literalmente "Cidade da Lua" – a cidade dedicada a Sin, o deus da Lua.

Acreditamos ser a mesma cidade à qual Gilgamesh chegou, 15 séculos antes do Êxodo.

Mas será que Jericó existia, por volta de 2.900 a.C., quando o rei estava empenhado em suas aventuras? Os arqueólogos concordam que Jericó teria sido povoada muito antes de 7.000 a.C., e foi um próspero centro urbano desde 3.500 a.C.; portanto, foi mesmo a Jericó que o rei Gilgamesh chegou.

Descansado e revigorado, Gilgamesh planejou a continuação da viagem. Vendo que se encontrava no extremo norte do Mar Morto, ele perguntou à cervejeira se seria possível atravessar as águas em vez de seguir por terra. Se a opção fosse a rota terrestre, ele teria seguido o mesmo caminho dos israelitas, mas em sentido contrário, pois ele até desejava trilhar os mesmos passos do povo de Israel. Com a ajuda do barqueiro Urshanabi, acreditamos que o rei tenha desembarcado na extremidade sul do Mar Morto, o mais próximo possível da península do Sinai.

Dali, ele deveria seguir um "caminho normal", uma rota muito utilizada pelas caravanas, "em direção ao Grande Mar que fica muito distante". Mais uma vez, reconhecemos a geografia local por meio das terminologias bíblicas, que chamavam de Grande Mar, o Mediterrâneo. Depois de passar pelo Negev, o deserto a sul de Canaã, Gilgamesh deveria seguir para o ocidente, até encontrar os "dois marcos de pedra". Urshanabi disse que ele deveria seguir uma curva até chegar à cidade de Itla, próxima ao Mar Morto. A partir dali, ficava a Quarta Região dos deuses, a área proibida.

Itla era uma "Cidade de Deuses" ou uma Cidade de Homens?

Uma versão hitita fragmentada da Epopeia de Gilgamesh indica que, pelos acontecimentos, seria uma cidade tanto de deuses como de homens. Itla era uma "cidade santificada", por onde deuses e homens transitavam o tempo todo e o caminho era indicado por placas na estrada. Gilgamesh descansou, vestiu roupas limpas e conseguiu os cordeiros que oferecia diariamente em sacrifício aos deuses.

Também conhecemos uma cidade com essas características no Antigo Testamento; ficava onde o sul de Canaã se funde com a península do Sinai e servia como passagem para a Planície Central da península. Sua santidade pode ser logo notada pelo nome: *Kadesh* ("A Sagrada"), e distinguia-se de sua homônima do norte (próxima a Baalbek) pelo segundo nome *Kadesh Barneia* (que tinha origem suméria e poderia significar "Kadesh dos Pilares de Pedras Reluzentes"). Na Era dos Patriarcas, ela fazia parte dos domínios de Abraão, que "viajou para o Negev e viveu entre Kadesh e Shur".

Pelo nome e função, também conhecemos a cidade por meio dos relatos canaanitas de deuses, homens e seu desejo pela Imortalidade. Basta lembrar que Daniel pediu ao deus El que lhe concedesse um herdeiro legítimo, assim seu filho poderia erigir uma estela em sua homenagem, em Kadesh. Outro texto ugarítico conta-nos que um filho de El chamado *Shibani* ("O Sétimo") – a cidade bíblica de Beersheba ou Bersabeia ("O Poço do Sétimo") pode ter tido esse nome em sua homenagem – deveria erguer um (Pilar) comemorativo no deserto de Kadesh.

De fato, tanto Charles Virolleaud como René Dussaud – que foram pioneiros na tradução e compreensão dos textos ugaríticos (publicados no jornal *Syria*) – concluíram que o palco de muitos contos épicos "era a região entre os mares Vermelho e Mediterrâneo", a península do Sinai. O deus Baal gostava de pescar no Lago Sumkhi e costumava caçar no "deserto de Alosh", uma região associada (como mostra a Figura 104) às tamareiras. Os dois pesquisadores salientaram que esse enclave geográfico ligava o local ugarítico aos registros bíblicos do Êxodo. Os israelitas, segundo os Números 33, viajaram de Mará (o lugar das águas amargas) e Elim (o oásis das tamareiras) para *Alosh*.

Mais informações que situam El e os deuses mais jovens no mesmo contexto do Êxodo são encontradas em um documento que os estudiosos chamaram "O Nascimento dos Belos e Graciosos Deuses". Seus versos iniciais localizam a ação no "Deserto de *Sufim*", sem dúvida, um deserto às margens do *Yam Suff* ("Mar dos Juncos"), do Êxodo:

> Invoco os belos e graciosos deuses,
>   filhos do Príncipe.
>   Eu os colocarei na Cidade da Ascensão e da Partida,
>   no deserto de Sufim.

Figura 104

Os textos canaanitas nos fornecem mais uma evidência quando se referem ao líder do panteão como "El", o supremo, o altíssimo – um título genérico, em vez de um nome próprio. Mas, como foi mostrado anteriormente, El é chamado de *Yerah*, e sua esposa é *Nikhal*. "Yerah" é o termo semítico para "Lua", o deus mais conhecido como *Sin*; e "Nikhal" é a forma semítica para NIN.GAL, o nome sumério para a esposa do deus-Lua.

Estudiosos tentaram provar muitas teorias em relação à origem do nome da península, *Sinai*. E uma delas foi eleita como a melhor hipótese, já que, como o próprio nome diz, "Pertencia a *Sin*".

Já vimos (Figura 72) que a lua crescente era o símbolo da divindade situada na região do Portal Alado; descobrimos também que um ponto importante de cruzamento nas rotas centrais do Sinai, um lugar com águas abundantes chamado *Nakhl*, era o mesmo nome da mulher de Sin.

Assim, podemos concluir com segurança que a península do Sinai era a "Terra de Tilmun".

Uma análise da geografia, topografia, geologia, do clima, da flora e de toda a história da península do Sinai confirma nossa teoria e esclarece a importância do Sinai nos assuntos dos deuses e dos homens.

Os textos da Mesopotâmia dizem que Tilmun ficava na "boca" de duas extensões de água. Se pensarmos um pouco, lembramos que a península do Sinai tem a forma de um triângulo invertido e realmente começa onde o Mar Vermelho se separa em dois braços, com o Golfo de Suez a oeste e o Golfo de Eilat (Golfo de Aqaba) a leste. E, se observarmos com atenção os desenhos egípcios que mostram a Terra de Seth, onde ficava o Duat, vemos uma península com as mesmas características do Sinai (Figura 105).

Os textos se referem à "montanhosa Tilmun", e a parte sul da península do Sinai realmente é bastante sinuosa, assim como seu platô central; e a planície a norte, cercada por montanhas, segue por colinas de areia até a costa mediterrânea. Desde a Antiguidade, essa faixa costeira funciona como uma "ponte" entre a Ásia e a África. Os faraós egípcios a utilizaram para invadir Canaã e a Fenícia, e também para desafiar os hititas. Sargão, o rei de Acádia, diz ter "lavado suas armas" nas águas do Mediterrâneo, "nas terras do mar" – as terras ao longo da costa – "três vezes circundei, Tilmun prendeu minha mão". Sargão II, rei da Assíria, no século VIII a.C., afirmou ter conquistado a área que ia "de Bit-Yahkin, na margem do Mar Salgado até a fronteira com Tilmun". O nome "Mar Salgado" é usado até hoje pelos judeus para denominar o Mar Morto. Mais uma prova de que Tilmun estava próxima.

Figura 105

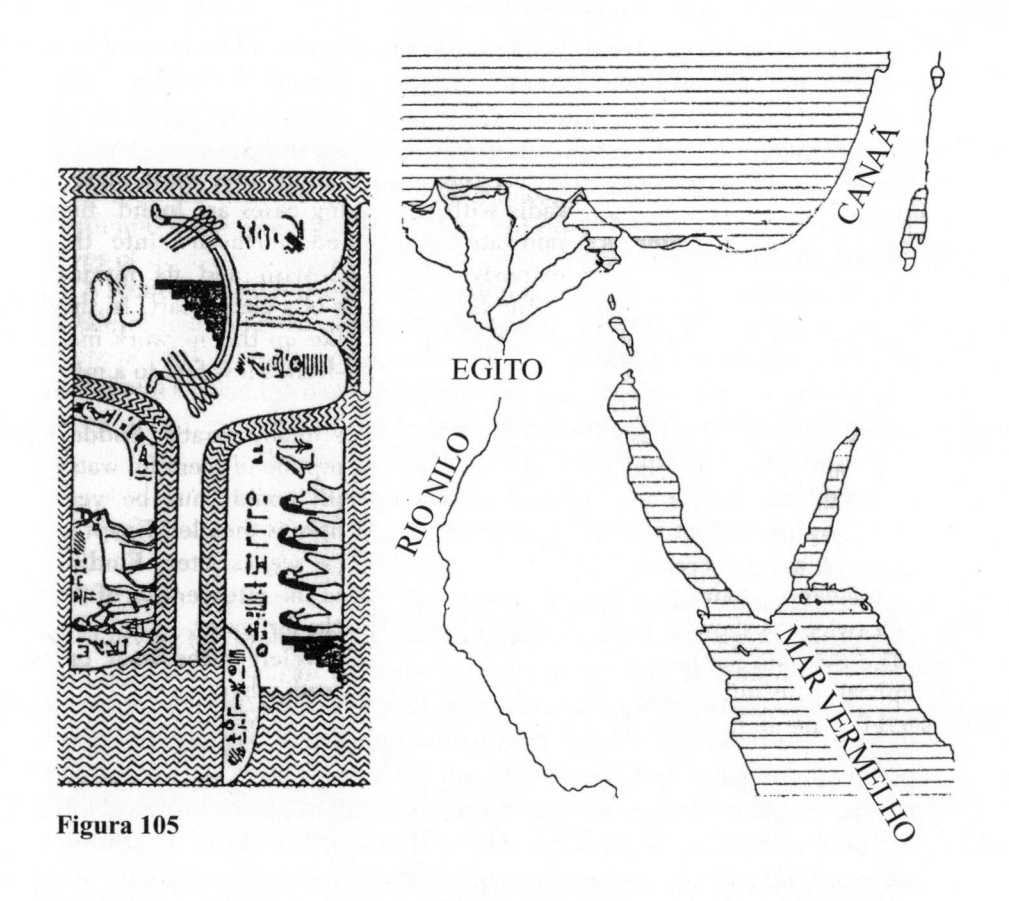

Vários reis assírios citam o Riacho do Egito como um marco geográfico crucial em suas expedições. Sargão II fala do Riacho quando descreve a conquista de Ashdod, a cidade filisteia na costa do Mediterrâneo. Assaradão, que reinou mais tarde, vangloriou-se: "Eu piso em Arza, no Riacho do Egito, e coloco seu rei, Asuhili, em grilhões... e de Qanayah, rei de Tilmun, eu exijo tributos". O termo "Riacho do Egito" é o mesmo utilizado na Bíblia para designar o grande e extenso *wadi* (rio raso que se torna caudaloso durante a temporada de chuva) do Sinai, hoje chamado de Wadi El-Arish. Assurbanipal, sucessor de Assaradão ao trono da Síria, afirmou que "colocou o jugo de sua soberania sobre Tiro, que fica no Mar Superior (Mediterrâneo) até Tilmun, no Mar Inferior (Mar Vermelho)".

Em todos esses relatos, a descrição da geografia e topografia de Tilmun se encaixa perfeitamente na península do Sinai.

Com poucas variações anuais, o clima da península na Antiguidade deve ter sido o mesmo dos dias de hoje: uma estação de chuva irregular que começa em outubro e vai até maio, deixando o resto do ano completamente seco. A chuva escassa acaba por definir o Sinai como uma região desértica (menos de 30 milímetros de chuvas anuais). No entanto, os picos de granito do sul ficam cobertos de neve no inverno; e, na faixa do litoral norte, o nível da água é de apenas poucos metros abaixo do solo.

Os *wadis*, porém, fazem parte da geografia da península. No sul, as águas das chuvas rápidas e repentinas correm para o leste (para o Golfo de Eilat) ou, na maioria das vezes, para o ocidente, desaguando no Golfo de Suez, uma região onde são encontrados riachos (*wadis*) pitorescos em desfiladeiros profundos, com belos e abundantes oásis. Mas o grosso das águas pluviais é conduzido para o Mar Mediterrâneo, no norte, pelo grande Wadi El-Arish e seus inúmeros afluentes, que, no mapa, mais parecem os vasos sanguíneos de um coração gigante. Nessa parte do Sinai, a profundidade dos *wadis* varia de poucos centímetros a poucos metros, e a extensão pode ir de alguns metros a mais de dois quilômetros, quando há chuvas torrenciais. Mas, mesmo na época das chuvas, as precipitações não são coerentes, e aguaceiros abruptos são alternados com longos períodos de seca. Nunca é possível prever se haverá abundância de água durante a estação, o que deve ter dificultado a viagem dos israelitas quando deixaram o Egito a meados de abril e entraram no deserto do Sinai poucas semanas depois. A água que esperavam acabou não vindo, e por duas vezes tiveram de interceder junto ao Senhor para mostrar a Moisés em quais pedras deveria bater para obter água.

Os *beduínos* (nômades locais), como outros viajantes frequentes do Sinai, conseguem repetir esse milagre quando o solo do leito do *wadi* é adequado. O segredo é que muitas dessas pedras estão acima de uma camada de lama que acaba por absorver rapidamente toda a água. Com um pouco de sorte e conhecimento, um *wadi* completamente seco poderia revelar água em abundância apenas a alguns metros abaixo da superfície.

Seria essa arte nômade um milagre realizado pelo Senhor? Descobertas recentes no Sinai oferecem novas pistas: hidrólogos israelitas associados ao Instituto Weizmann de Ciências descobriram que, em partes do deserto do Saara e em alguns desertos da Núbia, há uma "água fossilizada" – resquícios de lagos pré-históricos de outra era geológica – nas profundezas do centro do Sinai. Segundo as estimativas, o grande reservatório subterrâneo teria água suficiente para suprir uma população tão grande como a de Israel por quase cem anos, estendendo-se por cerca de 15 mil quilômetros quadrados em um cinturão que começa perto do Canal de Suez e chega ao interior do deserto do Negev.

Embora esteja a mais de 900 metros abaixo do solo pedregoso, a água subartesiana emerge com pressão própria a quase 300 metros da superfície. Quando os egípcios fizeram perfurações em busca de óleo na planície do norte (Nakhl), acabaram por encontrar esse reservatório de água. Outras buscas confirmaram um fato incrível: acima da terra, havia um deserto árido, e no subsolo, facilmente acessível com meios modernos de perfuração e bombeamento, um lago de águas puras e cristalinas!

Será que os nefilins, com sua tecnologia espacial, tinham conhecimento desse lago? Será que, em vez de ser apenas uma pequena fonte no leito seco de um *wadi*, essas foram as águas que fluíram da pedra partida por Moisés, como instruiu o Senhor? Leva em tua mão a vara com a qual fizeste os milagres no Egito – ele disse a Moisés –, eu estarei sobre uma pedra que deverás golpear com tua vara. "E a água fluirá dela e o povo dela beberá" – água suficiente para uma multidão de pessoas e seus animais. E para que a grandiosidade de Yahweh seja conhecida, Moisés deverá ser acompanhado de testemunhas; e o milagre aconteceu "perante os anciãos de Israel".

Um relato sumério que fala de Tilmun narra um acontecimento idêntico. É um conto sobre tempos difíceis causados pela escassez de água. Colheitas secaram, o gado não tinha pastagens, os animais não tinham o que beber e o povo emudeceu. Ninsikilla, esposa do governante de Tilmun, Enshag, queixou-se a seu pai, Enki:

> A cidade que deste,
> Tilmun, a cidade que deste,
> Não tem água nos rios
> A donzela não pode banhar-se
> Nenhuma água cristalina verte sobre a cidade.

Enki estudou o problema e concluiu que a única saída seria *trazer águas subterrâneas*. O poço devia ser muito mais profundo e as maneiras usuais de perfuração não permitiam atingir o local desejado. Então, Enki delineou um plano em que as camadas de pedras seriam perfuradas por um *míssil disparado do céu!*

> E Enki disse à sua filha, Ninsikilla:
> "Deixe que o divino Utu se posicione nos céus.

> Ele prenderá um míssil ao "peito"
> e o lançará em direção a terra....
> Da fonte de onde brotam as águas da Terra,
> ele te trará as águas doces.

Quando ouviu as instruções, Utu/Shamash partiu para fazer a água emergir das fontes subterrâneas:

> Utu tomou posição nos céus,
> com um míssil apertado ao "peito",
> Lançou-se do alto em direção à terra,
> E soltou o míssil do alto do céu.
> Das pedras de cristal, ele fez brotar a água;
> Da mesma fonte que gera as águas da Terra,
> ele tirou água doce e fresca.

Poderia um míssil lançado dos céus perfurar a superfície da terra e fazer brotar água potável? Um antigo escriba antecipou a incredulidade de seus leitores e acrescentou no final do conto: "em verdade, foi assim", e ainda diz que o milagre aconteceu. Tilmun tornou-se a terra "dos campos de colheitas férteis e fazendas que produzem grãos"; e a Cidade de Tilmun "passou a ser o porto da Terra, lugar de cais e ancoradouros".

Assim, as comparações entre Tilmun e o Sinai ficam duplamente confirmadas: primeiro, a existência de um reservatório subterrâneo de água, por baixo da superfície rochosa; e segundo, a presença de Utu/Shamash (o comandante do porto espacial) nas imediações.

A península do Sinai também gera *todos* os produtos que fizeram a fama de Tilmun como uma região que tinha minas de pedras preciosas como o lápis-lazúli tão apreciado pelos sumérios. É um fato concreto que os faraós do Egito obtinham a turquesa e a malaquita das regiões do sudoeste da península. A mais antiga área de mineração de turquesa hoje se chama Wadi Magharah, o Wadi das Cavernas. Túneis eram cavados nas laterais rochosas do desfiladeiro e os mineiros talhavam a pedra. Mais tarde, a mineração continuou em um sítio hoje chamado Serabit-el-Khadim. Inscrições egípcias da Terceira Dinastia (2700-2600 a.C.) foram descobertas no Wadi Magharah e acredita-se que os primeiros postos militares foram instalados nessa época com o objetivo de oferecer proteção e dar continuidade ao trabalho.

Descobertas arqueológicas e imagens dos "nômades asiáticos" capturados pelos primeiros faraós (Figura 106) convenceram os estudiosos de que, no início, os egípcios exploravam apenas as minas abertas pelas tribos semíticas. E, de fato, o nome egípcio para turquesa, *mafka-t* (por isso chamavam o Sinai de "Terra de Mafkat"), tem sua origem no verbo semítico "minerar, extrair por corte". Essas áreas de mineração ficavam no domínio da deusa Hathor, que era conhecida como a "Senhora do Sinai" ou "Senhora de *Mafkat*". Apesar de ser uma grande deusa de tempos longevos, das primeiras a fazer parte dos céus egípcios, ela era apelidada de "A Vaca" e aparecia sempre com chifres (ver Figuras 7 e 106). Seu nome, *Hathor*, tinha a forma hieroglífica de um falcão enclausurado e tem sido interpretado pelos eruditos como "Casa de Hórus" (Hórus era representado por um falcão); mas era, na verdade, "Casa do Falcão", o que só confirma ainda mais nossas teorias sobre a localização e funções da Terra dos Mísseis.

Figura 106

Segundo a *Enciclopédia Britânica*, "a turquesa era obtida na península do Sinai antes do quarto milênio antes de Cristo, durante as primeiras e mais importantes extrações de minérios do mundo". Na época, a civilização suméria ainda estava em seus primórdios, e a egípcia só surgiria mil anos depois. Quem poderia ter organizado as atividades nas minas? Os egípcios diziam que era obra de Thoth, o deus das ciências.

Essa afirmação e a atribuição da península do Sinai a Hathor mostram que os egípcios seguiam as tradições sumérias, cujos textos diziam que o deus que organizava as operações nas minas para os anunnakis era Enki, o Deus do Conhecimento. Nos tempos antediluvianos, Tilmun foi destinada a Ninhursag, irmã de Enki e Enlil. Em sua juventude, ela era de uma beleza arrebatadora e também a enfermeira chefe dos nefilins, mas, na velhice, recebeu o cognome "A Vaca" e, como Deusa das Tamareiras, era representada com chifres (Figura 107). As semelhanças entre ela e Hathor e as analogias entre seus domínios são tão óbvias que dispensam mais pesquisas.

Figura 107

O Sinai era uma importante fonte de cobre naqueles tempos, e para consegui-lo os egípcios dependiam basicamente de expedições de ataque feitas pelo interior da península. Um faraó da 12ª Dinastia (época de Abraão) deixou-nos estes comentários sobre seus feitos: "alcançaram as fronteiras do país estrangeiro com seus próprios pés, exploraram os vales misteriosos e chegaram aos limites do desconhecido". Ele vangloriava-se de que seus homens não perdiam nenhum lote do espólio apreendido.

Explorações realizadas recentemente por cientistas israelitas no Sinai trazem ainda mais evidências de que "durante os primeiros reinados do Egito, no terceiro milênio antes de Cristo, a região era densamente povoada por tribos semitas que exploravam as minas de cobre e turquesa e impediam a invasão de expedições faraônicas em seu território (Beno Rothenberg, *Sinai Explorations* 1967-1972). "Podemos constatar a existência de um grande empreendimento industrial-metalúrgico. Há minas de cobre, acampamentos de mineiros e fundições instalados desde a região oeste da região sul do Sinai até o extremo oriente de Eilat, no alto do Golfo de Aqaba".

Nos tempos do Antigo Testamento, Eilat era conhecida como Etzion-Gaber, a "Pittsburgh da Antiguidade". Há cerca de 20 anos, Nelson Glueck descobriu em Timna, a norte de Eilat, as minas de cobre do rei Salomão. O minério era transportado para Etzion-Gaber, onde era fundido e refinado "em um dos maiores, senão o maior, centros de metalurgia da época" (*Rivers in the Desert*).

Mais uma vez, as evidências arqueológicas ajustam-se aos textos bíblicos e mesopotâmicos. Assaradão, rei da Assíria, gabava-se de que "sobre *Qanayah*, rei de Tilmun, eu impus tributos". Os *queneus* são citados no Antigo Testamento como habitantes do sul do Sinai, e seu nome significa literalmente "ferreiros, metalúrgicos". Foi com uma moça dessa tribo que Moisés se casou quando fugiu do Egito. R. J. Forbes (*The Evolution of the Smith*) ressaltou que o termo bíblico *Qain* ("ferreiro") vem do sumério KIN ("moldador").

O faraó Ramsés III, que governou no século posterior ao Êxodo, deixou registrada sua invasão a esses povoados de ferreiros do cobre, assim como a pilhagem que comandou no centro metalúrgico de Timna-Eilat:

> Destruí o povo de Seir, das Tribos de Shasu; saqueei seu acampamento, suas posses e seu gado inúmeras vezes. Eles foram trazidos como cativos em tributo ao Egito. Ofereci-lhes aos deuses, como escravos em seus templos.
>
> Enviei meus homens para o País Antigo, para suas grandes minas de cobre. Uns foram transportados em galeras, outros viajaram por terra – um feito de que nunca se tinha ouvido falar antes, desde que começaram os reinados dos faraós.
>
> As minas transbordavam de cobre, que era carregado aos milhares nas galeras e enviado com segurança para o Egito. Uma vez lá, o metal era empilhado por baixo dos balcões do palácio, em 100 mil barras, todas da cor do ouro graças aos três processos de refinamento.
>
> Permiti que o povo as admirasse, maravilhado.

A sentença de Enkidu seria passar o resto de sua vida nas minas, por isso Gilgamesh teve a ideia de zarpar no "Navio do Egito" e dar uma carona ao amigo, já que a Terra das Minas e a "Terra dos Mísseis" ficavam no mesmo território. Nossa identificação encaixa com os registros antigos.

Antes de continuar com nossa reconstrução de acontecimentos pré-históricos e históricos, é importante sustentar a conclusão de que Tilmun era realmente o nome sumério para a península do Sinai – algo contrário ao que os estudiosos diziam até agora, por isso devemos analisar o ponto de vista deles e provar que estavam errados.

Uma persistente escola de pensamento que teve como um de seus primeiros defensores P. B. Cornwall (*On the Location of Tilmun*) identifica Tilmun, às vezes escrito "Dilmun", como sendo a ilha do Bahrein, no Golfo Pérsico. Essa visão baseia-se na inscrição de Sargão II da Assíria, na qual ele afirma que, entre outros que lhe pagavam tributos estava "Uperi, rei de Dilmun, cujo domínio é como um peixe a uma distância de 30 horas duplas, no meio do mar, onde o sol se levanta". Analisando essa frase minuciosamente, concluiu-se que Tilmun era uma ilha, e os eruditos que defendem essa posição afirmam que "o mar onde o sol se levanta" era o Golfo Pérsico; acabando por optar pela ilha do Bahrein. Há várias falhas nessa interpretação. Podia bem ser que apenas a capital de Tilmun ficasse em uma ilha; os textos não deixam dúvidas de que havia a terra de Tilmun e uma cidade de Tilmun. Outras inscrições assírias que citam cidades "no meio do mar" falam de locais na costa, e não em uma ilha, como é o caso de Arvad, na costa do Mediterrâneo. Portanto, se "o mar onde o sol se levanta" está a leste da Mesopotâmia, seguramente não se trata do Golfo Pérsico, pois ele fica a sul. Além do mais, o Bahrein fica muito perto da Mesopotâmia e não justifica 30 horas duplas de navegação, já que está a cerca de 450 quilômetros dos portos locais – uma distância que pode ser calmamente ultrapassada em apenas 60 horas de navegação.

Outra grande dúvida nessa relação Bahrein e Tilmun é relativa aos produtos que ajudaram a criar a fama de Tilmun. Já nos tempos de Gilgamesh nem toda a Terra de Tilmun era restrita. Como já vimos, havia uma área em que homens eram condenados a trabalhar em minas escuras e poeirentas extraindo cobre e pedras preciosas.

Sempre unida à Suméria pela cultura e comércio, Tilmun era quem fornecia as madeiras especiais tão procuradas; e seus campos, já citados no conto em que Ninsikilla implora por água, produziam as cebolas e tâmaras mais consumidas na época.

E o Bahrein nunca produziu nada disso, exceto algumas "tâmaras comuns". Assim, para sustentar sua opção, a escola pró-Bahrein de Geoffrey Bibby (*Looking for Dilmun*) e colegas que pensavam como ele dizia que o Bahrein era um porto de conexão. Os produtos vinham realmente de terras distantes, mas os navios que os transportavam não iam até a Suméria. Eles desembarcavam no Bahrein, onde os sumérios transferiam a mercadoria para outras embarcações, que então faziam a parte final da viagem a seu país. E ainda afirmam que, quando os escribas sumérios diziam que os produtos vinham de "Dilmun", queriam dizer o atual Bahrein.

Mas por que navios que tinham percorrido distâncias tão grandes não iriam até seu destino final, tão próximo, na Mesopotâmia? Por que ter mais trabalho e custos fazendo o descarregamento no Bahrein? Essa teoria ainda entra em contradição direta com as afirmações dos governantes da Suméria e Acádia de que todos os navios, inclusive os vindos de Tilmun, ancoravam em seus portos. Ur-Nanshe, rei de Lagash, dois séculos depois de Gilgamesh governar a vizinha Uruk, dizia que "os navios de Tilmun... traziam-me madeira como tributo". Reconhecemos o nome *Tilmun* em sua inscrição (Figura 108) por meio da grafia pictográfica para "míssil". Sargão, o primeiro governante de Acádia, gabava-se de que "nos portos de Acádia, ele fez ancorar navios de Meluhha, Magan e Tilmun".

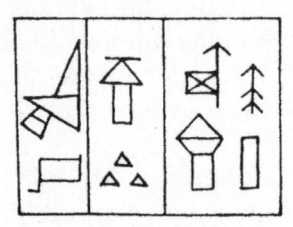

Figura 108

Segundo conceitos de lógica e economia, os navios levavam os produtos de Tilmun diretamente para os portos da Mesopotâmia; e os textos antigos também falam de exportações em sentido contrário. Uma inscrição até descreve um carregamento de trigo, queijo e cevada descascada de Lagash para Tilmun (cerca de 2500 a.C.) e nenhuma paragem ou transbordo em uma ilha qualquer são mencionados.

Um dos grandes opositores da teoria de Bahrein, Samuel N. Kramer (*Dilmun, the "Land of the Living"*), salientou que os textos da Mesopotâmia descreviam a ilha como "uma terra distante" que se atingia com muito risco e aventura. Essas descrições não encaixam com uma ilha próxima e de fácil acesso pelas águas tranquilas do Golfo Pérsico. Kramer ainda deu grande importância ao fato de que vários textos mesopotâmicos situavam Tilmun perto de *duas* extensões de água, e não próximo a um único mar. Os textos acadianos diziam Tilmun *ina pi narati* – "na boca de duas águas correntes": onde nascem duas extensões de água.

Guiado por outro documento que dizia que Tilmun era a terra "onde o sol se ergue", Kramer concluiu que a região ficava no continente, e não em uma ilha, e que devia ficar a leste da Suméria, pois é no leste que o sol se levanta. Procurando um lugar onde dois corpos de água se encontram, a única descoberta foi um local a sudeste, onde o Golfo Pérsico encontra o Oceano Índico. Seu palpite era que Tilmun ficava no Baluquistão ou próximo ao Rio Indo.

Kramer fica hesitante porque os inúmeros textos sumérios e acadianos que falam de países e povos nunca associam Tilmun a um oriente tão extremo como Elam ou Aratta. Elas avizinham-se, sim, com *Meluhha* (Núbia/Etiópia), *Magan* (Egito) e *Tilmun*. A proximidade entre o Egito (Magan) e Tilmun é bem evidente no final do texto de "Enki e Ninhursag", em que as nomeações de Nintula a "Senhor de Magan" e Enshag a "Senhor de Tilmun" são feitas com as bênçãos dos dois deuses. Outra evidência surge em um texto impressionante, uma espécie de autobiografia de Enki, que narra suas aventuras depois do Dilúvio, ajudando a Humanidade a estabelecer suas civilizações. E, mais uma vez, Tilmun surge ao lado de Magan e Meluhha:

> As terras de *Magan* e *Tilmun*
>   levantaram o olhar para mim.
> Eu, Enki, ancorei o barco Tilmun na costa,
> Carreguei o barco Magan até os céus.
> O alegre barco de *Meluhha*
>   transporta ouro e prata.

Visto que Tilmun estava próximo ao Egito, como ficamos quanto às afirmações de que também ficava "onde o sol se levanta" com o sentido, dizem os estudiosos, de ser a leste da Suméria, e não a oeste, onde fica o Sinai?

A resposta é muito simples: nenhum texto faz essa afirmação. Eles não dizem "onde o sol se levanta", e sim "onde Shamash ascende", o que é totalmente diferente. Tilmun não ficava a oriente, e sim no lugar onde Utu/Shamash (que não era o sol e apenas usava sua imagem como símbolo) ascendeu ao céu em seu foguete. O épico de Gilgamesh é muito claro:

> Ele chegou à Montanha de *Mashu*,
> E passava o dia observando os *Shem*
>   enquanto iam e vinham...
> Homens-foguete guardam sua entrada,
>   eles vigiam *Shamash*,
> enquanto ele ascende e descende.

E foi para este local que Ziusudra foi levado:

Na Terra da Travessia,
   na montanhosa Tilmun,
   o lugar por *onde Shamash ascendeu*
   eles fizeram sua morada.

E, uma vez que sua permissão para montar um *Shem foi negada*, e querendo apenas conversar com seu antepassado Ziusudra, Gilgamesh seguiu em direção ao *Monte Mashu*, em Tilmun – o *Monte de Moshe* (Moisés), na península do Sinai.

Botânicos modernos têm se surpreendido com a variedade da flora da península; já foram catalogadas mais de mil espécies de plantas, e muitas delas só nascem naquela região e variam entre árvores e arbustos pequenos. Seja nos oásis, por baixo das dunas de areia da costa ou nos leitos dos *wadis*, o importante é haver água suficiente para essa vegetação crescer com impressionante persistência, já que estão bem adaptadas ao clima e hidrografia únicos do Sinai.

A região nordeste do Sinai pode muito bem ter sido a fonte das tão apreciadas cebolas. O nome inglês para a variedade com caule longo e verde, *scallion*, tem muito a ver com o nome do porto de onde a iguaria partia para a Europa: *Ascalon*, na costa mediterrânea, a norte do Riacho do Egito.

A acácia é uma das árvores que se adaptou perfeitamente às características peculiares do Sinai. Com sua alta taxa de transpiração, ela cresce apenas nos leitos dos *wadis*, explorando a umidade subterrânea que lhes permite sobreviver quase dez anos sem chuva. É uma árvore de madeira preciosa, pois, como diz o Antigo Testamento, a Arca Sagrada e outras partes do Tabernáculo eram feitas com ela. Poderia muito bem ser a madeira que os reis da Suméria importavam para erigir seus templos.

Uma visão constante no Sinai são as tamargueiras, árvores baixas que acompanham o curso dos *wadis* durante o ano todo, pois suas raízes atingem a umidade abaixo da superfície e crescem mesmo onde a água é salobra ou salina. Depois de invernos chuvosos, os bosques de tamargueiras ficam cheios de uma substância doce e granulosa, que é o excremento de pequenos insetos que vivem nessas árvores. Os beduínos a chamam até hoje por seu nome bíblico, *manna*.

No entanto, a árvore mais associada a Tilmun na Antiguidade era a *tamareira*, ainda hoje importante para a economia do Sinai. Sem requisitar grandes cuidados, essa árvore supre todas as necessidades dos beduínos: seus frutos são saborosos e nutritivos, as cascas e os caroços servem para alimentar os animais; o tronco é utilizado em construções e a produção de combustível; as folhagens servem de telhado; e as fibras, para corda e também para tecelagem.

Documentos mesopotâmicos também indicam que, na Antiguidade, as tâmaras eram exportadas de Tilmun. Os frutos eram tão grandes e saborosos que as receitas preparadas para os deuses de Uruk (cidade de Gilgamesh) especificavam que "durante todos os dias do ano, nas quatro refeições diárias, deveriam ser utilizadas 108 tâmaras normais e da Terra de Tilmun, assim como figos e passas... deveriam ser oferecidos às divindades". A cidade mais próxima da antiga rota terrestre entre o Sinai e a Mesopotâmia era Jericó, e seu epíteto bíblico era "Jericó, a cidade das tâmaras".

Sabemos que a tamareira foi utilizada como símbolo sagrado das antigas relações entre o Homem e seus deuses nas religiões do Oriente Próximo. O salmista bíblico prometeu que "os justos, como a tamareira, florescerão". Em sua visão da reconstrução do templo de Jerusalém, o profeta Ezequiel vislumbrou "querubins e tamareiras... com uma árvore entre dois querubins, e um querubim entre duas árvores". Depois de passar um tempo entre os exilados trazidos da Judeia, Ezequiel ficou bem familiarizado com as representações artísticas do Querubim e da tamareira (Figura 109).

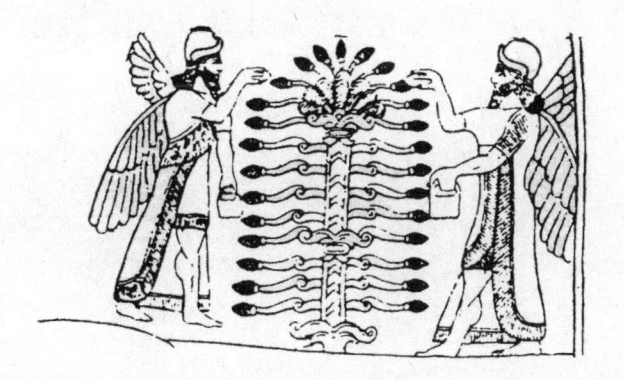

Figura 109

Além do Disco Alado (o símbolo do 12º Planeta), a imagem mais comum entre todos os povos da Antiguidade era a *Árvore da Vida*. Em

1912, Felix von Luschau (*Der Alte Orient*) mostrou que os capitéis das colunas jônicas e egípcias (Figuras 110a,110b) eram nada mais do que estilizações da Árvore da Vida, em forma de tamareira (Figura 110c). Uma confirmação de que o Fruto da Vida, tão citado em contos e lendas épicos, era uma variedade especial de tâmara. Encontramos o tema da tamareira como símbolo da Vida transportado até mesmo para os muçulmanos do Egito, basta observar a ornamentação da grande mesquita do Cairo (Figura 100d).

Muitos trabalhos importantes, como o *De Boom des Levens en Schrift en Historie*, de Henrik Bergema, e *The King and the Tree of Life in Ancient Near Eastern Religion*, de Geo. Widengren, mostram que o conceito de uma árvore que cresce na Morada dos Deuses se espalhou do Oriente Próximo para toda a Terra e se tornou um princípio básico de todas as religiões do mundo.

A fonte de todas essas imagens e crenças foram os textos sumérios da Terra dos Vivos,

Figura 110

Tilmun,
Onde as anciãs não dizem "sou uma velha"
Onde os anciãos não dizem "sou um velho".

Os sumérios, mestres em jogos de palavras, chamavam a Terra dos Mísseis de TIL.MUN; porém, o termo também podia significar "Terra dos Vivos", pois TIL também era "Vida". A Árvore da Vida, em sumério, era GISH.TIL, mas GISH também podia ser um objeto feito pelo homem; assim, GISH.TIL era o "Veículo da Vida" – um foguete. Também vemos na arte o homem-águia em saudação a um foguete em vez da tamareira (Figura 60).

Todas essas informações ficam ainda mais ligadas quando descobrimos que o *omphalos* era associado à tamareira na arte religiosa grega. Uma antiga imagem grega de Delfos mostra que uma réplica do *omphalos* foi erguida às portas do templo de Apolo, ao lado de uma tamareira (Figura 111). Já que esse tipo de árvore não cresce na Grécia, estudiosos acreditam que era uma árvore de bronze. A associação entre o *omphalos* e a tamareira deve ter sido um simbolismo importante porque essas imagens aparecem em vários outros centros de oráculos gregos.

Vimos que o *omphalos* era uma ligação entre os "centros de oráculos" gregos, egípcios, núbios e canaanitas com o *Duat*. Agora, encontramos a "Pedra do Esplendor" relacionada com a tamareira, a Árvore da Terra dos Vivos.

De fato, textos sumérios que acompanham as imagens dos querubins incluíam a seguinte invocação:

> A árvore marrom-escura de Enki eu seguro em minha mão;
> A árvore que faz a contagem, a grande arma
> apontada para os céus,
> Eu seguro nas mãos;
> A tamareira, grande árvore dos oráculos,
> seguro em minha mão.

Uma imagem da Mesopotâmia mostra um deus segurando esta "tamareira, Grande árvore dos oráculos" (Figura 112). Ele oferece o Fruto da Vida a um rei no lugar dos "Quatro Deuses". Conhecemos essas divindades de textos e descrições egípcias: eles eram os Quatro Deuses dos Quatro Pontos Cardeais do Caminho para o Céu, no *Duat*. Também vimos nos desenhos sumérios (figura 72) que o Portal para o Céu era marcado por uma tamareira.

Assim, não restam dúvidas de que o alvo da antiga Busca pela Imortalidade era um porto espacial situado em algum lugar na península do Sinai.

Figura 111

Figura 112

# XI

O Monte Impalpável

Os nefilins instalaram seu porto espacial pós-diluviano em alguma parte da península do Sinai, assim alguns poucos mortais, escolhidos a dedo, e com as bênçãos de seu deus, poderiam se aproximar de uma certa montanha. Também foi lá que o homem-pássaro guardião gritou quando avistou Alexandre, o Grande: "volta, esta terra em que pisas pertence apenas a Deus!". E o senhor disse a Moisés: "não se aproxime, pois este lugar é solo sagrado!". E Gilgamesh foi atacado pelos raios estonteantes dos homens-águia, mas eles viram que não se tratava de um reles mortal.

Os sumérios chamavam esse monte de MA.SHU – o Monte da Nau Suprema. Já os relatos de Alexandre o chamam de Monte *Mushas*, o Monte de Moisés. Seu nome e função idênticos sugerem que essa montanha era o mesmo ponto geográfico que marcava o final da viagem para tantos que se aventuraram. E parece que ficamos cada vez mais perto da localização exata do portal na península. Sabemos claramente que o Monte do Êxodo, o Monte Sinai, é o pico mais alto a sul da península.

Durante os últimos 33 séculos, a fuga dos israelitas do Egito tem sido comemorada com a celebração da Páscoa, e seus registros históricos e religiosos estão repletos de referências ao Êxodo, com citações da peregrinação pelo deserto e até a aliança feita com Deus no Monte Sinai. O povo de Israel é constantemente relembrado da Teofania, o momento em que toda a nação vislumbrou o Senhor Yahweh, resplandecente, no monte sagrado. Em uma tentativa de evitar que o local se transformasse em um centro de culto, sua localização foi sempre considerada pouco importante, e há apenas uma citação na Bíblia de alguém que tenta voltar ao Monte Sinai. Quatro séculos depois do Êxodo, o profeta Elias assassinou os sacerdotes de Baal, no Monte Carmelo, e fugiu em direção ao Sinai; perdido pelo deserto, um anjo do Senhor ajudou Elias a recobrar a consciência e o protegeu em uma caverna do monte.

Atualmente, ninguém precisa de um anjo protetor para encontrar o Monte Sinai. Seguindo caminhos já trilhados durante séculos, os peregrinos modernos seguem em direção ao mosteiro de Santa Catarina (Figura 113), cujo nome é uma homenagem à mártir Catarina do Egito, que foi carregada pelos anjos até a montanha mais alta da península. Depois de pernoitar, quando chega a aurora, os peregrinos devem subir o *Jebel Musa* ("Monte Moisés" em árabe), o pico mais meridional de um maciço que se estende por quase cinco quilômetros a sul do mosteiro; o Monte Sinai "tradicional" ao qual estão associados a Teofania e a entrega das Tábuas da Lei (Figura 114).

A subida, longa e penosa, é de quase 800 metros, sendo que um dos acessos é feito pelos 4 mil degraus construídos pelos monges na encosta oeste. Um trajeto mais fácil, porém mais longo, é seguir pelo vale entre o maciço e uma montanha que tem o nome do sogro de Moisés, Jetro, e subir pela encosta oriental até chegar aos últimos 750 degraus da escadaria dos monges. As tradições dos monges dizem que foi nesse cruzamento que Elias encontrou o Senhor.

Uma capela cristã e um santuário muçulmano, ambos pequenos e simples, marcam o local onde as Tábuas da Lei foram entregues a Moisés, e ficam próximos a uma caverna que é reverenciada como a "fenda na rocha", na qual o Senhor escondeu Moisés durante sua passagem, conforme o Êxodo 33:22. Um poço que fica ao longo do trajeto é conhecido pelo local onde Moisés levava o rebanho de seu sogro para beber água, e por toda a região do Jebel Musa existem marcos dos monges assinalando cada acontecimento do Monte Sagrado.

Do alto do Jebel Musa pode-se avistar os outros picos que compõem o maciço de granito e, surpreendentemente, ele parece ser bem mais baixo do que outros!

Para ajudar a difundir a lenda de Santa Catarina, os monges afixaram no mosteiro uma placa que diz:

ALTITUDE	1.525 metros
MONTE MOISÉS	2.304 metros
MONTE STA. CATARINA	2.614 metros

Claro que o visitante é levado a crer que o Monte Catarina é o mais alto da península e a escolha certa pelos anjos para esconder o corpo da santa. Mas não deixa de ser uma decepção quando se constata que Deus trouxe os Filhos de Israel até aqui e não escolheu o monte mais alto para proferir seus mandamentos. Será que ele se enganou de montanha?

Figura 113

Figura 114

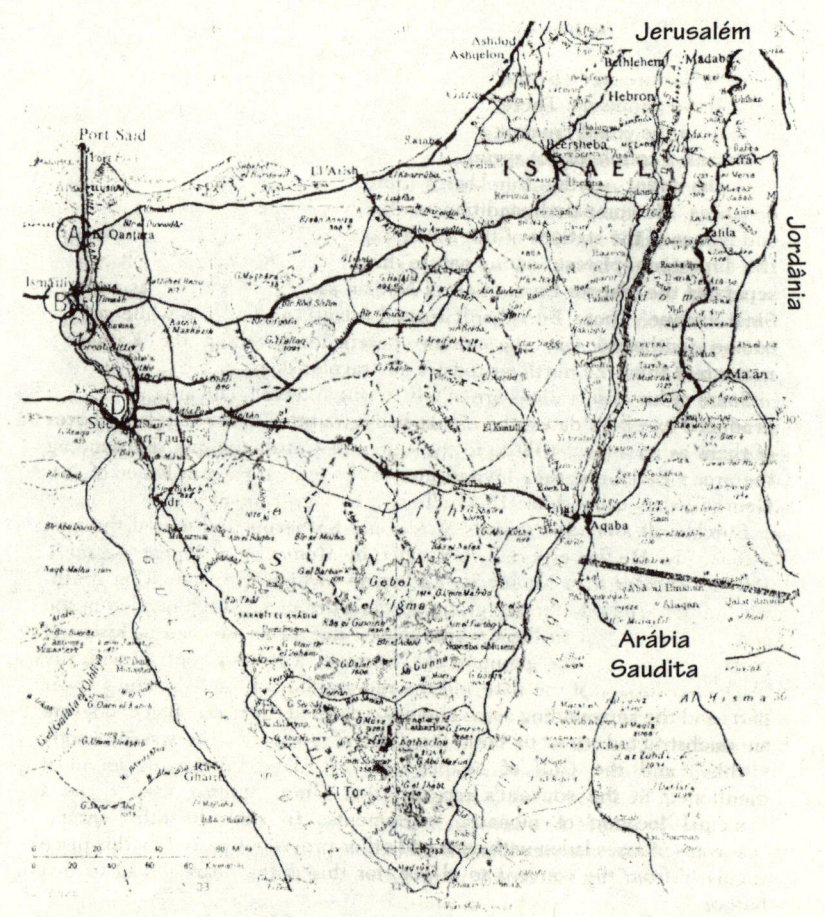

Figura 115

Em 1809, o estudioso suíço Johann Ludwig Burckhardt foi enviado ao Oriente Próximo pela Associação Britânica para a Promoção da Descoberta do Interior da África. Conhecedor dos costumes muçulmanos e fluente em árabe, ele vestiu um turbante, roupas locais e mudou seu nome para Ibrahim Ibn Abd Allah – Abraão, o filho do Servo de Alá. Assim, foi-lhe permitido viajar por partes antes proibidas aos infiéis e descobrir, entre outras coisas, os templos egípcios em Abu Simbel e Petra, a cidade de pedra dos nabateus, na Transjordânia.

Em 15 de abril de 1816, Burckhardt partiu do Canal de Suez em uma tentativa de seguir a mesma rota do Êxodo e, finalmente, conhecer a verdadeira localização do Monte Sinai. Ele seguiu pela costa oeste da península em sentido sul, na suposta rota dos israelitas; uma região de planície desolada em que as montanhas erguiam-se longe da costa, a uma distância de 15 ou 20 quilômetros, com um *wadi* aqui, outro ali, e algumas fontes de águas quentes, uma delas muito frequentada pelos faraós.

Enquanto seguia na direção sul, Burckhardt ia anotando tudo: geografia, topografia, distâncias, comparando as condições e os nomes dos lugares com os vários trajetos do Êxodo mencionados na Bíblia. Quando termina esse platô de calcário, a natureza surge na forma de um banco de areia que o separa de um cinturão de arenito núbio, o caminho ideal para quem pretende atingir o interior da península. A viagem fica mais fácil para Burckhardt, que do centro da região segue novamente para sul, passa pelas montanhas de granito e chega ao mosteiro de Santa Catarina pelo norte (como fazem as rotas aéreas atuais).

Algumas de suas observações são ainda de grande interesse para os estudiosos: ele fala das deliciosas tâmaras produzidas localmente e que os monges enviavam, todos os anos, grandes carregamentos delas como pagamento de seus tributos ao sultão de Constantinopla. Burckhardt é convidado por amigos beduínos para a festa anual em homenagem a "São Jorge", que os árabes chamavam de "El Kadir" – O Longevo!

O suíço conheceu bem toda a área dos montes Musa e Catarina, e ficou especialmente atraído pelo *Monte Umm Shumar*, a pouco mais de 50 metros abaixo de Santa Catarina, em uma elevação mais a sudoeste do grupo formado por Musa e Catarina. Graças a uma grande quantidade de mica no solo, seu pico reluzia no sol "com a mais brilhante tonalidade branca", fazendo um "contraste impressionante com a superfície escura da ardósia e do granito vermelho" das partes mais baixas da montanha. O pico ainda oferecia o privilégio de uma vista ampla do Golfo de Suez (com a baía de "El-Tor" bem visível) e do Golfo de Aqaba (Eilat). Burckhardt descobriu nos registros do convento que Umm Shumar era o principal local das aldeias monásticas. No século XV, "caravanas de burros carregados de milho e outros produtos passavam frequentemente por esse local, pois é o caminho mais rápido para o porto".

No caminho de volta, ele passa pelo oásis de Wadi Feiran, o maior no Sinai. E quando atinge a faixa litorânea, Burckhardt escala os mais de 2 mil metros do *Monte Serbal*, um dos mais altos da península, onde encontra vestígios de santuários e inscrições de peregrinos. Mais pesquisas acabam por definir que, durante séculos, o centro monástico do Sinai foi a região de Feiran, perto de Serbal, e não Santa Catarina.

Quando publica suas descobertas (*Travels in Syria* e *The Holy Land*), Burckhardt causa um grande choque nas comunidades religiosas e acadêmicas. Ele dizia que o verdadeiro Monte Sinai não era o Musa, mas o Monte Serbal!

Inspirado por essas teorias, o conde francês Léon de Laborde viajou pelo Sinal entre 1826 e 1828, e sua principal contribuição para um maior conhecimento da área (*Commentaire sur L'Exode*) foram seus belos mapas e desenhos. Em 1839, o artista escocês David Roberts segue seus passos. Seus desenhos magníficos eram detalhistas, mas muito criativos, e foram bastante aclamados em uma época em que a fotografia ainda estava para ser inventada.

A próxima importante visita ao Sinai foi feita pelos norte-americanos Edward Robinson e Eli Smith. Assim como Burckhardt, eles partiram de camelo da cidade de Suez levando seu livro e os mapas de Laborde. Em apenas 13 dias chegaram a Santa Catarina, onde Robinson deu início a uma minuciosa análise das lendas do local e descobriu que, em Feiran, realmente havia uma comunidade monástica superior, às vezes liderada por bispos que também controlavam Catarina e outras comunidades religiosas a sul da península; o que prova que a tradição deve ter tido muita influência em Feiran. Ele prova ainda que Musa e Catarina não tinham grande prestígio nos primeiros séculos cristãos, e a supremacia de Santa Catarina começou a se estabelecer apenas no século XVII, quando as outras comunidades foram atacadas e saqueadas. Ele descobre por meio das tradições árabes que os nomes bíblicos "Sinai" e "Horeb" eram completamente desconhecidos pelos beduínos locais, e foram os monges de Catarina que decidiram usá-los para nomear algumas montanhas.

Talvez Burckhardt estivesse certo, mas Robinson (*Biblical Researches in Palestine, Mount Sinai and Arabia Petraea*) não concordou com a rota a qual o suíço dizia que os israelitas usaram para chegar a Serbal, e não quis defender a teoria. Ele acaba por apresentar suas dúvidas quanto ao Monte Musa e aponta outra montanha como uma melhor escolha.

A possibilidade de que a teoria sólida que identificava o Monte Sinai com o Monte Musa pudesse estar errada foi vista como um desafio pelo grande egiptólogo e fundador da arqueologia científica, Karl Richard Lepsius. Ele atravessou o Golfo de Suez e ancorou em El-Tor ("O Touro"), o porto utilizado pelos peregrinos cristãos que visitavam Santa Catarina e o Monte Moisés muito antes de os muçulmanos o transformarem em uma parada essencial para a descontaminação dos fiéis que viajavam em barco do Egito para Meca. O majestoso monte Umm-Shumar, que Lepsius várias vezes achou o melhor "candidato" para o Sinai, juntamente com Musa e Serbal, ficava bem próximo dali, mas depois de longas pesquisas e observações de campo, ele decidiu focar nas duas opções principais: Musa ou Serbal?

Suas descobertas foram publicadas nos livros *Discoveries in Egypt, Ethiopia and the Peninsula of Sinai 1842-1845* e *Letters from Egypt, Ethiopia and Sinai*. Este último inclui, em uma tradução do alemão, um texto completo de seus relatórios ao rei da Prússia, o patrocinador das expedições, no qual ele fala de suas dúvidas quanto ao Monte Musa assim que chega à região: "o fato de ficar longe de rotas de comunicação, em uma área isolada e elevada, dava mais a impressão de um lugar perfeito para eremitas, e não para a afluência de grandes multidões". Ele estava seguro de que milhares de israelitas que passaram quase um ano no Monte Sinai não resistiriam nos picos de granito desolados do Monte Musa. E confirma ainda que as tradições dos monges começam no século VI, e, por isso, não podem ser usadas como referência.

Lepsius salienta que o Monte Sinai ficava em uma planície desértica também chamada nas Escrituras de Monte *Horeb*, o Monte Árido. Musa ficava no centro de uma cordilheira, e não no deserto; mas a área costeira diante do Monte Serbal ajustava-se melhor à descrição e era grande o suficiente para abrigar milhares de israelitas que assistiam à Teofania, sendo o vizinho Wadi Feiran o único local capaz de sustentar seus acampamentos e animais por um ano. Além do mais, somente esse "vale único e fértil" poderia justificar o ataque amalequita em Refidim, um portal próximo ao Monte Sinai, e não havia terras férteis que valessem uma batalha perto do Monte Musa. A primeira visita de Moisés ao Sinai foi em busca de pasto para seu rebanho, algo que podia encontrar com abundância em Feiran, e não no desolado Monte Musa.

Lepsius optou pelo Monte Serbal em vez de Musa porque, além de sua "correta" localização no Wadi Feiran, ele havia encontrado provas mais concretas e viu em seu topo "uma concavidade profunda e, em volta, os cinco picos de Serbal unidos em semicírculo formando uma coroa". No meio dessa depressão, ele descobriu as ruínas de um convento e sugeriu que foi nesse lugar sagrado que a "Glória do Senhor" desceu perante todos os israelitas que estavam na planície ocidental. E quanto à falha que Robinson notou na rota do Êxodo traçada por Burckhardt, Lepsius sugere um caminho alternativo que resolveria o problema.

Com a publicação de suas conclusões, Lepsius afrontou os estudiosos negando que o Sinai fosse Musa, dando preferência a Serbal e dizendo que a rota do Êxodo, que todos já consideravam um fato estabelecido, estava incorreta.

A controvérsia durou quase 25 anos e deu origem a trabalhos de pesquisadores tão notáveis quanto Charles Foster (*The Historical Geography of Arabia, Israel in the Wilderness*) e William H. Bartlett (*Forty Days in the Desert on the Track of the Israelites*). Eles acrescentaram sugestões, confirmações e levantaram mais dúvidas. Em 1868, o governo britânico financiou, em parceria com o Fundo de Exploração da Palestina, o envio de uma expedição completa ao Sinai com a missão de mapear com precisão a área e estabelecer, de forma definitiva, a rota do Êxodo e a localização do Monte Sinai. Os líderes do grupo eram os capitães Charles W. Wilson e Henry Spencer Palmer, da Royal Engineers, mas um elemento de peso era o renomado especialista em temas árabes e orientais, o professor Edward Henry Palmer. O relatório oficial da expedição (*Ordnance Survey of the Peninsula of Sinai*) foi complementado por trabalhos dos dois Palmer.

Até então, só conhecíamos o trabalho de pequenas equipes que viajam ao Sinai por um breve período durante a primavera. A expedição de Wilson e Palmer partiu de Suez no dia 11 de novembro de 1868 e voltou ao Egito em 24 de abril de 1869, ficando na península durante todo o inverno e a primavera seguinte. A primeira descoberta foi que a região montanhosa do sul pode ser extremamente fria no inverno, com direito a neve que dificulta, quando não inviabiliza totalmente, a progressão da viagem. Os picos mais elevados, como Musa e Catarina, ficam cobertos de neve por muitos meses, e os israelitas, que nunca tinham visto neve no Egito, passaram um ano nessa região e, no entanto, não há menção alguma na Bíblia nem da neve nem do frio.

Enquanto o capitão Palmer (*Sinai: Ancient History from the Monuments*) anotava todas as descobertas históricas e arqueológicas (habitantes antigos, a presença egípcia, inscrições com o primeiro alfabeto conhecido), coube ao professor E. H. Palmer (*The Desert of the Exodus*) a tarefa de ressaltar as conclusões do grupo quanto à rota e ao monte.

Apesar das dúvidas, o grupo deixou de lado a opção Serbal e escolheu o Monte Musa como sendo o Sinai da Bíblia. E, como não havia um vale grande o suficiente para os israelitas acamparem e assistirem à Teofania, Palmer surgiu com uma solução: o verdadeiro Monte Sinai não ficava no pico sul do maciço (Jebel Musa), e sim no pico norte, *Ras-Sufsafeh*, diante da "ampla planície de Er-Rahah, onde até 2 milhões de israelitas podiam acampar". E, contrariando as tradições, Palmer concluiu: "estamos tentados a rejeitar" Jebel Musa como o Monte onde Moisés recebeu as Tábuas da Lei.

As críticas não tardaram em surgir, apresentando vários montes como sendo o verdadeiro Sinai e rotas diferentes que levavam até ele.

Mas a região sul da península deveria ser o único local de investigação?

Em abril de 1860, o *Journal of Sacred Literature* publicou um artigo revolucionário sugerindo que o Monte Sagrado não ficava a sul, e sim no platô central da península. O investigador anônimo dizia que seu nome era *Badiyeth el-Tih* e significava "o Deserto da Caminhada", onde, afirmavam os beduínos locais, os Filhos de Israel vagaram. E ele ainda sugeria o monte de *el-Tih* como o próprio Sinai.

Em 1873, um geógrafo e linguista chamado Charles T. Beke (que já havia explorado e mapeado as nascentes do Nilo) partiu "em busca do *verdadeiro* Monte Sinai". Suas pesquisas concluem que o Monte Musa foi assim batizado em homenagem a um monge do século IV que ficou conhecido por seus milagres, e que o nome não tinha relação alguma com Moisés. Diz também que o local ficou conhecido como o Monte Sagrado por volta do ano 550, usando como base para sua tese o historiador judeu Flávio Josefo, que escreveu a história de seu povo para os romanos depois da queda de Jerusalém no ano 70 e disse que o Monte Sinai era o mais alto na região, o que excluía os vizinhos Musa e Serbal.

Beke perguntava-se ainda como seria possível os israelitas seguirem para sul sem ser impedidos pelos militares egípcios na região das minas, e essa objeção para a localização sul do Monte Sinai permanece até hoje sem resposta.

Charles Beke não será lembrado como o homem que finalmente descobriu o verdadeiro Monte Sinai, e, como diz o título de seu trabalho (*Discoveries of Sinai in Arabia and Midian*), ele concluiu que o monte era um vulcão a sudeste do Mar Morto. No entanto, suas questões ajudaram a abrir novos caminhos de pensamento a respeito da localização do monte e da rota do Êxodo.

A busca pelo Monte Sinai na parte sul da península estava fortemente ligada às citações da "Travessia do Sul" e "Rota Sul" do Êxodo, que diziam que os Filhos de Israel tinham atravessado o Mar Vermelho pelo alto do Golfo de Suez na fuga do Egito, em direção à costa ocidental do Sinai. De lá, eles seguiram a sul pela faixa litorânea, e depois pelo interior até chegar ao Monte Sinai – talvez o mesmo trajeto percorrido por Burckhardt.

A Travessia do Sul era realmente uma ideia plausível e com raízes em muitas lendas. De acordo com documentos gregos, Alexandre, o Grande, sabia que os israelitas tinham atravessado o Mar Vermelho no alto do Golfo, por isso ele tentou emular a Travessia.

Outro grande conquistador que tentou o mesmo feito foi Napoleão, em 1799. Seus engenheiros concluíram que onde o golfo forma uma espécie de "língua" em direção ao sul da cidade de Suez havia um espinhaço de montanha submerso, com cerca de 180 metros, que ia de uma costa a outra. Se esperassem pelos fortes ventos do sul, a maré ficava tão baixa que a travessia poderia praticamente ser feita a pé.

Os engenheiros de Napoleão avaliaram qual a hora e local exatos para seu imperador imitar os Filhos de Israel, mas uma mudança repentina na direção do vento causou uma elevação na maré que, em poucos minutos, cobriu o espinhaço com mais de dois metros de água. Napoleão escapou por pouco.

Mesmo que muitas vezes desastrosos, os resultados dessas experiências ajudaram a convencer os estudiosos do século XIX de que a milagrosa Travessia realmente aconteceu no alto do Golfo de Suez, onde o vento pode tanto abrir um caminho na água como ajudar a afogar um exército inteiro. Já na península, havia um monte chamado *Jebel Murr* ("A Montanha Amarga"), ao lado de *Bir Murr* ("O Poço Amargo"); provavelmente a bíblica Mará das águas amargas que os israelitas encontraram logo depois da Travessia. Mais a sul, ficava o oásis de *Ayun Musa*, a "Fonte de Moisés"; onde talvez fique Elim, a próxima parada do Êxodo, tão citada por suas belas fontes e tamareiras. A travessia no alto do golfo parece encaixar bem na teoria que posiciona o povo de Israel na Rota Sul, mesmo sem levar em conta o caminho que tomaram a seguir para o interior da península.

A Travessia do Sul também fazia sentido quando comparada com os estudos da época sobre o Egito antigo e a escravidão dos israelitas. O centro histórico do Egito ficava em Heliópolis-Mênfis e acredita-se que os israelitas tenham trabalhado na construção das pirâmides de Gizé. E dessa região saía uma rota a leste que seguia diretamente na direção do alto do Golfo de Suez e da península do Sinai.

Enquanto as descobertas arqueológicas preenchiam as lacunas históricas e forneciam uma cronologia precisa e apropriada, ficou estabelecido que as grandes pirâmides foram construídas cerca de 15 séculos antes do Êxodo, mais de mil anos antes de os hebreus chegarem ao Egito. E cada vez mais estudiosos concordavam que os israelitas trabalharam na construção da nova capital que o faraó Ramsés II construiu por volta de 1260 a.C., chamada *Tanis* e situada a noroeste do Delta. Dizem ainda que Goshen, a terra do povo de Israel, ficava no nordeste, e não no centro do Egito.

O estudo e construção do Canal de Suez (1859-1869) com todas as informações topográficas, geológicas e climáticas confirmaram a existência de uma fissura natural que, em uma era geológica anterior, deve ter unido o norte do Mar Mediterrâneo com o sul do Golfo de Suez. Com o passar do tempo, essa fenda foi diminuindo e criou um canal de lagoas pantanosas que fazem parte dos Lagos Manzala, Ballah e Timsah e dos adjacentes Grande Amargo e Pequeno Amargo. Todos os cursos de água eram possivelmente maiores no tempo do Êxodo, quando o alto do Golfo de Suez se estendia para o interior do continente.

O estudo da hidrologia e da engenharia, aliados aos trabalhos arqueológicos, permitiram concluir que havia na Antiguidade dois "Canais de Suez", um que ligava o centro de negócios do Egito ao Mediterrâneo e o outro ao Canal de Suez. Seguindo o leito natural dos *wadis* ou afluentes secos do Nilo, eles transportavam as águas doces para irrigação, consumo e permitiam a movimentação de pessoas e mercadorias. As descobertas confirmaram que, em tempos antigos, havia uma barreira quase contínua de água que funcionava como a fronteira leste do Egito com a península.

Em 1867, os engenheiros do Canal de Suez elaboraram um diagrama (Figura 116) da seção norte-sul da região entre o Mediterrâneo e o golfo, identificando quatro terrenos elevados que servem desde a Antiguidade como pontes naturais de entrada e saída do Egito (Figura 115):

(A) Entre as lagoas pantanosas de Manzala e o Lago Ballah – a cidade moderna que fica nessa travessia é *el-Qantara* ("O Vão").

(B) Entre os Lagos Ballah e Timsah – o atual ponto de travessia é *Ismailia*.

(C) Entre o Lago Timsah e o Grande Lago Amargo – um monte conhecido nos tempos greco-romanos como *Serapeu*.

(D) Entre o Pequeno Largo Amargo e o alto do Golfo de Suez – literalmente uma "ponte de terra" conhecida como *O Shalouf*.

Essas passagens ligavam o Egito à Ásia, passando pela península, por várias rotas diferentes. Vale a pena lembrar que a travessia do Mar

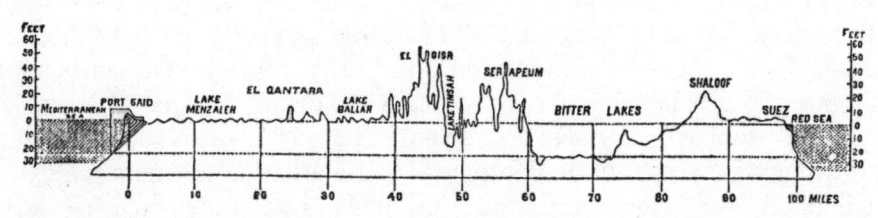

Figura 116

Vermelho (ou Mar/Lago dos Juncos) não foi premeditada e só aconteceu depois que o faraó deu permissão para que os israelitas partissem; e foi então que o Senhor ordenou que eles voltassem para a margem do deserto e "acampassem à beira-mar". A fuga do Egito deu-se por uma dessas passagens, mas qual?

DeLesseps, o mestre de obras do Canal, acreditava que eles tivessem usado a passagem "C", ao sul do Lago Timsah. Mas estudiosos como Olivier Ritter (*Histoire de l'Isthme de Suez*) examinaram os mesmos documentos e concluíram que a passagem escolhida foi a "D". Em 1874, o egiptólogo Heinrich Karl Brugsch deu uma palestra no Congresso Internacional de Orientalistas e falou dos marcos geográficos que ligavam a escravização dos israelitas e o Êxodo pelo nordeste do Egito. Para ele, a lógica diz que a passagem utilizada só poderia ser a "A".

A ideia da Travessia do Norte já tinha quase um século quando Brugsch lançou sua teoria, que já tinha sido sugerida em 1796 por Hamelneld em sua *Biblical Geography*, e também por vários outros pesquisadores. Mas até os adversários de Brugsch tiveram de admitir que ele apresentou sua tese "de forma brilhante e provando cada afirmação com as evidências fornecidas pelos próprios monumentos egípcios". Seu trabalho foi publicado no ano seguinte sob o título *L'Exode et les Monuments Egyptiens*.

Em 1883, Edouard H. Naville (*The Store City of Pithom and the Route of the Exodus*) identificou *Pithom*, a cidade do trabalho escravo israelita, na costa oeste do Lago Timsah. Reunindo todas as evidências fornecidas por outros pesquisadores (como George Ebers em *Durch Gosen zum Sinai*), foi possível estabelecer que o local onde os israelitas viviam se estendia a oeste do Lago Timsah e não a norte. Goshen não ficava no extremo nordeste do Egito, e sim na barreira aquosa.

H. Clay Trumbull (*Kadesh Barnea*) foi quem pôs fim à polêmica, quando apresentou *Sucot* como o ponto de partida do Êxodo, um local de paragem de caravanas a oeste do Lago Timsah, próximo à passagem "B". Mas, segundo o Êxodo 13:17-18, os israelitas não seguiram por ela: "e o faraó permitiu que o povo partisse, e, apesar de ser próxima, o Senhor não os guiou pelo Caminho da Terra dos filisteus... o Senhor fez com que o povo seguisse pelo Caminho do Deserto *Yam Suff*". Para Trumbull, os israelitas foram até a passagem "D", e, perseguidos pelas tropas do faraó, atravessaram as águas do alto do Golfo de Suez.

Os estudiosos queriam concluir o século XIX com uma posição definitiva sobre o assunto do Êxodo, e uma das pessoas a defender o ponto de vista dos "sulistas" foi Samuel C. Bartlett (*The Veracity of the Hexateuch*). Ele dizia que a Travessia tinha sido feita no sul, porque a Rota seguia nessa direção e o Monte Sinai ficava a sul da península (*Ras-Sufsafeh*). Com a mesma certeza e também munidos de provas, Rudolf Kittel (*Geschichte der Hebräer*), Julius Wellhausen (*Israel und Judah*) e Anton Jerku (*Geschichte des Volkes* Israel) defendiam a Travessia do Norte, porque era nessa região que ficava o Monte Sinai.

O argumento mais forte de todos, e hoje aceito pelos estudiosos, é que Kadesh Barneia não era um local por onde os israelitas passaram por acaso durante seus 40 anos na península, mas um destino previsto para o Êxodo. Kadesh Barneia foi identificada como a região fértil dos oásis de Ain-Kadeis ("Fonte de Kadesh") e Ain-Qudeirat, no nordeste da península. Deuteronômio 1:2 diz que a cidade ficava "a 11 dias de viagem do Monte Sinai". Com essa informação, Kittel, Jerku e outros membros de sua linha de pensamento afirmaram que o Monte Sinai ficava em uma montanha nas vizinhanças de Kadesh Barneia.

No ano que encerrava o século XIX, H. Holzinger (*Exodus*) levantou a seguinte hipótese: a Travessia foi feita pela passagem "C", e a Rota seguia a sul. Mas os israelitas penetraram na península muito antes de atingir os postos militares egípcios na região das minas, em um caminho que passava pelo planalto de *el-Tih*, o "Deserto da Peregrinação", e só depois seguiram para *norte* através da Planície Central, na direção do Monte Sinai.

No século XX, o foco principal das investigações e debates deixou de ser o local exato da travessia e passou a ser a verdadeira *rota* do Êxodo.

A antiga rota costeira que os romanos chamavam de *Via Maris*, "O Caminho do Mar", começava em el-Qantara ("A", no mapa). Apesar das irregulares dunas de areia, era um caminho abençoado com poços de água durante todo o trajeto, e as tamareiras cresciam em solo árido e forneciam alimento e sombra durante todo o ano.

A segunda rota partia de Ismailia ("B") e era quase paralela à estrada costeira, porém, entre 30 e 50 quilômetros mais a sul, depois de uma pequena cordilheira. Os poços naturais eram escassos e a água subterrânea ficava muito abaixo do nível do solo, o que dificultava o trabalho de escavação na busca de poços artificiais. Mesmo nos dias atuais, quem faz o trajeto de carro pelas estradas pavimentadas que cobrem as antigas rotas sente que está em um deserto profundo.

Desde períodos mais primitivos, o Caminho do Mar era o eleito pelas tropas que possuíam equipamento naval; e as rotas terrestres, apesar de mais difíceis, eram seguidas por quem buscava segurança ou distância das patrulhas da costa do Mediterrâneo.

A passagem aquosa no ponto "C" seguia em direção à segunda rota e também no sentido do ponto "D", através de uma cadeia de montanhas na Planície Central da península. Essa região de solo plano e consistente não permitia o surgimento de *wadis* com leitos profundos, e, durante as chuvas de inverno, alguns deles transbordavam e pareciam lagos em pleno deserto! As águas logo se dissipavam, mas não sem antes umedecer o barro e o cascalho e tornar possível a escavação em busca de água.

A rota mais a norte saía da passagem "D" e seguia pelo desfiladeiro de Gidi e pela encosta montanhosa da Planície Central até chegar a Beerseba, Hebron e Jerusalém. A rota mais a sul, pela Passagem de Mitla, tem o nome árabe *Darb el Hajj*, "Caminho dos Peregrinos", e foi o primeiro trajeto escolhido pelos muçulmanos para fazer a peregrinação sagrada do Egito a Meca. Eles partiam da cidade de Suez, atravessavam a faixa desértica e seguiam pelas montanhas através da Passagem de Mitla até atingir a Planície Central e o oásis de *Nakhl* (Figura 117), onde encontravam um forte para sua proteção, estalagens e piscinas construídas para oferecer mais conforto aos peregrinos. Dali seguiam para sudeste até o alto do Golfo de Aqaba e continuavam pela costa até Meca.

Qual dessas quatro possíveis rotas, ou "Caminhos" da Bíblia, os israelitas realmente percorreram?

Depois de conhecer a tese da Travessia do Norte, de Brugsch, muitos eruditos voltaram as atenções para a passagem bíblica que tratava do "Caminho do País dos Filisteus", que, "apesar de ser mais perto", não foi o trajeto escolhido pelos israelitas. A Bíblia diz que eles não seguiram por esse caminho porque "o Senhor disse: 'que o povo se arrependa ao ver a guerra e retorne para o Egito'". Concluiu-se que esse "Caminho do País dos Filisteus" era a rota costeira (passagem "A"), a preferida pelos faraós para expedições militares e comerciais, por isso repleta de fortalezas e postos militares egípcios.

No início do século XX, A. E. Haynes, um capitão da Royal Engineers, foi contratado pelo Fundo de Exploração da Palestina para estudar as rotas e fontes de água do Sinai. No trabalho "The Route of the Exodus", ele revela um conhecimento impressionante das escrituras bíblicas e das pesquisas de seus antecessores, como o reverendo F. W. Holland, que visitou o Sinai cinco vezes, e o major-general *sir* C. Warren, que dedicou atenção especial à questão do abastecimento de água no "Deserto da Peregrinação", na Planície Central.

O foco da pesquisa do capitão Haynes foi tentar entender o porquê de não seguir uma rota determinada. Sendo o caminho mais fácil e óbvio, por que os israelitas nem consideraram essa possibilidade? Ele diz que Kadesh Barneia, já aceita na época como uma meta do Êxodo, realmente era de fácil acesso pela rota costeira, e conclui que o Monte Sinai só poderia ficar no caminho para Kadesh, na mesma rota, tenha sido ela escolhida ou não.

Figura 117

Haynes diz ainda que, "impedido de usar a rota costeira "A", o "plano mais provável de Moisés" seria guiar os israelitas diretamente a Kadesh, ao longo do Monte Sinai, pela passagem "B". Mas a perseguição egípcia e a consequente travessia do Mar Vermelho devem tê-lo obrigado a optar pelos caminhos "C" e "D". Decididamente, a Planície Central era o "Deserto da Peregrinação", e *Nakhl* era uma passagem obrigatória para a entrada e saída do Sinai. O monte propriamente dito deveria ficar a cerca de 160 quilômetros de Kadesh Barneia que, segundo as estimativas de Haynes, seriam os "11 dias" citados na Bíblia. Ele escolheu o Monte *Yiallaq* por ser uma montanha de calcário de "dimensões impressionantes e parecer um crustáceo gigante" encravado na beira norte da Planície Central, "exatamente no meio do caminho entre Ismailia e Kadesh". Seu nome era *Yalek*, que Haynes diz ser "muito parecido ao antigo *Amalek*, cujo prefixo *Am* quer dizer 'país de'".

Com o passar dos anos, a teoria da viagem dos Filhos de Israel pela Planície Central ganhou adeptos. Um deles, Raymond Weill (*Le Séjour des Israélites au désert du Sinai*) concordou com a hipótese de ser o monte perto de Kadesh. Já Hugo Gressmann (*Mose und seine Zeidt*) acreditava que os israelitas saíram de Nakhl para o sudeste no sentido de Aqaba, e não para o nordeste. E juntaram-se ao debate opiniões controversas de Black, Bühl, Cheyne, Dillmann, Gardiner, Grätz, Guthe, Meyer, Musil, Petrie, Sayce e Stade. Todos examinaram exaustivamente os argumentos bíblicos e geográficos, já por si esgotados, e decidiram que só mesmo uma pesquisa de campo poderia resolver o problema. Mas como repetir e duplicar o Êxodo de milhares de pessoas?

A Primeira Guerra Mundial (1914-1918) foi a resposta, uma vez que o Sinai logo se tornou o palco de um grave conflito entre britânicos de um lado, e turcos apoiados pelos alemães do outro. O objetivo dessa batalha era o comando do Canal de Suez.

Os turcos invadiram imediatamente a península, fazendo os ingleses recuar e abandonar seus centros militares e administrativos em El-Arish e Nakhl. Dessa vez, quem detinha o controle do Mar Mediterrâneo era a Marinha britânica, impedindo os turcos de avançarem pelo tão cobiçado "Caminho do Mar". A única opção foi juntar um rebanho de 20 mil camelos para o transporte de água e suprimentos, e seguir pela rota "B" até Ismailia. Em suas memórias, o comandante turco Djemal Pasha (*Memories of a Turkish Statesman, 1913-1919*) explicou que "qualquer operação militar no deserto do Sinai fica muito difícil pela questão da água. Fora da estação das chuvas seria impossível atravessar uma região tão árida e desolada com uma expedição de quase 25 mil homens". Os britânicos acabaram por derrotar os turcos.

Os aliados alemães decidiram resolver o problema e, para facilitar a movimentação de seu equipamento motorizado, optaram pela Planície Central. Com a ajuda de engenheiros especializados em hidrologia, descobriram as fontes de água subterrâneas, cavando uma rede de túneis por toda a extensão de suas linhas de comunicação e avanço. Mas, em 1916, também foram derrotados. Quando os britânicos decidiram partir para a ofensiva, a rota costeira foi uma escolha natural; eles seguiram até a velha linha de demarcação em Rafah, em fevereiro de 1917, e em poucos meses renderam Jerusalém.

As memórias britânicas das batalhas do Sinai, contadas pelo general A. P. Wavell (*The Palestine Campaigns*) tocam em nosso tema quando citam que, pelas contas do Alto Comando Britânico, os inimigos não conseguiram encontrar água suficiente na Planície Central para mais de 5 mil homens e 2.500 camelos. As campanhas alemãs foram narradas no livro *Sinai*, de Theodor Wiegand e do comandante-general F. Kress Von Kressenstein. Além de grande conhecimento da história local adquirido por meio de pesquisas anteriores, toda a descrição do esforço militar germânico é centrada nas dificuldades do terreno, clima e fontes de água. E não é motivo de grande surpresa que tanto os britânicos como os alemães chegaram à mesma conclusão: grandes multidões de homens e animais em marcha jamais poderiam transpor as montanhas de granito do sul. No capítulo dedicado especialmente ao Êxodo, Wiegand e Von Kressenstein insistem que "a região do Jebel Musa não deve ser considerada o Monte Sinai da Bíblia". Eles estavam do lado do capitão Haynes, acreditavam que o local sagrado era o "monumental Jebel *Yallek*". E lembram outros estudiosos alemães, como Guthe, que sugeriam ainda Jebel *Maghara*, oposto ao Yallek, na parte norte da rota "B".

C. S. Jarvis, um militar britânico que governou a península depois da Primeira Guerra Mundial e se tornou grande estudioso e conhecedor da região, afirma em seu livro *Yesterday and Today in Sinai* [Ontem e Hoje em Sinai] que seria impossível para multidões de israelitas (W. M. F. Petrie dizia que nem 600 mil pessoas conseguiriam) fazer essa travessia com seus rebanhos, e ainda por cima manterem-se vivos e saudáveis por mais de um ano em um local que era "uma massa de puro granito".

Ele acrescenta dúvidas e certezas às já existentes, dizendo que o maná que serviu de pão para os israelitas era um depósito resinoso branco e comestível deixado por pequenos insetos que se alimentam nos arbustos das tamargueiras. Essas árvores não são muito vistas no sul, mas no norte do Sinai são abundantes. Em seguida, vem a questão do alimento, que era fornecido principalmente pelas codornas, aves que vinham do sul da Rússia, Romênia e Hungria para passar o inverno no Sudão (a sul do Egito) e retornar na primavera. Até hoje, as codornas são presa fácil dos beduínos, quando chegam exaustas à costa do Mediterrâneo. A única questão é que elas não chegam ao sul do Sinai simplesmente porque não conseguem sobrevoar os altos picos da região.

Jarvis insiste que o cenário do drama do Êxodo foi o norte do Sinai. O "Mar dos Juncos" era o pequeno mar Serbônico (*Sebkhet el Bardawil*, em árabe) de onde os israelitas partiram para sul e sudeste. E o Monte Sinai era o Jebel *Hallal*, "um imponente maciço de calcário com mais de 600 metros de altura que se erguia solitário no meio de uma vasta planície aluvial". Ele explica ainda que o nome árabe da montanha significa "O Leal ou O Legítimo", bem adequado ao nome da Montanha onde teriam sido entregues as Tábuas da Lei.

Nos anos seguintes, os estudos mais relevantes foram conduzidos por eruditos da Universidade Hebraica de Jerusalém e outras instituições voltadas ao estudo da antiga Palestina. Apesar do conhecimento profundo que tinham do Antigo Testamento, de outras escrituras e das extensas pesquisas de campo por toda a península, pouquíssimos encontraram argumentos que apoiassem a teoria da localização do Monte Sinai ao sul da península.

Haim Bar-Deroma (*Hanagev* e *Vze Gvul Ha'aretz*) admitiu a possibilidade da Passagem do Norte, mas afirmou que essa rota levou os israelitas para o sul, através da Planície Central, chegando então a um Monte Sinai vulcânico na Transjordânia. Três estudiosos renomados, F. A. Theilhaber, J. Szapiro e Benjamin Maisler (*The Graphic Historical Atlas of Palestine: Israel in Biblical Times*), defenderam a Travessia do Norte, mas pelos bancos de areia do Mar Serbônico, dizendo também que El-Arish era o verdejante oásis de Elim, e o Monte Hallal era o Monte Sinai. Benjamin Mazar adotou a mesma posição em trabalhos como *Atlas Litkuft Hatanach*. Zev Vilnay, um especialista na Bíblia que descreveu sua viagem a pé de uma ponta a outra da Palestina e do Sinai no *Ha'aretz Bamikra*, também optou pela mesma rota e monte. Yohanan Aharoni (*The Land of Israel in Biblical Times*) aceitou a possibilidade da Passagem do Norte que levou os israelitas pela Planície Central em direção a Nakhl, seguindo depois para o Monte Sinai, ao sul.

Enquanto o debate animava os mundos acadêmicos e religiosos, a questão básica permanecia sem resposta. As evidências negavam a existência de um extenso corpo de água que o Êxodo afirmava estar ao norte, assim como todas as pesquisas contrariavam a teoria de um Monte Sinai ao sul. Para conseguir ultrapassar esse impasse e seguir adiante, eruditos e exploradores concordaram na travessia da Planície Central. Nos anos 1940, M. D. Cassuto (*Commentary on the Book of Exodus and other writings*) ajudou a fortalecer a teoria da rota central mostrando que o caminho não tomado ("O Caminho do País dos Filisteus") não era a rota marítima que todos já tinham como definitiva, e sim a rota interior "B". Portanto, a Travessia pela passagem "C", que levava ao sudeste da Planície Central, estava plenamente de acordo com a narrativa bíblica sem exigir a continuação da viagem até o sul da península.

Após a guerra com o Egito, em 1967, Israel ocupou o Sinai e abriu as portas da península para todos os interessados em realizar estudos e pesquisas. Arqueólogos, historiadores, topógrafos, geólogos e engenheiros viraram a península de cabeça para baixo. Uma das explorações mais interessantes foi liderada por Beno Rothenberg (*Sinai Explorations* 1967-1972 e outros relatos) e patrocinada pela Universidade de Tel Aviv. Ele demonstra que, na faixa costeira do norte, muitos sítios antigos assemelhavam-se "a uma passagem natural", que devia ser o caminho entre o Egito e a Ásia. Na Planície Central a norte do Sinai não foi encontrado nenhum sítio antigo de residência permanente, havia apenas vestígios de acampamentos que provam que a região servia como passagem. E, quando agrupados e observados no mapa, eles formavam "uma linha nítida que seguia do Negev para o Egito, onde provavelmente ficava a rota de movimentos pré-históricos pelo "Deserto da Peregrinação", o el-Tih".

Menashe Har-El, um geógrafo bíblico da Universidade Judaica, analisou essa nova proposta da localização do antigo Sinai e avançou com sua teoria, *Massa'ei Sinai*. Chamando a atenção para o recife (ver Figura 116) que se erguia entre as águas dos dois Lagos Amargos, o Pequeno e o Grande, ele disse que, caso o vento afastasse as águas, ele ficaria raso o suficiente para ser atravessado a pé; portanto, foi ali que aconteceu a Travessia. Depois, o povo de Israel seguiu pela tradicional rota do sul, passou por *Bir Murrah* (Marra) e *Ayun Mussa* (Elim) e acampou às margens do Mar Vermelho.

É nesse momento que Menashe Har-El surge com uma novidade e diz que, apesar de viajarem pela costa do Golfo de Suez, os israelitas não seguiram para o extremo sul. Avançaram pouco mais de 30 quilômetros até a foz do *Wadi Sudr* e utilizaram um vale desse rio para entrar na Planície Central e seguir o trajeto para Kadesh Barneia, passando antes por Nakhl. Ele diz que o Sinai era o Monte *Sinn-Bishr*, que se ergue a mais de 500 metros à entrada do *wadi*, e mostra que o local da batalha dos amalequitas foi mesmo o litoral do Golfo de Suez. Militares israelenses familiarizados com o terreno e a história das guerras do Sinai rejeitam essa ideia.

Então, onde ficava o verdadeiro Monte Sinai? Para chegar a uma conclusão, devemos recorrer mais uma vez às evidências da Antiguidade.

Em sua viagem para a vida após a morte, o faraó seguiu na direção leste, atravessou a barreira aquosa e entrou em uma passagem entre as montanhas atingindo o *Duat*, um vale ovalado cercado por montanhas. A "Montanha da Luz" ficava no local onde o Riacho de Osíris se dividia em dois afluentes.

As descrições pictóricas (Figura 16) mostram o Riacho de Osíris seguindo por uma área sinuosa entre os campos em que os homens aravam a terra.

Encontramos imagens semelhantes na Assíria e lembramos que os reis desse país chegavam ao Sinai pelo caminho oposto dos reis egípcios: entrando pelo nordeste, via Canaã. Esarhaddon mandou gravar uma estela representando a rota de sua busca pela "Vida" (Figura 118), na qual aparecem tamareiras, o símbolo do Sinai, uma área de cultivo representada pelo arado e o "Monte Sagrado". Na parte superior da imagem, vemos Esarhaddon no santuário da Divindade Suprema, ao lado da Árvore da Vida e do touro – exatamente a mesma imagem ("o bezerro de ouro") que os israelitas esculpiram aos pés do Monte Sinai.

Essas descrições não mostram os áridos e rudes picos de granito a sul do Sinai e sugerem a ideia de que se trata do norte da península e do imponente wadi *El-Arish*, cujo nome significa Riacho do Agricultor. E era justamente entre seus afluentes, em um vale cercado por montanhas, que ficava o Monte Sinai.

Só há um lugar com essas características em toda a península, e a geografia, a topografia, os textos históricos e as imagens nos levam diretamente à *Planície Central*, na região norte do Sinai.

E. H. Palmer chegou ao ponto de inventar um desvio no Ras-Sufsafeh para manter sua teoria, mas no fundo ela sabia que o local da Teofania e peregrinação dos israelitas não podia ser entre uma cordilheira de granito, e sim em um vasto e plano deserto capaz de permitir a passagem de todo o povo de Israel.

Figura 118

Em seu livro *The Desert of the Exodus,* Palmer diz que, "mesmo nos dias hoje, a ideia do Sinai é a de uma montanha isolada sobre uma planície de areia que pode ser atingida por qualquer caminho. Se lermos a Bíblia sem considerar as descobertas atuais, certamente vamos ficar com essa impressão, já que todas as alusões ao Sinai falam de um monte solitário e inconfundível, que pode ser visto no meio de uma planície desértica".

Ele acaba por admitir que realmente existe uma "planície desértica nivelada" no Sinai, mas não está coberta de areia, porque "mesmo aquelas regiões [da península] que se comparam à nossa idealização de um deserto – um oceano sólido limitado apenas pelo horizonte e uma barreira de colinas distantes – são escassas em areia, e o solo parece mais um difícil caminho de cascalho do que uma bela praia".

Palmer falava da Planície Central onde, para ele, a ausência de areia destruía a imagem idealizada que temos de um "deserto"; mas, para nós, essa superfície de cascalho rude era o local perfeito para o porto espacial dos nefilins. E se o Monte Mashu era a entrada principal para esse porto, então ele teria de ficar nas proximidades.

Será que gerações de peregrinos viajaram para o sul da península em vão? Será que os picos de granito do sul passaram a ser venerados apenas quando o Cristianismo começou? As evidências encontradas no topo desses montes diz o contrário, pois havia santuários, altares e outros objetos de culto que, com certeza, pertenciam a dias muito longevos. E as escrituras e gravações nas rochas (que incluem o candelabro judaico), feitas ao longo de milênios por peregrinos de diversas crenças, provam que a adoração humana começou muito antes do conhecimento da região.

Para satisfazer a todos, decidiu-se que havia *dois* "Montes Sinai". Mesmo antes desses dois últimos séculos de trabalhos e esforços constantes para identificar a localização do monte, teólogos já se perguntavam se, por acaso, os vários nomes bíblicos para o local sagrado não seriam uma indicação de que provavelmente eram na verdade dois montes. Entre outros nomes havia "Monte Sinai" (a montanha do/no Sinai), que foi o local eleito para a entrega das Tábuas da Lei; "Monte Horeb" (A Montanha Árida); "Monte Parã", que foi citado no Deuteronômio como o monte da aparição de Yahweh aos israelitas; e a "Montanha dos Deuses", onde o Senhor se revelou a Moisés pela primeira vez.

Também é perfeitamente possível localizar os dois lugares. Parã era o deserto adjacente a Kadesh Barneia, possivelmente o nome bíblico para a Planície Central, e foi para esse monte que os israelitas se dirigiram. Mas o local onde Moisés vislumbrou pela primeira vez o Senhor, a "Montanha dos Deuses", não poderia ficar muito longe do

Figura 119

país de Midiã, "pois era ali que Moisés pastoreava o rebanho de Jetro, seu sogro e sacerdote de Midiã, até que um dia ele conduziu as ovelhas para além do deserto e chegou a Horeb, a Montanha dos Deuses. Os midianistas viviam no sul da península, entre o Golfo de Aqaba e a região das minas de cobre, por isso, a "Montanha dos Deuses" só poderia ficar em um deserto próximo.

Foram encontrados selos cilíndricos sumérios que mostram uma divindade diante de um pastor, e, se olharmos para os pés desse deus, vemos que ele está entre duas montanhas e por trás há uma árvore em forma de foguete (Figura 119), provavelmente o *Sneh*, o "arbusto flamejante" citado na Bíblia. A introdução frequente dos dois picos nas cenas do pastor se encaixam perfeitamente no tratamento bíblico dado ao Senhor: *El Shaddai*, Deus dos Dois Picos. O que traz mais uma distinção entre o monte onde foram entregues as Tábuas da Lei e a Montanha dos Deuses, sendo o primeiro um monte solitário em uma planície desértica, e o segundo parece ter sido uma combinação de dois picos sagrados.

Os textos ugaríticos também apontam a localização da "Montanha dos jovens deuses" nas imediações de Kadesh, e os picos de El e Asherah (*Shad Elim* e *Shad Asherath u Rahim*), ao sul da península. Foi na área em que "nascem as duas extensões de água" (*mebokh naharam*), "perto da abertura dos dois mares" (*kerev apheq tehomtam*), que El se aposentou; e acreditamos que os textos se referem à ponta sul do Sinai.

Concluímos, assim, que havia um Monte de Passagem no perímetro do porto espacial da Planície Central. E havia dois picos na parte sul da península que foram importantes para as viagens dos nefilins. Eles eram os picos que marcavam ou *mediam* a ascensão.

XII

Pirâmides de Deuses e Reis

As instalações do Museu Britânico conservam uma tábua de argila que foi encontrada em Sippar, o "centro de culto" de Shamash, na Mesopotâmia. Nela, vemos o deus em seu trono e sob um toldo cujo pilar tem a forma de uma tamareira (Figura 120). Um rei e seu filho são apresentados a Shamash por outra divindade, e entre ambos vemos um pedestal com a imagem de um planeta que emite raios. As inscrições invocam o deus Sin (pai de Shamash), o próprio deus Shamash e sua irmã, Ishtar.

O tema da imagem, a apresentação de reis ou sacerdotes a uma divindade maior, é bastante comum; a única cena intrigante é composta pelas figuras de dois deuses, quase sobrepostos, que seguram a quatro mãos as duas cordas que sustentam o símbolo celeste.

Quem são esses Portadores Divinos e qual sua função? Eles estão no mesmo lugar? Que lugar é esse? E por que seguram duas cordas em vez de uma? Qual sua ligação com Shamash?

Estudiosos sabem que Sippar era a cidade do Supremo Tribunal, na Suméria, e Shamash era o legislador. O rei babilônio Hamurabi, famoso por seu código, exigia que o retratassem recebendo as leis de Shamash. Será que a cena dos Divinos Portadores segurando a corda tem algo a ver com a cerimônia de entrega de alguma legislação? Já houve muita especulação, mas até hoje nunca surgiu uma explicação definitiva.

Acreditamos que a resposta esteja no próprio Museu Britânico, mas não entre as peças "assírias", e sim na ala egípcia. Em uma sala, separados das múmias e das tumbas, estão exibidos papiros do *Livro dos Mortos*, e a resposta está lá, para quem quiser ver (Figura 121).

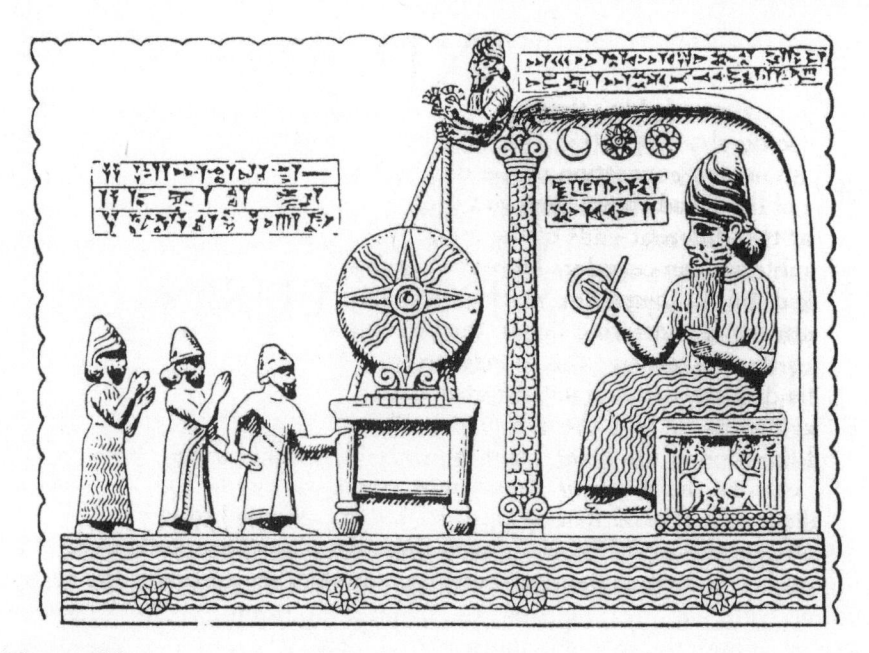

Figura 120

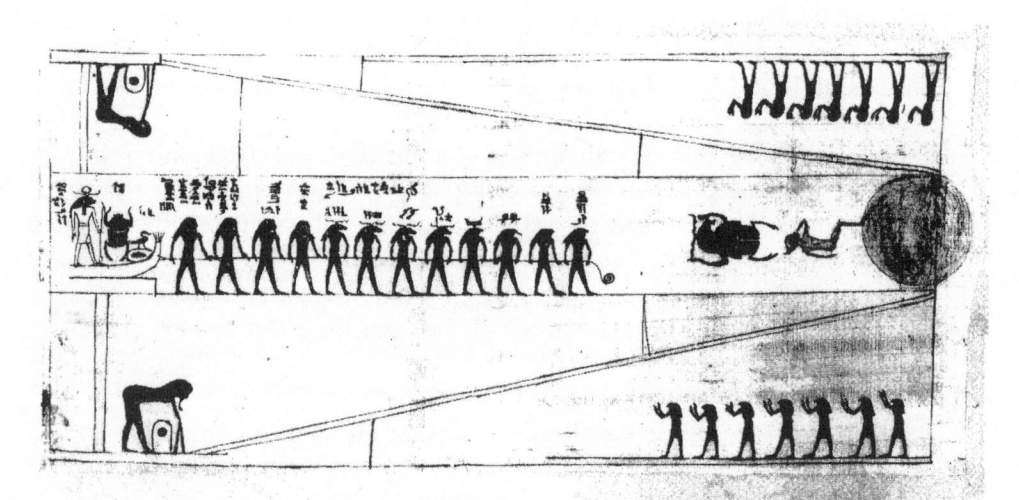

Figura 121

Trata-se do "Papiro da Rainha Nejmet", no qual há uma ilustração que retrata a etapa final da viagem do faraó ao *Duat*. Os 12 deuses que puxam sua embarcação pelos túneis subterrâneos chegaram finalmente ao último corredor, o "Local da Ascensão", onde fica o "Olho Vermelho de Hórus". O faraó é então despido de suas vestimentas terrenas para poder ascender, e sua translação é marcada pelo hieróglifo do besouro ("Renascimento"). Deuses separados em dois grupos rezam para que ele tenha uma boa recepção na Estrela Imperecível.

E não devemos esquecer a imagem egípcia dos dois Portadores Divinos!

Tirando o excesso de personagens da descrição de Sippar, a imagem do *Livro dos Mortos* mostra cada um deles em um lado da cena, e não praticamente em cima um do outro. Eles estão fora do corredor subterrâneo, e ao lado de cada um deles vemos um *omphalos*; mas, dessa vez, não parece que estão apenas segurando uma corda, e sim *tirando medidas*.

A descoberta não surpreende: os versos do *Livro dos Mortos* não descrevem o encontro do faraó com os deuses que "seguram a corda no Duat" e os deuses que "seguram a corda de medição"?

E ainda nos faz lembrar uma passagem do *Livro de Enoch*, que narra o momento em que ele é levado para visitar o Paraíso na Terra, e "Enoch viu o comprimento das cordas que eram dadas aos anjos que tinham asas e voavam em direção ao norte". O anjo guardião de Enoch explicou que "eles tinham ido fazer os cálculos e voltariam com as medidas corretas do Justo para o Justo, e que todas essas medidas revelariam os segredos da Terra".

Seres alados, medidas reveladoras dos segredos da Terra... de repente, tudo isso nos lembra as palavras do profeta Habacuc as quais descrevem a passagem do Senhor que ia do sul para o norte:

> O Senhor virá do sul,
> O Sagrado do Monte Parã.
> Os céus estão cobertos por seu halo,
> Seu esplendor derrama-se sobre a Terra;
> Seu brilho é como a luz.
> Seus raios emanam
>   de seu poder oculto.
> A Voz segue à sua frente,
>   centelhas irradiam por baixo.
> Ele faz uma pausa para medir a Terra;
> Ele é visto e os povos estremecem.

Será que os "segredos" de medição estavam relacionados com o poder dos deuses de sobrevoar a Terra? Os textos ugaríticos esclarecem um pouco mais quando falam que, do pico de Zafon, Baal "estende uma corda forte e flexível em direção ao céu e ao trono de Kadesh".

Sempre que esses textos falam da mensagem de um deus a outro, o verso começa com a palavra *Hut*, que os estudiosos acreditam ser um prefixo de invocação, como se quisessem dizer "está pronto para me ouvir"? Mas, nas línguas semíticas, o termo significava "corda ou cordão"; e o curioso é que para os egípcios *Hut* significa "esticar, estender". Quando cita um texto egípcio que fala das batalhas de Hórus, Heinrich Brugsch (*Die Sage von der geflügten Sonnenscheibe*) salienta que Hut também era o nome do país dos Medidores Alados e da montanha na qual Seth aprisionou Hórus.

Se observarmos mais uma vez a última imagem egípcia (Figura 121), notamos que "as pedras do oráculo" ficavam perto dos Medidores Divinos. Baalbek também possuía um *omphalos*, a Pedra do Esplendor, que executava as funções do *Hut*. Havia a pedra do oráculo de Heliópolis, a cidade gêmea de Baalbek, mas a Plataforma de Aterrissagem ficava mesmo nesta última cidade, onde as cordas egípcias erguiam o faraó para o Local da Ascensão, no *Duat. El*, como era chamado o Senhor em Habacuc, mediu a Terra em seus voos pelos céus. Será que tudo isso são apenas coincidências ou partes do mesmo quebra-cabeça?

Se voltarmos à imagem de Sippar tendo em mente que em tempos pré-diluvianos a Suméria era a Terra dos Deuses, vamos nos lembrar que Sippar era o porto espacial dos anunnakis, e Shamash era seu comandante. Assim, parece ficar mais claro o papel dos Medidores Divinos: *suas cordas mediam a distância até o porto espacial.*

Também ajuda relembrar como aconteceu a fundação de Sippar e como foi escolhido o local para o primeiro porto espacial na Terra, há cerca de 400 mil anos.

Quando Enlil e seus filhos foram convocados para instalar um porto espacial no planeta Terra, na planície entre os Dois Rios da Mesopotâmia, eles deveriam seguir um plano que englobava a escolha do local, a determinação do corredor de voo e a instalação da Base de Comando e Controle da Missão. O *Monte Ararat*, no Oriente Próximo, foi a escolha natural, onde foi traçada uma linha meridional, de norte a sul. A trajetória de voo seria feita sobre o Golfo Pérsico, longe das cadeias de montanhas, onde foi demarcado um ângulo preciso a 45° do meridiano. Sippar, a "Cidade Pássaro", deveria ficar no encontro dessas duas linhas, às margens do Rio Eufrates.

Cinco cidades, equidistantes entre si, foram construídas com a inclinação de 45° na linha diagonal. A principal era Nippur, "O Local da Travessia", onde ficaria o Centro de Controle da Missão; todas as outras seguiriam corredores que convergiriam em Sippar (Figura 122).

No entanto, todo esse complexo que abrangia o porto espacial e as cidades foi destruído pelo Dilúvio, há cerca de 13 mil anos – o único segmento que permaneceu foi o Local de Aterrissagem, em Baalbek. E até a construção de um novo porto, todo o tráfego aéreo teria de ser realizado ali. Será que os anunnakis pretendiam atingir a pista de pouso,

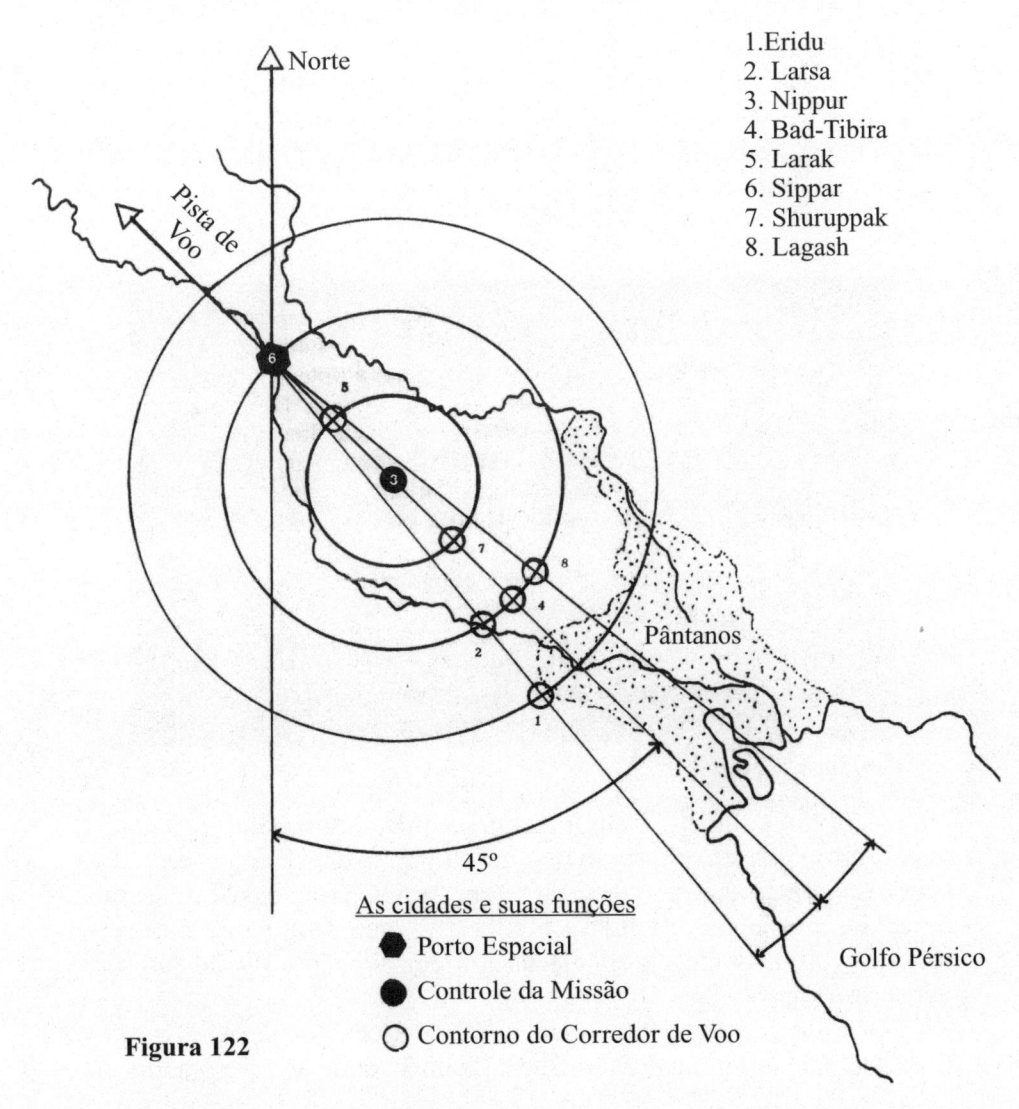

1. Eridu
2. Larsa
3. Nippur
4. Bad-Tibira
5. Larak
6. Sippar
7. Shuruppak
8. Lagash

As cidades e suas funções
⬣ Porto Espacial
● Controle da Missão
○ Contorno do Corredor de Voo

Figura 122

entre duas cadeias de montanhas, apenas com suas perícias de aviação? Ou o mais provável é que, assim que possível, desenharam um Corredor de Aterrissagem voltado para Baalbek?

Com as fotografias tiradas da Terra a partir de uma nave espacial da NASA, podemos ver o Oriente Próximo com os olhos dos anunnakis a bordo de seu próprio veículo (Figura 123). Um ponto a norte demarcava Baalbek, e quais seriam os locais ideais para servir como baliza para um corredor de pouso triangular? Bem perto, a sudeste, ficavam os picos de granito, e de seu centro erguia-se o mais alto de todos, hoje o monte Santa Catarina, que poderia perfeitamente servir como um farol natural que demarcava toda a linha sudeste. Só faltaria encontrar seu contraponto a noroeste para fechar a ponta do triângulo a norte.

Da nave, o topógrafo ou "Medidor Divino" estudava a paisagem e seus mapas, e bem longe dali, além de Baalbek, erguiam-se os picos de Ararat. O especialista traçou uma linha reta unindo Ararat a Baalbek que se estendia até o Egito.

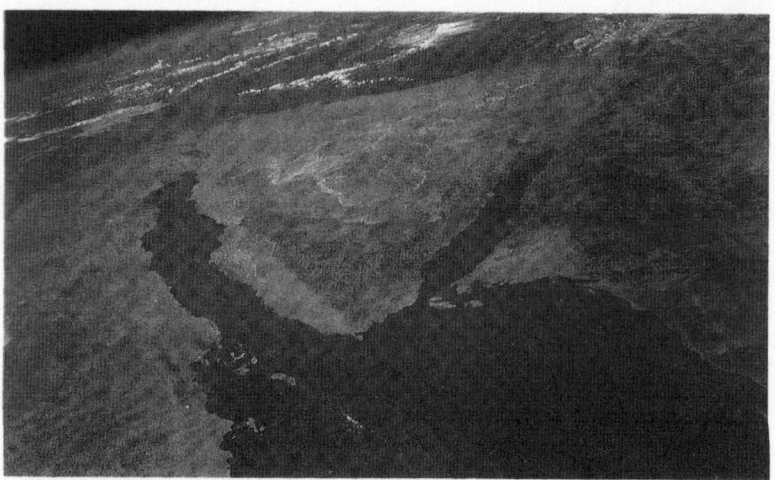

Figura 123

Com um compasso, ele marcou Baalbek como ponto principal e traçou um arco pelo ponto mais alto da península. Deixou uma cruz bem visível na linha de interseção entre Ararat e Baalbek. Em seguida desenhou uma linha que ligava Baalbek ao pico do Sinai, e outra que saía do mesmo ponto da cidade mas ia em direção ao local indicado pela cruz (Figura 124).

O topógrafo disse que aquele seria o Corredor de Aterrissagem triangular que os ligaria diretamente a Baalbek, onde ficava a plataforma.

Mas um dos tripulantes decidiu intervir e disse que, naquele ponto em que ele havia feito a cruz, não havia nada, nenhum marco natural que pudesse orientar os pilotos.

O comandante refletiu e disse que, então, eles teriam de construir um monte ou uma *pirâmide*. Depois de todos concordarem, foram comunicar a decisão aos líderes.

Será que os anunnakis realmente tiveram essa conversa a bordo de uma nave espacial? A não ser que seja encontrada uma tábua que relate o evento, nunca saberemos; o que fizemos foi apenas dramatizar ainda mais fatos que podem parecer impressionantes, mas são *inegáveis*:

- Essa plataforma única, feita em dias ancestrais, continua intacta em sua imensidão enigmática;
- O Monte Santa Catarina ainda se ergue acima de todos os outros picos do Sinai, sendo reverenciado, como seu vizinho Monte Musa, desde tempos longevos, ambos sempre servindo de cenário para lendas de deuses e anjos;

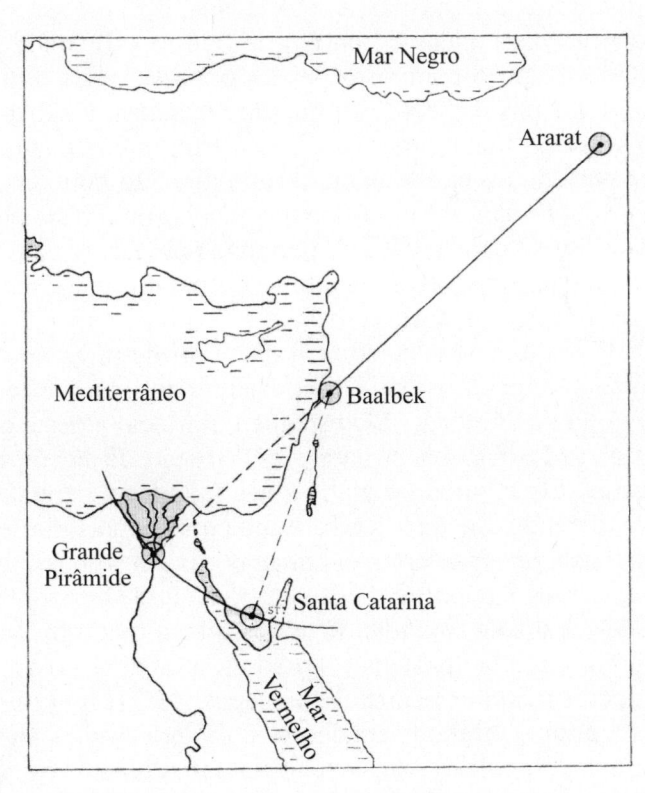

Figura 124

- A grande pirâmide de Gizé, com suas duas companheiras e a excepcional esfinge, monumentos únicos no planeta, situa-se precisamente na interseção entre Ararat e Baalbek;
- E, para terminar, a distância de Baalbek ao Monte Santa Catarina ou à pirâmide de Gizé é exatamente a mesma.

E isso é apenas uma parte do plano de mestre traçado pelos anunnakis para construir seu porto espacial após o Dilúvio. Se houve ou não a tal conversa que mostramos anteriormente, o fato é que *as pirâmides foram assim erguidas no Egito.*

Há muitas pirâmides e estruturas piramidais que marcam a paisagem egípcia, desde o delta do Nilo, no norte, até a Núbia, no sul. Mas, quando falamos das "Pirâmides", não pensamos nas cópias, variações e "minipirâmides"; tanto estudiosos como leigos lembram apenas das 20 pirâmides que o mundo inteiro acredita terem sido construídas pelos faraós do Antigo Império (entre 2700-2180 a.C.). E elas estão divididas em dois grupos: as pirâmides claramente relacionadas com governantes da Quinta e Sexta Dinastias, como Unash, Teti e Pepi, que estão minuciosamente adornadas e contêm os famosos Textos das Pirâmides. O segundo grupo é composto pelas pirâmides mais antigas, que são atribuídas aos reis da Terceira e Quarta Dinastias. E são essas que continuam sendo as mais intrigantes; sua estrutura é mais grandiosa, mais sólida e perfeita do que suas predecessoras. São também as mais misteriosas e continuam até hoje sem nos revelar uma pista qualquer sobre o segredo de sua construção. As perguntas óbvias – quem as construiu, como, com que propósito e quando – continuam sem resposta; tudo que temos são opiniões e teorias.

Os livros didáticos nos dizem que a primeira grande pirâmide foi construída pelo poderoso rei Zoser, o segundo faraó da Terceira Dinastia, por volta de 2650 a.C. Ele escolheu um local a oeste de Mênfis, no mesmo elevado que serviu para a construção da necrópole, a cidade dos mortos. Ele explicou o plano a seu talentoso cientista e arquiteto, Imhotep, dizendo que queria uma tumba muito mais gloriosa que todas as outras, que até então eram entalhadas em um solo rochoso em que o rei era enterrado e depois coberto por uma lápide horizontal de grandes dimensões chamada *mastaba*. Eruditos dizem que o brilhante Imhotep colocou por cima da mastaba original da tumba de Zoser várias camadas de pedras menores assentadas em duas fases (Figura 125a), acabando por erigir uma pirâmide em degraus. Em um amplo pátio ao lado, ele construiu um complexo com capelas, templos funerários, depósitos, ala de criados e vários outros edifícios protegidos por uma grande muralha.

A pirâmide, as ruínas de algumas dessas construções e até a muralha ainda podem ser vistas (Figura 125b) em Sakkara, um nome que muitos acreditam ter honrado Seker, o "Deus oculto".

Figura 125

De acordo com os livros, os reis que sucederam Zoser gostaram tanto do projeto que tentaram imitar as construções do imperador. Provavelmente foi Sekhemkhet, o primeiro a ocupar o trono de Zoser, quem começou a construção da segunda pirâmide em degraus, também em Sakkara, mas por razões desconhecidas o projeto nunca teve continuidade; talvez faltassem a genialidade e os conhecimentos de ciência e engenharia de Imhotep para erguer tamanho monumento. Entretanto, foram descobertas as ruínas, melhor dizendo, os entulhos do que talvez fosse o início de uma terceira pirâmide, entre Sakkara e Gizé, no norte; bem menor do que as anteriores e, afirmam alguns estudiosos que, segundo a lógica, teria sido ideia do próximo herdeiro ao trono, o faraó Khaba. Alguns peritos no assunto acreditam na possibilidade de uma ou duas outras tentativas de construir pirâmides, ambas malsucedidas, feitas por um rei não identificado da Terceira Dinastia.

Para continuar no caminho cronológico em busca da quarta pirâmide, devemos seguir 48 quilômetros a sul de Sakkara, a um lugar chamado Maidum. Não há evidências que comprovem, mas, de acordo com a lógica, o próximo autor da pirâmide e quarto faraó na linhagem é Huni. Acredita-se que ele apenas iniciou a construção que depois seria continuada por seu sucessor Snefru, o primeiro rei da Quarta Dinastia.

Não temos sequer provas nem teorias, mas acredita-se que o projeto seria de uma pirâmide em degraus, uma "verdadeira" pirâmide com laterais planas e lisas, ou seja, um revestimento de pedras polidas deveria ser assentado em um ângulo bastante oblíquo (Figura 126a). Foi escolhido um ângulo de 52°, e o que deveria ser um verdadeiro projeto "faraônico" acabou em um total fracasso: as camadas externas, o enchimento e até o núcleo vieram abaixo com o peso das pedras empilhadas de forma desastrosa em um ângulo precário. O que restou da tentativa foi uma parte do núcleo sólido cercado por entulho (Figura 126b).

Especialistas como Kurt Mendelssohn (*The Riddle of the Pyramids*) dizem que outra pirâmide estava sendo construída ao mesmo tempo por Snefru, a norte de Maidum, e seus arquitetos decidiram mudar o ângulo em meio a obra, confiantes de que 43° dariam mais estabilidade e reduziriam a altura e o peso da pirâmide. Uma decisão sábia, já que se trata da chamada Pirâmide Torta, em pé até hoje (Figura 127).

O bem-sucedido Snefru logo deu início à construção de outra pirâmide nas proximidades, chamada hoje de Pirâmide Vermelha devido à tonalidade de suas pedras. A verdadeira realização do impossível: um triângulo imenso sobre uma base quadrada com laterais de 200 metros de comprimento e 100 metros de altura. Mas o resultado do sucesso da "primeira pirâmide clássica" foi a inclinação muito mais segura de 44° em vez do perfeito ângulo de 52°.

E finalmente chegamos ao exemplo perfeito de uma pirâmide egípcia.

Snefru tinha um filho chamado Khufu (os gregos o chamavam de Quéops) que seguiu os passos do pai e construiu a próxima pirâmide, só que em uma escala muito maior. Ele ergueu a grande e majestosa Pirâmide de Gizé, que durante milênios tem surpreendido civilizações ao lado de suas duas companheiras atribuídas a seus sucessores Chefra (Quéfren) e Menka-ra (Miquerinos). As três cercadas por pirâmides menores, templos, mastabas, tumbas e a impressionante esfinge. Apesar de serem atribuídas a diferentes governantes, com certeza as três (Figura 128) foram pensadas e executadas como parte de um grupo, e são perfeitamente alinhadas entre si e os pontos cardeais. De fato, as

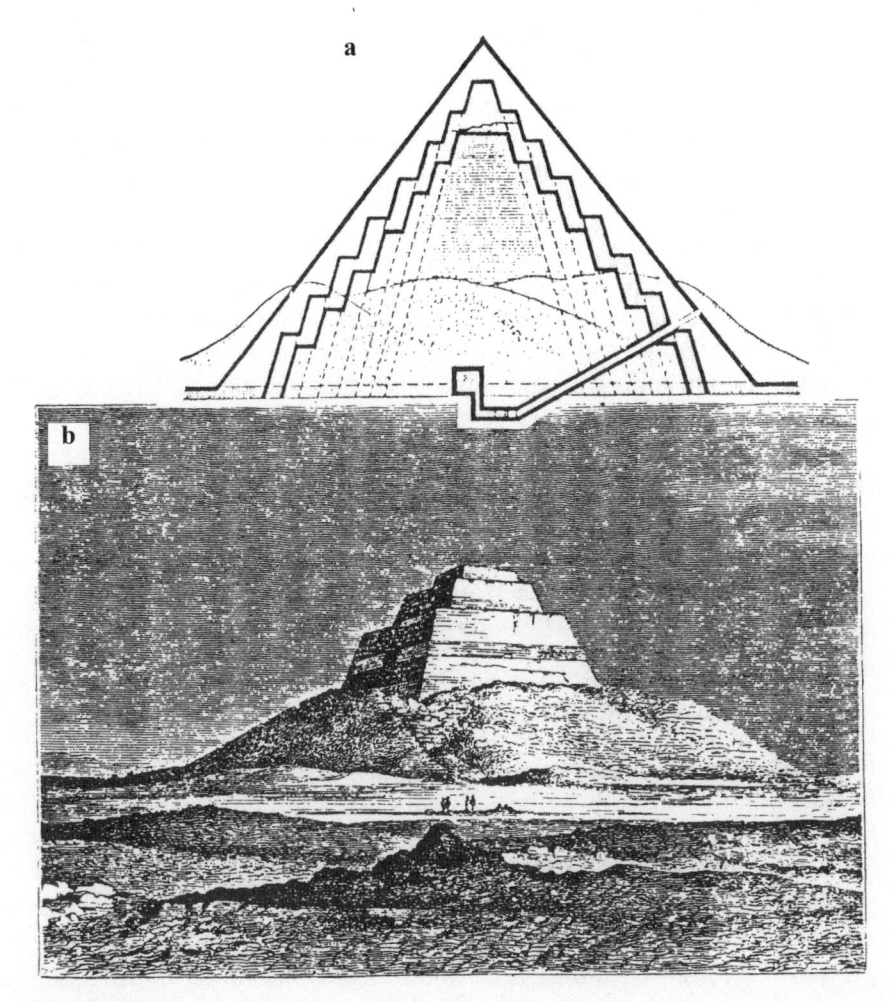

Figura 126

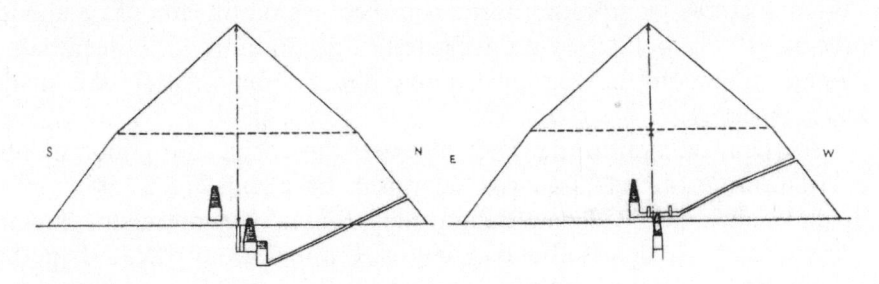

Figura 127

triangulações que tiveram início com esses três monumentos serviram não só para medir o Egito, mas toda a Terra. E os primeiros em tempos modernos a fazer essa descoberta foram os engenheiros de Napoleão, que escolheram o ápice da Grande Pirâmide como ponto de partida para mapear e triangular todo o Baixo Egito.

Uma grande ajuda foi a descoberta de que todo o complexo de Gizé está localizado exatamente no 30º paralelo norte, no extremo oriental do planalto que começa no oeste da Líbia e se estende até as margens do Nilo. Erguendo-se a apenas 45 metros acima do vale do rio, Gizé consegue manter uma visão ampla e predominante de todos os lados, e a Grande Pirâmide fica assentada no extremo nordeste de uma protuberância do planalto, já que a poucas dezenas de metros a sul e a leste começa um terreno pantanoso onde seria completamente impossível erguer tais construções. Charles Piazzi Smyth (*Our Inheritance in the Great Pyramid*) foi o primeiro cientista a tirar medidas exatas e a concluir que o centro da Grande Pirâmide ficava na latitude norte a 29° 58' 55", a apenas 1/60 de grau do 30º paralelo. O centro da segunda grande pirâmide ficava a 13 segundos (13/3.600 de um grau), a sul do paralelo.

O alinhamento com os pontos cardeais, as inclinações laterais a um ângulo perfeito de cerca de 52° (fazendo com que a altura da pirâmide em relação à sua base seja igual à do raio de um círculo em relação à sua circunferência) e as bases quadradas assentavam perfeitamente nas plataformas niveladas. Todas essas medidas denotam um grande conhecimento de matemática, astronomia, geometria, geografia e, é claro, engenharia e arquitetura; isso sem falar na capacidade administrativa de organizar e mobilizar a mão de obra necessária para levar a cabo um projeto tão longo e ambicioso. A admiração fica ainda maior quando notamos as complexidades do *interior* e a precisão das galerias, dos corredores, câmaras, dutos e aberturas dentro das pirâmides; suas passagens secretas (sempre ao norte), os sistemas de travamento e ajuste, tudo invisível do exterior e em perfeita ligação entre si. Um trabalho de maestria inconfundível construído em montanhas artificiais, camada após camada.

Apesar de a pirâmide de Quéfren ter dimensões um pouco menores (alturas de 143 e 146 metros, laterais da base com 215 e 230 metros) do que a antecessora "Grande Pirâmide", foi ela que conquistou a atenção e o interesse de estudiosos e leigos. É a maior edificação de pedra do mundo, na qual se estima que foram utilizados quase 2,5 milhões de blocos de calcário amarelo para o núcleo, calcário branco para o

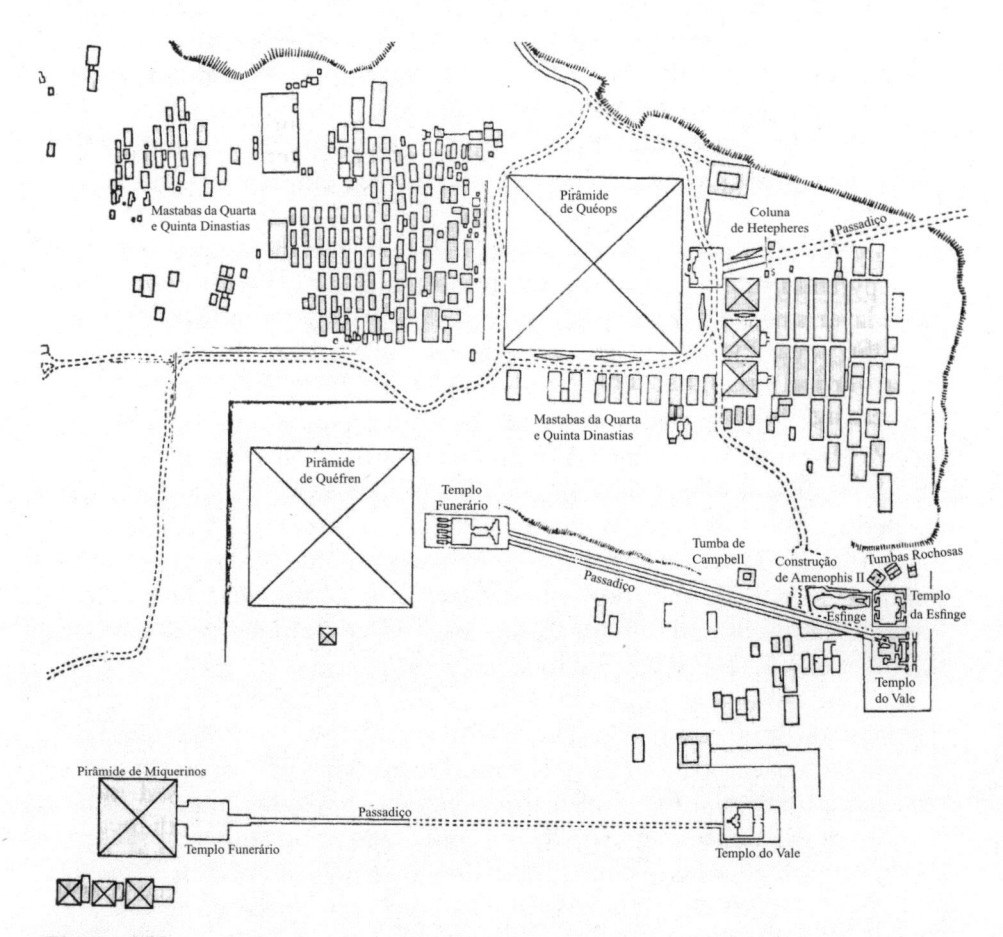

Figura 128

revestimento polido e granito para as galerias e câmaras interiores, teto e outras áreas. Sua massa total é calculada em cerca de 2,6 milhões de metros cúbicos e 7 milhões de toneladas. Muito mais do que se unirmos o peso de todas as catedrais, igrejas e capelas construídas na Inglaterra desde o início do Cristianismo.

A Grande Pirâmide ergue-se em uma plataforma que fica assente em solo nivelado de forma artificial, e nos quatro cantos estão encaixes cuja função ainda é desconhecida. Apesar da passagem dos milênios, do deslocamento dos continentes, do balanço da Terra em seu eixo, terremotos e o imenso peso da própria pirâmide, a plataforma de apenas pouco mais de 50 centímetros de largura continua intacta e perfeitamente nivelada. A variação mínima em seu alinhamento horizontal é de menos de três milímetros ao longo dos 231 metros de comprimento dos lados da plataforma.

De longe, as pirâmides de Gizé parecem edificações lisas, mas de perto também se assemelham às pirâmides em degraus, construídas com camadas de pedra, que os eruditos chamam de "cursos", e que iam diminuindo de tamanho conforme chegavam ao topo. Estudos atuais sugerem que a Grande Pirâmide tenha mesmo um núcleo em degraus elaborado para sustentar grandes esforços verticais (Figura 129). As superfícies lisas e inclinadas são efeito do revestimento que foi removido durante a ocupação árabe e utilizado na construção da cidade do Cairo, mas alguns blocos lisos ainda podem ser observados quase no topo da Segunda Pirâmide e também na base da Grande Pirâmide (Figura 130). Justamente por serem mais pesadas, essas são as pedras que foram utilizadas no revestimento e que determinaram o ângulo dos lados; e as seis faces de cada uma dessas pedras foram cortadas e polidas para um encaixe perfeito não apenas no núcleo, mas também entre si, nos quatro lados, formando uma área exata de 8,5 hectares de bloco de calcário.

Hoje em dia, as pirâmides de Gizé não têm mais seu ápice ou pináculo, que eram construídos ou revestidos em metal, também em forma piramidal, como o topo dos obeliscos. Quem conseguiu remover essas peças de tamanha altura, principalmente como e quando, ninguém sabe. O que temos conhecimento é de que, com o passar do tempo, as pirâmides passaram a ter esses cumes, que são tão semelhantes ao *Ben-Ben* de Heliópolis, feitos em granito especial e com várias inscrições. O ápice de Amen-em-khet, em Dahshur, foi encontrado soterrado a certa distância da pirâmide (Figura 133) e continha o símbolo do Globo Alado e uma inscrição que dizia:

> O rosto do rei Amen-em-khet está aberto,
> Para que ele possa contemplar o Senhor da Montanha da Luz
> Quando ele navega pelos céus.

Quando Heródoto visitou Gizé no século V, as pirâmides ainda estavam com os blocos de revestimento liso, mas ele não menciona a presença dos pináculos. E, como todas as pessoas que antes ou depois dele foram ao local, o historiador grego contemplou os monumentos considerados uma das Sete Maravilhas do Mundo Antigo e pensou como foi possível sua construção. Os guias que o acompanhavam disseram que foram necessários 100 mil homens para erigir a Grande Pirâmide, e que eles eram substituídos a cada três meses por trabalhadores novos e descansados. Foram "dez anos de opressão" apenas para construir uma rampa que ajudaria no transporte dos blocos de pedra para o sítio. "E para construir a pirâmide foram necessários 20 anos". Heródoto nos transmitiu a informação de que o faraó Quéops (Khufu) ordenou a construção da pirâmide, mas não citou o motivo nem a função do monumento. Ele também atribui a Segunda Pirâmide a Quéfren (Chefra), e diz que "tinha a mesma dimensão, menos de 12 metros de altura", e afirma que Miquerinos (Mankara) "também erigiu uma pirâmide, mas muito menor do que a de seu pai"; provavelmente Heródoto falava da Terceira Pirâmide de Gizé.

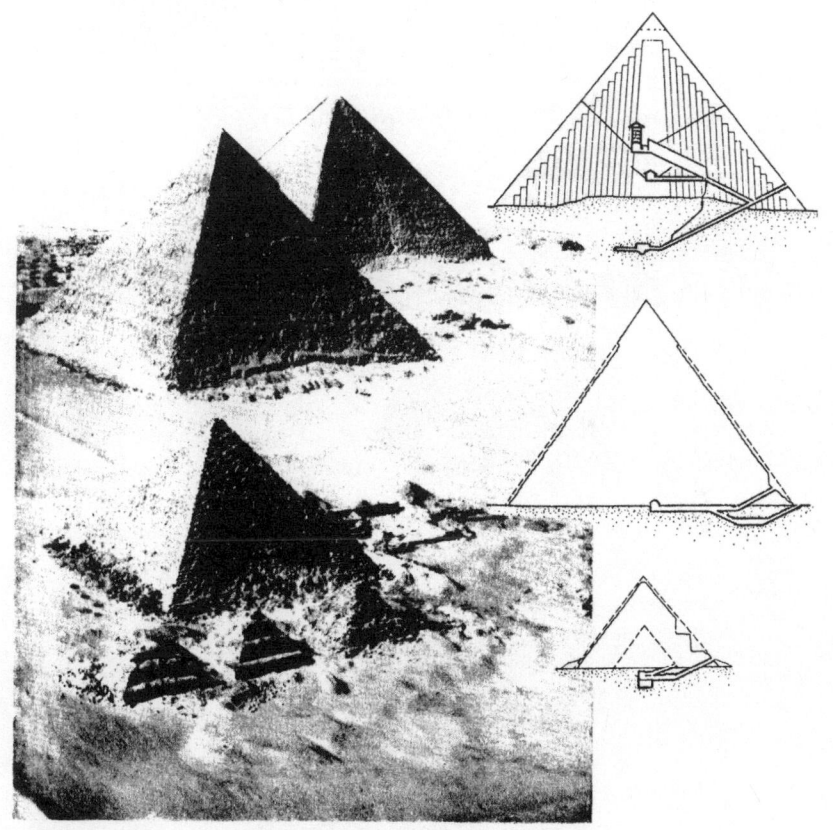

Figura 129

No século I, o historiador e geógrafo romano Estrabão registrou sua visita ao interior da pirâmide, feita por meio de uma abertura na face norte. Depois de passar por um corredor estreito e comprido, ele chegou a um buraco cavado no próprio alicerce da rocha – na época um ponto turístico muito visitado por gregos e romanos.

Figura 130

Figura 131

A localização dessa entrada foi perdida nos séculos subsequentes, e, quando o califa Al-Mamun tentou entrar na pirâmide no ano 820, precisou da ajuda de um verdadeiro exército de engenheiros, pedreiros e ferreiros para cavar um túnel que levasse direto ao núcleo. Claro que ele era movido por interesses científicos e também pela ganância, pois sabia, por lendas antigas, que a pirâmide continha uma câmara secreta na qual haviam sido guardados mapas astronômicos e globos terrestres, e também "armas que não enferrujam" e "vidro que pode ser dobrado sem quebrar".

A equipe de Al-Mamun utilizou a técnica de aquecimento e resfriamento para causar rachaduras na pedra que possibilitassem o avanço com martelos e picaretas, e eles estavam prestes a desistir quando ouviram o barulho de uma pedra caindo, uma indicação de que havia uma abertura por perto. Este sinal deu-lhes mais esperança de descobrir algo e força para continuar até encontrar o Corredor Descendente (Figura 132). Acima, estava a entrada original que eles não tinham visto do lado de fora e, abaixo, estava a cova vazia descrita por Estrabão, em que havia um poço sem saída.

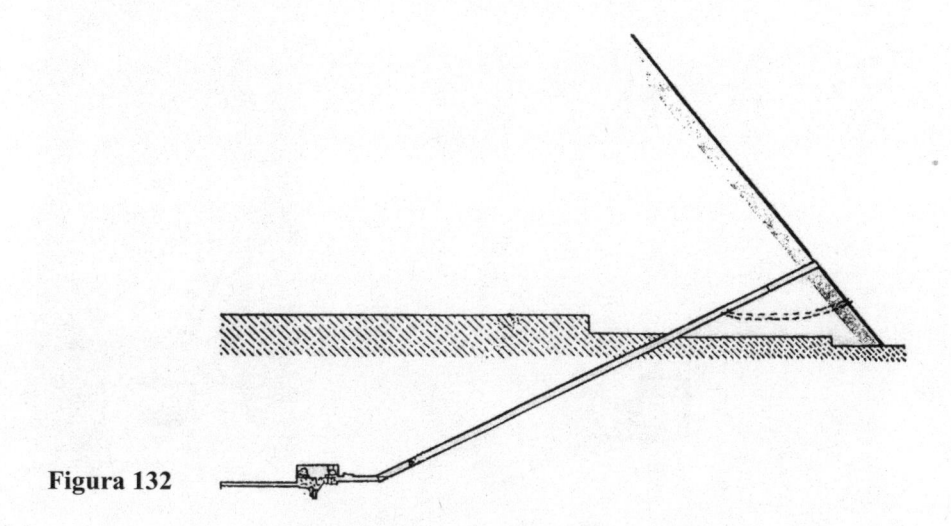

Figura 132

Para os desbravadores à caça de tesouro, foi um esforço em vão, e todas as buscas feitas durante os séculos nas outras edificações, com exceção da Grande Pirâmide, revelaram a mesma estrutura interior, com o Corredor Descendente, algumas câmaras e nenhum segredo.

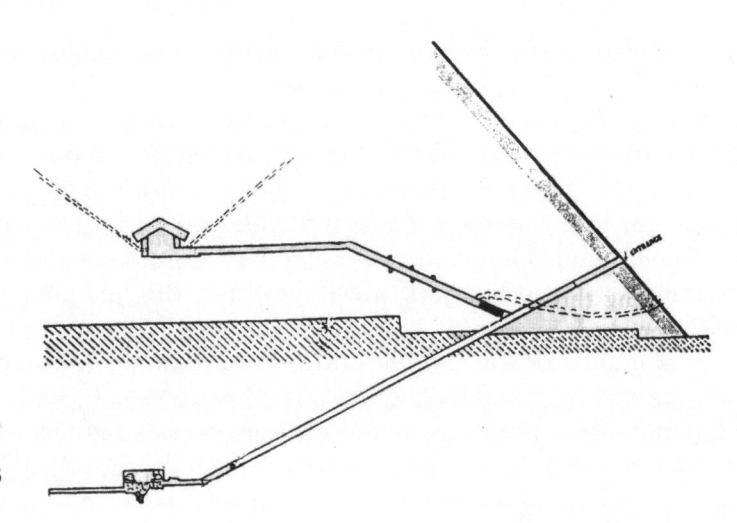

Figura 133

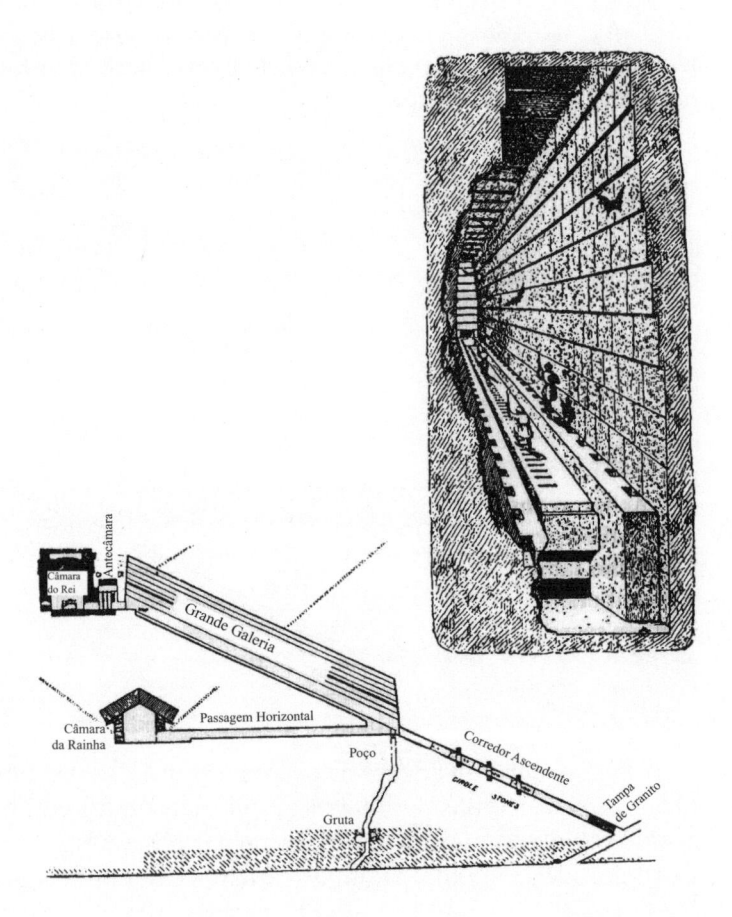

Figura 134

Mas o destino decidiu intervir, e, depois de cavar e martelar até soltarem a pedra, os homens de Al-Mamun iam realmente desistir quando notaram que a pedra que caíra no Corredor Descendente tinha uma forma triangular. Examinaram o teto e viram que a pedra escondia um grande bloco de granito retangular localizado em um ângulo do Corredor. Seria a passagem para a verdadeira câmara secreta?

Incapazes de partir ou remover o bloco de granito, os homens do califa construíram um túnel à sua volta e descobriram que essa pedra era apenas uma entre muitos blocos maciços de granito e calcário que obstruíam um Corredor Ascendente, inclinado para cima exatamente nos mesmos 26° que o Corredor Descendente inclinava para baixo; metade do ângulo da inclinação externa da pirâmide. No alto do Corredor Ascendente havia uma passagem que saía em uma sala quadrada com teto inclinado em forma triangular (Figura 133) e um entalhe inusitado e vazio na parede leste. Essa câmara situa-se exatamente no meio do eixo norte-sul da pirâmide, e até hoje não se descobriu o motivo para isso. Ela passou a ser conhecida pela "Câmara da Rainha", um nome puramente romântico sem nenhuma evidência que corroborasse essa ideia.

No topo do Corredor Ascendente, foi descoberta uma Grande Galeria com o mesmo ângulo de 26° que se estendia por quase 46 metros de construção complexa e precisa (Figura 134). Seu piso rebaixado foi cortado por duas rampas que seguem por toda a sua extensão, e em cada uma delas há uma linha de fendas retangulares voltadas umas para as outras. As paredes têm mais de cinco metros de altura que são sustentados por sete colunas que vão se estreitando à medida que se erguem, fazendo com que o teto da Galeria tenha a mesma largura do solo rebaixado entre as rampas.

A Galeria acaba em uma plataforma de pedra gigantesca onde um corredor baixo e estreito, com cerca de um metro de altura, leva a uma antecâmara de construção extremamente complexa e equipada com um mecanismo de roldanas capaz de abaixar verticalmente três paredes de granito sólido e bloquear a passagem.

Outro corredor pequeno, parecido com o anterior, acabava em uma sala de granito polido vermelho e teto alto, que foi chamada de "Câmara do Rei" (Figura 135). Ali, foi descoberto um bloco de granito entalhado de tal maneira que parecia uma arca sem tampa, mas com ranhuras para encaixar uma parte superior. Suas medidas davam provas de um conhecimento profundo de fórmulas matemáticas, mas infelizmente foi encontrada totalmente vazia.

Será que essa enorme montanha de pedra foi construída apenas para esconder uma "arca" vazia em uma câmara vazia? Marcas de fogo deixadas por tochas e o texto de Estrabão provam que o Corredor Descendente era muito visitado. Se houvesse algum tesouro guardado naquela sala subterrânea, já teria sido retirado; e o Corredor Ascendente estava lacrado quando foi descoberto pelos homens do califa Al-Mamun, no século IX. A teoria que conhecemos é que as pirâmides eram tumbas reais construídas para proteger a paz eterna das múmias dos faraós e evitar que seus tesouros fossem saqueados, por isso a passagem era fechada assim que o sarcófago era levado para a câmara mortuária. Mas aqui havia uma passagem que bloqueava o acesso a uma câmara que continha apenas uma arca de pedra vazia.

Figura 135

Com o passar do tempo, outros governantes, cientistas e aventureiros entraram pelos túneis da pirâmide e descobriram mais características de sua estrutura interior, entre elas dois dutos que alguns acreditam ter sido entradas de ar (para quem?) e outros afirmam que serviam para observação astronômica (por quem?). Embora os especialistas insistam em dizer que a arca de pedra era um sarcófago, pois seu tamanho poderia mesmo abrigar um corpo humano, o fato é que não foi encontrada evidência alguma para comprovar que a Grande Pirâmide serviu de tumba para um faraó.

Na verdade, nunca surgiram evidências concretas que sustentem a ideia de que as Pirâmides foram construídas para ser túmulos faraônicos.

A pirâmide de Zoser, que os eruditos acreditam ter sido a primeira de todas, possui o que eles insistem em chamar de duas câmaras funerárias cobertas pela primeira mastaba. Quando H. M. von Minutoli a visitou pela primeira vez, em 1821, ele diz ter encontrado partes de uma múmia e algumas inscrições com o nome do faraó. Ele enviou as descobertas para a Europa, mas elas foram perdidas no mar. Em 1837, o coronel Howard Vyse liderou uma escavação mais minuciosa e diz ter descoberto um "amontoado de múmias" (mais tarde, foram contadas 80) e ter chegado a uma câmara com "o nome do rei Zoser" pintado em vermelho. Um século mais tarde, arqueólogos comunicaram a descoberta do fragmento de um cérebro e indícios de que "um sarcófago de madeira pode ter sido colocado na câmara de granito vermelho". Em 1933, J. E. Quibell e J. P. Lauer descobriram outras galerias subterrâneas na pirâmide, em que estavam dois sarcófagos vazios.

Hoje em dia, aceita-se a ideia de que todas essas outras múmias e ataúdes pertenciam a funerais invasivos, sepultamentos muito posteriores e de pessoas as quais acreditavam que ser enterradas nas galerias e câmaras seria uma forma de atingir a santidade ou divindade.

Mas será que houve mesmo um "sepultamento original" e Zoser foi enterrado na pirâmide?

Muitos estudiosos não acreditam nesse conceito e acham que o faraó foi enterrado em uma tumba esplêndida descoberta em 1928, a sul da pirâmide, e ficou conhecida como a "Tumba do Sul". Chegava-se a ela por uma galeria cujo teto imitava *tamareiras*, depois bastava passar por uma porta entreaberta que se abria para um grande recinto. No entanto, galerias levavam a uma sala subterrânea de blocos de granito, na qual em uma das paredes três portas falsas tinham gravadas a imagem, o nome e os títulos de Zoser.

Muitos egiptólogos importantes acreditam que a pirâmide era apenas um túmulo simbólico de Zoser e que o rei foi realmente enterrado na Tumba do Sul, que possuía uma decoração rica, com uma estrutura retangular no teto e uma sala côncava que também abrigava a capela imperial, exatamente como mostram alguns desenhos egípcios (Figura 136).

A pirâmide em degraus, provavelmente iniciada pelo sucessor de Zoser, Sekhemkhet, também continha uma "câmara mortuária" em que foi descoberto um sarcófago de alabastro vazio. Livros didáticos explicam que o arqueólogo Zakaria Goneim descobriu a câmara e a urna de pedra, e concluiu que a câmara tinha sido saqueada por ladrões que roubaram a múmia e tudo que havia na tumba. Mas, na verdade, Goneim encontrou a porta vertical deslizante da arca de alabastro *fechada e vedada com gesso,* e restos de uma coroa de flores seca ainda *estavam em cima do ataúde.* Ele disse mais tarde que "as expectativas eram altíssimas, mas quando o sarcófago foi aberto vimos que estava vazio e nunca tinha sido utilizado". Será que algum rei foi alguma vez enterrado ali? Uns dizem que sim, mas outros estão convencidos de que a pirâmide de Sekhemkhet (foram encontradas tampas de jarros com seu nome que confirmam a identificação) era apenas um cenotáfio, ou seja, uma tumba simbólica.

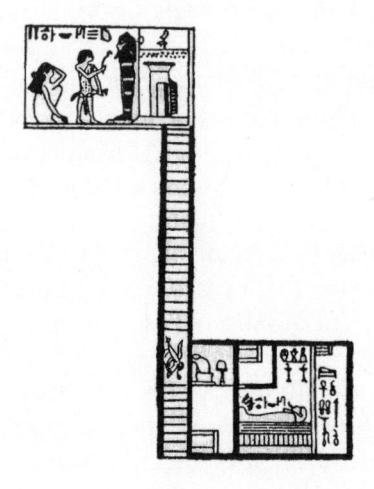

Figura 136

A terceira pirâmide em degraus foi atribuída a Khaba, que também continha uma "câmara mortuária" e foi descoberta completamente vazia, sem vestígios da presença de múmia ou sarcófago. Na mesma região, arqueólogos descobriram restos soterrados de mais uma pirâmide inacabada, provavelmente iniciada pelo sucessor de Khaba, e encontraram em uma subestrutura de granito um "sarcófago" oval embutido no chão de pedra e parecido com uma banheira moderna. A tampa estava intacta e lacrada com cimento, e, quando foi aberta, viram que tinham descoberto mais um ataúde vazio.

Foram descobertos restos de outras três pirâmides atribuídas à Terceira Dinastia. A estrutura subterrânea de uma delas ainda não foi explorada, em outra não foi encontrada nenhuma câmara mortuária e na terceira havia uma câmara, mas nenhum indício de que qualquer sepultamento tenha alguma vez ocorrido ali.

As buscas na pirâmide desmoronada de Maidum revelaram uma "câmara mortuária", mas nem sinal de um sarcófago. Flinders Petrie, que explorou cada detalhe do sítio, descobriu fragmentos de um ataúde de madeira que dizia fazer parte do caixão de Snefru e que os estudiosos acabaram por atribuir a um sepultamento invasivo ocorrido muito mais tarde. A pirâmide de Maidum está cercada por um complexo de mastabas da Terceira e Quarta Dinastias nas quais foram enterrados vários membros da família real e outras pessoas importantes da época. A área da pirâmide estava ligada a uma estrutura mais baixa chamada de templo mortuário, que hoje está submerso nas águas do Nilo. Talvez tenha sido ali, cercado e protegido por águas sagradas, que o corpo do faraó foi sepultado.

As duas próximas pirâmides praticamente destroem a teoria que tenta provar que a função desses monumentos era de sepultamento e proteção dos corpos e tesouros. As pirâmides de Dahshur, chamadas de a Curvada e a Vermelha, foram construídas por Snefru. A Curvada abriga *duas* "câmaras mortuárias", e a outra, *três*. Será que todas eram para Snefru? Se cada faraó construiu sua pirâmide tendo em vista seu sepultamento, por que então Snefru mandou erigir duas, com cinco câmaras no total? Claro que, quando foram descobertas, estavam todas vazias sem nem sinal de existência de um sarcófago. Depois de escavações mais minuciosas realizadas especialmente na Pirâmide Vermelha, em 1947 e em 1953, pelo Serviço de Antiguidades Egípcio, os relatórios acabaram por admitir que "nenhum vestígio de uma tumba real foi encontrado".

Seguindo a teoria "para cada faraó sua pirâmide", passamos para Khufu (Quéops), filho de Snefru, que tem, inclusive, o apoio de Heródoto e outros historiadores romanos que afirmam que era sua a Grande Pirâmide de Gizé. Todas as suas salas e câmaras descobertas em tempos atuais estavam vazias, mesmo a até então imaculada "Câmara do Rei". Nada de novo, se nos lembrarmos que Heródoto (*História*, vol. II, p. 127) escreveu que "as águas do Nilo chegam por um canal artificial e cercam a ilha onde se diz que está sepultado o corpo de Quéops". Se a verdadeira tumba do faraó estava mais para baixo do vale, perto do rio, até hoje ninguém descobriu.

Chefra ou Quéfren, a quem se atribui a segunda Pirâmide de Gizé, não era o sucessor imediato a Khufu; entre eles reinou por oito anos um faraó chamado Radjedef. Por razões que os estudiosos ainda não conseguem explicar, ele escolheu um sítio longe de Gizé para erguer sua pirâmide, que tinha a metade da altura da Grande Pirâmide e, mais uma vez, a "câmara mortuária" foi encontrada vazia.

A segunda pirâmide do complexo de Gizé tem duas entradas pela face norte, uma a mais do que o habitual (Figura 129). A primeira tem outra característica pouco comum, que é começar fora da pirâmide e ir até uma câmara inacabada. A outra leva a uma câmara alinhada com o ápice da pirâmide. Em 1818, Giovanni Belzoni encontrou o sarcófago de pedra vazio e sua tampa quebrada, no chão; e havia uma inscrição em árabe que marcava a entrada no local séculos antes, e, se eles encontraram alguma coisa, não ficou registrado em lugar algum.

A terceira pirâmide de Gizé, apesar de ser muito menor do que as outras duas, possui características únicas e incomuns. Seu núcleo foi construído com os maiores blocos de pedra, os 16 cursos inferiores não eram revestidos de calcário, e sim de granito de alta qualidade, e ela foi inicialmente construída como uma pirâmide menor (Figura 129), mas depois seu tamanho foi duplicado. Por isso, tem duas entradas que eram utilizadas e uma terceira que não chegou a ser finalizada. Em 1837, Howard Vyse e John Perring visitaram as várias câmaras existentes e investigaram aquela que seria a "câmara mortuária". Eles descobriram um magnífico sarcófago de basalto que estava, mais uma vez, vazio. Nas proximidades, porém, os pesquisadores encontraram um fragmento de um caixão de madeira com as inscrições reais "Men-ka-Rá" e os restos de uma múmia, possivelmente de Menkaura ou Menkaure. Uma descoberta que corrobora a afirmação de Heródoto, que dizia que a terceira pirâmide "pertencia" a "Miquerinos". Uma nova análise feita com o método de datação com carbono estabeleceu que o caixão de madeira "realmente pertence ao período saítico", não anterior a 660 a.C., (K. Michalowsky, *Art of Ancient Egypt*), e que os restos da múmia são anteriores à Era Cristã e nenhum deles pertenceu ao enterro original.

Apesar das dúvidas se Men-ka-Rá foi ou não o sucessor imediato de Chefra, os eruditos têm certeza de que depois dele veio Shepsekaf. Mas qual das pirâmides inacabadas, ou entre todas aquelas menores que acabaram por desaparecer, pertencia ao filho de Miquerinos ainda não se sabe. Grande parte dos estudiosos afirma que ele não foi enterrado nela, e sim em uma mastaba monumental (Figura 137) cuja câmara mortuária contém um sarcófago de granito preto. Como deduziram os arqueólogos, ela também foi saqueada por ladrões de tumbas e sarcófagos da Antiguidade.

E Userkaf deu início à Quinta Dinastia construindo sua pirâmide em Sakkara, ao lado do complexo de pirâmides de Zoser. E, como todas as outras, a sua também foi violada por saqueadores e enterros invasivos. Sahuré, seu irmão e sucessor, ergueu sua pirâmide a norte de

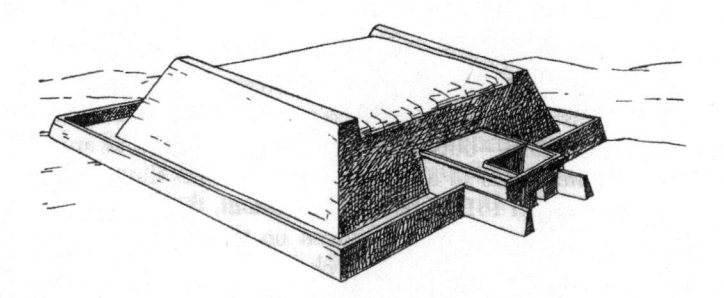

Figura 137

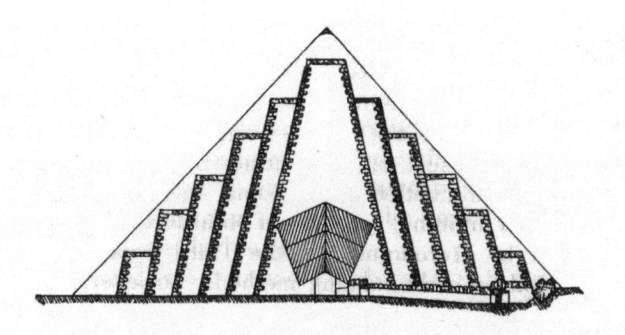

Figura 138

Figura 139

Sakkara, na atual Abusir. Apesar de ser um dos monumentos mais bem preservados (Figura 138), nada foi encontrado em sua "câmara mortuária" retangular. Contudo, a beleza de seus templos, que se estendiam até o Vale do Nilo, e suas salas inferiores decoradas com colunas em forma de tamareiras indicam que a tumba de Sahuré deveria ficar nas imediações da pirâmide

O posterior monarca do Egito foi Neferirkaré, e seu complexo funerário ficava próximo ao de seu irmão Sahuré. A câmara encontrada na pirâmide incompleta ou destruída estava vazia. Os monumentos de seu sucessor nunca foram encontrados, e o governante seguinte utilizou mais tijolos de lama e madeira do que pedras na construção de sua pirâmide, por isso foram encontrados escassos vestígios de sua estrutura. Neuserre era o filho mais novo de Neferirkaré e o próximo na linha de sucessão a construir sua pirâmide, que continha duas câmaras sem nenhum vestígio de sepultamento. Neuserre é conhecido por seu templo funerário que tem a forma de um obelisco pequeno e largo, com ápice de cobre dourado que se erguia a 36 metros no topo de uma pirâmide fragmentada (Figura 139).

A pirâmide do próximo faraó nunca foi encontrada, talvez tenha desmoronado ou sido coberta por uma tempestade de areia. A de seu sucessor foi encontrada apenas em 1945 e com a mesma câmara vazia vista em todas as outras.

A pirâmide de Unash, último imperador da Quinta Dinastia, ou primeiro da Sexta, como preferem alguns historiadores, marcou o início de uma grande mudança nos costumes e nas tradições. Em 1880, Gaston Maspero descobriu em seu interior os Textos das Pirâmides gravados nas paredes das câmaras e dos corredores. As quatro pirâmides dos próximos governantes da Sexta Dinastia (Teti, Pepi I, Mernera e Pepi II) imitaram o complexo funerário de Unash e a inclusão de textos nas paredes. Sarcófagos de granito ou basalto foram encontrados vazios em todas as câmaras "mortuárias"; com exceção de Mernera, onde foi encontrada uma múmia que logo se descobriu que não era do rei e se tratava de mais um sepultamento invasivo.

Então, onde estavam enterrados os reis da Sexta Dinastia? As tumbas reais dessa dinastia e de várias outras antecedentes estavam no sul, em Abidos. Todas essas provas encontradas deveriam ter eliminado por completo as crenças de que as tumbas eram apenas cenotáfios e as pirâmides eram as tumbas verdadeiras, mas alguns estudiosos tentaram levar esse conceito ainda mais longe.

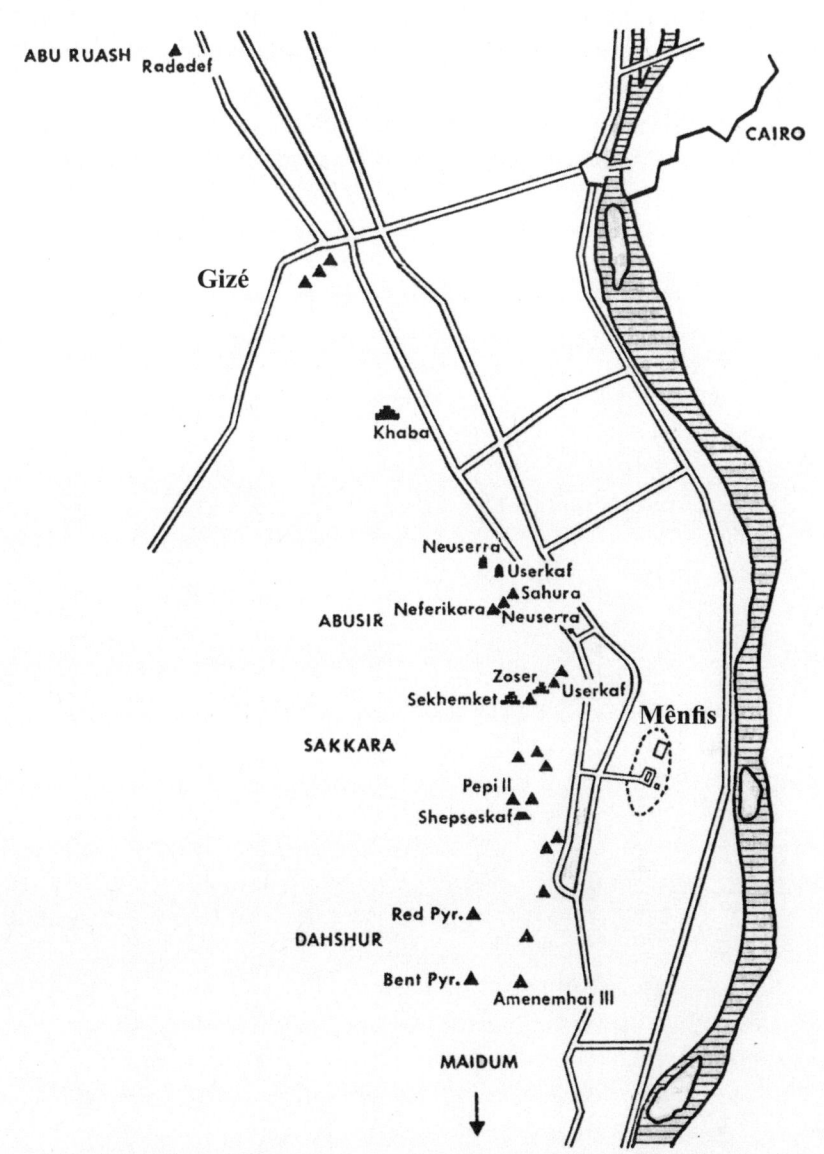

EGITO: OS SÍTIOS PRINCIPAIS DAS PIRÂMIDES

Figura 140

Todos os fatos demonstram o contrário: as pirâmides do Velho Império nunca abrigaram o corpo de um faraó porque na verdade elas não foram construídas com esse propósito. Na viagem simulada do rei para a vida após a morte, elas eram construídas como pontos de referência para orientar seu *ka* na direção do Caminho para o Céu, assim como as pirâmides erguidas pelos deuses serviam de marco enquanto eles "navegavam pelos céus".

O que todas as dinastias de faraós tentaram imitar não foi a pirâmide de Zoser, e sim as *Pirâmides dos Deuses*, as pirâmides de Gizé.

XIII

Falsificando o Nome do Faraó

A falsificação sempre serviu como um meio para conquistar fama e fortuna no meio das artes, das ciências e do comércio de artefatos da Antiguidade. O falsificador corre o risco de ser descoberto e exposto à vergonha pública, mas também pode ser bem-sucedido e mudar para sempre os registros históricos; e é isso que acreditamos que aconteceu com a Grande Pirâmide e seu suposto construtor, o faraó *Khufu*.

Análises arqueológicas e testes minuciosos de toda a área das pirâmides que foi escavada há 150 anos, muitas vezes por caçadores de tesouros, questionaram de várias maneiras as teorias mais recentes. Foi dito que a Era das Pirâmides começou com Zoser e sua pirâmide em degraus, e depois houve uma continuação sucessiva até se chegar à verdadeira e bem-sucedida pirâmide que conhecemos hoje. Mas por que seria tão importante a conquista pessoal desse monumento? Se a arte de construir pirâmides foi sendo aprimorada, o que explica o fato de as pirâmides que tiveram como exemplo o complexo de Gizé serem obras menores ou inacabadas?

Será que Zoser foi mesmo precursor, ou também ele copiou um modelo já existente? Hoje, especialistas acreditam que a primeira pequena pirâmide em degraus (Figura 125) que Imhotep construiu sobre a mastaba "tinha um belo revestimento de pedras brancas" (Ahmed Fakhry, *The Pyramids*), e "antes de finalizar o trabalho, Imhotep quis fazer uma alteração" e sobrepor, sobre a já existente, uma pirâmide ainda maior. Novas evidências sugerem que essa outra pirâmide também foi revestida para ficar com o aspecto de uma verdadeira pirâmide. Uma equipe de arqueólogos da Universidade de Harvard, liderada por George Reisner, descobriu que esse revestimento era feito de tijolos de argila que foram desmoronando com o tempo e com a chuva; por isso, ficamos com a impressão de que Zoser ergueu uma pirâmide em degraus. Além do mais, todos os tijolos eram caiados para imitar um revestimento autêntico de calcário.

Quem Zoser tentava imitar? Onde Imhotep tinha visto uma pirâmide pronta, com laterais lisas e revestimento de calcário? E se, como diz a teoria atual, as tentativas feitas em Maidum e Sakkara para construir uma pirâmide lisa com inclinação de 52° falharam, e Snefru teve de "trapacear" e construir a suposta primeira grande pirâmide com um ângulo de apenas 42 graus, por que seu filho Khufu iria tentar construir uma pirâmide com a perigosa inclinação de 52 graus?

Se o complexo de Gizé era formado por pirâmides consideradas "comuns" na sucessão dos faraós, por que Radjedef, filho de Khufu, não ergueu sua pirâmide ao lado da de seu pai, em Gizé? Devemos lembrar que as outras duas pirâmides de Gizé supostamente ainda não existiam e Radjedef tinha espaço mais que suficiente para sua obra. E, se os engenheiros e arquitetos de seu pai já tinham dominado a arte de construir pirâmides, por que não ajudaram o jovem faraó a construir um monumento similar, em vez de deixar que ele fizesse algo muito inferior?

Uma razão pode ser o fato de apenas a Grande Pirâmide possuir um Corredor Ascendente, que foi bloqueado com perfeição e descoberto apenas no ano 820, por isso, todos os faraós que tentaram copiar essa pirâmide sabiam apenas da existência do Corredor Descendente.

A ausência de inscrições hieroglíficas nas três pirâmides de Gizé também serviu de tema para muitos livros, como o de James Bonwick, *Pyramid Facts and Fancies*, no qual ele diz: "como podemos acreditar que os egípcios ergueriam monumentos tão imponentes sem deixar nenhuma inscrição, justamente eles que apreciavam o excesso de hieróglifos mesmo em edifícios sem grande importância"? Só temos duas opções que justifiquem essa ausência: ou as pirâmides foram construídas antes do surgimento da escrita hieroglífica ou então não foram feitas pelos egípcios.

Esses são apenas alguns pontos que corroboram nossa convicção de que, quando Zoser e seus sucessores iniciaram a tradição de construir pirâmides, eles tentavam copiar os modelos já existentes no complexo de Gizé. Eram pirâmides que nunca foram aprimoramentos dos esforços conquistados por Zoser, e sim protótipos que ele e seus sucessores tentaram imitar.

Alguns estudiosos ainda especulam, dizendo que o pequeno satélite de pirâmides em Gizé serviu na verdade como modelo em escala (1:5) que foi utilizado por nossos ancestrais, assim como os arquitetos usam modelos para fazer avaliação, orientação e melhoramentos nos projetos. Mas hoje sabemos que essas pirâmides menores foram complementos tardios. *Entretanto, realmente acreditamos que esse modelo em escala existiu e foi a Terceira Pirâmide, com toda a sua estrutura experimental. E também achamos que as duas pirâmides maiores tinham o propósito de servir como marco de referência para os anunnakis.*

Mas e Menkara, Chefra e Khufu que, segundo Heródoto, foram os autores das pirâmides de Gizé? Os templos e a passagem elevada da Terceira Pirâmide realmente apresentam indícios de que foram erigidos por Menkara, e ainda foram encontradas inscrições com seu nome e belas estátuas que o mostram sendo abraçado por Hathor e outras deusas. Mas tudo isso apenas prova que Menkara mandou erguer essas estruturas coadjuvantes que o associam à pirâmide, e não que ele a construiu. O mais lógico seria pensar que os anunnakis precisavam apenas das pirâmides e não iriam construir templos para adorarem a si mesmos; só um faraó necessitava de templos funerários e outras estruturas associadas com sua viagem até a morada dos deuses.

Na terceira pirâmide não foram encontradas inscrições, estátuas nem paredes decoradas, apenas uma arquitetura austera e precisa. Os únicos indícios, fragmentos de um ataúde de madeira com o nome de Menkara, foram testados com métodos modernos de datação e acabou por se comprovar sua inautenticidade – pertenciam afinal a uma época referente a 2 mil anos após seu reinado. E a múmia "que acompanhava" o caixão era do início da Era Cristã. Por isso, não existe a mínima indicação de que Menkara, ou qualquer outro faraó, tenha alguma coisa a ver com a criação e a construção da terceira pirâmide.

A segunda pirâmide também estava totalmente vazia. Foram encontradas estátuas com o cartucho de Chefra, uma moldura oval com o nome do faraó inscrito, nos templos ao lado da pirâmide; ou seja, nada indica que ele a construiu.

Agora nos resta Khufu. Com uma exceção, *que vamos expor como sendo falsa*, a única possibilidade de que ele tenha construído a Grande Pirâmide é mencionada por Heródoto e outro historiador romano que se baseou em sua obra. Heródoto descreve Khufu como um governante cruel que escravizou seu povo durante 30 anos para construir a passagem elevada e a pirâmide. No entanto, todos os outros relatos dizem que o faraó reinou por 23 anos; e, se ele era mesmo um construtor grandioso que possuía uma equipe de arquitetos e engenheiros criativos e talentosos, onde estão seus monumentos fantásticos e estátuas extraordinárias?

Não há nada que comprove seu talento majestoso e o coloque acima dos outros soberanos da época. Ficou provado, no entanto, que Khufu teve uma grande ideia, e nossa opinião é que ela surgiu quando ele se deparou com os destroços do revestimento de tijolo da pirâmide em degraus, a pirâmide de Maidum desmoronada, a inclinação feita às pressas da primeira pirâmide de Snefru e o ângulo inadequado de sua segunda pirâmide. O imperador deve ter refletido e chegado à conclusão de que o melhor seria pedir a permissão dos deuses para construir ao lado de uma das perfeitas pirâmides de Gizé os templos funerários necessários para sua viagem à vida após a morte. Não haveria nenhuma violação da santidade da pirâmide; todos os templos, inclusive o Templo do Vale onde Khufu foi provavelmente enterrado, ficavam do lado de fora. Próximos, é verdade, mas nem tocavam a Grande Pirâmide. E é por causa deles que o imperador Khufu ficou conhecido como o autor do grande monumento.

Seu sucessor, Radjedef, rejeitou a ideia do pai e preferiu erguer sua própria pirâmide, como havia feito Snefru. Mas por que ir para o norte de Gizé em vez de erigir seu santuário ao lado do de seu pai? A única explicação é que o promontório de Gizé estava totalmente ocupado pelas três pirâmides e pela estrutura erguida à sua volta.

Chefra, o faraó seguinte, viu de perto o fracasso de Radjedef e preferiu seguir a solução de Khufu. Quando chegou a vez de possuir sua própria pirâmide, ele não viu mal algum em se apropriar da segunda pirâmide já pronta – bastava apenas acrescentar seus próprios templos e satélites. Para seu sucessor, Menkara, sobrou então a terceira e última pirâmide disponível.

Com as três pirâmides já tomadas, os faraós subsequentes só podiam obter seu próprio monumento por meio dos esforços de construção. E assim como Zoser, Snefru e Radjedef, todos os outros faraós acabaram por construir imitações muito inferiores às três pirâmides originais.

À primeira vista, a ideia de que Khufu, Chefra e Menkara não tinham nada a ver com a construção das pirâmides associadas a eles pode parecer improvável ou até mesmo absurda.

Mas a verdade é que essa questão começou a incomodar egiptólogos sérios e dedicados há mais de um século, até que foi descoberto *um único* objeto que mencionava Khufu e ligava seu nome à pirâmide.

E o mais intrigante é que a inscrição encontrada afirmava que ele não construiu a pirâmide, *esta já existia na época de seu reinado!*

A prova determinante é uma estela de calcário (Figura 141) descoberta por Auguste Mariette, nos anos de 1850, nas ruínas do templo de Ísis, próximo à Grande Pirâmide. As inscrições o identificam como um monumento autolaudatório erigido por Khufu para comemorar a restauração do Templo de Ísis e a descoberta de imagens e símbolos divinos encontrados por ele antes de sua reconstrução. Os versos de abertura identificam imediatamente o cartucho de Khufu:

Ankh	Hor	Mezdau	Suten-bat	Khufu	tu Ankh
Viva Hórus Mezdau			(Ao) Rei (do) Alto e Baixo Egito	Khufu é dada a Vida!	

O texto de abertura comum, que invocava Hórus e proclamava vida longa ao rei, continua em declarações explosivas:

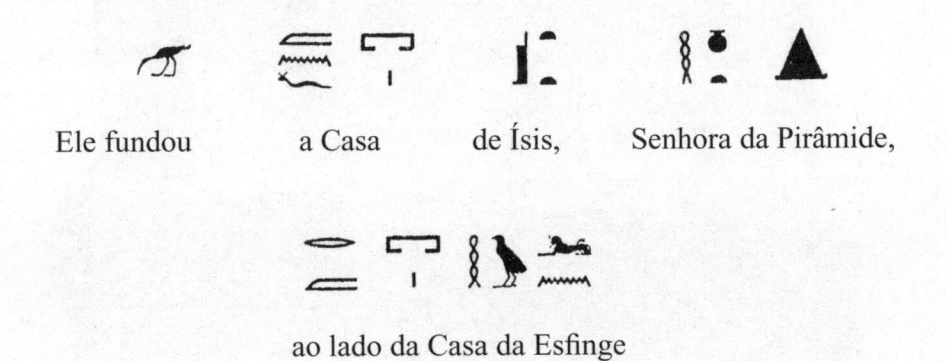

Ele fundou   a Casa   de Ísis,   Senhora da Pirâmide,

ao lado da Casa da Esfinge

De acordo com a inscrição gravada na estela que se encontra no Museu do Cairo, a Grande Pirâmide já existia quando Khufu se tornou imperador; ela pertencia à deusa Ísis, e a figura da Esfinge, que tinha sido atribuía a Chefra, já havia sido encontrada em sua atual localização. A continuação da inscrição narra com detalhes a posição da

Figura 141

Esfinge e afirma ainda que uma parte que vemos danificada até hoje foi efeito da luz.

Entretanto, Khufu continua a afirmar em sua inscrição que ele construiu a pirâmide para a princesa Henutsen, "ao lado do templo da deusa". Arqueólogos encontraram evidências independentes de que, no extremo sul, uma das três pequenas pirâmides que ficava mais próxima ao Templo de Ísis tinha de fato sido dedicada a Henutsen, esposa de Khufu.

Assim, tudo na inscrição se encaixa perfeitamente com os fatos conhecidos, e a única pirâmide que Khufu afirma ter construído foi essa pequena, para a princesa; e ele diz que a Grande Pirâmide já existia, assim como a Esfinge, e, consequentemente, as outras duas pirâmides.

Nossas teorias ficam ainda mais consistentes quando descobrimos em outra parte da inscrição que a Grande Pirâmide também era chamada de "A Montanha Ocidental de Hathor":

> Viva Hórus Mezdau;
> A Khufu, rei do Alto e do Baixo Egito,
> É dada a Vida.
> Para sua mãe Ísis, a Divina Mãe,
> Senhora da "Montanha Ocidental de Hathor",
>   ele fez (esta) inscrição em uma estela.
> Ele deu (a ela) uma nova oferenda sagrada.
> Ele construiu (para ela) uma Casa (templo) de pedra,
>   e renovou os deuses encontrados em seu antigo templo.

Devemos recordar que Hathor era a senhora da península do Sinai. Se o pico mais alto da península era sua Montanha Oriental, a Grande Pirâmide seria a Ocidental, e as duas serviam de marco para o Corredor de Aterrissagem.

Essa descoberta foi chamada de "Estela do Inventário" e tem todos os indícios de autenticidade. Mas, desde que foi encontrada, até hoje, estudiosos não conseguiram chegar a um acordo sobre as conclusões decifradas das imagens. E, sem a intenção de agitar os alicerces da Piramidologia, eles afirmaram que a Estela do Inventário era uma *falsificação*, uma inscrição feita "muito depois da morte de Khufu", mas invocando seu nome para "sustentar alegações fantasiosas dos sacerdotes locais" – como disse Selim Hassan em seu livro *Excavations at Giza*.

James H. Breasted, autor de um trabalho de referência em inscrições antigas chamado *Ancient Records of Egypt,* escreveu em 1906 que "as menções à Esfinge e ao templo adjacente fizeram desse monumento um objeto de grande interesse desde seu descobrimento, e essas referências seriam da mais alta importância caso o monumento fosse contemporâneo a Khufu, mas as evidências ortográficas são conclusivas e confirmam que são de uma época posterior". Ele discordava de um dos maiores egiptólogos da época, Gaston Maspero, que havia dito que a estela, caso fosse realmente de uma época mais tardia, seria uma cópia de um original autêntico. Apesar das dúvidas, Breasted decidiu incluir a inscrição como parte dos registros da Quarta Dinastia, e Maspero escreveu, em 1920, em seu exaustivo trabalho *The Dawn of Civilization*, que ele aceitava a Estela do Inventário como um documento autêntico sobre a vida e as atividades do faraó Khufu.

Mas por que essa relutância em aceitar o artefato como autêntico?

A Estela do Inventário foi considerada uma falsificação porque, pouco mais de dez anos antes, Khufu tinha sido identificado e confirmado como o autor da Grande Pirâmide. As evidências que levaram a essa conclusão eram marcas de tinta vermelha descobertas em câmaras lacradas que ficavam acima da Câmara do Rei e que foram interpretadas como marcas feitas pelos pedreiros no 18º ano do reinado de Khufu (Figura 142). Como esses compartimentos estavam selados e só foram descobertos em 1837, as marcas provavelmente são autênticas e, caso a Estela proporcione informação contraditória, então ela deverá ser considerada uma falsificação.

Mas quando decidimos mudar o foco das pesquisas recentes e estudar os descobridores, e não os autores das marcas de tinta vermelha, concluímos que, se houve realmente uma falsificação, ela não foi feita na Antiguidade, mas em 1837. E os falsificadores não eram "sacerdotes locais", mas dois ou três ingleses inescrupulosos.

A história começa em 29 de dezembro de 1835, com a chegada do coronel Richard Howard Vyse ao Egito, considerado uma "ovelha negra" pela aristocracia britânica. Na época, outros oficiais do exército de Sua Majestade já haviam se tornado renomados "antiquários" – os arqueólogos daqueles dias – e apresentavam seus relatórios diante de sociedades científicas proeminentes e recebiam em troca elogios e reconhecimento público. Nunca saberemos ao certo qual a verdadeira intenção da viagem de Vyse ao Egito, mas o fato é que bastou conhecer as pirâmides de Gizé para ser tomado pela febre e ansiedade que atingiam leigos e eruditos com tantas descobertas diárias. Ele ficou especialmente impressionado com as histórias e teorias de Giovanni Battista Caviglia, que procurava uma câmara escondida dentro da Grande Pirâmide.

Em poucos dias, Vyse propôs financiar as buscas de Caviglia na condição de ser considerado codescobridor de todo e qualquer vestígio encontrado no sítio. O italiano repudiou completamente a oferta e, ofendido, Vyse partiu para Beirute no fim de fevereiro de 1836, em uma viagem de visita à Síria e à Ásia Menor.

Mas o desejo despertado pela visão de tantas descobertas permaneceu com ele durante a longa viagem e, em vez de retornar para a Inglaterra, desembarcou no Egito em outubro de 1836. Em sua estada anterior, fizera amizade com um astuto intermediário chamado J. R. Hill, na época superintendente de um moinho de cobre. Mas, dessa vez, foi apresentado a um certo "sr. Sloane", o qual lhe confidenciou que havia maneira de conseguir um *Firman*, um documento emitido pelo governo egípcio que concedia direitos de escavação em Gizé. Vyse imediatamente procurou o cônsul britânico, coronel Campbell, para tratar

LADO SUL
Teto de pedra que deve ser içado perpendicularmente

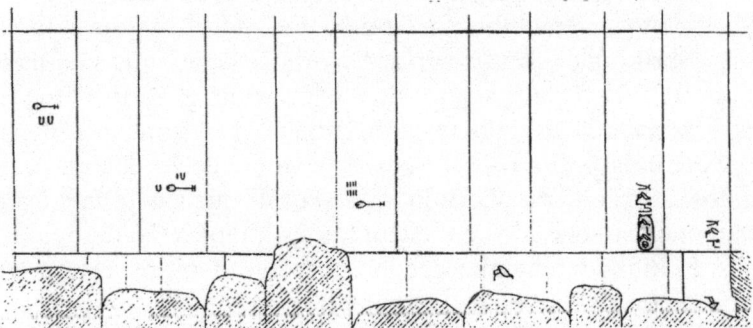

Blocos de granito do teto da câmara da sra. Arbutnot

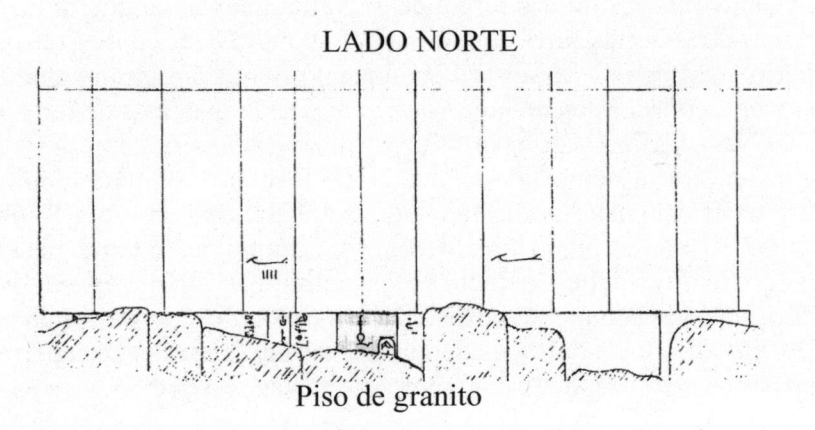

LADO NORTE

Piso de granito

Figura 142

da documentação necessária, e acabou por descobrir que Firman nomeou Campbell e Sloane como sócios e chefes e designou Caviglia como supervisor das escavações. Em 2 de novembro de 1836, Vyse pagou ao italiano "minha primeira parcela de 200 dólares", como escreveu em suas crônicas, e partiu indignado para uma visita turística ao Alto Egito.

Em seu livro *Operations Carried on at the Pyramids of Gizeh in 1837*, Vyse diz que retornou a Gizé no dia 24 de janeiro de 1837, "extremamente ansioso para ver os progressos realizados". Mas, em vez de procurar pela câmara escondida, Caviglia e seus homens estavam ocupados retirando as múmias das tumbas ao redor das pirâmides. Vyse só acalmou quando Caviglia disse que tinha uma descoberta importante para mostrar: inscrições deixadas pelos construtores das pirâmides!

As escavações nas tumbas mostraram que, às vezes, os trabalhadores da Antiguidade marcavam o local de corte dos blocos de pedra com tinta vermelha. O italiano disse que havia encontrado essas marcas na base da Segunda Pirâmide, mas a análise de Vyse concluiu que a "tinta vermelha" era apenas uma descoloração natural da pedra.

E, quanto aos trabalhos na Grande Pirâmide, Caviglia esforçava-se para descobrir onde terminavam as "condutas de ar" que saíam da "Câmara do Rei"; ele estava seguro de que levariam a compartimentos secretos além daquele descoberto por Nathaniel Davison em 1765 (Figura 143). Vyse exigiu que os esforços fossem concentrados na passagem dos dutos de ar, e ficou chocado ao descobrir que Caviglia e Campbell estavam mais interessados em encontrar as múmias tão desejadas pelos museus do mundo. Caviglia chegou ao ponto de nomear uma de suas descobertas de "A Tumba de Campbell".

Determinado a não perder o controle dos trabalhos, Vyse mudou-se do Cairo para o sítio das pirâmides. "Naturalmente, eu queria fazer algumas descobertas antes de retornar à Inglaterra", ele confessou em seu diário, a 27 de janeiro de 1837. Enquanto isso, sua família continuava a arcar com os custos de uma viagem que já durava mais de um ano.

Nas semanas seguintes, as desavenças e acusações contra Caviglia aumentavam, a ponto de, no dia 11 de fevereiro, os dois terem uma discussão violenta. No dia seguinte, o italiano descobriu na Tumba de Campbell um sarcófago com hieróglifos importantes, e também as marcas de tinta vermelha deixadas pelos pedreiros nas paredes. No dia 13, Caviglia é sumariamente despedido e afastado do sítio das escavações. Ele voltou ao local dois dias depois apenas para recolher seus pertences e passou anos fazendo "acusações desonrosas" a Vyse.

Será que todas essas brigas e discussões tinham um fundo de verdade ou eram apenas um pretexto para Vyse afastar Caviglia do local das escavações?

Figura 143

Na noite de 12 de fevereiro, Vyse entrou secretamente na Grande Pirâmide acompanhado por John Perring, engenheiro do Departamento de Obras Públicas do Egito e admirador de egiptologia que Vyse conhecera por meio dos vários contatos do sr. Hill. Durante a expedição noturna, a curiosidade de ambos foi atraída por uma rachadura intrigante em um bloco de granito que ficava acima da Câmara de Davison; e, quando introduziram uma vareta de madeira pela fresta, ela atravessou para o outro lado facilmente, comprovando a existência de um espaço livre acima do teto.

Conseguimos imaginar o que os dois tramaram naquela noite por meio do que a história nos conta. Foi justamente na manhã seguinte que Vyse despediu Caviglia e colocou Perring em seu lugar. Vyse escreveu em seu diário: "estou determinado a prosseguir com as escavações acima do teto da Câmara de Davison, onde tenho a certeza de que vou encontrar um apartamento sepulcral". O acréscimo de investimento e trabalhadores chamou a atenção da realeza e outros dignitários que vieram inspecionar as descobertas na Tumba de Campbell, mas havia pouco para descobrir dentro da pirâmide. Frustrado, Vyse ordenou que seus homens perfurassem o ombro da Esfinge na esperança de encontrar as marcas dos pedreiros, mas o fracasso fez com que ele voltasse novamente as atenções para a Câmara Secreta.

Em meados de março, Vyse deparou-se com um novo problema. Outros projetos estavam atraindo seus homens, e ele decidiu dobrar o pagamento caso eles aceitassem trabalhar dia e noite. Ele estava desesperado, pois sabia que o tempo estava se esgotando, e exigiu o uso de explosivos para conseguir abrir caminho pelos blocos de pedra o mais rapidamente possível.

A 27 de março, os trabalhadores conseguiram abrir um pequeno buraco em um bloco de granito e, sem nenhuma explicação plausível, Vyse despede Paulo, seu capataz. No dia seguinte, Vyse escreve: "prendi uma vela na ponta de uma vara e consegui passá-la pelo buraco feito no teto da câmara de Davison, e foi um enorme desgosto descobrir que a sala superior era exatamente igual". Ele havia descoberto a Câmara Secreta! (Figura 144).

No dia 30 de março, com o uso de pólvora para ampliar o buraco e forçar sua passagem, Vyse e Hill finalmente entraram na nova câmara. Ela estava hermeticamente selada, sem qualquer brecha ou fissura, o piso era feito com a face áspera dos grandes blocos de granito do teto da Câmara de Davison, que ficava logo abaixo. "Um sedimento preto espalhava-se por igual pelo chão e mostrava nossas pegadas", a composição desse pó preto que "tinha uma certa profundidade" nunca ficou esclarecida. "O teto tinha um polimento fino e os encaixes eram da mais alta qualidade." Aquela câmara nunca tinha sido aberta antes e, no entanto, estava completamente vazia, desprovida de sarcófago ou tesouro.

Vyse pediu que o buraco fosse ainda mais alargado e enviou uma mensagem ao cônsul britânico anunciando que o nome do novo compartimento seria "Câmara de Wellington". Ele ainda diz que "durante a noite, com a ajuda de Perring e Mash, tiramos várias medidas na Câmara de Wellington e *acabamos por encontrar as marcas na pedreira*". Realmente, um golpe de sorte!

Elas eram iguais às marcas de tinta vermelha encontradas nas tumbas do lado de fora da pirâmide, que, por alguma razão, Vyse e Hill não viram quando fizeram sua investigação na noite anterior. Mas, com a ajuda de Perring e seu convidado Mash, um engenheiro civil, passava para quatro o número de testemunhas dessa descoberta única.

As semelhanças entre as Câmaras de Wellington e Davison levaram Vyse a suspeitar que houvesse ainda outra câmara acima desta. No dia 4 de abril, mais uma vez sem nenhuma razão aparente, ele despede Giachino, o novo capataz e, no dia 14, recebe a visita do cônsul britânico e do cônsul austríaco, que solicitam cópias das marcas dos pedreiros. Vyse pede a Perring e Mash que registrem primeiro as marcas

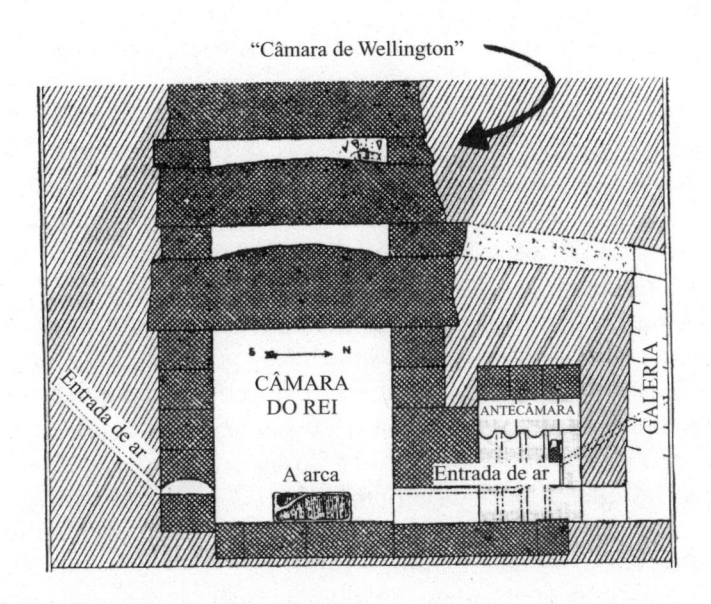

Figura 144

descobertas na tumba de Campbell; as inscrições únicas da Grande Pirâmide podiam muito bem esperar sua vez.

Com a liberação do uso da pólvora, o compartimento acima da Câmara de Wellington foi aberto no dia 25 de abril e batizado de Lorde Nelson; estava vazia como todas as outras e também tinha o chão coberto por aquele pó preto misterioso. Em seu relatório, Vyse diz que encontrou "muitas inscrições vermelhas nos blocos de pedra, principalmente no lado ocidental". Enquanto isso, Hill entrava e saía das novas câmaras tentando descobrir qual o melhor método para escrever os nomes Nelson e Wellington. No dia 27, sem a ajuda de Perring e Mash, Hill copiou as marcas nas pedras, enquanto Vyse reproduzia as marcas da Câmara de Nelson, e não das de Wellington, em seu livro (Figura 145a).

No dia 7 de maio, mais uma implosão abriu o caminho para outra câmara, dessa vez batizada, temporariamente, de Lady Arbuthnot. As notas no diário não falam de marcas nos blocos de pedra, embora tenham sido descobertas em grande quantidade nesse recinto. E o mais impressionante é que elas continham cartuchos que só poderiam significar nomes reais (Figura 145b). Será que Vyse encontrou o nome do verdadeiro autor da pirâmide?

No dia 18 de maio, um certo dr. Walni "requisitou cópias das imagens encontradas na Grande Pirâmide, com o propósito de enviá-las a

Rosellini" – um importante egiptólogo especializado em decifrar nomes reais –, mas Vyse recusou o pedido e não forneceu o documento.

No dia seguinte, Vyse convidou lorde Arbuthnot, Brethel e Raven para visitarem a Câmara de Lady Arbuthnot, onde "comparamos os desenhos de Hill com as marcas nas pedras da Grande Pirâmide, e chegamos à conclusão de que eram iguais". Logo depois, a última câmara foi descoberta e foram encontradas mais marcas nas pedras e outro cartucho real. Vyse foi ao Cairo apresentar as cópias autenticadas das marcas nas pedras à Embaixada Britânica, com o objetivo de, em seguida, serem oficialmente despachadas para Londres.

Assim, Vyse considerava seu trabalho terminado com mérito; havia encontrado câmaras até então desconhecidas, e provou, finalmente, a identidade do autor da Grande Pirâmide por meio de um cartucho onde estava inscrito o nome real *Kh-u-f-u*.

Uma descoberta que, até hoje, é utilizada em livros didáticos que falam das descobertas do antigo Egito.

Após conseguir uma corroboração dos especialistas do Museu Britânico, em Londres, as descobertas de Vyse tiveram grande impacto nos meios acadêmicos e sua aceitação foi imediata.

Não sabemos ao certo quando as cópias feitas por Hill chegaram ao museu e quando o resultado das análises foi entregue a Vyse. Mas sabemos que ele tomou para si a opinião do museu, dada pelo especialista em hieróglifos Samuel Birch, e faz uma menção a ela na página de seu diário do dia 27 de maio de 1837. E parece que as exaustivas análises dos peritos confirmaram as expectativas de Vyse: os nomes nos cartuchos podiam ser lidos como *Khufu* ou variações dele. Exatamente como Heródoto havia escrito, Quéops era o autor da Grande Pirâmide.

Mas é claro que a agitação causada por tal descoberta acabou por encobrir as muitas dúvidas suscitadas pela declaração do Museu Britânico, que também continha uma pista deixada pelo falsificador que foi crucial em sua descoberta.

Para começar, Birch não estava seguro com o texto e a ortografia das marcas. Ele inicia seu relatório dizendo que "os símbolos ou hieróglifos desenhados em vermelho pelo escultor ou pedreiro nos blocos das câmaras da Grande Pirâmide são, aparentemente, marcas feitas em pedreira", e, mais adiante, ele diz que "embora não sejam muito legíveis, pois foram escritas em caracteres semi-hieráticos ou hieroglíficos lineares, elas despertam grande interesse".

O que deixou Birch intrigado é que as marcas que deveriam ser do início da Quarta Dinastia foram feitas em caracteres que só surgiram

FALSIFICANDO O NOME DO FARAÓ   303

a

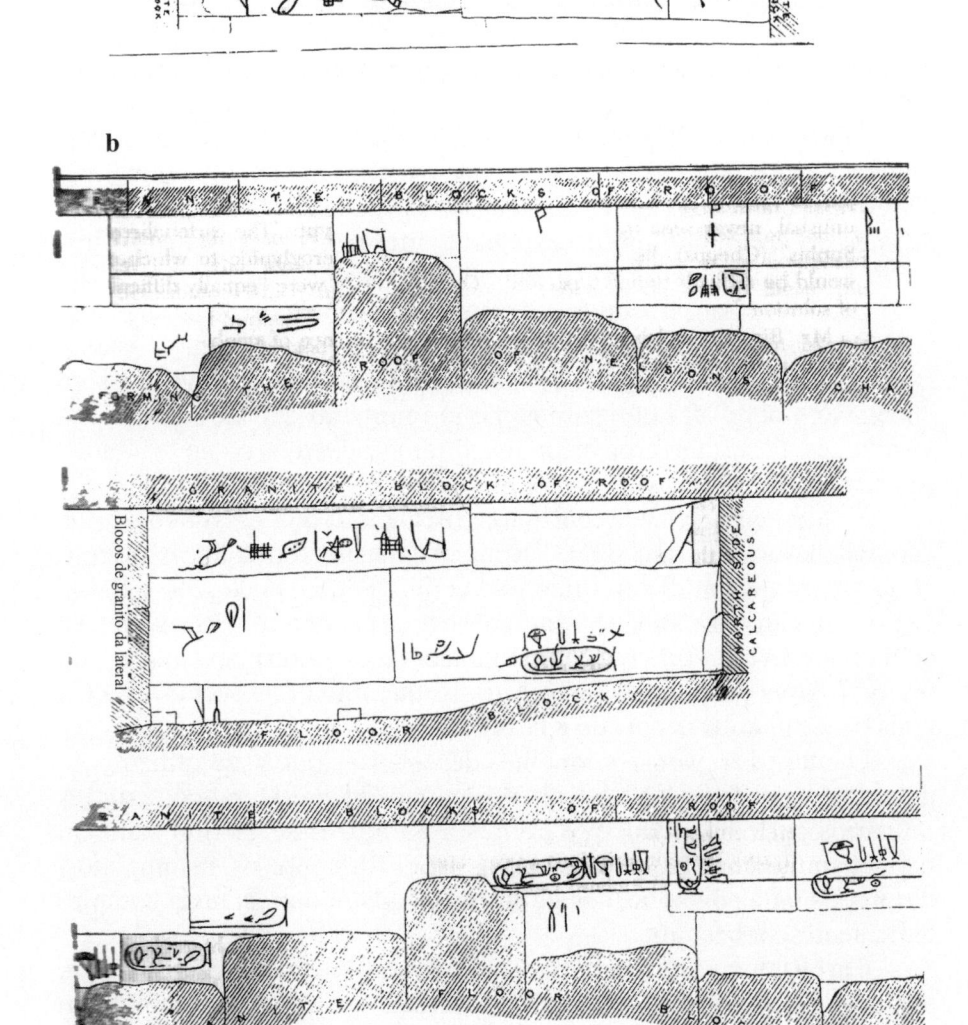

Blocos de granito do teto

b

Blocos de granito da lateral

Figura 145

séculos mais tarde. A escrita hieroglífica tem sua origem na pictografia, baseada em "figuras escritas", e exigia muita habilidade e treino; por isso, com o tempo, a escrita chamada de hierática pelos especialistas, muito mais rápida, simples e linear, passou a ser usada especialmente em transações comerciais. Assim, os símbolos hieroglíficos encontrados por Vyse pertenciam a outra época. Eles também não estavam muito claros, e Birch afirma que teve muita dificuldade em decifrá-los, "o significado dos hieróglifos a seguir ao prenome na mesma linha do cartucho não é óbvio, e os símbolos que surgem depois são pouco claros e parecem escritos em caracteres similares aos hieráticos", que pertencem a um período ainda mais tardio que os caracteres semi-hieráticos. Alguns dos símbolos eram raros e nunca vistos em nenhuma outra inscrição egípcia. Birch ainda diz que "o cartucho de Sufis (Quéops) é seguido por um hieróglifo para o qual é difícil encontrar um paralelo", e outros símbolos eram "igualmente difíceis de decifrar".

Birch também encontrou dificuldades quando se deparou com "uma curiosa sequência de símbolos" encontrada na câmara mais alta, que Vyse chamou de Câmara de Campbell. O símbolo hieroglífico para "bondoso, nobre" era utilizado como um numeral que ele nunca tinha visto antes. Esses números incomuns foram traduzidos como "18º ano" (do reinado de Khufu).

E, para completar a confusão, Birch disse que os símbolos que acompanhavam o cartucho real "seguiam a mesma forma linear", e concluiu que se tratava de um título real como "Poderoso do Alto e Baixo Egito". A única semelhança que conseguiu encontrar nessa fileira de símbolos foi "um título que surgia no ataúde da rainha de Amasis", do período saítico, esposa do faraó Amasis, que reinou no século VI a.C., mais de 2 mil anos depois de Khufu!

O autor das marcas vermelhas descobertas por Vyse utilizou um método de escrita linear, caracteres hieráticos e semi-hieráticos e títulos de vários períodos, todos posteriores a Khufu. Esse escritor também não era muito culto e deixou muitos hieróglifos confusos, incompletos, despropositados ou aplicados de forma errada, e outros ainda completamente desconhecidos.

Carl Richard Lepsius, um respeitado egiptólogo alemão da época, analisou essas inscrições um ano mais tarde e ficou perplexo com o fato de "terem sido feitas com pincel, tinta vermelha e em letras cursivas, tomando quase a forma de sinais hieráticos". E, quanto aos hieróglifos que acompanhavam o cartucho, ele disse que "era completamente incapaz de explicá-los".

Quando foi chamado para explicar a identificação do nome do faraó nas inscrições, as declarações feitas por Birch caíram como uma bomba: havia *dois* nomes reais na pirâmide, e não apenas um!

Seria possível dois faraós construírem a mesma pirâmide? E, se isso aconteceu, quem eram eles?

Samuel Birch afirmou que os nomes reais que apareciam nas inscrições não eram desconhecidos e que "já tinham sido descobertos nas tumbas de funcionários dos monarcas daquela dinastia"; referindo-se aos faraós da Quarta Dinastia, a quem tinha sido atribuída a construção das pirâmides de Gizé. Em um cartucho (Figura 146a), lia-se *Saufou* ou *Shoufu*, o outro (146b) incluía o símbolo do carneiro do deus Khnum, que era lido como *Senekhuf* ou *Seneshoufou*.

Em uma tentativa de decifrar o significado do nome com o símbolo de carneiro, Birch salienta que "o cartucho, parecido com o encontrado na Câmara de Wellington, tinha sido publicado por Rosellini, que traduziu os elementos fonéticos por "Seneshufo", e também por Wilkinson, que lhe atribuiu o significado de "o Irmão de Sufis".

A teoria de que um faraó podia terminar a pirâmide iniciada por seu antecessor já tinha sido aceita pelos egiptólogos, como era o caso de Maidum. Mas será que isso concedia o direito de inserir dois nomes reais em uma única pirâmide? Pode até ser, mas não nesse caso.

Quando se trata da Grande Pirâmide, isso é completamente impossível, por causa da localização dos cartuchos (Figura 147). O que deveria pertencer à pirâmide de Khufu/Quéops foi encontrado na Câmara de Campbell, a *mais alta* de todas. Os vários cartuchos com o segundo nome, o atual *Khnem-khuf*, foram encontrados na Câmara de Wellington e na Câmara de Lady Arbuthnot; na Câmara de Nelson não havia nenhuma inscrição. Sendo assim, as câmaras inferiores continham o nome do faraó que governou *depois* de Quéops. E, como o único meio de se construir uma pirâmide é de baixo para cima, a localização dos cartuchos mostra que Quéops, o qual reinou depois de Quéfren, terminou uma pirâmide iniciada por um faraó antecessor, o que não parece provável.

Partindo do conceito de que os dois nomes encontrados na antiga Lista dos Reis constavam como Sufis I (Quéops) e Sufis II (Quéfren), Birch tentou resolver o problema dizendo que os dois nomes talvez pertencessem a Quéops, sendo o primeiro seu nome verdadeiro, e o outro, um "prenome". Mas sua conclusão final foi que "a presença desse segundo nome gravado nas pedras da Grande Pirâmide é mais um empecilho", entre tantos outros encontrados nas inscrições.

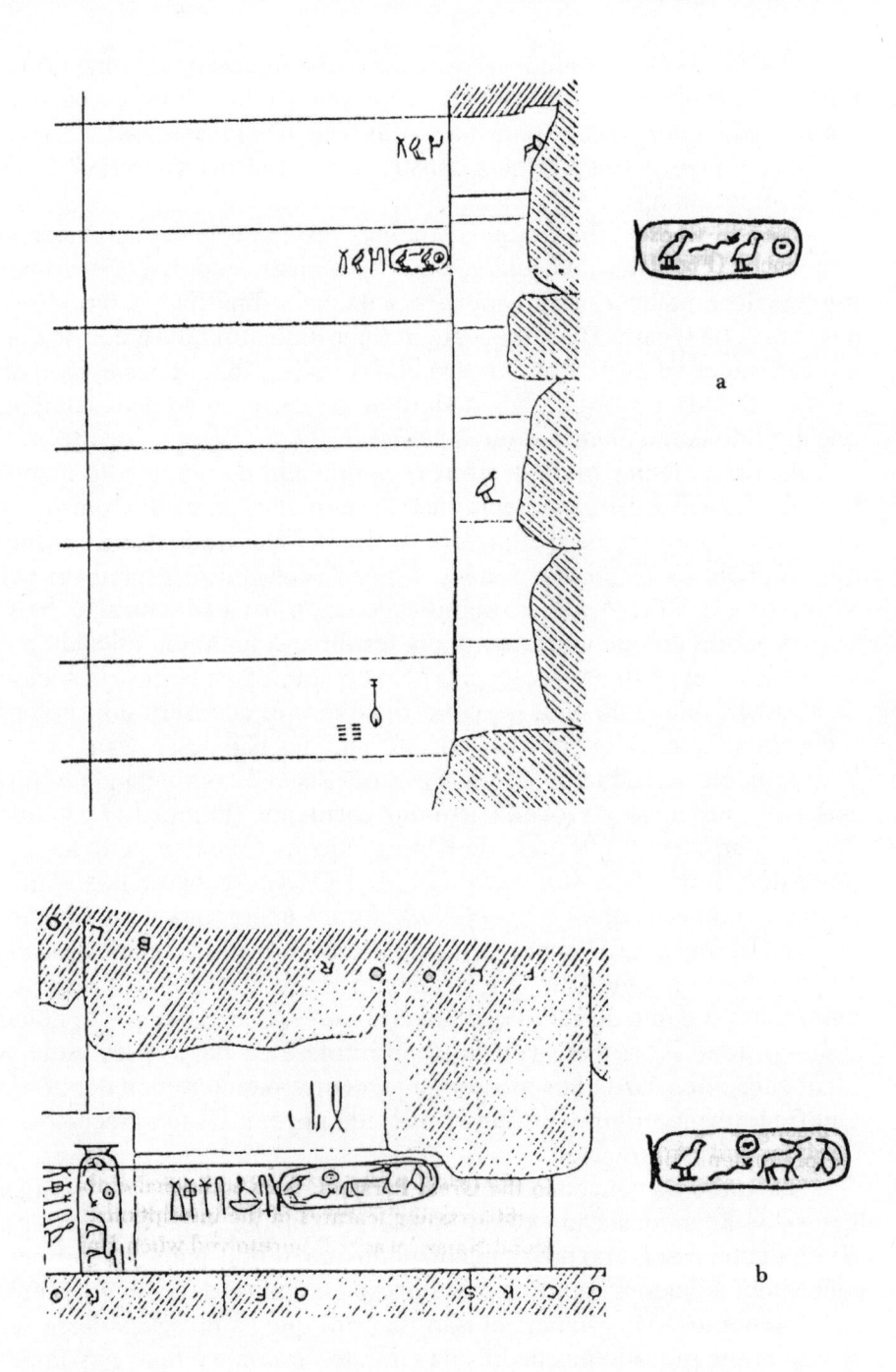

Figura 146

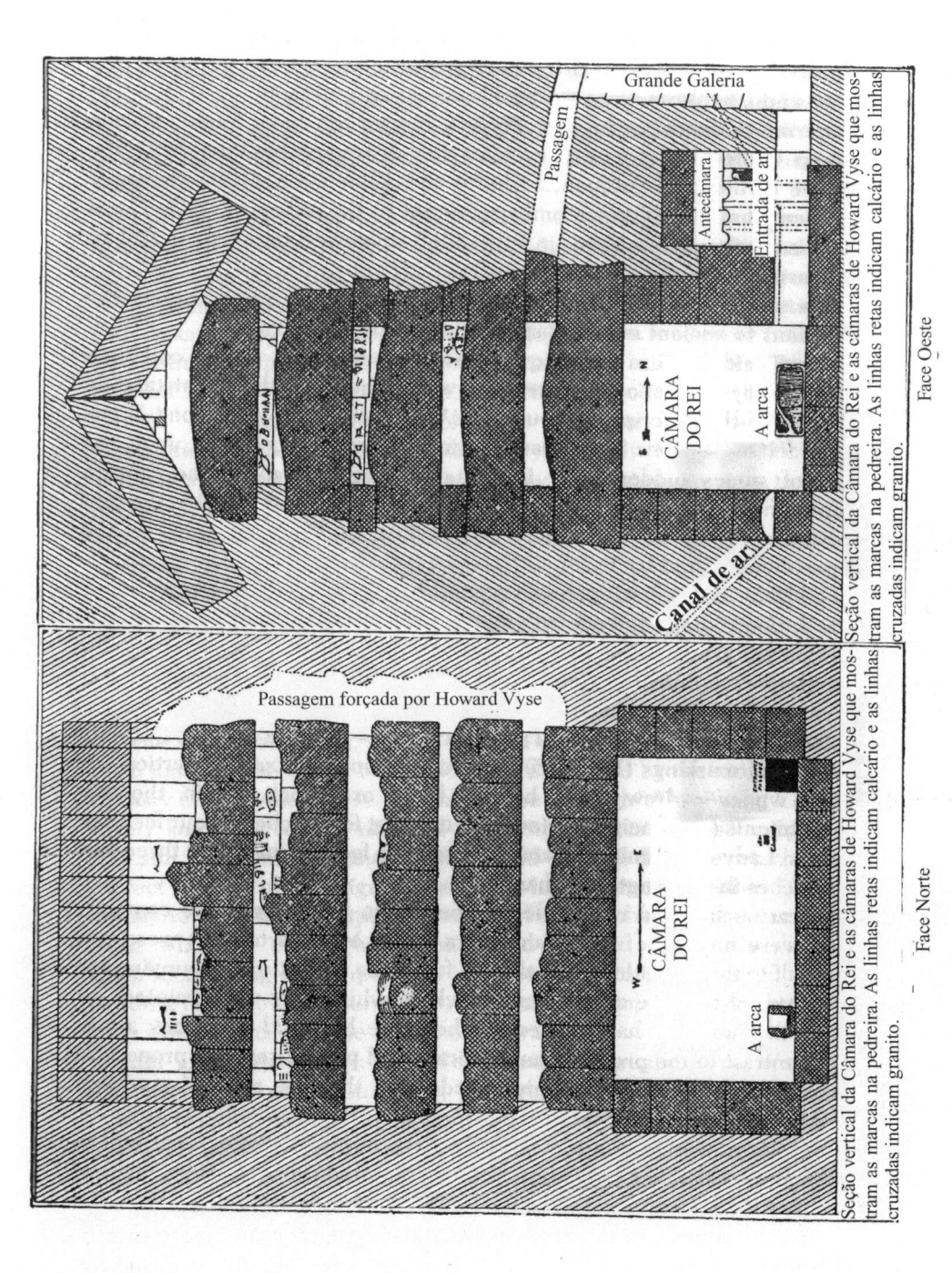

Figura 147

Passaram-se 50 anos e o "problema do segundo nome" ainda não estava resolvido quando Flinders Petrie, o mais notável egiptólogo inglês, passou meses tirando medidas da pirâmide. Em seu livro *The Pyramids and Temples of Gizeh*, ele diz que "não há teoria mais errada do que essa que diz que o rei Khnem-khuf e o faraó Khufu são a mesma pessoa". Ele ainda cita as opiniões de todos os outros especialistas que também eram contra a ideia e prova que os dois nomes pertenciam a reis diferentes. Mas então por que os dois cartuchos aparecem na mesma localização na Grande Pirâmide? Petrie diz que a única explicação plausível é que Quéops e Quéfren reinaram juntos.

Como não foram encontradas provas que corroborassem a teoria de Petrie, Gaston Maspero escreveu quase cem anos depois da descoberta de Vyse que "a existência dos cartuchos Khufu e Khnem-Khufu no mesmo monumento foi motivo de grande constrangimento para os egiptólogos" (*The Dawn of Civilization*). Apesar das muitas soluções propostas, o problema continua a causar confusão, mas acreditamos que, se deixarmos de atribuir a criação das inscrições aos pedreiros da Antiguidade e analisarmos bem os fatos, podemos chegar a uma conclusão.

As pirâmides de Gizé são ímpares, entre outras coisas, pela ausência completa de ornamentos ou inscrições; as únicas exceções são as descobertas de Vyse. Se os pedreiros estavam tão preocupados em deixar inscrições marcadas em tinta vermelha nos compartimentos escondidos acima da "Câmara do Rei", então por que nenhuma dessas marcas foi encontrada na primeira câmara, descoberta por Davison em 1765, e apenas nos compartimentos descobertos por Vyse?

Além das inscrições apresentadas por Vyse, marcas verdadeiras deixadas pelos pedreiros foram descobertas nas várias salas: setas e linhas de posição, sempre desenhadas como deveriam ser, horizontalmente, porque, se pensarmos, enquanto trabalhavam na sala, os pedreiros podiam andar tranquilamente, ficar em pé e desenhar sem dificuldade, afinal as pequenas câmaras ainda não tinham sido cobertas por um teto. Mas as inscrições feitas por cima ou em volta das marcas dos pedreiros (Figura 145) estão ou de *cabeça para baixo* ou na vertical, como se quem as desenhou precisasse estar inclinado ou agachado dentro das câmaras estreitas. Vale a pena lembrar que as medidas variavam; a Câmara de Lady Arbuthnot, por exemplo, possuía entre 0,43 a 1,47 metro, e a Câmara de Wellington, entre 0,67 e 1,10 metro.

Os cartuchos e títulos reais escritos nas paredes eram muito imprecisos, toscos e enormes, e a maioria possuía entre 76 a 90 centímetros, muitas vezes ocupando quase uma face completa do bloco de pedra, como se o autor precisasse de todo o espaço possível. E eram muito diferentes dos antigos hieróglifos egípcios feitos com precisão, delicadeza e proporções perfeitas que estão evidentes nas marcas verdadeiras encontradas nos mesmos compartimentos.

Com a exceção de umas poucas marcas, linhas sem sentido e o contorno mal feito de um pássaro na parede leste da Câmara de Campbell e algumas inscrições encontradas em um canto da parede leste da Câmara de Wellington, nada foi encontrado nas paredes lestes das outras câmaras.

E tudo isso é muito estranho sem pensarmos que Vyse entrou em todos esses compartimentos pela parte leste. Será que os pedreiros da Antiguidade tiveram uma visão de que, um dia, um inglês iria entrar por ali e decidiram não deixar nenhum sinal de sua presença? Ou será que a ausência de tais inscrições sugere que os autores preferiam as outras paredes limpas em vez das estragadas a leste?

O que queremos dizer é que, se assumirmos que essas inscrições não foram feitas na Antiguidade, durante a construção da pirâmide, mas apenas *depois* que Vyse invadiu seus compartimentos, fica muito mais fácil desvendar esse enigma.

Os próprios relatos do coronel Vyse descrevem o clima daqueles dias de intensos trabalhos em que grandes descobertas eram feitas à volta das pirâmides, e não dentro delas. A Tumba de Campbell, por exemplo, descoberta pelo odiado Caviglia, continha vários artefatos e também as marcas e hieróglifos em tinta vermelha dos pedreiros, e Vyse estava ficando desesperado para produzir e mostrar ao mundo sua própria descoberta. Quando ele finalmente conseguiu entrar nas câmaras escondidas, elas apenas provaram ser uma réplica da Câmara de Davison, totalmente desprovida de qualquer artefato, e ele não tinha nada nas mãos que valesse tanto trabalho e investimento, e muito menos uma descoberta capaz de trazer honra e posteridade a seu nome.

Suas crônicas confirmam que, durante o dia, Vyse enviava Hill para inscrever nas câmaras os nomes do duque de Wellington e do almirante Nelson, heróis nas batalhas contra Napoleão. E nossa suspeita é que, durante a noite, Hill também entrava nas câmaras, mas com o propósito de "batizar" a pirâmide com cartuchos de um suposto construtor da Antiguidade.

Birch havia dito que "os dois nomes reais já tinham sido encontrados nas tumbas dos empregados dos monarcas da dinastia que mandou construir estas Pirâmides", e os artesãos do faraó certamente sabiam o nome correto de seu rei. E, em 1830, a egiptologia ainda estava dando seus primeiros passos, e ninguém podia afirmar com certeza qual era a forma hieroglífica correta do rei que Heródoto chamava de "Quéops".

Por tudo isso, suspeitamos que Hill, sozinho e de noite, tenha entrado nas novas câmaras, e, com o auxílio de uma lanterna e da famosa tinta vermelha, se agachou nos compartimentos estreitos e copiou símbolos de alguma fonte. Mas as imagens que ele desenhou nas paredes intactas não eram marcas corretas, e ele acabou por escrever, tanto na Câmara de Wellington como na de Lady Arbuthnot, o nome errado.

Com tantas inscrições da Quarta Dinastia sendo descobertas nas tumbas à volta do complexo de Gizé, Hill provavelmente não sabia quais os cartuchos que deveriam ser copiados. Ele não tinha instrução em escritos hieroglíficos e deve ter levado para o interior da pirâmide o livro de algum erudito, de onde poderia copiar os símbolos complicados. A única obra sobre o tema que foi várias vezes citada nas crônicas de Vyse é a *Materia Hieroglyphica*, de *sir* John Gardner Wilkinson, e, como a própria capa dizia, seu objetivo era instruir o leitor "sobre o panteão egípcio e a Sucessão dos Faraós desde os tempos mais primitivos até as conquistas de Alexandre, o Grande". O livro foi publicado em 1928, nove anos antes do assalto de Vyse às pirâmides, e era considerado essencial pelos egiptólogos ingleses.

Em seu relatório, Birch disse que "um cartucho parecido com aquele encontrado na Câmara de Wellington havia sido publicado por Wilkinson na obra *Mater Hieroglyph*", e talvez esta seja a provável fonte utilizada nas inscrições que Hill deixou no primeiro compartimento encontrado por Vyse, a Câmara de Wellington (Figura 146b).

Quando consultamos o livro de Wilkinson, sentimos até certa pena de Vyse e Hill, pois eles devem ter tido muito trabalho com os textos desorganizados e as ilustrações dos cartuchos que foram mal copiadas, mal impressas e que, ainda por cima, eram pequenas. Wilkinson demonstra uma clara insegurança na leitura de nomes reais e também na maneira de transcrever os hieróglifos esculpidos na pedra. A dificuldade fica latente quando observamos o símbolo do disco, que em alguns monumentos aparece como um círculo preenchido ● ou vazio ○, e na forma escrita ou pintada aparece com um ponto no meio ⊙. Em sua obra, Wilkinson transcreve os cartuchos reais tanto como um círculo preenchido, ou como um círculo com um ponto no meio.

Parece que Hill seguiu as instruções de Wilkinson, mas todos esses cartuchos eram do tipo *Khnum*, com o símbolo do carneiro. Isso explica o porquê de apenas essa espécie ter sido encontrada no dia 7 de maio. Mas quando finalmente, no dia 27 de maio, conseguiram penetrar na

Câmara de Campbell, foi encontrado o vital e conclusivo cartucho que soletrava a palavra Kh-u-f-u. Como explicar esse milagre?

Descobrimos uma pista em um trecho suspeito das crônicas de Vyse que fala que o revestimento das pedras "não apresentava o menor vestígio de esculturas ou inscrições e que, de fato, nada foi visto em nenhuma pedra que pertencesse à Grande Pirâmide, com exceção das marcas na pedreira que já foram apresentadas". Vyse salienta que havia outra exceção, "parte de um cartucho de Sufis, entalhado em uma pedra marrom, de 15 x 10 centímetros – um fragmento que foi desenterrado a 2 de junho, no lado norte." Vyse deixou um desenho desse fragmento, que pode ser visto na Figura 148a.

Mas como ele poderia afirmar, antes de um comunicado oficial do Museu Britânico, que aquela era uma "parte do cartucho de *Sufis*"? Era exatamente isso que Vyse queria que acreditassem, porque, uma semana antes, no dia 27 de maio, ele havia encontrado o cartucho completo na Câmara de Campbell (Figura 148b).

Mas a parte suspeita da história é que Vyse diz, na citação anterior, que a pedra que continha o cartucho parcial de Khufu foi encontrada a *2 de junho*, mas seu texto tem a data de *9 de maio*! Ele altera as datas com a intenção de nos fazer acreditar que a parte do cartucho encontrada do lado de fora da pirâmide corrobora a descoberta anterior do cartucho inteiro, dentro da pirâmide. As datas, porém, provam o contrário: a 9 de maio, exatamente 18 dias *antes* da descoberta da Câmara de Campbell, Vyse já sabia como o cartucho principal deveria ser. E, de algum modo, nesse dia 9 de maio, ele e Hill perceberam que haviam cometido um erro na forma de escrever o nome de Quéops.

a   b

Figura 148

Essa descoberta inquietante explica as viagens frequentes de Vyse e Hill ao Cairo depois de encontrar a Câmara de Lady Arbuthnot. No momento em que a presença de ambos era mais necessária no sítio das pirâmides, eles partiram sem deixar explicação. Mas acreditamos que a "bomba" que estava prestes a explodir era outra: o novo trabalho de Wilkinson, os três volumes da obra *Manners and Customs of the Ancient Egyptians*, publicada em Londres no começo daquele ano de 1837. Uma edição, dessa vez muito bem impressa, deve ter chegado ao Cairo naqueles dias tensos e dramáticos. Em um capítulo sobre esculturas, para que todos pudessem ver, estava o cartucho do carneiro que Vyse e Hill já haviam copiado, e um novo cartucho, no qual Wilkinson lia "Shufu ou Sufis" (Figura 149).

A dupla de falsários deve ter ficado chocada com a nova apresentação de Wilkinson que mostrava que ele tinha mudado de opinião acerca do cartucho do carneiro (imagem nº 2 da ilustração). Agora, ele lia "Numba-khufu ou Chembes", em vez de "Sen-Sufis". Ele dizia que esses nomes foram encontrados em tumbas vizinhas à Grande Pirâmide, e era no cartucho 1a "que nós lemos Sufis, ou, na escrita hieroglífica, Shufu ou Khufu, nomes facilmente convertidos em Sufis ou Quéops". E assim descobrimos *qual* o nome correto que devia ser inscrito!

De quem, então, seria o cartucho (nº 2 da figura) colocado na pirâmide? Em uma tentativa honesta de explicar sua dificuldade, Wilkinson

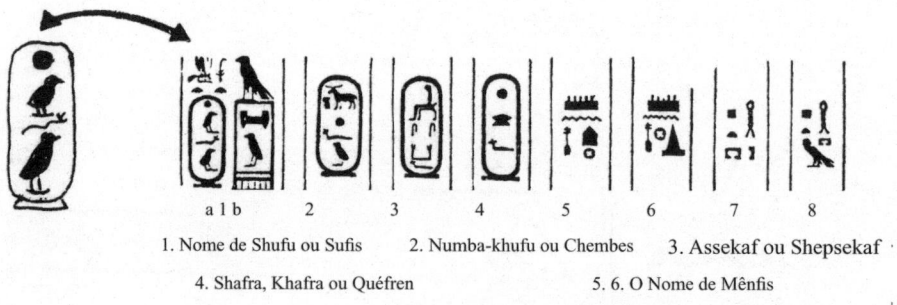

a 1 b   2   3   4   5   6   7   8
1. Nome de Shufu ou Sufis   2. Numba-khufu ou Chembes   3. Assekaf ou Shepsekaf
4. Shafra, Khafra ou Quéfren   5. 6. O Nome de Mênfis
7. 8. (Mênfis ou) Ptah-el, a morada de Ptah

Das tumbas próximas das pirâmides.

Figura 149

admitiu que não tinha certeza "se os dois primeiros nomes apresentados pertenciam a Sufis ou se o segundo era o nome do autor da pirâmide".

Essa novidade perturbadora deixou Vyse e Hill sem saberem o que fazer. Mas a narrativa de Wilkinson sugeria uma pista que eles não perderam tempo em seguir. Em uma passagem, ele dizia que os dois nomes "surgem de novo no Monte Sinai".

Uma falha comum no trabalho de Wilkinson é a imprecisão, e, dessa vez, ele falava de inscrições hieroglíficas que não foram encontradas no Monte Sinai, mas na região próxima das minas de turquesa. Na época, as inscrições chegaram ao conhecimento público por meio de um livro sobre a península, de autoria de Léon de Laborde et Linat, chamado *Voyage de l'Arabie Pétrée* – uma publicação de 1832 com belíssimas ilustrações que incluíam reproduções dos monumentos e das inscrições encontradas no Wadi Maghara, apresentando a área de mineração, uma região de disputa onde foram encontradas nas pedras inscrições que narram a vitória dos muitos faraós que expulsaram os saqueadores vindos da Ásia. Uma dessas imagens (Figura 150) incluía os dois cartuchos citados por Wilkinson.

Não deve ter sido difícil para Vyse e Hill conseguirem uma cópia da *Voyage* de Laborde no Cairo, uma cidade fluente em francês. E a imagem acabou também por apaziguar Wilkinson, mostrando que o mesmo faraó podia ter mesmo dois nomes, um com o símbolo do carneiro e outro que se soletrava Kh-u-f-u. Assim, no dia 9 de maio, Vyse, Hill e Perring sabiam que era imperativo descobrir mais um cartucho, e sabiam também como ele deveria ser.

Quando os três entraram na Câmara de Wellington, no dia 27 de maio, provavelmente sentiram que aquela seria a melhor oportunidade de fazer a grande descoberta; e foi assim que o cartucho final foi encontrado na parede mais alta do compartimento (Figura 146a). A fama e a fortuna estavam garantidas para Vyse, e, no que concerne a Hill, ele certamente não sairia dessa aventura de mãos vazias.

Mas como podemos fazer tal acusação, com tanta segurança, 150 anos depois desses supostos acontecimentos? É muito simples: como tantos outros falsificadores da história, Hill deixou várias pistas e cometeu um erro que nenhum escriba da Antiguidade teria cometido.

Os dois livros que serviram de referência para Vyse e Hill, o *Material Hieroglífico* de Wilkinson e o *Voyage*, de Laborde, continham erros ortográficos que eles não notaram e copiaram nas paredes das câmaras.

O próprio Samuel Birch salientou em seu relatório que a forma hieroglífica para *Kh*, a primeira consoante do nome Kh-u-f-u, que tem

Figura 150

a forma pictórica de uma peneira ●, "surge no trabalho de Wilkinson sem nenhuma distinção do disco solar". O hieróglifo *Kh* deveria ter sido utilizado em todos os cartuchos dos dois compartimentos inferiores, formando Khnem-Kh-u-f. *E o símbolo correto da peneira não foi aplicado nenhuma vez* e, ainda por cima, a consoante *Kh* serviu para representar o símbolo do Disco Solar. Portanto, quem produziu esses cartuchos cometeu o mesmo erro de Wilkinson.

A ilustração do livro de Laborde apenas confirmou o erro, porque a inscrição da pedra reproduzida por ele incluía o cartucho Kh-u-f-u à direita, e o Khnum-kh-u-f à esquerda. Laborde admitia sua ignorância em textos hieroglíficos e dizia que seu objetivo não era ler os símbolos, por isso, em ambos os casos, ele apenas copiou o símbolo *Kh* como um círculo vazio O (Veja figura 150). A forma correta do símbolo *Kh* inscrito nas pedras era ●, como já foi provado por autoridades no assunto, como Lepsius, em *Denkmäler*, Kurt Sethe, em *Urkunden des Alten Reich*, e *The Inscriptions of Sinai*, de A. H. Gardiner e T. E. Peet. Mas Laborde cometeu outro erro fatal: ele desenhou uma inscrição de faraó com dois nomes reais que eram, na verdade, *duas* inscrições com dois estilos diferentes feitas para dois faraós distintos, como se vê claramente na Figura 151.

No entanto, o desenho serviu para confirmar a ideia que Vyse e Hill tinham de que o importante cartucho de Kh-u-f-u deveria ser descoberto na câmara mais alta e, como instruía Laborde, com o símbolo do Disco Solar (Figura 146a). *Mas o autor das inscrições utilizou o símbolo hieroglífico e o som fonético para RÁ, o deus supremo do Egito!* Ele não escreveu *Khnem-Khuf*, e sim *Khnem-Rauf*; *Raufu*, e não *Khufu*. Ele utilizou o nome do grande deus em vão e incorretamente, com certeza uma blasfêmia no Antigo Egito.

Provavelmente, um erro inconcebível para um escriba egípcio da era dos faraós, uma vez que todos os monumentos e inscrições deixavam bem claro que o símbolo para *Rá* era ☉, e o símbolo para *Kh* era ●. E encontramos provas disso em inscrições diferentes, mas principalmente vemos os dois símbolos na mesma inscrição de um único escriba.

Por isso, a troca de *Kh* por *Rá* é um erro que nunca poderia ter sido cometido durante o reinado de Khufu nem de nenhum outro faraó. Somente uma pessoa totalmente estranha ao universo de Khufu e à escrita hieroglífica e, principalmente, ignorante do poder da veneração a Rá, poderia ter cometido um erro tão grave.

E com mais essa prova a ser anexada a todos os outros aspectos inexplicáveis da descoberta de Vyse, achamos que podemos concluir com segurança que os verdadeiros autores das marcas de tinta vermelha foram o coronel Vyse e seus assistentes, e não os construtores da Grande Pirâmide.

Assim como nós, o leitor também pode pensar no risco de visitantes do consulado britânico ou austríaco, ou até mesmo lorde e lady Arbuthnot, notarem que as inscrições estavam muito mais frescas do que as verdadeiras marcas dos pedreiros. Quem nos responde a essa questão, na época, é Perring, um dos homens envolvidos e autor do livro *The Pyramids of Gizeh*. Ele diz que a tinta usada pelos pedreiros da época era uma "composição de ocre vermelho chamada de *moghrah* pelos árabes e que ainda é utilizada". Perring afirma que, "além da mesma tinta estar disponível, o estado de preservação das marcas nas pedreiras é tal que *é difícil distinguir uma marca feita ontem de uma com 3 mil anos de existência*". Os falsários não tinham dúvidas sobre que tinta usar.

Será que, com a conivência de Perring, Vyse e Hill seriam moralmente capazes de cometer uma falsificação como essa?

Se lembrarmos do ímpeto com que Vyse se lançou nessas descobertas, a forma como tratou Caviglia, a cronologia dos acontecimentos, sua determinação em fazer uma grande descoberta antes que o tempo e o dinheiro se esgotassem, podemos realmente estar falando de uma pessoa com caráter para realizar tal ato. E quanto a Hill, a quem Vyse

Figura 151

faz um extenso agradecimento no prefácio de suas crônicas, devemos lembrar que ele era empregado em uma indústria de cobre quando conheceu Vyse e passou a ser proprietário do Hotel Cairo quando Vyse partiu do Egito. E nos resta Perring, um engenheiro civil que se tornou egiptólogo, mas vamos deixar que os eventos seguintes falem por si, uma vez que o sucesso dessa operação encorajou Vyse e sua equipe a praticar mais uma, ou talvez até duas outras falsificações.

Enquanto as descobertas na Grande Pirâmide eram extremamente bem-sucedidas, Vyse continuou, com pouco entusiasmo, o trabalho de Caviglia dentro e fora das outras duas pirâmides. Atraído pela recente fama conquistada pelos arqueólogos, Vyse decidiu adiar sua volta para a Inglaterra e envolveu-se seriamente na tentativa de desvendar os segredos dos outros dois monumentos.

Com exceção das marcas de tinta vermelha nas pedras, que os peritos do Cairo diziam pertencer às estruturas e tumbas fora da pirâmide, nenhuma importante descoberta foi feita na Segunda Pirâmide. Porém, os esforços de Vyse foram recompensados no interior da Terceira Pirâmide. Já citamos brevemente que, no final de julho de 1837, seus homens haviam entrado na "câmara sepulcral" e encontraram um "sarcófago" de pedra vazio, mas belamente ornamentado (Figura 152). Inscrições árabes nas paredes e outras evidências sugerem que essa pirâmide foi "muito frequentada", pois o piso de pedra das câmaras e as passagens "estavam gastos pelo fluxo constante de muitas pessoas".

E, apesar desse grande movimento e do ataúde de pedra vazio, Vyse conseguiu produzir uma prova quase tão importante quanto a descoberta na Grande Pirâmide: o nome do construtor da Terceira Pirâmide.

Em um compartimento retangular, que Vyse apelidou de "o grande apartamento", foi encontrada uma pilha de lixo ao lado dos grafites árabes, e não se sabe o porquê, mas ele concluiu imediatamente que essa câmara "deveria ser reservada para cerimônias funerárias, como as outras encontradas em Abu Simbel, em Tebas". Quando o lixo foi finalmente retirado,

> Descobrimos a parte maior da tampa do sarcófago ainda intacta e, ao lado, fragmentos da tampa de um caixão de múmia (com hieróglifos, entre eles o cartucho de Menkara) sobre um bloco de pedra, junto com costelas e vértebras de um esqueleto, e os ossos das pernas e dos pés cobertos por um tecido de lã grossa amarela.

Mais pedaços de madeira e tecido foram retirados do lixo.

Tivemos a impressão de que, como o sarcófago não podia ser retirado, o caixão de madeira e o corpo foram levados e examinados no grande apartamento.

Vyse conta uma história na qual, séculos mais tarde, os árabes invadem a câmara sepulcral e encontram um sarcófago com a múmia do construtor da pirâmide em um caixão de madeira. Para transportar o corpo e o ataúde para o grande apartamento, os invasores têm de quebrá-los. E agora Vyse havia encontrado todas as provas desse roubo e, ainda por cima, um fragmento do caixão da múmia que continha um cartucho em que se lia "Men-ka-ra" (Figura 153), precisamente o Miquerinos de Heródoto. Ele conseguiu provar a identidade dos autores das duas pirâmides menores do complexo de Gizé!

O sarcófago foi perdido no mar durante o transporte para a Inglaterra, mas o caixão de madeira e os ossos chegaram com segurança ao Museu Britânico, onde Samuel Birch poderia finalmente analisar a inscrição verdadeira, em vez de cópias, como tinha acontecido com as imagens das câmaras da Grande Pirâmide. Ele não tardou em proferir suas dúvidas, dizendo que "o caixão de Miquerinos apresentava grande discordância de estilo", quando comparado com os monumentos da Quarta Dinastia. Wilkinson aceitou o ataúde de madeira como prova

Figura 152

autêntica da identidade do autor da Terceira Pirâmide, mas tinha dúvidas quanto à própria múmia e acabou por dizer que o tecido que a envolvia não parecia pertencer à Antiguidade. Em 1883, Gaston Maspero concluiu que "o caixão de madeira do rei Mencheres, ou Menkauré, não pertencia à Quarta Dinastia", e que, provavelmente, aquele era um trabalho de restauro realizado na 25ª Dinastia. Em 1892, Kurt Sethe conseguiu a aprovação da maioria dos egiptólogos quando afirmou que a tampa do caixão "só poderia ter sido concebida depois da 20ª Dinastia".

Hoje se sabe que tanto o caixão como os ossos não são resquícios de um sepultamento original. Como disse I. E. S. Edwards em seu *The Pyramids of Egypt*, "o coronel Vyse descobriu, na câmara mortuária original, alguns ossos humanos e a tampa de um caixão de madeira em que estava gravado o nome de Miquerinos. Essa tampa está hoje no Museu Britânico e jamais poderia ter sido produzida no tempo de Miquerinos, pois é de um modelo nunca utilizado antes do período saítico. E testes

Figura 153

de datação realizados pelo método de radiocarbono comprovam que os ossos são do início da Era Cristã".

Entretanto, simplesmente negar a autenticidade da descoberta não vai ao âmago da questão, e os restos mortais podiam muito bem ser de um sepultamento invasivo; mas, se fosse esse o caso, a múmia e o caixão deveriam pertencer ao mesmo período. Mas o que aconteceu aqui é que alguém juntou uma múmia de um lugar com um caixão de outro e os colocou na Terceira Pirâmide. A conclusão inevitável a que chegamos é que essa descoberta representa uma *verdadeira fraude arqueológica*.

Mas será que essa incompatibilidade é resultado de *dois* sepultamentos invasivos que aconteceram em tempos diferentes? Não acreditamos nessa hipótese porque o fragmento do ataúde de madeira encontrado continha o cartucho de Men-ka-ra, várias vezes visto em estátuas e inscrições à volta da Terceira Pirâmide e de seus templos, mas nunca dentro deles. E é provável que o caixão que continha esse cartucho tenha sido encontrado muito próximo dali, e sua atribuição a uma época posterior não deriva apenas do modelo utilizado, mas também das palavras contidas na inscrição: uma prece ao deus Osíris tirada do *Livro dos Mortos*, que pertence ao Novo Império do Egito. Ou seja, sua aparição inesperada em um caixão da Quarta Dinastia foi considerada no mínimo absurda pelo confiante e renomado especialista Samuel Birch (*Ancient History from the Monuments*). Quanto ao caixão de madeira, ele não precisava ser uma "restauração" da 26ª Dinastia, pois temos conhecimento que a Lista de Reis encontrada no túmulo de Seti I, em Abidos, dizia que o oitavo faraó da Sexta Dinastia também se chamava Men-ka-ra.

Para nós ficou claro que, primeiro, alguém encontrou o caixão próximo à pirâmide e Vyse logo se deu conta da importância do achado, pois lemos em suas crônicas que, apenas um mês antes, ele havia encontrado o nome de Men-ka-ra (Miquerinos) escrito em tinta vermelha no teto da câmara mortuária de uma das pirâmides pequenas situadas a sul da Terceira. Talvez tenha sido essa descoberta que deu a ideia para criar um achado arqueológico importante dentro da própria pirâmide.

Vyse e Perring ficaram com o crédito da descoberta. Mas será que tiveram a ajuda de Hill? Como conseguiram levar a cabo seu plano de falsificação?

Mais uma vez, buscamos pistas da verdade nas crônicas de Vyse, nas quais ele escreve que "não estava presente quando encontraram as relíquias e pedi a Raven, quando ele estava na Inglaterra, para escrever um relato sobre a descoberta", como uma testemunha independente. H. Raven foi misteriosamente convidado para estar no lugar certo na hora certa, e também notamos que ele tratava o coronel Vyse por "*sir*" e assina a Carta de Evidência com as palavras "seu criado leal e obediente". Era este o conteúdo da carta:

> Os homens passaram dias tirando lixo do grande átrio de entrada e, quando finalmente conseguiram avançar para o canto sudeste da sala, descobriram alguns ossos por baixo do entulho e partes

de um ataúde de madeira. Nada mais foi encontrado no átrio. Eu reexaminei cuidadosamente todo o lixo retirado da sala e encontrei vários fragmentos do caixão e do tecido que envolvia a múmia, e não descobri mais nenhum resquício em nenhuma outra parte da pirâmide, embora tenha vasculhado minuciosamente todas as salas em busca de fragmentos que pudessem deixar o ataúde o mais completo possível.

Agora, ficamos com uma ideia melhor do que aconteceu. Durante dias, os homens trabalharam para tirar o lixo do Grande Apartamento, e, depois de análises cuidadosas, nada foi encontrado. E foi apenas no último dia e no último canto que faltava limpar, a sudeste da sala, que foram descobertos alguns ossos e fragmentos de um ataúde de madeira, e "nenhuma outra parte deles foi encontrada nessa sala". E então surgiu a brilhante ideia de "cuidadosamente reexaminar", não examinar, e sim reexaminar uma pilha de quase um metro de lixo encontrado na sala. E eis que surgem mais ossos, mais fragmentos do caixão de madeira em que estava a mais importante descoberta de todas: o cartucho!

E onde estavam as outras partes do esqueleto e do ataúde? "Embora cada lugar tenha sido minuciosamente vasculhado para tornar o ataúde o mais completo possível", nada foi encontrado em toda a pirâmide. Então, só nos resta acreditar que fragmentos do caixão e dos ossos foram levados como lembranças pelos visitantes de séculos passados ou foram *trazidos* para dentro da pirâmide com o intuito de produzir uma descoberta. Ou talvez ainda tivessem pensado em trazer uma múmia e um ataúde intactos, mas com certeza não seria nada fácil encontrá-los e transportá-los.

Vyse foi aplaudido por uma descoberta de tamanha importância e uma das honras que recebeu foi o título de general. Ele e Perring decidiram continuar e produzir no sítio da pirâmide em degraus de Zoser, outra pedra onde estaria escrito o nome de Zoser, obviamente em tinta vermelha. Não conseguimos indícios suficientes nas crônicas de Vyse que nos ajudassem a concluir que esta seria mais uma falsificação, mas é quase inacreditável que tenha sido a mesma equipe a descobrir indícios de um outro construtor de pirâmides.

(Enquanto a maioria dos egiptólogos aceitou sem questionar o fato do nome Khufu estar inscrito na Grande Pirâmide, *Sir* Alan Gardiner levanta algumas dúvidas sobre o assunto. Em seu livro *Egypt of the Pharaohs*, ele reproduz cartuchos que mostram muito claramente a diferença entre a forma hieroglífica para *Rá* e *Kh*. *sir* Alan diz que o cartucho de Quéops "foi encontrado em várias pedreiras nas tumbas de seus

parentes e nobres da corte, e foi feito em uma escrita muito posterior".
É óbvia e significativa a ausência de comentários sobre a inscrição da Grande Pirâmide, e *sir* Alan também não faz referência alguma às descobertas de Vyse na Terceira Pirâmide, nem toca em seu nome).

Se as evidências que diziam que os faraós eram os autores das pirâmides de Gizé estão finalmente destruídas, só nos resta acreditar na autenticidade da Estela do Inventário e em sua afirmação de que as pirâmides e a Esfinge já existiam quando Khufu foi ao local render homenagem a Ísis e Osíris.

Não resta nenhum argumento que ponha em dúvida nossa certeza de que as pirâmides foram realmente construídas pelos "deuses". Tudo o que sabemos sobre elas nos leva a crer que não foram concebidas por homens e muito menos para ser utilizadas por eles.

Vamos seguir adiante e mostrar que elas faziam parte de uma Grade de Orientação para o porto espacial dos nefilins.

XIV

O Olhar da Esfinge

Com o tempo, as pirâmides de Gizé passaram a fazer parte de uma Rede de Aterrissagem que tinha como ponto central os picos do Ararat e Jerusalém como o Centro de Controle da Missão; esse era o modo no qual as naves eram guiadas para o porto espacial da península do Sinai.

E, no início, em virtude de sua localização, alinhamento e formato, as próprias pirâmides serviam como marcos de orientação, e todas elas, como já vimos, são pirâmides em degraus, exatamente como os zigurates da Mesopotâmia. Mas, quando "os deuses que vieram do céu" implantaram seu modelo de escala em Gizé (a Terceira Pirâmide), provavelmente acharam a silhueta das pirâmides e a sombra que elas projetavam nas pedras e na areia muito imprecisas e perigosas para servir como um Indicador do Caminho. Revestindo o núcleo em degraus com calcário branco que refletia a luz, eles conseguiram criar uma pirâmide lisa que produzia a combinação ideal entre luz e sombra, servindo como um perfeito ponto de orientação.

Em 1882, enquanto observava o complexo de Gizé da janela do trem, Robert Ballard percebeu que era possível determinar sua localização e sentido por meio da variação constante do alinhamento entre as pirâmides (Figura 154). Em seu livro *The Solution of the Pyramid Problem*, ele expõe sua teoria e mostra que as pirâmides eram alinhadas entre si por triângulos pitagóricos de ângulo reto cujos lados tinham a proporção de 3:4:5. Especialistas em pirâmides também notaram que a sombra projetada por elas podia servir como um gigantesco relógio de sol, pois a direção e o comprimento das sombras determinavam a hora diária e anual.

O mais importante de tudo era como as sombras e silhuetas das três pirâmides podiam ser vistas do céu. Como podemos ver em uma fotografia aérea (Figura 155), as pirâmides criam sombras em forma de seta que servem perfeitamente como pontos de orientação.

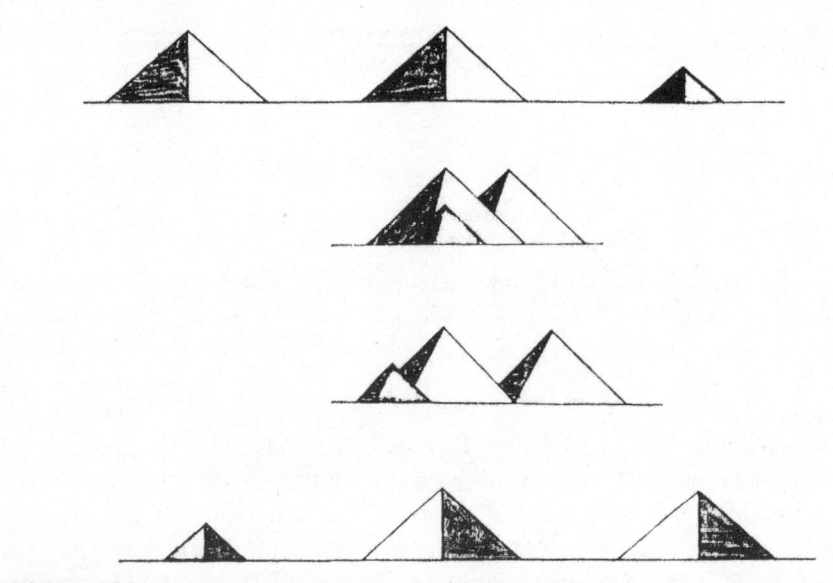

Figura 154

Figura 155

Quando os anunnakis (os bíblicos nefilins) tinham tudo preparado para abrir um porto espacial, eles necessitaram de um Corredor de Aterrissagem muito maior do que o utilizado em Baalbek, seu antigo porto da Mesopotâmia, que tinha como ponto central o Monte Ararat, o pico mais saliente do Oriente Próximo. E não é nada estranho que eles tenham decidido manter o mesmo ponto central para o novo corredor.

Os constantes estudos e análises da construção, alinhamento e geometria perfeita das pirâmides de Gizé conduziram a infinitas "coincidências" de triangulação e alinhamento com a Rede de Aterrissagem projetada pelos anunnakis. Se os picos do Ararat serviam de ponto central para o novo Corredor de Aterrissagem, então as guias de determinação a noroeste e a sudeste também deveriam convergir para o mesmo ponto. E qual seria o outro marco de entrada no Sinai?

O Monte Santa Catarina fica no centro de uma cordilheira de picos de granito muito semelhantes, embora menores. Quando a missão de investigação britânica liderada pelos irmãos Palmer partiu em expedição de reconhecimento pelo Sinai, eles acharam que, mesmo sendo o mais alto, o Monte Santa Catarina não se destacava o suficiente para servir de marco geodésico. Os topógrafos e especialistas acabaram por optar pelo *Monte Umm Shumar* (Figura 156), com 2.600 metros de altitude, quase da mesma altura do Santa Catarina; na verdade, até essa medição exata, muitos achavam o Umm Shumar mais alto. Ele é imponente e eleva-se sozinho, é inconfundível entre as montanhas, e de seu pico é possível

Figura 156

avistar os dois golfos e tem-se uma visão desimpedida para quase todas as direções – motivos suficientes para os ingleses elegerem sem hesitação o Monte Umm Shumar como seu marco geodésico e ponto principal para reconhecimento e medição topográfica da península.

O Monte Santa Catarina pode ter sido muito útil como um Corredor de Aterrissagem curto voltado para Baalbek, mas a alteração do ponto focal para a distante Ararat exigia um marco muito mais nítido e inconfundível. Acreditamos que, assim como os irmãos Palmer, os anunnakis também escolheram o Monte Umm Shumar como âncora da linha sudeste da área do novo Corredor de Aterrissagem.

A história e localização desse monte são intrigantes, a começar por seu nome, que pode ajudar a encontrar soluções ou confundir ainda mais: "Mãe da Suméria", um título aplicado a Ningal, mulher de Sin, o imperador de Ur.

Ao contrário do Santa Catarina, que fica no centro dos picos de granito do Sinai e de acesso muito difícil, o Monte Umm Shumar está localizado na encosta do maciço de granito, às margens das praias e fontes de água quente que jorram no Canal de Suez. Seria ali onde Asherah passava os invernos, quando vivia "à beira-mar"? Dessa costa até o Monte Umm Shumar é "uma viagem no lombo de um animal" – uma aventura vivamente descrita nos contos ugaríticos que falam da visita de Asherah ao monte de El.

Depois de passar pelas fontes termais e descer pela encosta, chega-se ao porto mais importante de toda a região, a cidade de *el-Tor*. Pode ser apenas mais uma coincidência, porém esse nome significa "O Touro", e, como já vimos, era um epíteto de El; os textos ugaríticos referem-se a ele como "O Touro El". Desde tempos ancestrais, esse porto foi de grande importância para a região do Sinai, e muitas vezes pensamos se ele não era a própria cidade de Tilmun (não a Terra de Tilmun) citada nos textos sumérios. Ele pode muito bem ter sido o porto de destino de Gilgamesh e de seu amigo Enkidu, que se dirigia às minas da região para cumprir uma pena perpétua de trabalhos forçados. Se lembrarmos bem, o plano era Gilgamesh levar o companheiro até aquele ponto e então seguir para o "Local de Aterrissagem, onde se erguem os *Shem*".

Os picos de granito do centro da península em frente ao Golfo de Suez têm nomes que dão o que pensar, como, por exemplo, o "Monte da Mãe Abençoada"; perto do Monte Umm Shumar fica o Monte *Teman*, "O que fica a Sul". Esse nome faz-nos lembrar os versos de Habacuc, que dizia "*El* virá de *Teman*... Cobertos estão os céus com seu halo, seu esplendor derrama-se sobre a Terra... A *Palavra* vai diante dele e o brilho emana de seus pés; *Ele para* e tira medidas da Terra...".

Estaria o profeta referindo-se ao monte que ainda é chamado de *Teman* e é o vizinho ao sul do Monte "Mãe da Suméria"? Uma vez que não há nenhuma outra montanha com esse nome, é muito provável que a analogia esteja correta.

Será que o Monte Umm Shumar se encaixa na descrição da Rede de Aterrissagem e dos locais sagrados fundados pelos anunnakis?

Acreditamos que esse foi o monte que tomou o lugar do Catarina quando o Corredor de Aterrissagem definitivo foi delineado, e serviu também como guia para o perímetro mais a sudeste, que tinha como foco o Ararat. Mas, se assim foi, então onde ficaria a âncora complementar para o perímetro a noroeste?

Não é por mero acaso que Heliópolis foi construída *na rota original entre Ararat, Baalbek e Gizé*; sua localização é *equidistante entre Ararat e Umm Shumar*, e acreditamos que isso se deve ao fato de os

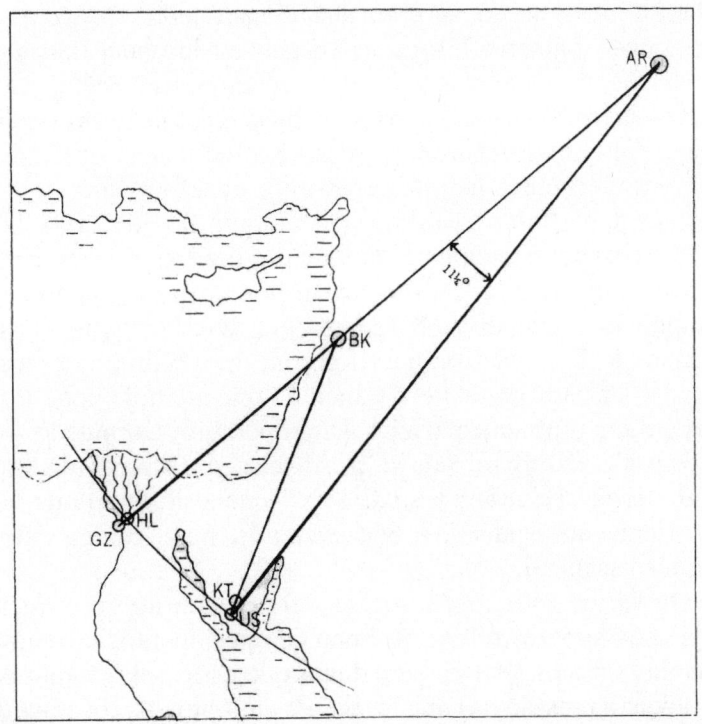

Figura 157

anunnakis terem tirado as medidas precisas da distância entre um monte e outro, por isso foi marcado esse ponto equidistante na linha de ligação entre Ararat, Baalbek e Gizé (Figura 157).

Quanto mais conhecemos essa rede impressionante de picos naturais e artificiais que compõem todo o complexo de comunicação e aterrissagem dos anunnakis, mais nos perguntamos se era apenas sua altura e seu formato que serviam como guias de orientação ou se eles possuíam algum tipo de equipamento auxiliar.

Quando os dois pares de dutos estreitos foram descobertos nas câmaras da Grande Pirâmide, pensava-se que eles serviam para enviar alimento aos servos do faraó, provavelmente selados vivos dentro de sua tumba. Como a "Câmara do Rei" rapidamente se encheu de ar fresco quando os homens de Vyse limparam uma dessas condutas na face norte, elas passaram a ser chamadas de "condutas de ar". Estranhamente, essa denominação foi questionada por renomados estudiosos em uma publicação acadêmica de grande respeito, a *Mitteilungen des Instituts für Orientforschung der Deutschen Akademie der Wissenschaften zu Berlin*. Apesar da grande resistência dos meios acadêmicos em abandonar a teoria de que as "pirâmides eram tumbas funerárias", Virginia Trimble e Alexander Badawy disseram, em 1964, que as "condutas de ar" tinham funções astronômicas, pois "estavam, indubitavelmente, inclinadas na direção das estrelas circumpolares".

Se concordarmos que a direção e a inclinação das condutas de ar foram premeditadas, será interessante observar que, com a entrada de ar constante, a temperatura da "Câmara do Rei" variava em torno dos 20°, independentemente da temperatura exterior. Todas essas descobertas confirmam as teorias de um membro da equipe de cientistas de Napoleão, chamado E. F. Jomard, que acreditava que "o sarcófago e a Câmara do Rei" não foram feitos com intuito funerário, mas serviam para guardar padrões de peso e medida que até hoje podem ser conservados em um ambiente perfeito de temperatura e umidade.

Em 1824, Jomard falava, provavelmente, em unidades de peso e medida, e não acharia possível a existência de instrumentos precisos para orientação espacial, o que para nós, hoje, é algo extremamente comum e essencial.

Os vários estudiosos que se debruçaram sobre o atual tema da complicada superestrutura de cinco compartimentos estreitos e selados acima da "Câmara do Rei" acreditam que essas salas foram construídas para aliviar a pressão da câmara. Esse é um feito que foi atingido com sucesso na "Câmara da Rainha" com a colocação de uma massa de pedras ainda maior sobre ela e sem a necessidade de construir "compartimentos

Quando os anunnakis chegaram à Terra e instalaram seu porto espacial na Mesopotâmia, o lugar escolhido para o Centro de Controle da Missão era Nippur, o "Local da Travessia". Seu Recinto Restrito ou "sagrado" ficava sob o controle absoluto de Enlil e se chamava KI.UR, "Cidade da Terra". No meio, em cima de uma plataforma elevada artificialmente, ficava o DUR.AN.KI, a "Ligação entre Céu e Terra"; segundo os textos sumérios, "um pilar alto que alcançava o céu e se erguia sobre uma plataforma que não pode ser derrubada". Era nesse pilar que Enlil "pronunciava as palavras" para alcançar o céu.

Todos esses termos complicados eram tentativas sumérias de descrever antenas sofisticadas e equipamentos de comunicação, e basta olhar para a forma pictográfica de soletrar Enlil para percebermos isso (veja Figura 52). Temos uma imagem que descreve um complexo sistema de antenas, radares e uma estrutura de comunicações.

Nessa "morada altiva" de Enlil, escondia-se uma câmara misteriosa chamada de DIR.GA, literalmente, "câmara escura em forma de coroa", um nome descritivo que logo nos faz lembrar a "Câmara do Rei", também oculta e mistificada. Enlil e seus assistentes guardavam as vitais "Tábuas dos Destinos" na DIR.GA, e era ali que consultavam todas as informações necessárias de voos e órbitas. E, quando um deus que voava como um pássaro roubava essas tábuas,

> As Fórmulas Divinas ficavam suspensas.
> Tudo se imobilizava, o silêncio prevalecia...
> O esplendor do santuário era roubado.

A DIR.GA também abrigava mapas celestiais e "realizava com perfeição" o ME, termo usado para a informática e instrumentos dos astronautas. Era uma câmara

> Tão misteriosa como os éteres longínquos,
>   como o Zênite Celestial.
> Entre seus símbolos,
>   os símbolos das estrelas;
> Ali o ME era executado com perfeição.
> Suas palavras são declarações,
> Suas palavras são oráculos graciosos.

Um Centro de Controle da Missão semelhante ao utilizado na pista de aterrissagem em dias posteriores ao Dilúvio deveria ser estabelecido no porto espacial do Sinai, mas onde?

Nossa resposta é *Jerusalém*.

Sagrada para judeus, cristão e muçulmanos, essa cidade possui uma atmosfera carregada de mistérios inexplicáveis. Jerusalém era um local sagrado muito antes de o rei Davi chamá-la de capital e Salomão construir ali a Casa do Senhor. Quando o patriarca Abraão chegou a seus portões, ele viu o centro estabelecido do *"El* Supremo, o Justo do Céu e da Terra". Seu nome mais antigo de que se tem registro é *Ur-Shalem*, a "Cidade do Ciclo Completo", um nome que sugere ligações a assuntos orbitais, como as Órbitas de Deus. Os acadêmicos têm opiniões diversas acerca de quem poderia ter sido *Shalem*. Benjamin Mazar diz em seu livro *Jerusalem before the David Kingship* que acredita ter sido Shamash, o neto de Enlil; outros preferem Ninib, o filho de Enlil. O fato é que, em todas essas teorias, é irrefutável a associação das raízes de Jerusalém com o panteão mesopotâmico.

Desde tempos primórdios, Jerusalém abrange três montanhas, de norte a sul, que são o Monte *Zofim*, o Monte *Moriá* e o Monte *Zion*; cada nome se refere a uma função. No extremo norte, ficava o "Monte dos Observadores", atualmente o Monte Scopus; no centro, ficava o "Monte da Direção"; e no sul ficava o "Monte do Sinal". Apesar da passagem dos milênios, os três mantêm esses nomes até hoje.

Os vales de Jerusalém também têm nomes e epítetos interessantes. Um deles é chamado por Isaías de o Vale de *Hizzayon*, o "Vale da Visão", *Kidron* era conhecido como o "Vale do Fogo", e quanto a *Hinnom*, o Geena do Novo Testamento, lendas milenares dizem ter sido uma entrada para o mundo subterrâneo, e sua porta era uma cortina de fumaça que ficava entre duas palmeiras. O Vale de *Refaim* tinha esse nome porque nele viviam os Curadores Divinos que, de acordo com os textos ugaríticos, tinham a função de zelar pela deusa Shepesh. Traduções em aramaico do Antigo Testamento tratavam esses curadores como "Heróis", e sua primeira tradução para o grego chamou o local onde eles viviam de Vale dos Titãs.

No entanto, o mais sagrado dos três é o Monte Moriá. O Livro do Gênesis fala claramente que foi para lá que Deus enviou Abraão e Isaac quando queria testar a fidelidade do patriarca. Lendas judaicas dizem que Abraão reconheceu de longe o Monte Moriá e avistou nele "um pilar de fogo que alcançava o céu e uma nuvem pesada na qual se notava a Glória de Deus" – uma linguagem idêntica à descrição bíblica da aparição do Senhor no Monte Sinai.

A grande plataforma horizontal situada no topo do Monte Moriá, menor, mas muito parecida com a de Baalbek, foi chamada de "Monte do Templo" por ter sido o local escolhido para a edificação de liberação". Quando Vyse e sua equipe estavam dentro dos compartimentos, eles ficaram perplexos ao ouvir claramente tudo que era dito em outras partes da pirâmide. Flinders Petrie (*The Pyramids and the Temple of Gizeh*) analisou minuciosamente a "Câmara do Rei e a arca de pedra" e descobriu que ambos foram construídos com dimensões perfeitas de triângulos pitagóricos; além disso, calculou que, para separar o ataúde do bloco de pedra sólido, foi necessária uma serra de quase três metros e uma lâmina com dentes de diamante. E apenas uma furadeira com broca de diamante e aplicada a uma força de duas toneladas seria capaz de abrir um buraco grande o suficiente para caber a arca. Flinders não faz ideia de como isso pode ter sido feito e muito menos qual seu propósito. Ele mandou erguer a arca para ver se havia alguma abertura, e não encontrou nada. Mas notou que, quando se batia na arca, ela emitia um som de sino que ressoava por toda a pirâmide, fato que já fora mencionado por outros investigadores. Será que a "Câmara do Rei e sua arca" tinham a função de emitir sons ou ser câmaras de eco?

Hoje em dia, os equipamentos de orientação de aterrissagem dos aeroportos emitem sinais eletrônicos que as aeronaves que se aproximam reconhecem como um zumbido agradável quando estão em seu curso normal de voo, mas, se o avião sai de sua rota, o ruído passa a um sinal de alarme. É muito provável que, logo depois do Dilúvio, um novo equipamento de orientação tenha sido trazido para a Terra, e, se lembrarmos da imagem egípcia dos dois Portadores Divinos (Figura 121), ela indica que "Pedras do Esplendor" foram instaladas nos dois pontos principais do Corredor de Aterrissagem, e nossa opinião é que as pequenas câmaras dentro da pirâmide serviam para guardar e proteger os equipamentos de comunicação e orientação.

Será que a "Montanha de El", o *Shad El*, também possuía esse equipamento?

Os textos ugaríticos utilizavam com frequência a frase "penetrar o *Shad* de El" quando se referiam à visita de outros deuses às "sete câmaras" de El, o que implica que tais câmaras ficavam dentro da montanha, exatamente como as câmaras da Grande Pirâmide, a montanha artificial.

Historiadores dos primeiros séculos da Era Cristã relataram que os povos que viviam no Sinai e nas regiões próximas, como a Palestina e o norte da Arábia, veneravam o deus *Dushara*, "Senhor das Montanhas", e sua esposa *Allat*, "Mãe dos Deuses". Trata-se de El e Elat, o feminino de El, sua esposa Asherah. O governador de Roma que comandava aquelas províncias mandou cunhar uma moeda com a imagem do objeto venerado pelos habitantes de Dushara (Figura 158), curiosamente, um lugar muito parecido com as câmaras enigmáticas da Grande Pirâmide e sua escada inclinada ("Galeria Ascendente") a qual conduzia para uma câmara que ficava entre pedras maciças ("A Câmara do Rei"). Se observarmos melhor o desenho, notamos que um amontoado de pedras lembra os "compartimentos de liberação" da pirâmide.

Uma vez que as Passagens Ascendentes, só encontradas na Grande Pirâmide, estavam bem afixadas quando os homens de Al Mamun saquearam o local, só nos resta perguntar quem, na Antiguidade, sabia de sua existência e fez uma cópia de sua estrutura dentro da pirâmide. A resposta parece-nos óbvia: os únicos que possuíam tais conhecimentos eram os arquitetos e construtores da pirâmide – só eles seriam capazes de imitar tal construção, seja em Baalbek ou na montanha de El.

Apesar de o Monte do Êxodo ficar no norte da península, os povos da região transmitiram, durante gerações, a existência de montanhas

Figura 158

sagradas nas cordilheiras a sul da península. Estas eram montanhas que, por sua altitude e localização, serviram como ponto de instalação dos instrumentos que orientavam os "Cavaleiros das Nuvens".

Quando o primeiro porto espacial foi estabelecido na Mesopotâmia, a trajetória dos voos era feita sobre uma linha em forma de seta desenhada no meio do corredor de aterrissagem, onde ficava também o Centro de Controle da Missão e todos os equipamentos de comunicação e orientação; um lugar específico que guardava toda a informação computadorizada sobre órbitas planetárias e rotas de aeronaves. E, por toda a extensão das duas laterais da pista, os marcos de orientação emitiam luzes e sinais para guiar os pilotos.

do Templo Judaico de Jerusalém (Figura 159). Atualmente, ele é ocupado por vários santuários muçulmanos, entre eles o famoso Domo da Rocha, uma cúpula que foi retirada de Baalbek, no século VII, pelo califa Abd al-Malik. Ela enfeitava um santuário bizantino, mas o califa decidiu usá-la como teto de uma estrutura octogonal que mandou construir para abrigar a Rocha Sagrada, uma pedra gigantesca cuja fama de possuir qualidades mágicas e divinas vinha de tempos imemoriais.

Os muçulmanos acreditam que foi da Rocha Sagrada que o profeta Maomé foi levado para visitar o Céu. Segundo o Alcorão, o anjo Gabriel acompanhou Maomé de Meca até Jerusalém, parando no Monte Sinai. Dali, ele foi levado pelo anjo por meio de uma "Escada de Luz" até atingir o firmamento. Depois de passar pelos Sete Céus, Maomé finalmente chegou à presença de Deus, recebeu as instruções divinas e foi trazido de volta à Terra pelo mesmo raio de luz, pousando na rocha. Montado no cavalo alado do anjo, ele retorna a Meca, fazendo mais uma paragem no Monte Sinai.

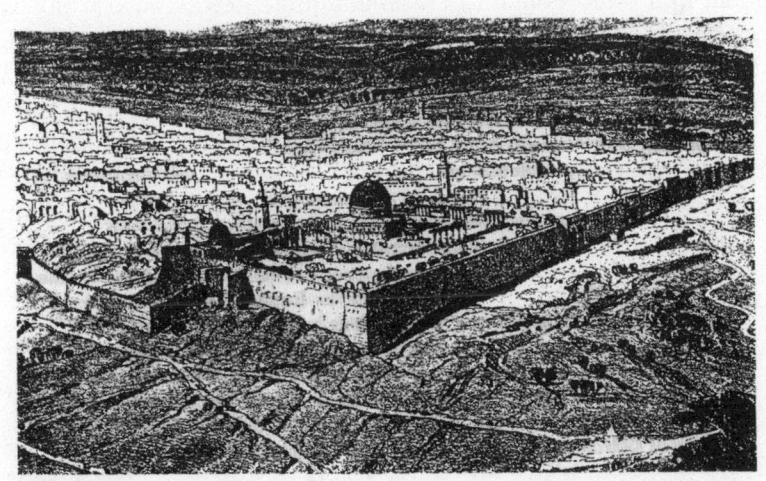

Figura 159

Viajantes da Idade Média diziam que a Pedra Sagrada era um cubo gigante com cantos facetados e voltados diretamente para os quatro pontos cardeais. Hoje, como apenas o topo da rocha é visível, acredita-se que o conceito de um cubo gigante escondido tenha origem na tradição muçulmana que fala da Grande Pedra de Meca, a *Qaaba*, como sendo uma réplica da Rocha Sagrada de Jerusalém feita por encomenda divina.

É evidente que a Rocha Sagrada foi cortada de várias maneiras na parte superior e nos lados, dois tubos afunilados foram perfurados em sua estrutura para facilitar a criação um túnel subterrâneo e câmaras secretas – um projeto de que até hoje se desconhece a autoria e o propósito.

Sabemos, no entanto, que rei Salomão seguiu as instruções precisas do Senhor e construiu o Primeiro Templo no Monte Moriá e mandou erguer o Santo dos Santos sobre a Rocha Sagrada. A câmara mais recôndita desse local sagrado era revestida de ouro e ocupada por dois grandes querubins, seres parecidos com esfinges aladas que também eram feitos de ouro e cujas asas tocavam-se entre si e na parede. Entre eles ficava a Arca da Aliança, onde estavam protegidas as tábuas da lei com os mandamentos que o Senhor proferiu a Moisés no deserto. Apesar de estar completamente isolado do mundo exterior, o Santo dos Santos era chamado no Antigo Testamento de *Dvir*, "O Falador".

A ideia de que Jerusalém seria um centro de comunicação "divino" em que a "Pedra do Esplendor" ficava protegida e de onde a Voz do Senhor emanava pelos quatro cantos não é tão absurda quanto parece, e também não é um conceito completamente desconhecido do Antigo Testamento. Na Bíblia, as capacidades do Senhor e a escolha de Jerusalém como centro de comunicação constam como comprovação da supremacia de Yahweh e do lugar sagrado.

"Eu responderei aos Céus e eles responderão à Terra", garantiu o Senhor ao profeta Oseias; Amós disse em sua profecia que "Yahweh emitirá um rugido de Sião e Sua voz ecoará de Jerusalém", e o salmista disse que, quando o Senhor falasse a partir de Sião, Seus pronunciamentos seriam ouvidos em todos os cantos da Terra e também no Céu:

> Yahweh falará aos deuses,
> E ele invocará a Terra
>   do Ocidente ao Oriente.
> E Ele clamará os Céus e a Terra.

Baal, o Senhor do complexo de Baalbek, gabava-se de que sua voz podia ser ouvida de Kadesh, a cidade portal, até o recinto dos deuses, no "deserto" do Sinai. O Salmo 29 contém uma lista de alguns lugares na Terra de onde se pode ouvir a voz do Senhor de Sião, e inclui Kadesh e Baalbek, "o lugar dos cedros" no Líbano:

> A voz do Senhor está sobre as águas...
> A voz do Senhor parte os cedros...
> A voz de Yahweh ecoa pelo deserto:
> Yahweh faz o deserto de Kadesh estremecer.

Os textos ugaríticos descrevem os poderes adquiridos por Baal, quando instala as "Pedras do Esplendor" em Baalbek, como a capacidade de colocar "um lábio na Terra e outro no Céu"; e, como vimos, o símbolo que representava esse mecanismo de comunicação eram as pombas. Toda essa terminologia e esse simbolismo surgem nos versos do Salmo 28, que descrevem a chegada do Senhor:

> Cantem para o Senhor, entoem no Seu *Shem*,
> Abram caminho para o Cavaleiro das Nuvens...
> O Senhor proclamará a Palavra,
>   Oráculos de um exército numeroso.
> Os Reis fugirão e escaparão;
> Morada e lar, dividirás como despojos.
> Mesmo que eles se posicionem entre os dois Lábios e
>   a pomba de asas prateadas e penas de ouro esverdeado,
> A Carruagem do Senhor é poderosa,
>   tem milhares de anos;
> E foi com ela que o Senhor chegou
>   ao sagrado Sinai.

A Pedra do Esplendor de Jerusalém, a "pedra do testamento" ou "pedra de sondagem" – como disseram os profetas – foi guardada em uma câmara subterrânea e secreta. E, quando a ira do Senhor caiu sobre seu povo, Jerusalém ficou desolada e se lamentou:

> O palácio foi abandonado pelos cidadãos;
> Esquecidos estão o pico do Monte Sião (e)
>   o "Investigador que Testemunha".
> A Caverna do Eterno Testemunho
>   é o lugar de divertimento dos animais selvagens,
>   e pasto para os rebanhos.

Com a restauração do Templo em Jerusalém, os profetas prometeram que "a palavra de Yahweh ecoaria de Jerusalém"; e foi assim que a cidade se restabeleceu como o centro do mundo, para onde convergiam todas as nações. Isaías transmitiu a palavra do Senhor, assegurando que a "pedra de sondagem" e também as funções de "medição" seriam devolvidas ao povo:

> Atenção,
> Eu assentarei uma Pedra em Sião,
>   uma Pedra de Sondagem,
>   uma rara e majestosa Pedra Angular,

com alicerces resistentes.
Aquele que tem fé,
    não ficará sem resposta.
A justiça será meu Cordão,
E a virtude (será) minha Medida.

Assim como Nippur, Jerusalém tinha de ficar situada na linha de interseção do Corredor de Aterrissagem, para servir de Centro de Controle da Missão. As tradições já consagravam essa posição e todas as evidências nos levam a crer que a pedra sagrada marcava o centro geodésico exato.

As tradições judaicas diziam que Jerusalém era o "umbigo da Terra", e o profeta Ezequiel também se referia ao povo de Israel como "aqueles que vivem no umbigo da Terra". O Livro dos Juízes conta que o povo desceu das montanhas em direção ao "umbigo da Terra". Sabemos que o termo indica que Jerusalém era o principal centro da comunicação de onde saíam as "cordas", ou traços contínuos, para os outros pontos da Rede de Aterrissagem. E não é por acaso que a palavra em hebraico para pedra sagrada era *Eben Sheti'yah*, um termo que os sábios semíticos usavam para designar a "pedra que teceu o mundo". *Sheti* é, de fato, uma palavra oriunda do ofício da tecelagem e representava a linha trançada horizontalmente no tear, que se junta com a linha vertical, formando a trama básica do tecido. Um termo muito apropriado para uma pedra cuja função era marcar o local exato de onde saíam as Cordas Divinas que cobriam a Terra como uma teia.

Apesar de todos esses termos e lendas serem altamente sugestivos e ajudarem na compreensão dos fatos, a questão principal ainda persiste: Jerusalém realmente ficava na linha que dividia em partes iguais o Corredor de Aterrissagem, em um ângulo perfeito criado entre o Ararat, as pirâmides de Gizé e o Monte Umm Shumar?

A resposta decisiva é sim. *Jerusalém fica exatamente naquela linha.*

Assim como fizemos com o complexo de Gizé, descobrimos alinhamentos e triangulações surpreendentes na Rede Divina que provam que Jerusalém fica exatamente no ponto em que a linha de Baalbek e Santa Catarina *se cruza com o corredor de voo de Ararat.*

Heliópolis fica em um *ponto equidistante entre Jerusalém e o Monte Umm Shumar*, e as linhas diagonais que ligam Jerusalém a Heliópolis e Jerusalém a Umm Shumar formam um ângulo exato de 45° (Figura 160)!

Todos esses elos entre Jerusalém, Baalbek (A Crista de Zafon) e Gizé (Mênfis) eram conhecidos e reverenciados em tempos bíblicos:

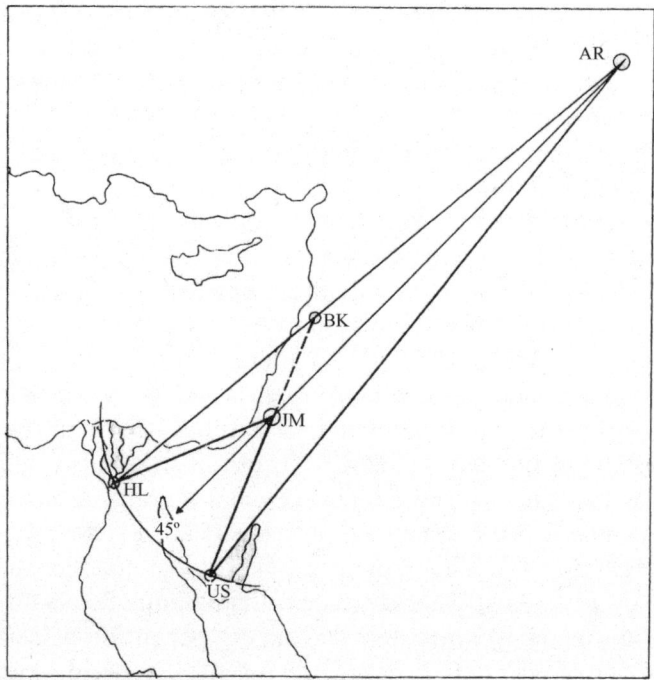

Figura 160

> Grande é Yahweh e abençoada
> é a cidade do Senhor,
> Sua Montanha Sagrada.
> Em Mênfis Ele se tornará formoso.
> A alegria de toda a Terra,
> do Monte Sião e da Crista de Zafon.

O Livro dos Jubileus afirma que Jerusalém era um dos quatro "Lugares do Senhor na Terra", e os outros eram "O Jardim da Eternidade", que ficava nas Montanhas de Cedro do Líbano, a "Montanha do Oriente" – que era o Monte Ararat –, e ainda havia o Sinai e o Sião. Três deles ficavam nas "terras de Shem", o filho de Noé do qual descendiam os patriarcas da Bíblia. E todos esses lugares se interligavam:

> O Jardim da Eternidade, o mais sagrado,
> é a morada do Senhor.
> O Monte Sinai é o centro do deserto;
> O Monte Sião é o umbigo da Terra.
> Os três foram criados como lugares sagrados
> QUE FORMAM UM CÍRCULO.

O porto espacial deveria ficar em algum ponto da linha central de voo, a "Linha de Jerusalém" ancorada no Monte Ararat, e ali também deveria ficar o marco de orientação final, pois o "Monte Sinai *era o centro do deserto*".

E é nesse momento que entra em jogo a linha imaginária que chamamos de 30º Paralelo a norte.

Os textos sumérios que tratavam de astronomia diziam que os céus foram divididos em três segmentos: a "via" do norte era atribuída a Enlil, a do sul a Ea, e a faixa central era a "via de Anu". Assim, parece lógico pensar que, logo depois do Dilúvio, quando a Terra foi dividida em Quatro Regiões, os dois irmãos criaram uma linha divisória entre seus reinos. E também fica claro que, nos dias antediluvianos, os 30os paralelos a norte e a sul serviam como linhas de demarcação.

Terá sido mera coincidência ou um acordo entre Enlil, Ea e seus descendentes, que determinou que a cidade sagrada de cada uma das três regiões oferecidas à Humanidade ficasse localizada no 30º paralelo?

Segundo os sumérios, depois do Dilúvio, "quando a monarquia foi trazida do céu, ela se estabeleceu em Eridu", que ficava no 30º paralelo norte, ou o mais próximo dele do que era permitido pelas águas pantanosas do Golfo Pérsico. E, apesar de o centro sumério de administração secular mudar de cidade de tempos em tempos, Eridu manteve sempre seu status de cidade sagrada.

O mesmo aconteceu na Segunda Região, a civilização do Nilo, onde a capital secular mudava constantemente, mas Heliópolis nunca deixou de ser o local sagrado. Os Textos das Pirâmides reconheciam sua ligação com outros sítios e chamavam seus deuses ancestrais de "Senhores dos Dois Santuários", locais que possuíam nomes intrigantes e possivelmente pré-egípcios. Um chamava-se *Per-Neter*, "Lugar da Chegada dos Guardiões", e o outro, *Per-Ur*, "Lugar da Chegada dos Antigos"; as descrições hieroglíficas de ambos mostram que pertenciam a tempos muito longevos.

Os dois santuários tiveram um papel importante na sucessão faraônica e nos rituais conduzidos pelo sacerdote *Shem*, que incluíam a coroação e a admissão do novo rei ao "Lugar dos Guardiões" em Heliópolis, e também a celebração da partida do espírito do falecido rei em direção ao "Lugar de Chegada dos Antigos", que era feita por meio da Falsa Porta.

Heliópolis ficava localizada no 30º paralelo, o mais perto possível do delta do Nilo!

A Terceira Região, que englobava a civilização do Vale do Indo, mantinha sua cidade secular às margens do Oceano Índico, mas seu local de culto, *Harapa*, ficava a centenas de quilômetros a norte, exatamente no 30º paralelo.

Se observarmos bem, a regra de seguir o 30º paralelo a norte persistiu ao longo dos milênios, e, por volta de 600 a.C., os reis persas ampliaram a capital real e instalaram em um local remoto e desabitado uma cidade "sagrada para todas as nações". Literalmente no meio do nada, eles construíram uma plataforma horizontal na qual ergueram palácios com escadarias monumentais e várias estruturas e santuários auxiliares; tudo com o intuito de venerar o Deus do Globo Alado (Figura 161). Os gregos chamaram a cidade de *Persépolis*, "cidade dos persas", um local onde não vivia ninguém e que servia apenas para receber o rei e seu séquito no dia do equinócio da primavera e celebrar o Ano-Novo. Os restos da antiga cidade do Império Persa estão localizados no 30º paralelo e tornaram-se um importante sítio arqueológico.

Não se sabe ao certo quando *Lhasa*, a cidade tibetana sagrada do Budismo, foi fundada. Mas sabemos que ela, Eridu, Heliópolis, Harapa e Persépolis estão no mesmo 30º paralelo a norte (Figura 162).

A santidade do 30º paralelo também esteve na origem na Rede Sagrada, quando os cálculos dos medidores divinos dos anunnakis determinaram que a construção das pirâmides de Gizé ficasse nesse ponto. Mas será que os deuses deixaram de lado a "santidade" ou neutralidade do 30º paralelo quando chegou o momento de erguer sua obra mais importante, o porto espacial da península do Sinai, na Quarta Região?

Chegou o momento em que devemos olhar com atenção para um outro enigma de Gizé, a Grande Esfinge, e tentar encontrar nela alguma pista definitiva. Seu corpo é de um leão agachado, e a cabeça humana sustenta um adorno real (Figura 163). Quem a construiu, quando e com que propósito? Ela retrata a imagem de alguém? Por que está sozinha?

Há muitas perguntas e poucas respostas, mas uma coisa é certa: *ela está voltada para o oeste, olhando fixamente para o 30º paralelo.*

Esse alinhamento preciso com o Paralelo Divino foi seguido em toda a Antiguidade por uma série de estruturas construídas em frente da Esfinge e voltadas para o oeste, ao longo do eixo leste-oeste (Figura 164).

Quando, no final do século XVIII, Napoleão e seus homens avistaram a Esfinge, apenas se viam a cabeça e os ombros. O corpo estava coberto pelas areias do deserto, e foi assim que ela foi representada durante grande parte do século posterior. Foram necessárias sistemáticas e

Figura 161

30º paralelo

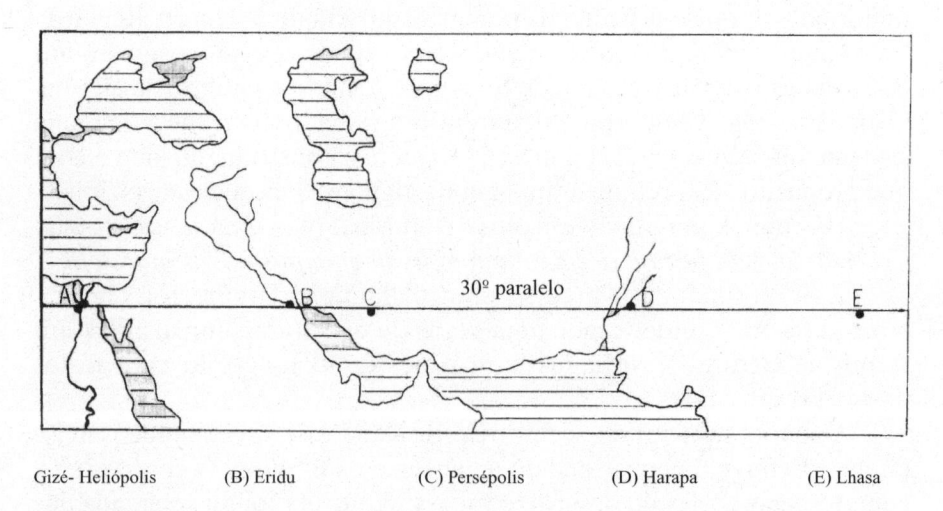

Gizé- Heliópolis   (B) Eridu   (C) Persépolis   (D) Harapa   (E) Lhasa

Figura 162

Figura 163

repetidas escavações para o monumento se revelar em toda a sua grandiosidade, com seus 73 metros de comprimento por quase 20 metros de altura. E finalmente pudemos confirmar a veracidade dos textos dos historiadores da Antiguidade: uma escultura gigantesca feita a partir de um único bloco de pedra. E quem a desvendou ao mundo foi ninguém menos do que o capitão Caviglia, entre 1816-1818. O italiano que Vyse expulsou de Gizé trabalhou durante dois anos nas obras que revelaram o corpo e as patas esticadas da esfinge, e todos os templos, santuários, altares e estelas construídos diante dela.

Enquanto investigava e trabalhava nessa área, Caviglia descobriu uma plataforma que se estendia pelos dois lados da Esfinge e apontava para o leste. Ele escavou cerca de cem metros nessa direção e deparou-se com uma escadaria impressionante de 30 degraus que levavam a um patamar em que estavam as ruínas de um púlpito. A cerca de 12 metros a leste do patamar, erguia-se outra escada de 13 degraus que elevava toda a plataforma à mesma altura da cabeça da Esfinge.

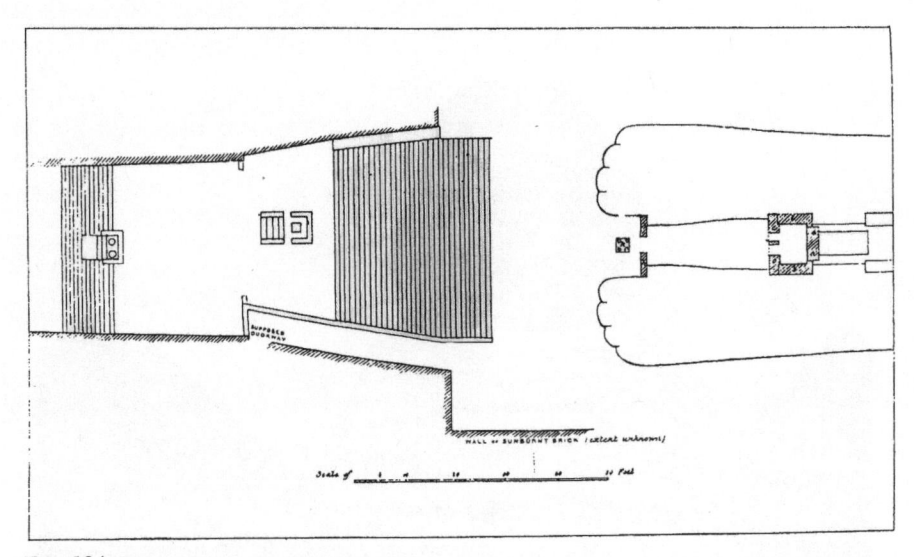

Figura 164

Dessa estrutura, erguiam-se duas colunas (Figura 165) situadas de tal forma que, por entre elas, passava o olhar da Esfinge.

Os arqueólogos acreditam que essas ruínas pertenciam aos romanos, que, como vimos em Baalbek, eram peritos em dar continuidade a locais de cultos de eras antecedentes, adornando, construindo ou reconstruindo templos e santuários antigos. Hoje já é um fato incontestável que tanto os conquistadores gregos quanto os imperadores romanos continuaram a tradição faraônica de visitar e honrar a Esfinge, deixando suas marcas e inscrições no recinto. Provas de que acreditavam que a Esfinge era realmente um trabalho dos deuses, tradição que foi

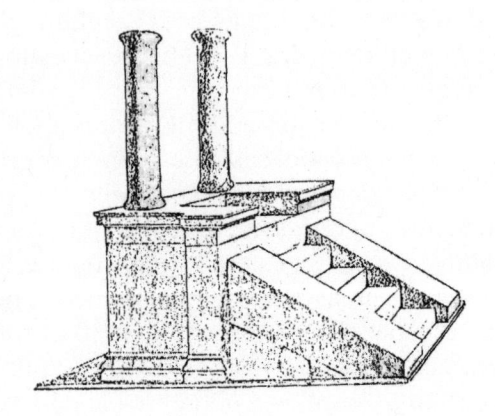

Figura 165

continuada durante a ocupação árabe e que transformou o monumento no arauto de uma futura era de paz messiânica. O famoso imperador Nero disse em sua inscrição que a Esfinge era "*Armachis*, o Supervisor e Salvador".

Como a Grande Esfinge fica perto da passagem elevada que segue em direção à Segunda Pirâmide, os peritos acreditam que ela tenha sido construída por Quéfren, o "construtor" da Segunda Pirâmide, e que, portanto, deveria retratá-lo. Uma ideia desprovida de qualquer base ou fundamento e que, ao longo dos anos, persistiu em aparecer nos livros. Em 1904, A. Wallis Budge era o responsável pelas antiguidades assírias e egípcias do Museu Britânico e afirmou com segurança em seu livro *The Gods of the Egyptians* que "esse objeto maravilhoso já existia nos dias de Kha-f-ra, ou Quéfren, e é possível que seja muito anterior a seu reinado, talvez do fim do Período Arcaico".

A "Estela do Inventário" afirma que a Esfinge já existia em Gizé nos tempos de Khufu, o antecessor de Quéfren, e, como consta na inscrição deixada por ele e também pelos muitos faraós que tomaram seu lugar no trono, Khufu deixou registrados os trabalhos feitos para remover a areia que encobria o monumento. Por isso, deduzimos que a Esfinge já existia muito tempo antes de seu reinado. E ficamos a pensar quem seria, então, o autor de tal estrutura que deveria projetar sua própria imagem?

Para nós, a resposta é simples, a imagem não é de um faraó, e sim de um deus. Todos os indícios nos levam a crer que foram os deuses, e não um homem, que ergueram a Esfinge.

Quem não acredita na veracidade desse fato ignora por completo as inscrições da Antiguidade. Uma delas, de origem romana, dizia que o monumento era um "Guia Sagrado, tua aparência magnífica é o trabalho de Deuses Imortais". Um poema grego falava:

> Tua aparência magnífica
> Foi aqui esculpida pelos Deuses Imortais...
> Eles fizeram de ti a vizinha das Pirâmides...
> Um monarca dos céus que desafia seus inimigos...
> Guia Sagrado da Terra do Egito.

Na Estela do Inventário, Khufu dizia que a Esfinge era "a guardiã do éter que guia os ventos com seu olhar", e ainda afirmava que ela era a imagem de um deus:

> Esta imagem de um deus
>   irá perdurar por toda a eternidade
> Sempre com sua face
>   voltada para o oeste.

Khufu ainda menciona um velho sicômoro que crescia perto da Esfinge e foi danificado "quando o Senhor do Céu chegou ao Lugar de *Hor-em-Akhet*, o deus-falcão do Horizonte". E esse é o nome que mais surge quando as inscrições faraônicas falam da Esfinge, embora ela tenha outros epítetos, como *Ruti*, "O Leão", e *Hul*, provavelmente, "O Eterno".

Registros das escavações no sítio da Esfinge realizadas no século XIX contam que os arqueólogos foram instigados pelas tradições árabes que garantiam que debaixo ou dentro do monumento havia câmaras secretas nas quais foram guardados tesouros ou objetos mágicos. Depois de falhar nas buscas por toda a Esfinge, Caviglia trabalhou com grande empenho na Grande Pirâmide à procura dessas "câmaras ocultas". Perring também fez sua tentativa, perfurando um buraco profundo nas costas da Esfinge.

Até um pesquisador cauteloso chamado Auguste Mariette disse, em 1853, que ele também partilhava da opinião de que a Esfinge escondia um compartimento – um conceito que provavelmente surgiu com o pensamento do historiador romano Plínio, que dizia que a Esfinge "continha a tumba de um governante chamado Harmachis", e também pelo fato de todas as imagens antigas mostrarem a figura de leão com cabeça humana deitada sobre uma estrutura de pedra. Todos pensavam que as areias que esconderam durante tanto tempo a própria Esfinge tinham também obstruído a passagem para qualquer recinto debaixo dela.

As inscrições mais antigas realmente sugerem que havia não apenas uma, mas duas câmaras secretas por baixo da Esfinge, e que talvez se chegasse a elas por uma passagem escondida debaixo das patas da escultura. Um hino da 18ª Dinastia revela que essas "cavernas" permitiam que a Esfinge servisse de centro de comunicação!

Este poema diz que o deus Amen assumiu as funções do celestial Hor-Akhti e adquiriu "percepção em seu coração e voz de comando em seus lábios quando penetrou nas duas cavernas que ficavam por baixo dos pés da Esfinge". Então,

> Uma mensagem enviada pelo céu
> É ouvida em Heliópolis,
>   e é repetida em Mênfis pelo Belo de Rosto.
> Ela é parte de um despacho escrito por Thoth
>   e diz respeito à cidade de Amen (Tebas)...
> O assunto é tratado em Tebas,
> Um veredicto é emitido e uma mensagem é enviada.
> Os deuses estão agindo conforme as ordens.

Apesar de ser esculpida em pedra, os faraós e seus súditos acreditavam que a Esfinge podia ouvir e falar. Em uma longa inscrição feita em uma estela (Figura 166) erigida por Tutmés IV entre as patas do monumento e dedicada ao símbolo do Disco Alado, o rei conta que a Esfinge falou com ele e prometeu-lhe um reinado longo e próspero na condição de ele remover as areias que encobriam suas patas. Tutmés disse que um dia, quando ia caçar nos arredores de Mênfis, notou que estava na "estrada sagrada dos deuses" que ia de Heliópolis a Gizé. Cansado, ele parou para descansar à sombra da Esfinge, que chamava de *"lugar magnífico do começo dos tempos"*. Ele adormeceu aos pés "da estátua do Criador", e "esta majestade do reverenciado Deus" começou a falar e se apresentou, dizendo ser "seu ancestral *Hor-em-Akhet*, aquele criado a partir de Rá-Aten".

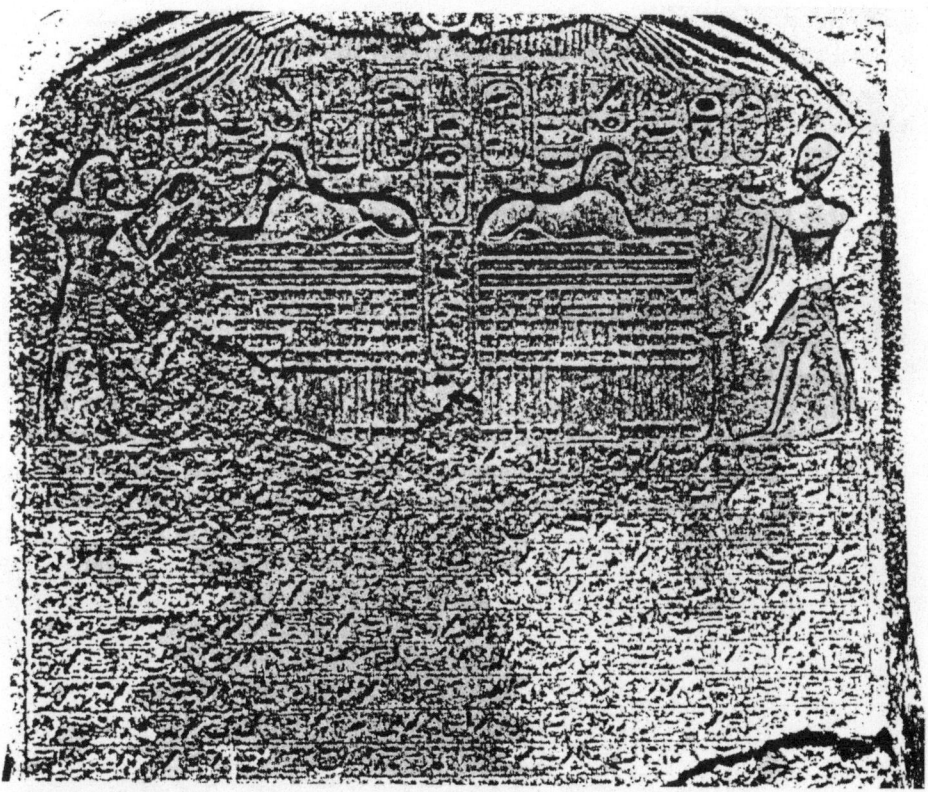

Figura 166

Muitas "tábuas de ouvido" bastante incomuns e imagens das Pombas Gêmeas, um símbolo associado aos oráculos, foram descobertas nos templos à volta da Esfinge e, assim como as inscrições, elas também falavam na crença de que a Esfinge transmitia Mensagens Divinas. Os esforços de escavação realizados por baixo do monumento nunca foram bem-sucedidos, mas não é por isso que devemos descartar a possibilidade de um dia encontrar as câmaras subterrâneas por onde os deuses entraram com "ordens nos lábios".

Os vários textos funerários comprovam que a Esfinge era considerada um "Guia Sagrado" que conduzia o falecido do "ontem para o "amanhã". Os encantamentos encontrados nos ataúdes tinham a função de facilitar a passagem do morto pelo "Caminho das Portas Ocultas" e mostram que essa trilha começava no sítio da Esfinge, onde seu nome era invocado, e o "Senhor da Terra mandava e a Dupla Esfinge repetia". A viagem começava quando *Hor-em-Akhet*, a Esfinge, dizia "passe"! Desenhos do Livro dos Dois Caminhos que ilustram essa viagem mostram que do ponto de partida, em Gizé, abriam-se dois caminhos que levavam ao *Duat*.

A Esfinge tinha a função de Guia Sagrado, por isso era representada conduzindo a Barca Celestial, e, às vezes, como mostra a estela de Tutmés (Figura 166), ela surgia como uma Esfinge dupla, transportando a embarcação do "ontem para o "amanhã"; tarefa que a associava ao Deus Oculto do Reino Subterrâneo. E nos lembramos da Figura 19, na qual ela aparece protegendo a câmara selada do deus Seker, no *Duat*.

Os Textos das Pirâmides e o *Livro dos Mortos* referem-se à Esfinge como o "grande Deus que abre as portas da Terra", talvez sugerindo

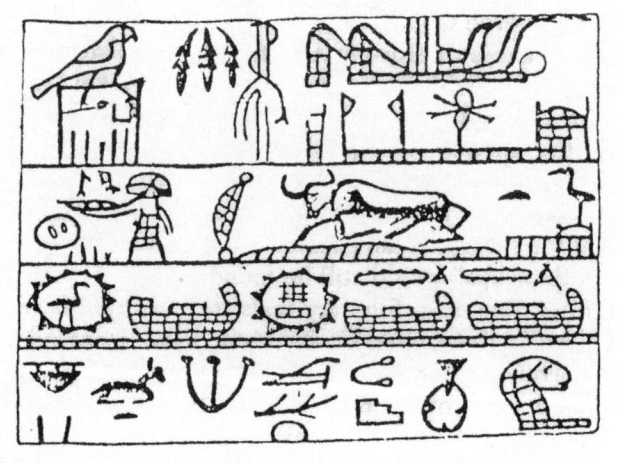

Figura 167

que a "Esfinge que guiava o caminho" tivesse uma sósia perto do Caminho para o Céu, e era esta que se ocupava em abrir "as portas da Terra". Na ausência de outra possibilidade, talvez esta seja a única explicação para uma imagem muito antiga que ilustra a viagem do faraó para a vida após a morte (Figura 167). Nela, o símbolo do falcão de Hórus surge contemplando a Terra das Tamareiras, na qual vemos uma embarcação estranha com gruas ou guindastes e uma estrutura alusiva à descrição suméria do nome de EN.LIL que parecia um centro de comunicação (Figura 52). Vemos um deus saudando o faraó, o touro e o pássaro da Imortalidade e várias fortificações e símbolos, entre eles o sinal para "lugar", uma cruz inclinada dentro de um círculo, que surge entre o sinal do Caminho e de *uma esfinge olhando para o outro lado*!

Um vizir chamado Pa-Rá-Emheb foi encarregado pelos trabalhos de restauração no sítio da Esfinge, onde mandou erigir uma estela com versos reveladores de adoração ao monumento. A inscrição fala na extensão de cordas "para o plano", "coisas secretas" que são produzidas no reino subterrâneo, "viajar pelo céu" em uma embarcação celestial e também menciona um "local protegido no deserto sagrado". O termo *Sheti.ta* é aplicado para indicar o "Local do Nome Oculto no deserto sagrado":

> Salve, Rei dos Deuses,
> Aten, o Criador.
> Estendeste as cordas para o plano,
>   formaste os países.
> Tornaste secreto o Mundo Subterrâneo.
> A Terra está sob teu comando;
>   criaste o firmamento
> Construíste para ti um lugar protegido
>   e com nome oculto, no deserto sagrado.
> Eleva-te para junto deles durante o dia.
> Ergue-te de forma bela,
> Atravessas o firmamento com o bom vento.
> Viajas pelo céu na tua barca,
> O céu rejubila,
> A Terra exclama de prazer,
> A tripulação de Rá louva diariamente;
> E ele chega triunfante.

Para os profetas hebreus, o *Sheti* era a Linha Divina, a Pista de Voo central que passava por Jerusalém, a direção correta por "onde o Senhor chegou ao sagrado Sinai".

Mas, segundo a inscrição anterior, para os egípcios, *Sheti.ta* era o "Local do Nome Oculto" que ficava no "Deserto Sagrado", exatamente o que significa o termo bíblico "Deserto de *Kadesh*". O lugar para onde se estendiam as "cordas do plano" que saíam da Esfinge, onde Paraemheb avistou o Rei dos Deuses ascender durante o dia. As palavras utilizadas são quase as mesmas de Gilgamesh no momento de sua chegada ao Monte Mashu, "onde ele observava os *Shem* diariamente enquanto iam e vinham... vigiava Shamash enquanto ele ascende e descende".

Os que queriam alcançar esse Local Protegido, o Local da Ascensão, eram guiados pelo olhar da Esfinge que apontava para o leste, no 30º paralelo.

Era o local onde as duas linhas se encontravam, onde ficavam as Portas do Céu e da Terra, e a Linha de Jerusalém cortava o 30º paralelo: o porto espacial dos deuses.

Essa interseção ficava na Planície Central do Sinai, que, conforme a descrição do *Duat* no *Livro dos Mortos*, é realmente um terreno ovalado e cercado por montanhas, ou um vale extenso cercado por montanhas separadas por sete passagens, como disse o *Livro de Enoch*. Uma planície lisa com uma superfície rochosa perfeita para ser usada como pista de voo das naves dos anunnakis.

Vimos que Nippur (Figura 122) era o ponto central dos círculos concêntricos em que se encontravam locais equidistantes ao porto espacial em Sippar e outras instalações vitais, e exatamente o mesmo pode-se observar em Jerusalém (Figura 168):

- O Porto Espacial (PE) e o Local de Aterrissagem em Baalbek (BK) ficam no perímetro de um círculo interno, e formam um grupo de instalações vitais e equidistantes do Centro de Controle em Jerusalém (JM);
- O marco geodésico de Umm Shumar (US) e a baliza de aterrissagem em Heliópolis (HL) ficam no perímetro de um círculo externo, e também são equidistantes de Jerusalém.

Conforme nosso gráfico é preenchido, o plano perfeito concebido pelos anunnakis vai surgindo à nossa frente com toda a sua beleza, precisão e a combinação engenhosa da geometria básica e dos marcos topográficos fornecidos pela natureza:

- As linhas de Baalbek a Catarina e de Jerusalém a Heliópolis se cruzam em um ângulo preciso de 45°; a trajetória de voo central cortava esse ângulo em dois ângulos precisos

de 22° ½, o que deixava o Corredor de Voo principal com exatamente metade desse número (11° e ¼);
- Situado entre a trajetória de voo principal e o 30° paralelo, o porto espacial era, portanto, equidistante tanto de Heliópolis como de Umm Shumar.

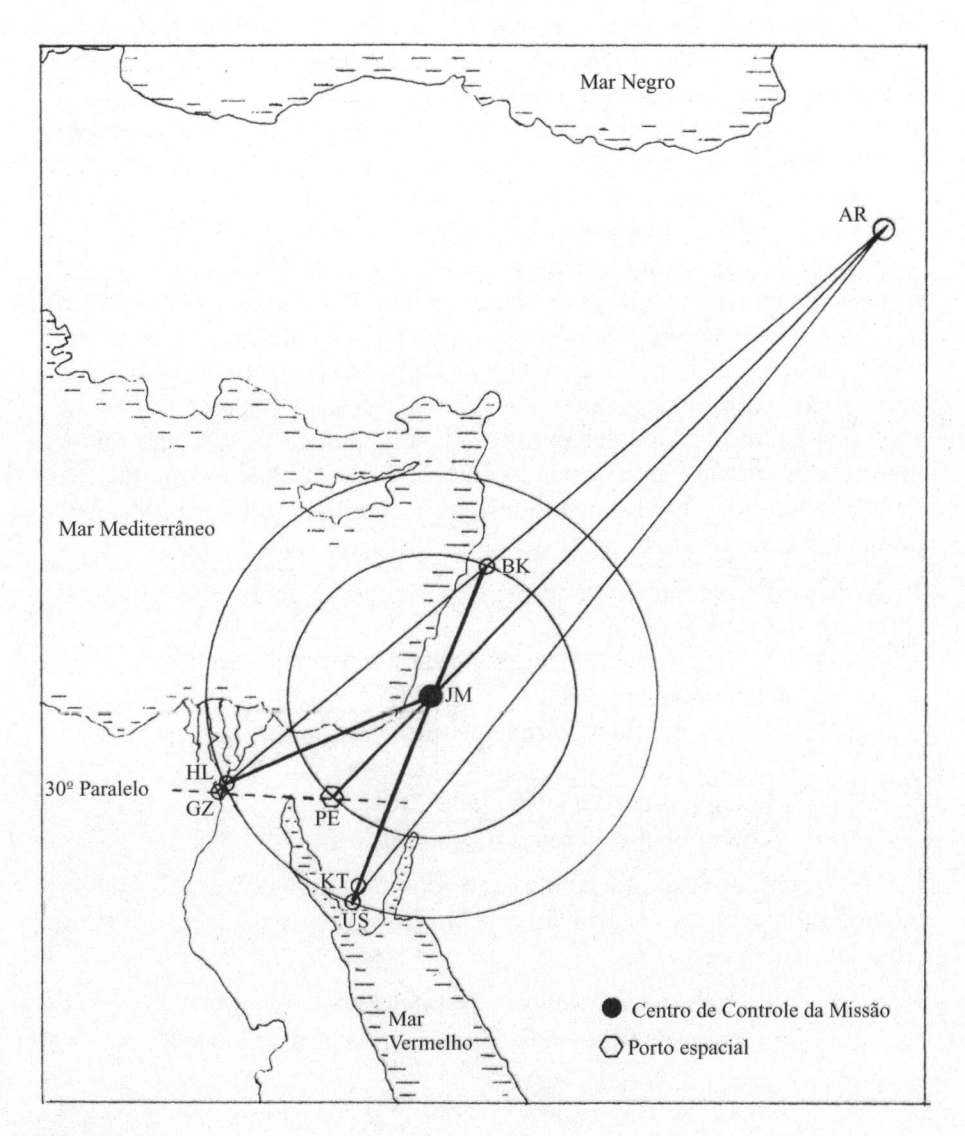

Figura 168

Será que foi apenas um simples acidente geográfico que colocou Delfos (DL) em uma posição equidistante com o Controle da Missão, em Jerusalém, e com o porto espacial no Sinai? Foi pura coincidência o fato de a largura do ângulo do corredor de voo ter 11° e ¼, e o outro Corredor que liga Delfos a Baalbek (BK) ter exatamente o mesmo ângulo?

E o que pensar das linhas que ligavam Delfos, Jerusalém e o oásis de Siwa (SW), o sítio do oráculo de Amon procurado por Alexandre, e formavam, mais uma vez, um ângulo de 45 graus?

Será que a localização de Tebas, Edfu e as outras cidades sagradas e sítios de oráculos do Egito eram apenas um capricho do rei e por isso ficavam em uma curva simpática do Nilo ou eram fundadas de acordo com o alinhamento da Rede de Orientação?

Na verdade, se analisássemos cuidadosamente todos esses sítios e angulações, iríamos abranger toda a Terra. E será que era exatamente isso que Baal sabia quando implantou seu equipamento clandestino em Baalbek? Se lembrarmos bem, o objetivo dessa divindade era se comunicar e dominar as nações próximas e toda a Terra.

E o Senhor da Bíblia também deveria ter conhecimento desses marcos e medições, pois, quando Jó tentou desvendar as "maravilhas de El", o Senhor, "falando de dentro de um redemoinho", contestou as perguntas com outras perguntas:

> Deixe que eu pergunte e tu me responderás:
> Onde estavas
>   quando eu lancei os fundamentos da Terra?
> Se conheceres a ciência, diz-me:
> Quem mediu a Terra, se é que o sabes?
> Ou quem estendeu uma corda sobre ela?
> Quem construiu suas plataformas?
> Quem forjou sua Pedra Angular?

E o Senhor respondeu Suas próprias perguntas a respeito dessas medições da Terra, a construção de plataformas e a instalação da Pedra Angular. Ele disse:

> Enquanto as estrelas da manhã se deleitavam
> E todos os filhos dos deuses clamavam de alegria.

Por mais sábio que o homem seja, ele não intercedeu em nada. Baalbek, as pirâmides e o porto espacial foram todos construídos apenas pelos deuses.

Mas o homem, sempre em busca da Imortalidade, nunca deixou de seguir o olhar da Esfinge.

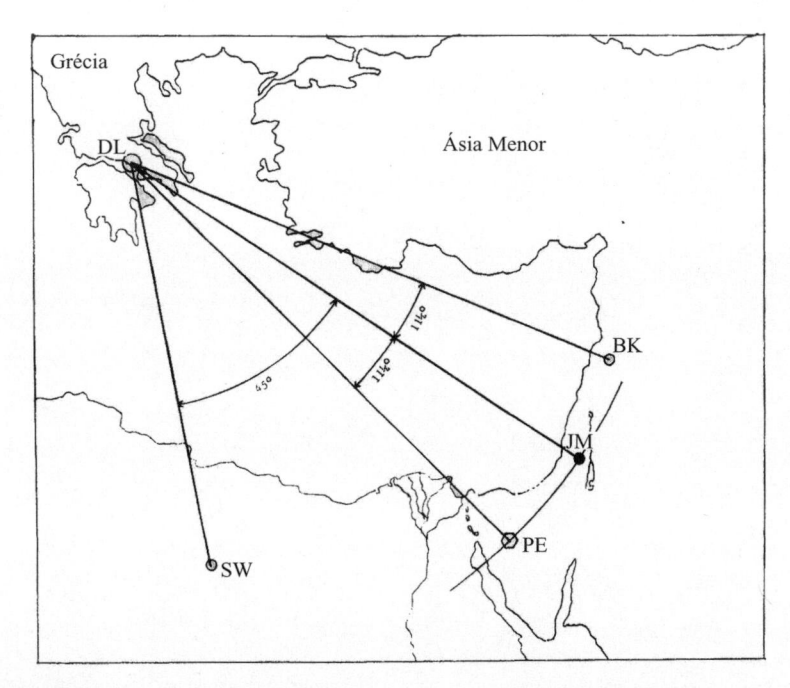

Figura 169

BIBLIOGRAFIA
E OUTRAS FONTES

Além dos trabalhos mencionados no texto, a lista a seguir serviu como principal fonte de pesquisa sobre o Oriente Próximo:

I. Estudos e artigos impressos nas seguintes publicações:

Ägyptologische Forschungen (Hamburg-New York).
Der Alte Orient (Leipzig).
American Journal of Archeology (Concord, N. H.).
American Journal of Semitic Languages and Literature (Chicago).
American Philosophical Society, Memoirs (Philadelphia).
Analecta Orientalia (Rome).
Annales de Musée Guimet (Paris).
Annales de Service des Antiquités de l'Egypte (Cairo).
Annual of the American Schools of Oriental Research (New Haven).
Annual of the Palestine Exploration Fund (London).
Antiquity (Cambridge)
Archaeologia (London).
Archiv für Keilschriftforschung (Berlin).
Archiv für Orientforschun (Berlin).
Archiv Orientälni (Prague).
The Assyrian Dictionary of the Oriental Institute, University of Chicago (Chicago).
Assyriologische Bibliothek (Leipzig).
Assyriological Studies of the Oriental Institute, University of Chicago (Chicago).
Babyloníaca (Paris).
Beiträge zur Aegyptischen Bauforschung und Altertumskunde (Cairo).

Beiträge zur Assyriologie und semitischen Sprachwissenschaft (Leipzig).
Biblical Archaeology Review (Washington).
Bibliotheca Orientalis (Leiden).
British School of Archaeology and Egyptian Research, Account Publications (London).
Bulletin de l'institut français d'archeologie orientale (Cairo).
Bulletin of the American Schools of Oriental Research (New Haven).
Cuneiform Texts from Babylonian Tablets in the British Museum (London).
Deutsche Orient-Gesellschaft, Mütteilungen (Berlin).
Deutsche Orient-Gesellschaft, Sendschriften (Berlin).
Egypt Exploration Fund, Memoirs (London).
Ex Oriente Lux (Leipzig).
France: Délégation en Perse, Memoires (Paris).
France: Mission Archéologique de Perse, Memoires (Paris).
Harvard Semitic Series (Cambridge, Mass.).
Hispanic American Historical Review (Durham, N.C.)
Iraq (London).
Imperial and Asiatic Quarterly Review (London).
Institut Français d'Archéologie Orientale, Bibliothèque d'Etude (Cairo).
Institut Français d'Archéologie Orientale, Memoires (Cairo).
Israel Exploration Society, Journal (Jerusalém).
Jewish Palestine Exploration Society, Bulletin (Jerusalem).
Journal of the American Oriental Society (New Haven).
Journal of Biblical Literature and Exegesis (Philadelphia).
Journal of Cuneiform Studies (New Haven and Cambridge, Mass.).
Journal of Egyptian Archaeology (London).
Journal of Jewish Studies (Oxford).
Journal of Near Eastern Studies (Chicago).
Journal of the Palestine Oriental Studies (Jerusalem).
Journal of the Royal Asiatic Society (London).
Journal of Sacred Literature and Biblical Record (London).
Journal of the Society of Oriental Research (Chicago).
Kaiserlich Deutschen Archaelogischen Institut, Jahrbuch (Berlin).
Königliche Akademie der Wissenschaften zu Berlin, Abhandlungen (Berlin).
Leipziger Semitische Studien (Leipzig).
Mitteilungen der altorientalischen Gesellschaft (Leipzig).

Mitteilungen des Deutschen Instituts für ägyptische Altertumskunde in Kairo (Augsburg and Berlin).
Mitteilungen des Instituts für Orientforschung (Berlin).
Orientalia (Rome).
Orientalistische Literaturzeitung (Leipzig).
Palestine Exploration Quarterly (London).
Preussisschen Akademie der Wissenschaften, Abhandlungen (Berlin).
Proceedings of the Society of Biblical Archaeology (London).
Qadmoniot, Quarterly for the Antiquities of Eretz-Israel and Bible Lands (Jerusalem).
Recueil de travaux relatives á la philology et à l'archeologie égyptiennes et arryriennes (Paris).
Revue Archéologique (Paris).
Revue d'Assyriologie et d'archéologie orientale (Paris).
Revue Biblique (Paris).
Sphinx (Leipzig).
Studia Orientalia (Helsinki).
Studies in Ancient Oriental Civilizations (Chicago).
Syria (Paris).
Tarbiz (Jerusalem).
Tel Aviv, Journal of the Tel-Aviv University Institute of Archaeology (Tel-Aviv).
Transactions of the Society of Biblical Archaeology (London).
Untersuchungen zur Geschichte und Altertumskunde Aegyptens (Leipzig).
Urkunden des ägyptischen Altertums (Leipzig).
Vorderasiatisch-Aegyptischen Gesellschaft, Mitteilungen (Leipzig).
Vorderasiatische Bibliothek (Leipzig).
Die Welt des Orients (Göttingen).
Wissenschaftliche Veröffentlichungen der Deutschen Orient-Gesellschaft (Berlin e Leipzig).
Yale Oriental Series, Babylonian Texts (New Haven).
Yerushalayim, Journal of the Jewish Palestine Exploration Society (Jerusalem).
Zeitschrift für ägyptische Sprache und Altertumskunde (Berlin).
Zeitschrift für die alttestamentliche Wissenschaft (Berlin-Giessen).
Zeitschrift für Assyriologie und verwandte Gebiete (Leipzig).
Zeitschrift der Deutsche morgenländische Gesellschaft (Leipzig).
Zeitschrift des Deutschen Palaestina-Vereins (Leipzig).
Zeitschrift für Keilschriftforschung und verwandte Gebiete (Leipzig).

Zeitschrift für die Kunde des Morgenlandes (Göttingen).

II. Trabalhos individuais:

ALOUF, M. M.: *History of Baalbek* (1922).
AMIET, P.: *La Glyptique Mésopotamienne Archaique* (1961).
ANTONIADI, E. M.: *L'Astronomie Égyptienne* (1934).
AVI-YONAH, M.: *Sefer Yerushalaim* (1956).
BABELON, E.: *Les Rois de Syrie* (1890)
_____: *Les Collections de Monnais Anciennes* (1897).
_____: *Traité des Monnais Greques et Romaines* (1901-1910).
BAUER, H.: *Die alphabetischen Keilschrifttexte von Ras Schamra* (1936).
BORCHARDT, L.: *Die Entstehung der Pyramide* (1928).
BOURGUET, E.: *Les Ruines de Delphos* (1914).
BUCK, A. de: *The Egyptian Coffin Texts* (1935-1961).
BUDGE, E.A.W.: *The Alexander Book in Ethiopia* (1933).
_____: *Cleopatra's Needle* (1906)
_____: *The Egyptian Heaven and Hell* (1906).
_____: *Egyptian Magic* (1899).
_____: *The Gods of the Egyptians* (1904).
_____: *The History of Alexander the Great* (1889)
_____: *The Life and Exploits of Alexander the Great* (1896).
_____: *Osiris and the Egyptian Resurrection* (1911).
_____: and KING L. W.: *Annals of the Kings of Assyria* (1902)
CAPART, J.: *Recueil de Monuments Égyptiens* (1902).
_____: *Thebes* (1926).
CASSUTO, M. D.: *Há'Elah Anath* (1951).
_____: *Perush al Sefer Shemoth* (1951).
CONTENAU, G.: *L'Épopée de Gilgamesh* (1939).
DAVIS, Ch. H. S.: *The Egyptian Book of the Dead* (1894).
DELAPORTE, L.: *Catalogue des Cylindres Orientaux* (1910).
DELITZSCH, F.: *Wo Lag Das Paradies?* (1881).
DUSSAUD, R.: *Notes de Mythologie Syrienne* (1905).
_____: *Les Découvertes de Ras Shamra (Ugarit) et l'Ancien Testament* (1937).
EBELING, E.: *Reallexikon der Assyriologie* (1928-1932).
ECKENSTEIN, L.: *A History of Sinai* (1921).
EMERY, W. B.: *Excavations at Saqqara* (1949-58).
ERMAN, A.: *A Handbook of Egyptian Religion* (1907).
_____: *Aegypten und Aegyptisches Leben im Altertum* (1923).

_____: *The Literature of the Ancient Egyptians* (1927).
FALKENSTIEN, A.: *Literarische Keilschrifttexte aus Uruk* (1931).
FAULKNER, R. O.: *The Ancient Egyptian Coffin Texts* (1973).
_____: *The Ancient Egyptian Pyramid Texts* (1969).
FRANKFORT, H.: *Kingship and the Gods* (1948).
FRAUBERGER, H.: *Die Akropolis von Baalbek* (1892).
FRIEDLÄNDER, I.: *Die Chadirlegende und der Alexanderroman* (1913).
GASTER, Th. H.: *Myth, Legend and Custom in the Old Testament* (1969).
GAUTHIER, H.: *Dictionnaire des Noms Geographique* (1925).
GINSBERG, L.: *Kitbe Ugarit* (1936).
_____: *The Legends of the Jews* (1954).
_____: *The Ras Shamra Mythological Texts* (1958).
GORDON, C. H.: *The Loves and Wars of Baal and Anat* (1943).
_____: *Ugaritic Handbook* (1947).
_____: *Ugaritic Literature* (1949).
GRAY, J.: *The Canaanites* (1965).
GRESSMAN, E.: *Altorientalische Texte zum alten Testament* (1926).
GRINSELL, L. V.: *Egyptian Pyramids* (1947).
HEIDEL, A.: *The Gilgamesh Epic and Old Testament Parallels* (1946).
HOOKE, S. H.: *Middle Eastern Mythology* (1963).
HROZNY, B.: *Hethitische Keilschrifttexte aus Boghasköy* (1919).
JENSEN, P.: *Assyrisch-Babylonische Mythen und Epen* (1900).
_____: *Das Gligamesh-Epos in der Weltliteratur* (1906, 1928).
JÉQUIER, G.: *Le Livre de ce qu'il y a dans l'Hades* (1894).
KAZIS, I. J.: *The Book of the Gests of Alexander of Macedon* (1962).
KEES, H.: *Aegyptische Kunst* (1926).
KENYON, K. M.: *Jerusalem* (1967).
KRAELING, E. G. (Ed.): *Historical Atlas of the Holy Land* (1959).
KRAMER, S. N.: *Gilgamesh and the Huluppu Tree* (1938).
_____: *Sumerian Mythology* (1944).
LANGDON, S.: *Historical and Religious Texts* (1914).
_____: *The Epic of Gilgamesh* (1917).
LEONARD, W. E.: *Gilgamesh* (1934).
LEFÉBURE, M. E.: *Les Hypogées Royaux de Thébes* (1882).
LEPSIUS, K. R.: *Auswahl der wichtigsten Urkunden des Aegyptischen Alterthums* (1842).
_____: *Königsbuch der Alten Aegypter* (1858).
LESKO, L. H.: *The Ancient Egyptian Book of the Two Ways* (1972).

LIPSCHITZ, O.: *Sinai* (1978).
LUCKENBILL, D. D.: *Ancient Records of Assyria and Babylonia* (1926-1927).
MEISSNER, B.: *Alexander und Gigalmes* (1894).
MERCER, S. A. B.: *Horus, Royal God of Egypt* (1942).
MESHEL, Z.: *Derom Sinai* (1976).
MONTET, P.: *Eternal Egypt* (1969).
MONTGOMERY, J. A. and Harris, R. S.: *The Ras Shamra Mythological Texts* (1935).
MÜLLER, C.: *Pseudokallisthenes* (1846).
NAVILLE, H. E.: *Das aegyptische Todtenbuch* (1886).
NÖLDEKE, Th.: *Beiträge zur Geschichte des Alexanderromans* (1890).
NOTH, M.: *Geschichte Israels* (1956).
_____: *Exodus* (1962).
OBBERMANN, J.: *Ugaritic Mythology* (1948).
OPPENHEIM, A. L.: *Mesopotamian Mythology* (1948).
PERLMAN, M. and Kollek, T.: *Yerushalayim* (1969).
PERRING, J. E.: *The Pyramids of Gizeh from Actual Survey and Measurement* (1839).
PETRIE, W. M. F.: *The Royal Tombs of the First Dynasty* (1900).
POEBEL, A.: *Sumerische Studien* (1921).
PORTER, B. and Moss, R. L. B.: *Topographical Bibliography of Ancient Egypt* (1951).
PRITCHARD, James B.: *Ancient Near Eastern Texts Relating to the Old Testament* (3ª ed.,1969).
_____: *The Ancient Near East in Pictures Relating to the Old Testament* (1969).
PUCHSTEIN, O.: *Führer durch die Ruinen von Baalbek* (1905).
_____: *Guide to Baalbek* (1906).
PUCHSTEIN, O. and Lupke, Th. Von: *Baalbek* (1910).
RAWLINSON, H. C.: *The Cuneiform Inscriptions of Western Asia* (1861-1884).
REISNER, G. A.: *Mycerinus: The Temples of the 3rd Pyramid at Gize* (1931).
RINGGREN, H.: *Israelitische Religion* (1963).
ROTHENBERG, B. and Aharoni, Y.: *God's Wilderness* (1961).
ROUGÉ, E. de: *Recherches sur le Monuments qu'on peut Attribuer aux six premières dynasties de Manethon* (1866).
SCHOTT, A.: *Das Gilgamesch-Epos* (1934).

SCHRADER, E. (Ed.): *Keilinschriftliche Bibliothek* (1889-1900).
SODEN, W. von: *Sumerische und Akkadische Hymmen und Gebete* (1953).
SMYTH, C. P.: *Life and Work at the Great Pyramid* (1867).
THOMPSON, R. C.: *The Epic of Gilgamesh* (1930).
UNGNAD, A.: *Die Religion der Babylonier und Assyrer* (1921).
_____: *Das Gilgamesch Epos* (1923).
_____: *Gilgamesch Epos und Odyssee* (1923).
UNGNAD, A. and Gressmann, H.: *Das Gilgamesch-Epos* (1919).
VANDIER, J.: *Manuel d'Archéologie Égyptienne* (1952).
VIROLLEAUD, Ch.: *La déesse 'Anat* (1938).
_____: *La légende phénicienne de Danel* (1936).
VOLNEY, C. F.: *Travels Through Syria* (1787).
WAINWRIGHT, G. A.: *The Sky Religion in Ancient Egypt* (1938).
WEIDNER, E. F.: *Keilschrifttexte aus Boghazkoy* (1916).
WIEGAND, Th.: *Baalbek* (1921-1925).
WOLOOHJIAN, A. M.: *The Romance of Alexander the Great by Pseudo-Callisthenes* (1969).
ZIMMERN, H.: *Sumerische Kultlieder* (1913).

Índice Remissivo

A

Abd al-Malik, Califa, 333
Abel 116, 205
"Abertura da Boca", 54
Abraão 96, 102, 127, 132, 173, 187, 219, 227, 240, 332
Acádia 99, 100, 105, 221, 230
Acadiano, idioma, 21, 145, 170, 199
Acrópole 195
Adão,
   Veja também Adapa 122, 123, 127, 134
África 21, 25, 119, 120, 132, 216, 221, 240
Afrodite 12, 27, 197
Água da Juventude 53
Águas da Morte
   veja Mar Morto 28, 130, 218, 219, 221, 245
Águas da Vida 13, 17, 27, 33, 36, 44, 47, 52, 53, 217
Águas do Paraíso 21
Aharoni, Yohanan 254, 358
Alá 198, 240
Alcorão 12, 13, 14, 217, 333
Aldred, Cyril 91
Alexandre, o Grande 15, 21, 22, 24, 26, 27, 197, 198, 237, 246, 310
Allat 329
Al Mamun 330
Alosh 220
Amasis 304
Amen 49, 51, 65, 67, 93, 274, 344
Amen-Em-Hat I, faraó, 29, 30, 34, 36, 47, 51, 52, 53, 54, 55, 56, 57, 59, 60, 61,
   62, 63, 65, 67, 68, 70, 71, 72, 78, 86, 88, 93, 97, 127, 135, 213, 215, 216,
   227, 228, 247, 248, 249, 256, 263, 264, 268, 269, 270, 275, 280, 281, 283,
   286, 288, 289, 290, 291, 292, 296, 304, 305, 308, 309, 313, 314, 315, 320,
   328, 343, 347
Amen-em-khet, pirâmide de, 53, 268, 272, 281, 282, 283, 284, 286, 288, 292, 305
Ament 71

Amen-Ta
  veja Lugar Oculto 63, 64, 67, 72, 73, 88, 207
Ammon
  Amon
    Amen
      Amen-Rá 29, 30, 34, 51, 52, 87, 93, 96, 208, 209, 210, 213, 350
Amor
  relações sexuais 52, 117, 118, 122, 123, 140
An
  Anu 119, 120, 122, 123, 141, 149, 150, 151, 338
  cidade
    veja Heliópolis 13, 20, 22, 27, 33, 34, 36, 48, 51, 67, 73, 96, 98, 99, 100,
      116, 119, 124, 126, 131, 134, 138, 140, 142, 149, 153, 154, 156, 157, 162,
      169, 170, 173, 176, 177, 197, 207, 208, 215, 218, 219, 220, 222, 224, 229,
      233, 240, 242, 246, 247, 248, 249, 250, 261, 264, 266, 268, 274, 313, 326,
      332, 334, 335, 337, 338, 339, 344
Anat 172, 173, 175, 176, 179, 180, 181, 182, 184, 186, 187, 206, 207, 210, 357,
  359
Anjos
  Veja também Querubim 44, 169, 233
Ankh 76, 87, 293
Antártida 124
Antepassados Imortais 5, 36, 47
Anthat 173
Antigo Testamento
  Veja também Livro 13, 29, 39, 40, 42, 58, 66, 70, 72, 76, 90, 116, 117, 118,
    122, 128, 129, 130, 131, 169, 173, 177, 199, 210, 216, 261, 263, 320, 332,
    336, 337, 346, 348
Apocalipse de Moisés
  Veja também Livro dos Jubileus 128, 129, 337
Apolo 11, 211, 212, 213, 235
Aqaba, Golfo de, 169, 221, 223, 227, 241, 242, 246, 247, 249, 250, 255, 256,
  259, 326
Aqhat 175, 176
Ararat, Monte 5, 15, 28, 125, 128, 157, 160, 161, 169, 181, 183, 184, 188, 205,
  217, 232, 237, 238, 240, 241, 242, 243, 244, 245, 246, 249, 251, 252, 253,
  254, 255, 256, 257, 258, 259, 263, 264, 267, 268, 313, 325, 326, 327, 330,
  332, 333, 334, 335, 336, 337, 338, 348
Aratta 231
Aristóteles 15, 16, 27
Armstrong, Neil, 85
Artesão dos Deuses (Kothar-Hasis) 180, 182, 187
Árvore da Vida 7, 13, 25, 41, 42, 57, 72, 83, 116, 127, 135, 159, 233, 234, 235,
  256
Árvore do Conhecimento 7, 42, 43
Árvores 13

Ascensão ao Céu
  Veja também Viagem ao Céu; Caminho para o Céu 5, 59, 61, 65, 67, 70, 79,
    83, 165, 213, 216, 235, 288, 347
Ascensor (Escada Divina), 76, 77, 78, 141
Asherah 172, 178, 179, 181, 182, 183, 259, 326, 329
Assembleia dos Deuses, 181
Assíria 24, 97, 99, 100, 105, 115, 132, 167, 221, 228, 229, 256
Assurbanipal, rei, 5, 9, 13, 15, 16, 18, 20, 22, 27, 29, 30, 31, 34, 47, 52, 53, 54,
    55, 56, 57, 58, 59, 61, 62, 63, 64, 65, 66, 67, 68, 69, 70, 71, 72, 73, 74, 76,
    77, 78, 79, 80, 81, 82, 83, 86, 87, 88, 90, 97, 98, 99, 100, 102, 106, 115,
    124, 130, 132, 138, 139, 141, 142, 145, 148, 149, 150, 157, 165, 167, 169,
    170, 177, 178, 179, 182, 184, 185, 188, 197, 209, 215, 216, 218, 219, 221,
    222, 227, 228, 229, 230, 235, 243, 261, 268, 269, 270, 274, 281, 282, 286,
    288, 293, 295, 308, 309, 310, 319, 332, 334, 338, 339, 345, 350
Astronautas
  Veja também anunnakis
    nefilins
      naves espaciais 118, 119, 120, 121, 123, 124, 125, 132, 134, 147, 148,
        168, 187, 207, 226, 264, 265, 266, 267, 268, 291, 325, 326, 327, 328,
        331, 339, 348
Atena 27, 173, 195
Ayun Mussa 255

B

Ba 53
Baal 36, 104, 170, 172, 173, 175, 176, 178, 180, 181, 182, 183, 184, 185, 186,
    187, 198, 200, 206, 207, 208, 209, 210, 220, 237, 264, 334, 335, 350, 357
Baalbek
  veja também Heliópolis
    Líbano 28, 48, 51, 73, 74, 88, 89, 90, 91, 93, 111, 169, 197, 198, 206, 207,
      208, 216, 246, 264, 274, 327, 336, 338, 339, 340, 344, 345, 348, 349
Babilônia 27, 28, 96, 97, 100, 105, 115, 134, 138, 167, 188, 205
Baco 195, 197
Badawy, Alexander, 20, 328, 356, 357, 358, 359
Badiyeth el-Tih 245
Bad-Tibira 119, 265
Bahamas 9
Bahrein 28, 228, 229, 230
Ballard, Robert, 191, 323
Balseiro Divino 62
Barca Celestial 114, 346
Bar-Deroma, Haim, 254
Bartlett, Samuel C., 249
Bartlett, William H., 244
Baumgarten, Martin, 191
Bel,
  veja também Baal 36, 104, 170, 172, 173, 175, 176, 178, 180, 181, 182, 183,
    184, 185, 186, 187, 198, 200, 206, 207, 208, 209, 210, 220, 237, 264, 334,
    335, 350, 357

Belzoni, Giovanni, 22, 284, 296
Ben-Ben 48, 73, 88, 89, 91, 126, 166, 274
Bergema, Henrik, 234
Beth-El 37
Beth-Shemesh 207
Bibby, Geoffrey, 229
Biblos 105, 169, 173, 182, 188, 206
Bimini 9, 11
Birch, Samuel, 54, 58, 230, 249, 302, 305, 313, 317, 320
Bir Murr 246
Bonwick, James, 191, 290, 295, 358
Botta, Paul-Emile, 99
Breasted, James H., 295
Brugsch, Heinrich Karl, 248
Burckhardt, Johann Ludwig, 240

C

Caim 39, 116, 205
Cainã 116
Caldeia 96
Calipso 12, 200
Calistenes de Olinto 15
Câmara Celestial 88, 89, 93, 147, 148, 166, 189, 207
Câmara da Rainha 279, 328
Câmara de Campbell 304, 305, 309, 311
Câmara de Davison 299, 300, 309
Câmara de Lady Arbuthnot 302, 305, 308, 312
Câmara de Nelson 301, 305
Câmara de Wellington 300, 301, 305, 308, 309, 310, 313
Câmara do Rei 279, 283, 296, 298, 307, 308, 328, 329, 330, 331
Cambises, rei da Pérsia, 27
Caminho do Mar 250, 252
Caminho dos Peregrinos 250
Caminho para o Céu
  nos Textos das Pirâmides
    Veja também Escada para o Céu 54, 57, 58, 59, 63, 67, 76, 88, 216, 268,
      286, 338, 346
Campbell, coronel, 281, 296, 297, 309, 315, 319, 320
Campo das Oferendas (Campo da Vida) 53, 83
Canaã (canaanitas), 96, 97, 105, 173, 218, 219, 221, 256
Candace, rainha, 13, 27, 30, 31, 33, 34, 52, 71, 144, 209, 304
Carruagem Celestial 198, 199
Carruagem de Fogo 33, 39
Casa de Fogo 67
Cassuto, M. D., 255, 356
Catarina, Monte, 5, 15, 28, 125, 128, 157, 160, 161, 169, 181, 183, 184, 188,
  205, 217, 232, 237, 238, 240, 241, 242, 243, 244, 245, 246, 249, 251, 252,

253, 254, 255, 256, 257, 258, 259, 263, 264, 267, 268, 313, 325, 326, 327, 330, 332, 333, 334, 335, 336, 337, 338, 348
Caviglia, Giovanni Battista, 296
Cedros 143, 144, 145, 146, 165, 167, 170, 176, 187, 189, 199, 200, 205, 218
Cedros do Líbano 218
Centro de Comunicação
  Jerusalém como 323, 334
Centro de Controle da Missão 265, 323, 330, 331, 336, 349
Cervejeira
  Veja também Siduri 154, 155, 156
Charles R. H. 40
Cinturão de Asteroides 115
Círculo dos Deuses 64
Conrado da Alemanha, imperador, 21, 23, 198, 199, 246, 269, 286, 292, 293, 326, 343
Constantino, o Grande, 15, 21, 22, 24, 26, 27, 30, 43, 53, 71, 82, 157, 197, 198, 237, 246, 247, 255, 310
Cook, John M., 197
Cornwall, P. B., 228
Corredor Ascendente 278, 279, 280, 290
Corredor de Aterrissagem 266, 295, 325, 326, 327, 329, 336
Corredor Descendente 277, 279, 280, 290
Crista de Zafon 180, 182, 183, 184, 185, 186, 187, 188, 206, 207, 209, 336, 337
Cristianismo 89, 198, 258, 273
Cristóvão Colombo 25
Cruzadas 20, 21
Cruzados e
  Veja também Alcorão 12, 13, 14, 217, 333
Curtin, J., 10, 59, 98, 228, 254, 281, 297, 356, 357, 358, 359

D

Danicl (Dancl), 173, 175, 176, 187, 220
Dário, selo real de, 97
Davison, Nathaniel, 298
Delfos 27, 28, 211, 212, 213, 235, 350
Deméter 12
Deusa da Cura 123
Deuses Celestiais 114
Deuses do Céu e da Terra 100, 107
Deus-Falcão
  Veja também Hórus 49, 50, 51, 52, 53, 55, 57, 58, 62, 63, 69, 74, 77, 78, 79, 82, 83, 88, 114, 187, 216, 226, 263, 264, 293, 295, 347
Deus-Lua
  Veja também Sin 132, 133, 134, 154, 176, 218, 221, 261, 326
Deus oculto
  Veja também Amon 29, 30, 34, 51, 52, 87, 93, 96, 208, 209, 210, 213, 350
Deus (o Senhor)
  Veja também Yahweh 7, 36, 38, 40, 99, 117, 167, 184, 185, 224, 237, 258, 334, 335, 337

Deuteronômio, Livro de, 39, 40, 129, 169, 177, 199, 263, 348
Dias, Dinas, 5, 15, 25, 115
Dilmun
   veja Tilmun 5, 126, 135, 165, 166, 167, 176, 215, 216, 217, 221, 222, 224, 225, 226, 228, 229, 230, 231, 232, 233, 235, 326
Dilúvio 5, 32, 39, 45, 96, 102, 115, 117, 118, 124, 125, 126, 127, 128, 129, 130, 131, 132, 134, 135, 137, 138, 151, 160, 164, 205, 206, 231, 265, 268, 329, 331, 338
Dionísio 31, 197
Disco Celestial
   Veja também Globo Alado 111, 171, 274, 339
Disco Solar 111, 314, 315
Djemal Pasha 252
Dodona 28, 210
Domo da Rocha
   Pombas 345
Du-al'karnain 15
Duat 56, 57, 58, 61, 63, 64, 65, 67, 68, 71, 72, 74, 79, 83, 86, 88, 93, 165, 213, 216, 221, 235, 256, 263, 264, 346, 348
Dupont-Sommer 130
Dushara 329
Dussaud, René, 198, 220

E

Ea Ea (Enki), 119, 120, 121, 122, 123, 124, 125, 131, 132, 138, 338
Eanna 138
Éden (Jardim do Éden), 7, 21, 24, 25, 41, 43, 116, 121, 127, 129, 159, 168, 169, 205
Edwards, I. E. S., 319
Eilat (Etzion-Gaber), 169, 221, 223, 227, 228, 241
El-Arish 222, 223, 252, 254, 256
Elias 32, 36, 37, 38, 39, 166, 184, 237, 238
Elim 220, 246, 254, 255, 259
Eliseu 37, 38, 39
Elixir 11
El, montanha de, 157, 252, 280, 330
Elohim 117, 118
El-Tor 241, 242
Enki 119, 142, 160, 161, 224, 226, 231, 235
Enkidu 142, 143, 144, 145, 146, 147, 148, 149, 150, 151, 152, 153, 154, 200, 218, 228, 326
Enmeduranki 134
Enoch 32, 36, 39, 40, 41, 42, 43, 44, 45, 116, 117, 127, 128, 129, 130, 199, 205, 215, 263, 348
Enoch, Livro de, 39, 40, 129, 169, 177, 199, 263, 348

Enosh 130
Enshag 224, 231
Enunciados
  Veja também Textos das Pirâmides 54, 57, 58, 59, 63, 67, 76, 88, 216, 268, 286, 338, 346
Épico de Gilgamesh, O, 5, 7, 9, 10, 11, 12, 13, 14, 15, 17, 19, 20, 22, 23, 25, 28, 29, 30, 31, 37, 39, 40, 42, 43, 44, 45, 48, 49, 50, 51, 53, 54, 56, 57, 58, 61, 62, 63, 64, 65, 66, 67, 68, 69, 70, 71, 72, 73, 74, 76, 77, 78, 79, 80, 81, 82, 83, 85, 87, 88, 89, 91, 93, 95, 96, 97, 99, 102, 109, 111, 114, 115, 116, 117, 118, 119, 121, 124, 125, 126, 127, 128, 129, 130, 131, 132, 134, 135, 137, 138, 139, 140, 141, 143, 144, 145, 146, 147, 148, 149, 151, 156, 157, 159, 160, 161, 162, 164, 166, 168, 170, 175, 177, 178, 179, 180, 181, 182, 183, 184, 186, 187, 188, 191, 192, 195, 197, 198, 199, 205, 206, 207, 208, 209, 210, 211, 215, 216, 217, 218, 220, 221, 222, 223, 224, 227, 228, 231, 232, 233, 237, 241, 242, 244, 245, 246, 247, 249, 250, 251, 252, 254, 255, 259, 261, 263, 264, 265, 266, 267, 268, 270, 272, 274, 286, 288, 289, 291, 292, 293, 297, 298, 299, 300, 302, 304, 305, 309, 310, 312, 313, 314, 317, 323, 325, 326, 329, 331, 332, 334, 335, 336, 337, 338, 339, 341, 343, 344, 347, 348, 357, 358
Erech
  veja Uruk 100, 105, 138, 139, 141, 142, 144, 149, 152, 153, 162, 215, 218, 230, 233, 357
Eridu 105, 121, 123, 138, 265, 338, 339, 340
Esarhaddon, rei da Assíria, 99, 221, 228
Escada Divina
  veja Ascensor 76, 77, 78, 141
Escada para o Céu
  Veja também Caminho para o Céu 5, 59, 61, 65, 67, 70, 79, 83, 165, 213, 216, 235, 288, 347
Esfinge 5, 273, 293, 295, 299, 322, 323, 339, 341, 342, 343, 344, 345, 346, 347, 348, 351
Espanha 8, 9, 12, 13, 26
Estela do Inventário 295, 296, 322, 343
Estrabão 275, 277, 280
Estrela Imperecível 53, 57, 64, 82, 83, 111, 263
Etana 132, 135, 151
Eterna Juventude, planta da, 162
Etiópia (etíopes), 24, 28, 29, 34, 231
Eufrates, Rio, 13, 14, 16, 20, 21, 23, 25, 28, 33, 36, 37, 44, 50, 99, 149, 166, 169, 177, 180, 216, 218, 231, 264
Eva 7, 24, 43, 116, 122, 127, 205
Êxodo
  rota do 240, 243, 244, 245, 249, 255
Êxodo, Livro do, 13, 116, 117, 118, 122, 128, 129, 130, 131, 173, 332
Ezequiel 166, 169, 179, 188, 233, 336
Ezequiel, Livro de, 39, 40, 129, 169, 177, 199, 263, 348

F

Faixa Celestial 157
Fakhry, Ahmed, 289

Faon 12
Feiran 241, 242, 243
Felipe II, rei da Macedônia, 15, 16, 98
Ferdinand, rei, 5, 9, 13, 15, 16, 18, 20, 22, 27, 29, 30, 31, 34, 47, 52, 53, 54, 55,
      56, 57, 58, 59, 61, 62, 63, 64, 65, 66, 67, 68, 69, 70, 71, 72, 73, 74, 76, 77,
      78, 79, 80, 81, 82, 83, 86, 87, 88, 90, 97, 98, 99, 100, 102, 106, 115, 124,
      130, 132, 138, 139, 141, 142, 145, 148, 149, 150, 157, 165, 167, 169, 170,
      177, 178, 179, 182, 184, 185, 188, 197, 209, 215, 216, 218, 219, 221, 222,
      227, 228, 229, 230, 235, 243, 261, 268, 269, 270, 274, 281, 282, 286, 288,
      293, 295, 308, 309, 310, 319, 332, 334, 338, 339, 345, 350
Filhos dos Deuses
  Veja também Nefilim 118
Filisteus 97, 250, 251, 255
Flamejante (Ardente)
  deuses
    oráculos
      precioso 11, 12, 18, 27, 31, 32, 33, 36, 47, 48, 49, 50, 51, 52, 53, 55, 56,
        57, 58, 59, 61, 62, 63, 64, 65, 67, 68, 69, 70, 71, 72, 73, 74, 76, 77, 78, 79,
        80, 81, 82, 83, 86, 88, 89, 93, 95, 96, 100, 102, 104, 106, 107, 111, 114,
        117, 118, 122, 123, 124, 125, 126, 129, 130, 132, 134, 135, 139, 140, 142,
        143, 144, 150, 151, 154, 157, 158, 159, 160, 161, 162, 165, 166, 167, 168,
        170, 171, 172, 173, 175, 176, 177, 178, 179, 180, 181, 182, 183, 184, 185,
        187, 188, 189, 192, 195, 197, 207, 208, 210, 215, 219, 220, 221, 228, 231,
        233, 259, 261, 263, 264, 267, 288, 291, 292, 295, 322, 323, 329, 334, 338,
        339, 342, 343, 344, 345, 346, 348, 350, 351. *Consulte também* de Esplendor
Flávio Josefo 245
Floresta de Cedros 143, 144, 145, 165, 167, 199
Flórida 10, 11
Fonte da Juventude 9, 21, 22, 29
Fonte da Vida 13, 14, 15, 17, 18, 19, 25
Fonte do Rejuvenescimento 22
Foster, Charles, 40, 170, 220, 244, 245, 272
Friedrich, Johannes, 156
Fruta da Vida 34

G

Gabriel 42, 333
Ganges, Rio, 13, 14, 16, 20, 21, 23, 25, 28, 33, 36, 37, 44, 50, 99, 149, 166, 169,
    177, 180, 216, 218, 231, 264
Gaster, T. H., 130
Gauthier, Henri, 96
Gizé, pirâmides de, complexo de
  Segunda Pirâmide
    Terceira Pirâmide
      Veja também Grande Pirâmide de Gizé 274, 275, 298, 316, 343
Glauco 12
Globo Alado (ou Disco, Aten)
  Veja também Disco Celestial, Estrela Imperecível 77, 78, 82, 88, 345, 347
Glueck, Nelson, 227, 301, 305, 309

Gog e Magog 15
Goneim, Zakaria, 281
Goshen 247, 249
Grande Deus 157
Grande Esfinge
   veja Esfinge 5, 273, 293, 295, 299, 322, 323, 339, 341, 342, 343, 344, 345,
      346, 347, 348, 351
Grande Galeria 278, 279, 307
Grande Mar ou Oceano
   Veja também Mar Mediterrâneo 28, 100, 211, 223, 247, 252, 349
Gressmann, Hugo, 20, 252
Griffith, F. L., 208, 211
Guthe, Hermann, 200

H

Habacuc 263, 264, 326
Hades 172, 199, 357
Hagia Sophia, Basílica de Santa Sofia, 198
Hallal, Monte, 5, 15, 28, 125, 128, 157, 160, 161, 169, 181, 183, 184, 188, 205,
   217, 232, 237, 238, 240, 241, 242, 243, 244, 245, 246, 249, 251, 252, 253,
   254, 255, 256, 257, 258, 259, 263, 264, 267, 268, 313, 325, 326, 327, 330,
   332, 333, 334, 335, 336, 337, 338, 348
Hamurabi, rei da Babilônia, 167, 188
Harappa 134
Har-El, Menashe, 255
Hassan, Selim, 295
Hathor 49, 65, 226, 227, 291, 295
Hatshepsut, rainha, 13, 27, 30, 31, 33, 34, 52, 71, 144, 209, 304
Haupt, Paul, 20, 99, 125
Haynes, A. E., 251
Hefesto 182
Hélio 197, 198, 199
Heliópolis, Líbano
   Veja também Baalbek 169, 205, 206, 207, 208, 209, 211, 213, 219, 264, 265,
      266, 267, 268, 325, 326, 327, 328, 330, 332, 333, 334, 335, 336, 342, 348,
      350, 351, 356, 357, 358, 359
Henrique, o navegador, 25
Henutsen, princesa, 184, 295
Herakles (Hércules), 11, 207, 208
Hermes 12, 197
Heródoto 29, 34, 36, 96, 207, 208, 209, 210, 274, 275, 283, 284, 291, 302, 310, 317
Herrera y Tordesillas, Antonio de, 11
Hespérides 11
Hill, J. R., 297
Hinom, Vale de, 206, 332
Hispaniola 8, 9, 10, 11
Hizzayon, Vale de, 206, 332
Holland, Ver. F. W., 251

Holzinger, H., 40, 59, 111, 130, 197, 210, 244, 248, 249, 256, 281, 295, 314,
    320, 353, 356, 357, 358, 359
Homem-Macaco (mulher-macaco), 120, 121
Homem-Pássaro (homem-águia), 235
Horeb, Monte, 5, 15, 28, 125, 128, 157, 160, 161, 169, 181, 183, 184, 188, 205,
    217, 232, 237, 238, 240, 241, 242, 243, 244, 245, 246, 249, 251, 252, 253,
    254, 255, 256, 257, 258, 259, 263, 264, 267, 268, 313, 325, 326, 327, 330,
    332, 333, 334, 335, 336, 337, 338, 348
Hórus
    Veja também Olho de Hórus, Terra de Hórus 57, 58, 77, 78, 79
Hugh de Gebal, bispo, 20, 21
Hut 264
Huwawa 143, 144, 145, 146, 147, 148, 150, 153
Huy 86, 89, 104

I

Idade do Gelo 124
Idunn 11
Imhotep 268, 269, 289, 290
Imortalidade
    Veja também vida após a morte 52, 53, 54, 57, 58, 59, 72, 78, 175, 187, 200,
        213, 216, 256, 288, 292, 347
Inanna
    veja Ishtar 133, 134, 138, 139, 146, 148, 149, 150, 166, 167, 169, 176, 177,
        187, 198, 199, 200, 207, 261
Índia 8, 9, 12, 15, 19, 20, 21, 22, 23, 24, 25, 26, 28, 134
Índios, americanos, 242
Inocêncio IV, papa, 10, 20, 21, 22
Irnini
    veja Ishtar 133, 134, 138, 139, 146, 148, 149, 150, 166, 167, 169, 176, 177,
        187, 198, 199, 200, 207, 261
Isabel, rainha da Espanha, 13
Isaías 184, 188, 332, 335
Ishkur
    veja Adad 132, 133, 134, 143, 144, 149, 198, 199, 207
Ishtar (Inanna, Irnini)
    Veja também Encruzilhadas de Ishtar 167, 187, 207
Ísis 48, 49, 50, 77, 78, 173, 293, 295, 322
Israel 36, 38, 39, 99, 180, 219, 224, 237, 238, 244, 245, 246, 247, 249, 252, 254,
    255, 256, 336, 354, 355
Israelitas
    veja também Êxodo, Hebreus 216, 217, 219, 220, 228, 237, 238, 240, 241,
        243, 244, 245, 246, 247, 248, 249, 251, 252, 253, 254, 255, 330
Itla 156, 157, 219

J

Jabal 116
Jacó 20, 166
Jacó de Sarug, bispo, 20, 21
Jardim da Eternidade 337
Jardim do Éden
  veja Éden 7, 21, 24, 25, 41, 43, 116, 121, 127, 129, 159, 168, 169, 205
Jared 116, 117, 128
Jarvis, C. S., 253
Jeremias 207
Jericó 37, 38, 105, 166, 169, 218, 219, 233
Jerku, Anton, 249
Jerusalém
  como centro de comunicação 334
Jesus 22, 89
Jó 177, 178, 350
Jomard, E. F., 328, 359
Jordão, Rio, 13, 14, 16, 20, 21, 23, 25, 28, 33, 36, 37, 44, 50, 99, 149, 166, 169, 177, 180, 216, 218, 231, 264
José 89, 127
Jubileus, Livro dos, 40, 58, 66, 70, 72, 76, 90, 128, 129, 216, 261, 263, 320, 336, 337, 346, 348
Judas, Livro de, 39, 40, 129, 169, 177, 199, 263, 348
Juízes, Livro dos, 40, 58, 66, 70, 72, 76, 90, 128, 129, 216, 261, 263, 320, 336, 337, 346, 348
Júpiter 96, 106, 107, 114, 124, 191, 192, 197, 198, 202, 210
Justiniano 198

K

Ka 53, 54, 59, 93
Kadesh 97, 169, 173, 187, 219, 220, 249, 251, 252, 256, 258, 259, 264, 334, 348
Kampfer, Engelbert, 97
Karnak 28, 30, 51, 111
Kebehet 83
Keret 177, 178, 179, 180
Khala 99
Kheper 70, 71, 93
Khnum 62, 305, 310, 314
Kidron, Vale de, 206, 332
Kish (Kush), 100, 105, 135, 138
Kosh
  veja Sesonchusis 31, 32, 33, 34, 36, 52, 93
Kothar-Hasis
  veja Artesão dos Deuses 180, 182, 187
Kramer, Samuel N., 230
Kumarbi 157

L

Lago dos Juncos (Mar dos Juncos), 56, 62, 127, 216, 217, 248
Lameque 116, 117, 129, 130

Lauer, J. P., 281
Lavner, I. B., 39
Layard, Henry Austen, 98
Lepsius, Karl Richard, 242
Lhasa 339, 340
Líbano 48, 167, 169, 170, 176, 183, 184, 191, 197, 205, 207, 209, 218, 334, 337.
  Consulte também Templos gregos e romanos no,
Líbia 34, 210, 272
Livro das Portas 58
Livro de Adão e Eva, O, 5, 7, 9, 10, 11, 12, 13, 14, 15, 17, 19, 20, 22, 23, 25, 28, 29,
    30, 31, 37, 39, 40, 42, 43, 44, 45, 48, 49, 50, 51, 53, 54, 56, 57, 58, 61, 62, 63,
    64, 65, 66, 67, 68, 69, 70, 71, 72, 73, 74, 76, 77, 78, 79, 80, 81, 82, 83, 85, 87,
    88, 89, 91, 93, 95, 96, 97, 99, 102, 109, 111, 114, 115, 116, 117, 118, 119, 121,
    124, 125, 126, 127, 128, 129, 130, 131, 132, 134, 135, 137, 138, 139, 140, 141,
    143, 144, 145, 146, 147, 148, 149, 151, 156, 157, 159, 160, 161, 162, 164, 166,
    168, 170, 175, 177, 178, 179, 180, 181, 182, 183, 184, 186, 187, 188, 191, 192,
    195, 197, 198, 199, 205, 206, 207, 208, 209, 210, 211, 215, 216, 217, 218, 220,
    221, 222, 223, 224, 227, 228, 231, 232, 233, 237, 241, 242, 244, 245, 246, 247,
    249, 250, 251, 252, 254, 255, 259, 261, 263, 264, 265, 266, 267, 268, 270, 272,
    274, 286, 288, 289, 291, 292, 293, 297, 298, 299, 300, 302, 304, 305, 309, 310,
    312, 313, 314, 317, 323, 325, 326, 329, 331, 332, 334, 335, 336, 337, 338, 339,
    341, 343, 344, 347, 348, 357, 358
Livro de Enoch 40, 129, 199, 263, 348
Livro do Gênesis 116, 117, 118, 122, 128, 129, 130, 131, 173, 332
Livro dos Mortos 58, 66, 70, 72, 76, 90, 216, 261, 263, 320, 346, 348
Livro dos Segredos de Enoch, O, 5, 7, 9, 10, 11, 12, 13, 14, 15, 17, 19, 20, 22, 23, 25,
    28, 29, 30, 31, 37, 39, 40, 42, 43, 44, 45, 48, 49, 50, 51, 53, 54, 56, 57, 58, 61,
    62, 63, 64, 65, 66, 67, 68, 69, 70, 71, 72, 73, 74, 76, 77, 78, 79, 80, 81, 82, 83,
    85, 87, 88, 89, 91, 93, 95, 96, 97, 99, 102, 109, 111, 114, 115, 116, 117, 118,
    119, 121, 124, 125, 126, 127, 128, 129, 130, 131, 132, 134, 135, 137, 138, 139,
    140, 141, 143, 144, 145, 146, 147, 148, 149, 151, 156, 157, 159, 160, 161, 162,
    164, 166, 168, 170, 175, 177, 178, 179, 180, 181, 182, 183, 184, 186, 187, 188,
    191, 192, 195, 197, 198, 199, 205, 206, 207, 208, 209, 210, 211, 215, 216, 217,
    218, 220, 221, 222, 223, 224, 227, 228, 231, 232, 233, 237, 241, 242, 244, 245,
    246, 247, 249, 250, 251, 252, 254, 255, 259, 261, 263, 264, 265, 266, 267, 268,
    270, 272, 274, 286, 288, 289, 291, 292, 293, 297, 298, 299, 300, 302, 304, 305,
    309, 310, 312, 313, 314, 317, 323, 325, 326, 329, 331, 332, 334, 335, 336, 337,
    338, 339, 341, 343, 344, 347, 348, 357, 358
Local de Aterrissagem (ou Plataforma), 5, 145, 147, 148, 165, 166, 167, 169,
    170, 176, 187, 191, 199, 207, 213, 265, 326, 348
Local Oculto (Amen-Ta), 57, 65
Lockheed Missile & Space Company 91
Lua 65, 85, 106, 107, 114, 176, 218, 221
Luschan, Felix von, 234

M

Macróbio 197, 198, 208
Magan
  veja Egito 12, 16, 19, 24, 28, 29, 31, 33, 34, 36, 47, 48, 50, 51, 53, 58, 63, 64,
    86, 88, 89, 91, 93, 95, 96, 97, 102, 104, 111, 115, 127, 128, 135, 153, 154,

169, 182, 184, 191, 202, 207, 208, 210, 215, 216, 217, 222, 223, 224, 225, 227, 228, 231, 232, 234, 237, 238, 242, 244, 246, 247, 248, 249, 250, 251, 254, 255, 266, 268, 272, 286, 293, 295, 296, 297, 298, 299, 302, 304, 315, 316, 320, 343, 350
Maidum, pirâmide de, 53, 268, 272, 281, 282, 283, 284, 286, 288, 292, 305
Maisler, Benjamin, 254, 332
Maomé 33, 333
Mará 220, 246
Mar dos Juncos
  veja Lago dos Juncos 56, 62, 127, 216, 217, 248
Marduk 106, 107, 108, 118, 123, 134
Maria 89
Mariette, Auguste, 293, 344
Mar Mediterrâneo 28, 100, 211, 223, 247, 252
Mar Morto (Mar da Morte), 28, 130, 218, 219, 221, 245
Mar Serbônico 254
Mar Vermelho
  Veja também Lago dos Juncos 56, 62, 127, 216, 217, 248
Mashu, Monte, 5, 15, 28, 125, 128, 157, 160, 161, 169, 181, 183, 184, 188, 205, 217, 232, 237, 238, 240, 241, 242, 243, 244, 245, 246, 249, 251, 252, 253, 254, 255, 256, 257, 258, 259, 263, 264, 267, 268, 313, 325, 326, 327, 330, 332, 333, 334, 335, 336, 337, 338, 348
Maspero, Gaston, 59, 286, 296, 308, 319
Mastabas 273
Matusalém 116, 117, 129, 130
Maundeville, sir John, 22, 23, 25, 310
Mazar, Benjamin, 254, 332
Meca 89, 93, 242, 250, 333
Medidas (medição),
  Veja também Portadores Divinos 261, 263, 329
Medidores Divinos 264
Mendelssohn 270
Menés 51
Mênfis 28, 51, 169, 216, 246, 268, 287, 312, 336, 337, 344, 345
Menkara (Miquerinos),
  pirâmide de (Terceira Pirâmide de Gizé) 53, 268, 272, 281, 282, 283, 284, 286, 288, 292, 305
Mentuhotep, faraó, 29, 30, 34, 36, 47, 51, 52, 53, 54, 55, 56, 57, 59, 60, 61, 62, 63, 65, 67, 68, 70, 71, 72, 78, 86, 88, 93, 97, 127, 135, 213, 215, 216, 227, 228, 247, 248, 249, 256, 263, 264, 268, 269, 270, 275, 280, 281, 283, 286, 288, 289, 290, 291, 292, 296, 304, 305, 308, 309, 313, 314, 315, 320, 328, 343, 347
Mercer, Samuel A. B., 58
Mercúrio 114, 195, 197
Mernera, pirâmide, 52, 53, 54, 56, 57, 67, 81, 99, 102, 208, 213, 267, 268, 269, 270, 272, 273, 274, 275, 277, 279, 280, 281, 282, 283, 284, 286, 288, 289, 290, 291, 292, 293, 295, 299, 300, 301, 305, 308, 309, 310, 311, 312, 313, 316, 317, 320, 321, 323, 329, 330
Mesa do Sol 29, 34, 209
Mesopotâmia 28, 96, 97, 98, 99, 102, 104, 111, 115, 119, 120, 121, 132, 134, 137, 154, 176, 198, 217, 221, 229, 230, 233, 235, 261, 264, 323, 325, 330, 331

Metraton 39, 128
Michalowsky 284
Midian 169, 245
Min 173
Minas (mineração),
 Veja também Terra das Minas 151, 152, 153, 228
Minutoli, H. M. von, 281
Miquerinos
 veja Menkara 291, 292, 317
Mísseis 134, 135, 226, 228, 235
Moisés 12, 13, 14, 15, 16, 19, 50, 127, 128, 216, 217, 218, 223, 224, 228, 232, 237, 238, 242, 243, 245, 246, 252, 258, 259, 334
Moisés, Monte 5, 15, 28, 125, 128, 157, 160, 161, 169, 181, 183, 184, 188, 205, 217, 232, 237, 238, 240, 241, 242, 243, 244, 245, 246, 249, 251, 252, 253, 254, 255, 256, 257, 258, 259, 263, 264, 267, 268, 313, 325, 326, 327, 330, 332, 333, 334, 335, 336, 337, 338, 348
Monstro do Céu
 Touro do Céu 80, 149, 150, 176
Montanha da Luz 67, 79, 256, 274
Montanha do Oriente 337
Montanha dos Deuses 258, 259
Montanha Sagrada
 Veja também Montanha dos Cedros 187
Monte do Templo 332
Morada Celestial (Morada dos Deuses)
 Veja também Floresta de Cedros 143, 144, 145, 165, 167, 199
Moriá, Monte, 5, 15, 28, 125, 128, 157, 160, 161, 169, 181, 183, 184, 188, 205, 217, 232, 237, 238, 240, 241, 242, 243, 244, 245, 246, 249, 251, 252, 253, 254, 255, 256, 257, 258, 259, 263, 264, 267, 268, 313, 325, 326, 327, 330, 332, 333, 334, 335, 336, 337, 338, 348
Morte 5, 47, 123, 155, 156, 159, 163, 218
Múmias (mumificação), 54, 114
Murray, Margaret A., 95
Mushas, Monte (Monte Mussa), 5, 15, 28, 125, 128, 157, 160, 161, 169, 181, 183, 184, 188, 205, 217, 232, 237, 238, 240, 241, 242, 243, 244, 245, 246, 249, 251, 252, 253, 254, 255, 256, 257, 258, 259, 263, 264, 267, 268, 313, 325, 326, 327, 330, 332, 333, 334, 335, 336, 337, 338, 348

N

Nakhl 169, 221, 224, 250, 252, 254, 256
Nana (Nannar),
 veja Sin 132, 133, 134, 154, 176, 218, 221, 261, 326
Napata 28, 208, 209
Naville, Edouard H., 248
Nectanebo 29
Nefilim 118
Negev 219
Nero 343
Net-Asar (Riacho de Osíris), 65

Neter 56, 65, 66, 95, 96, 102, 130, 338
Neter, Khert, 56, 65, 66
Nikhal 221
Nilo, Rio, 13, 14, 16, 20, 21, 23, 25, 28, 33, 36, 37, 44, 50, 99, 149, 166, 169, 177, 180, 216, 218, 231, 264
Nimrod 99, 100, 138, 205
Ninhursag 120, 124, 125, 226, 231
Nínive 99, 102, 105, 137, 154
Ninsikilla 224, 229
Ninsun 142, 144, 145
Nintula 231
Ninurta 132
Nippur 105, 119, 145, 265, 331, 336, 348
Noé 32, 39, 45, 96, 117, 126, 127, 128, 129, 130, 138, 337
Nonnus 210
Novo Testamento 39, 40, 332
NTR 95, 96
Núbia (núbios), 28, 34, 86, 208, 209, 211, 217, 223, 231, 268
Números, Livro de, 39, 40, 129, 169, 177, 199, 263, 348
Nut 64, 79, 111, 114

O

Observadores 102, 129, 332
Odisseu 12, 199, 200
Olelbis 10
Olho da Terra 186, 187
Olho de Hórus 57, 58, 77, 78, 79
Olho de Rá 77, 79
Olímpia, rainha, 13, 27, 30, 31, 33, 34, 52, 71, 144, 209, 304
Olschki, Leonardo, 9
Omphalos 210
On 48, 207, 228
Oppert, Jules, 102
Oráculos
  Veja também Omphalos 210
Osíris 48, 49, 50, 51, 52, 53, 54, 56, 57, 58, 59, 65, 66, 67, 70, 72, 74, 76, 77, 79, 81, 83, 88, 173, 217, 256, 320, 322
Osíris, Riacho de, 256
Otto de Freising, bispo, 20, 21
ÓVNIs (Objetos Voadores Não Identificados), 166

P

Palmer, Edward Henry, 244
Palmer, Henry Spencer, 244
Palmira 169, 198, 207
Pa-Rá-Emheb 347
Paraíso 5, 7, 8, 13, 17, 18, 20, 21, 22, 23, 24, 25, 32, 36, 41, 42, 43, 53, 63, 66, 71, 127, 128, 165, 263

Parã, Monte, 5, 15, 28, 125, 128, 157, 160, 161, 169, 181, 183, 184, 188, 205, 217, 232, 237, 238, 240, 241, 242, 243, 244, 245, 246, 249, 251, 252, 253, 254, 255, 256, 257, 258, 259, 263, 264, 267, 268, 313, 325, 326, 327, 330, 332, 333, 334, 335, 336, 337, 338, 348
Parrot, André, 19, 201
Partenon 195
Passagem para o Céu 68, 159
Pedras
  ápice
    veja Espigão
      colossal 272, 274, 284, 286
Pedras Cônicas
  Veja também Omphalos 210
Pedro Mártir de Anglería 9
Peet, T. E., 314
Península do Sinai
Pepi I, rei, 5, 9, 13, 15, 16, 18, 20, 22, 27, 29, 30, 31, 34, 47, 52, 53, 54, 55, 56, 57, 58, 59, 61, 62, 63, 64, 65, 66, 67, 68, 69, 70, 71, 72, 73, 74, 76, 77, 78, 79, 80, 81, 82, 83, 86, 87, 88, 90, 97, 98, 99, 100, 102, 106, 115, 124, 130, 132, 138, 139, 141, 142, 145, 148, 149, 150, 157, 165, 167, 169, 170, 177, 178, 179, 182, 184, 185, 188, 197, 209, 215, 216, 218, 219, 221, 222, 227, 228, 229, 230, 235, 243, 261, 268, 269, 270, 274, 281, 282, 286, 288, 293, 295, 308, 309, 310, 319, 332, 334, 338, 339, 345, 350
Perring, John, 22, 23, 24, 25, 26, 197, 284, 299, 310
Persépolis 28, 97, 339, 340
Pérsia (persas), 20, 24, 27, 28, 29, 98, 132
Petrie, W. M. F., 253, 358
Philo de Biblos 182
Pi- Ankhi, rei, 5, 9, 13, 15, 16, 18, 20, 22, 27, 29, 30, 31, 34, 47, 52, 53, 54, 55, 56, 57, 58, 59, 61, 62, 63, 64, 65, 66, 67, 68, 69, 70, 71, 72, 73, 74, 76, 77, 78, 79, 80, 81, 82, 83, 86, 87, 88, 90, 97, 98, 99, 100, 102, 106, 115, 124, 130, 132, 138, 139, 141, 142, 145, 148, 149, 150, 157, 165, 167, 169, 170, 177, 178, 179, 182, 184, 185, 188, 197, 209, 215, 216, 218, 219, 221, 222, 227, 228, 229, 230, 235, 243, 261, 268, 269, 270, 274, 281, 282, 286, 288, 293, 295, 308, 309, 310, 319, 332, 334, 338, 339, 345, 350
Pirâmide
 Torta
  De Gizé, veja Gizé, pirâmides de
    Vermelha 270. *Consulte também* as tumbas; *Consulte também* verdadeira; *Consulte também* de Zoser
Pishon, Rio, 13, 14, 16, 20, 21, 23, 25, 28, 33, 36, 37, 44, 50, 99, 149, 166, 169, 177, 180, 216, 218, 231, 264
Pithom 248
Planeta da Travessia
 veja Marduk 106, 107, 108, 118, 123, 134
Planície Central 219, 249, 250, 251, 252, 253, 254, 255, 256, 257, 258, 259, 348

Planície Central do
  Flora da
    mineração na,
      água na, 348. *Consulte também* Tilmun
Planta da Vida
  Veja também Árvore da Vida 7, 13, 25, 41, 42, 57, 72, 83, 116, 127, 135, 159,
      233, 234, 235, 256
Plínio 344
Plutão 107, 114
Pódio 202, 205, 206
Polo, Maffeo, 22
Polo, Marco, 22, 26
Polo, Nicolo, 22
Ponce de Leon 8, 9, 10, 11, 26
Portadores Divinos 261, 263, 329
Portas do Céu 79, 348
Portas do Paraíso 20, 21, 22, 63
Portões de Ferro 22
Porto Espacial 265, 348
Portugal 25
Poseidon 27, 172
Preste João 23
Pseudepigrapha 40
Ptah 48, 49, 51, 88, 95, 312

Q

Qaaba 93, 333
Quatro Deuses, Os, 5, 8, 11, 15, 16, 22, 26, 27, 33, 36, 42, 48, 49, 50, 51, 52, 57,
    58, 59, 63, 65, 66, 67, 68, 70, 71, 77, 78, 79, 80, 82, 85, 86, 89, 93, 97, 98,
    99, 102, 104, 106, 107, 108, 111, 114, 115, 117, 118, 119, 120, 122, 125,
    130, 131, 132, 135, 138, 140, 141, 142, 143, 145, 147, 148, 150, 153, 158,
    160, 163, 165, 166, 172, 173, 175, 179, 180, 181, 182, 183, 184, 185, 186,
    191, 192, 195, 197, 198, 199, 200, 201, 202, 215, 217, 219, 220, 221, 223,
    226, 228, 229, 230, 232, 233, 235, 237, 244, 246, 249, 250, 252, 253, 259,
    263, 264, 268, 274, 286, 291, 293, 305, 308, 309, 313, 315, 320, 325, 326,
    328, 329, 332, 333, 335, 337, 338, 339, 342, 344, 346, 348
Quéops
  veja Khufu 270, 275, 283, 289, 290, 291, 292, 293, 295, 296, 302, 304, 305,
      308, 311, 312, 315, 321, 322, 343, 344
Querubim 44, 169, 233
Quibell, J. E., 281, 358
Quinto Curcio 208

R

Rá
  Ben-Ben e
    Veja também Morada de Rá, Amon, Embarcação de Rá 89
Raios dos Deuses 93

Ramsés III, faraó, 29, 30, 34, 36, 47, 51, 52, 53, 54, 55, 56, 57, 59, 60, 61, 62,
    63, 65, 67, 68, 70, 71, 72, 78, 86, 88, 93, 97, 127, 135, 213, 215, 216, 227,
    228, 247, 248, 249, 256, 263, 264, 268, 269, 270, 275, 280, 281, 283, 286,
    288, 289, 290, 291, 292, 296, 304, 305, 308, 309, 313, 314, 315, 320, 328,
    343, 347
Ramsés IX, faraó, 29, 30, 34, 36, 47, 51, 52, 53, 54, 55, 56, 57, 59, 60, 61, 62,
    63, 65, 67, 68, 70, 71, 72, 78, 86, 88, 93, 97, 127, 135, 213, 215, 216, 227,
    228, 247, 248, 249, 256, 263, 264, 268, 269, 270, 275, 280, 281, 283, 286,
    288, 289, 290, 291, 292, 296, 304, 305, 308, 309, 313, 314, 315, 320, 328,
    343, 347
Ras-Sufsafeh 245, 249, 256
Rawlinson, Henry, 51, 98, 102, 198, 200, 244
Rede de Aterrissagem (Rede Sagrada ou Divina), 323, 325, 327, 336
Redemoinho 37, 38
Refaim, Vale de, 206, 332
Refúgio de Zafon
    veja Crista de Zafon 180, 182, 183, 184, 185, 186, 187, 188, 206, 207, 209,
      336, 337
Regiões, Quatro, 235, 237, 338
Reino Subterrâneo 346
Reisner, George A. 208
Rejuvenescimento
    dos faraós 44, 59, 97, 228, 280, 290, 315
Reshef 173, 178
Ressurreição
    dos faraós
        Veja também Vida após a morte 44, 59, 97, 228, 280, 290, 315
Revelação, Livro da, 40
Riacho de Osíris 256
Rich, Claudius J., 98
Rio de Fogo 44
Rios do Paraíso 21
Ritter, Olivier, 248
Roberts, David, 242, 332
Robinson, Edward, 242, 244
Rocha Sagrada 333, 334
Roma 93, 104, 191, 198, 210, 329
Romance de Alexandre 21
Rosenblat, Angel, 25
Roseta 33

S

Sa 68
Sabá, rainha de, 31, 209, 304
Sabu 90
Sakkara, pirâmides de, 90, 246, 274, 283, 284, 288, 290, 291, 292, 296, 305,
    308, 322, 323, 325, 336, 339

Salomão, rei de Israel 99
Santa Catarina, mosteiro de, 238, 241
Santillana, Giorgio de, 199
Saqqara 356
Sargão II, rei da Assíria, 99, 221, 228
Sargão I, rei da Babilônia, 167, 188
Scopus, Monte, 5, 15, 28, 125, 128, 157, 160, 161, 169, 181, 183, 184, 188, 205,
    217, 232, 237, 238, 240, 241, 242, 243, 244, 245, 246, 249, 251, 252, 253,
    254, 255, 256, 257, 258, 259, 263, 264, 267, 268, 313, 325, 326, 327, 330,
    332, 333, 334, 335, 336, 337, 338, 348
Seker 49, 67, 69, 70, 71, 72, 76, 213, 269, 346
Senaqueribe, rei da Assíria, 99, 221, 228
Senhor Celestial 111, 114
Senhor da Terra 50, 206, 346
Sennar 28, 34
Senusert
  veja Sesonchusis 31, 32, 33, 34, 36, 52, 93
Serabit-el-Khadim 225
Serbal, Monte, 5, 15, 28, 125, 128, 157, 160, 161, 169, 181, 183, 184, 188, 205,
    217, 232, 237, 238, 240, 241, 242, 243, 244, 245, 246, 249, 251, 252, 253,
    254, 255, 256, 257, 258, 259, 263, 264, 267, 268, 313, 325, 326, 327, 330,
    332, 333, 334, 335, 336, 337, 338, 348
Seres Alados 167
Serpentes 68
Servo do Senhor 12, 14
Sesonchusis (Sesostris; Kosh), 31, 32, 33, 34, 36, 52, 93
Sesostris
  veja Sesonchusis 31, 32, 33, 34, 36, 52, 93
Seth
  Veja também Terra de Seth 221
Sethe, Kurt, 58, 270, 314, 319
Seti I 86, 213, 320
Seyrig, Kurt, 58, 270, 314, 319
Shalmaneser II, rei, 5, 9, 13, 15, 16, 18, 20, 22, 27, 29, 30, 31, 34, 47, 52, 53, 54,
    55, 56, 57, 58, 59, 61, 62, 63, 64, 65, 66, 67, 68, 69, 70, 71, 72, 73, 74, 76,
    77, 78, 79, 80, 81, 82, 83, 86, 87, 88, 90, 97, 98, 99, 100, 102, 106, 115,
    124, 130, 132, 138, 139, 141, 142, 145, 148, 149, 150, 157, 165, 167, 169,
    170, 177, 178, 179, 182, 184, 185, 188, 197, 209, 215, 216, 218, 219, 221,
    222, 227, 228, 229, 230, 235, 243, 261, 268, 269, 270, 274, 281, 282, 286,
    288, 293, 295, 308, 309, 310, 319, 332, 334, 338, 339, 345, 350
Shamar 33, 34
Shamash (Utu) 134, 139, 140, 143, 144, 145, 148, 149, 150, 152, 154, 156, 157,
    158, 159, 166, 168, 169, 199, 207, 215, 225, 231, 232, 261, 264, 332, 348
Shem 54, 61, 72, 73, 88, 90, 96, 118, 123, 135, 144, 152, 157, 165, 184, 215,
    231, 232, 326, 335, 337, 338, 348
Shepesh 181, 187, 206, 332
Shepsekaf 284, 312
Shin'ar 99, 131

Shu 70, 79
Shuruppak 105, 160, 265
Sião, Monte, 5, 15, 28, 125, 128, 157, 160, 161, 169, 181, 183, 184, 188, 205, 217, 232, 237, 238, 240, 241, 242, 243, 244, 245, 246, 249, 251, 252, 253, 254, 255, 256, 257, 258, 259, 263, 264, 267, 268, 313, 325, 326, 327, 330, 332, 333, 334, 335, 336, 337, 338, 348
Siduri 154, 155, 156
Silo, subterrâneo, 10, 56, 59, 68, 70, 87, 88, 104, 168, 183, 201, 217, 224, 225, 263, 332, 334, 347
Sinai, Monte, 5, 15, 28, 125, 128, 157, 160, 161, 169, 181, 183, 184, 188, 205, 217, 232, 237, 238, 240, 241, 242, 243, 244, 245, 246, 249, 251, 252, 253, 254, 255, 256, 257, 258, 259, 263, 264, 267, 268, 313, 325, 326, 327, 330, 332, 333, 334, 335, 336, 337, 338, 348
Sin (deus-lua; Nanna; Nannar), 132, 133, 134, 154, 176, 218, 221, 261, 326
Sinn-Bishr, Monte, 5, 15, 28, 125, 128, 157, 160, 161, 169, 181, 183, 184, 188, 205, 217, 232, 237, 238, 240, 241, 242, 243, 244, 245, 246, 249, 251, 252, 253, 254, 255, 256, 257, 258, 259, 263, 264, 267, 268, 313, 325, 326, 327, 330, 332, 333, 334, 335, 336, 337, 338, 348
Sippar 119, 261, 263, 264
Sirion 183, 184
Sistema Solar
Siwa, oásis de, 51, 208, 241, 246, 249, 250, 254, 350
Smith, Eli, 36, 242
Smith, George, 137, 138, 208, 248, 289
Smyth, Charles Piazzi, 272
Sol 15, 17, 29, 34, 44, 106, 107, 108, 109, 111, 114, 121, 197, 198, 199, 200, 206, 208, 209
Submundo
  Veja também Mundo Inferior 157, 172, 185, 199
subterrâneo Silo 10, 56, 59, 68, 70, 87, 88, 104, 168, 183, 201, 217, 224, 225, 263, 332, 334, 347
Sucessão 310
Sucot 249
Sudão 31, 33, 254
Suez, Canal, 224, 240, 247, 248, 252, 307, 326
Suez, Golfo de, 169, 221, 223, 227, 241, 242, 246, 247, 249, 250, 255, 256, 259, 326
Sufim 220
Sufis
  veja Khufu 270, 275, 283, 289, 290, 291, 292, 293, 295, 296, 302, 304, 305, 308, 311, 312, 315, 321, 322, 343, 344
Sumkhi, Lago, 53, 56, 62, 72, 127, 169, 180, 216, 217, 220, 247, 248, 249
Szapiro, J., 10, 59, 98, 228, 254, 281, 297, 356, 357, 358, 359

T

Tábulas, argila, 100, 102, 137, 170, 261, 289
Tafan 176
Tamareiras (tâmaras) 227, 347
Tanis 247
Tebas 28, 51, 93, 96, 111, 210, 317, 344, 350
Teman, Monte, 5, 15, 28, 125, 128, 157, 160, 161, 169, 181, 183, 184, 188, 205, 217, 232, 237, 238, 240, 241, 242, 243, 244, 245, 246, 249, 251, 252, 253, 254, 255, 256, 257, 258, 259, 263, 264, 267, 268, 313, 325, 326, 327, 330, 332, 333, 334, 335, 336, 337, 338, 348
Templo de Jerusalém 167
Teodósio 198
Teofania 237, 238, 243, 245, 256
Terra 5, 8, 10, 11, 15, 17, 18, 19, 20, 21, 22, 23, 25, 26, 27, 32, 37, 39, 41, 42, 43, 44, 45, 47, 48, 50, 53, 56, 57, 61, 63, 65, 67, 68, 79, 80, 81, 82, 85, 86, 87, 88, 89, 96, 97, 100, 102, 104, 106, 107, 108, 109, 111, 114, 115, 116, 117, 118, 119, 120, 121, 123, 124, 125, 126, 128, 129, 130, 131, 132, 134, 135, 137, 138, 140, 151, 152, 153, 155, 156, 157, 161, 165, 166, 172, 176, 177, 180, 185, 186, 187, 188, 206, 207, 208, 209, 212, 213, 215, 216, 221, 225, 226, 228, 229, 232, 233, 234, 235, 249, 263, 264, 266, 272, 273, 326, 327, 329, 331, 332, 333, 334, 335, 336, 337, 338, 343, 346, 347, 348, 350
Terra das Migrações 116
Terra das Minas 151, 152, 153, 228
Terra de Seth 221
Terra dos Abençoados 19
Terra dos Deuses 61, 96, 264
Terra dos Mísseis
  veja Tilmun 5, 126, 135, 165, 166, 167, 176, 215, 216, 217, 221, 222, 224, 225, 226, 228, 229, 230, 231, 232, 233, 235, 326
Terra Sagrada 22
Teti, rei, 5, 9, 13, 15, 16, 18, 20, 22, 27, 29, 30, 31, 34, 47, 52, 53, 54, 55, 56, 57, 58, 59, 61, 62, 63, 64, 65, 66, 67, 68, 69, 70, 71, 72, 73, 74, 76, 77, 78, 79, 80, 81, 82, 83, 86, 87, 88, 90, 97, 98, 99, 100, 102, 106, 115, 124, 130, 132, 138, 139, 141, 142, 145, 148, 149, 150, 157, 165, 167, 169, 170, 177, 178, 179, 182, 184, 185, 188, 197, 209, 215, 216, 218, 219, 221, 222, 227, 228, 229, 230, 235, 243, 261, 268, 269, 270, 274, 281, 282, 286, 288, 293, 295, 308, 309, 310, 319, 332, 334, 338, 339, 345, 350
Textos das Pirâmides 54, 57, 58, 59, 63, 67, 76, 88, 216, 268, 286, 338, 346
Theilhaber, F. A., 254
Thoth 49, 50, 62, 69, 77, 78, 82, 226, 344
Tiamat 106, 107
Tigre, Rio, 13, 14, 16, 20, 21, 23, 25, 28, 33, 36, 37, 44, 50, 99, 149, 166, 169, 177, 180, 216, 218, 231, 264

Tilmun 5, 126, 135, 165, 166, 167, 176, 215, 216, 217, 221, 222, 224, 225, 226, 228, 229, 230, 231, 232, 233, 235, 326
Timna 227, 228
Tiro 27, 28, 169, 170, 179, 188, 197, 222
Torre de Babel 102, 205, 206
Touro 67, 76, 80, 108, 109, 110, 114, 149, 150, 176, 242, 326
Touro do Céu 80, 149, 150, 176
Travessia do Norte 248, 249, 250, 254
Travessia do Sul 245, 246
Trilithon 198, 202, 203, 205
Trimble, Virginia, 328
Trumbull, H. Clay, 249
Tubalcaim 116
Tumba de Campbell 298, 299, 309
Tumbas
　das pirâmides 58, 246, 272, 284, 289, 291, 292, 298, 305, 309, 312, 320, 322, 323, 325, 339
Túneis 225
Turquia 22, 156
Tutmés III, faraó, 29, 30, 34, 36, 47, 51, 52, 53, 54, 55, 56, 57, 59, 60, 61, 62, 63, 65, 67, 68, 70, 71, 72, 78, 86, 88, 93, 97, 127, 135, 213, 215, 216, 227, 228, 247, 248, 249, 256, 263, 264, 268, 269, 270, 275, 280, 281, 283, 286, 288, 289, 290, 291, 292, 296, 304, 305, 308, 309, 313, 314, 315, 320, 328, 343, 347
Tutmés, IV, faraó, 29, 30, 34, 36, 47, 51, 52, 53, 54, 55, 56, 57, 59, 60, 61, 62, 63, 65, 67, 68, 70, 71, 72, 78, 86, 88, 93, 97, 127, 135, 213, 215, 216, 227, 228, 247, 248, 249, 256, 263, 264, 268, 269, 270, 275, 280, 281, 283, 286, 288, 289, 290, 291, 292, 296, 304, 305, 308, 309, 313, 314, 315, 320, 328, 343, 347

U

Ugarit 105, 169, 170, 177, 206, 356, 357
Ulisses
　veja Odisseu 12, 199, 200
Ulluyah 157
Umm Shumar 241, 325, 326, 327, 336, 348, 349
Unash 268, 286
Ur 65, 96, 100, 102, 105, 132, 164, 217, 230, 326, 332, 338
Urano 65, 107, 114
Ur-lugal 164
Ur-Nanshe, rei de Lagash, 230
Ur-nes 65
Ur-Shalem

veja Jerusalém 28, 42, 99, 105, 167, 169, 209, 233, 240, 245, 250, 253, 254,
    323, 331, 332, 333, 334, 335, 336, 337, 338, 347, 348, 350, 354
Urshanabi 156, 161, 162, 163, 219
Uruk (Erech), 100, 105, 138, 139, 141, 142, 144, 149, 152, 153, 162, 215, 218,
    230, 233, 357
Utnapishtim
  Veja também Ziusudra 125, 126, 135, 151, 231, 232
Utu
  veja Shamash 134, 139, 140, 143, 144, 145, 148, 149, 150, 152, 154, 156, 157,
    158, 159, 166, 168, 169, 199, 207, 215, 225, 231, 232, 261, 264, 332, 348

V

Vasco da Gama 25
Vênus 114, 195, 197
Viagem para a Vida após a morte (ou Imortalidade),
  de Gilgamesh, veja Gilgamesh
  dos faraós,
    5, 137, 138, 139, 140, 141, 142, 143, 144, 145, 146, 147, 148, 149, 150,
      151, 152, 153, 154, 155, 156, 157, 158, 159, 160, 161, 162, 163, 164, 165,
      167, 168, 169, 170, 176, 177, 178, 187, 199, 200, 207, 213, 215, 216, 217,
      218, 219, 228, 229, 230, 231, 232, 233, 237, 326, 348, 356, 357, 359
Viagem para o Céu
  de Enoch 36, 39, 40, 42, 43, 44, 127, 128, 129, 199, 263, 348
Vida Eterna
  veja Imortalidade 8, 11, 12, 21, 31, 36, 39, 40, 44, 47, 53, 60, 88, 93, 135, 137,
    157, 163, 165, 173, 175, 177, 179, 180, 199, 200, 209, 215, 220, 236, 347,
    351
Vilnay, Zev, 254
Virollaud, Charles, 40, 170, 220, 244, 245, 272
Voador
  rei Pepi 52, 53, 76, 78, 81, 83
Von Kressenstein, F. Kress, 253

W

Wadi El-Arish 222, 223
Wadi Feiran 241, 243
Wadi Magharah 225
Wadi Sudr 256
Weill, Raymond, 252
Wellhausen, Julius, 249
Wheeler, sir Mortimer, 195
Widengren, George, 137, 138, 208, 248, 289
Wiegand, Theodor, 253

Wilkinson, John Gardner, 310
Wilson, Charles W., 244
Wood, Robert, 191, 323

Y

Yahweh
  Veja também Deus (o Senhor)
    7, 12, 13, 17, 19, 24, 26, 32, 33, 36, 37, 41, 45, 48, 66, 72, 81, 89, 93, 95, 111,
    116, 127, 128, 129, 143, 157, 169, 172, 176, 178, 187, 197, 198, 213, 215,
    226, 237, 238, 259, 269, 332, 333, 339, 345, 346
Yam 172, 181, 182, 217, 220, 249
Yam Suff
  veja Lago dos Juncos 56, 62, 127, 216, 217, 248
Yerah 221
Yiallaq, Monte (Gebel Yallek), 5, 15, 28, 125, 128, 157, 160, 161, 169, 181,
    183, 184, 188, 205, 217, 232, 237, 238, 240, 241, 242, 243, 244, 245, 246,
    249, 251, 252, 253, 254, 255, 256, 257, 258, 259, 263, 264, 267, 268, 313,
    325, 326, 327, 330, 332, 333, 334, 335, 336, 337, 338, 348

Z

Zafon
  Veja também Crista de Zafon 180, 182, 183, 184, 185, 186, 187, 188, 206,
    207, 209, 336, 337
Zeus 27, 30, 51, 132, 172, 173, 182, 197, 198, 199, 202, 208, 210, 212, 213, 216
Ziusudra
  Veja também Utnapishtim 126, 151, 154, 156, 157, 158, 159, 160, 161
Zodíaco 114
Zofim, Monte, 5, 15, 28, 125, 128, 157, 160, 161, 169, 181, 183, 184, 188, 205,
    217, 232, 237, 238, 240, 241, 242, 243, 244, 245, 246, 249, 251, 252, 253,
    254, 255, 256, 257, 258, 259, 263, 264, 267, 268, 313, 325, 326, 327, 330,
    332, 333, 334, 335, 336, 337, 338, 348
Zotiel 43